.

COLLECTION GÉNÉRALE

DES DÉCRETS RENDUS

PAR

L'ASSEMBLÉE NATIONALE,

Avec la mention des Sanctions & acceptations données par le Roi.

Mois de Juillet 1791.

A PARIS,

Chez BAUDOUIN, Imprimeur de L'ASSEMBLÉE NATIONALE, rue St.-Honoré, cour & ancienne maison des Capucins, N°. 426, & rue du Foin St.-Jacques, N°. 31.

Ce Volume contient quarante-neuf feuilles. Prix, quatre livres dix fols.

Franc de Port pour la Province, cent cinq fois.

TABLE CHRONOLOGIQUE

DES DÉCRETS

Contenus dans ce Volume.

(*Nota.* Les dates de l'appofition du fceau furvenues dans le cours de l'impreffion, & qui n'ont pu être inférées a la fuite des Décrets, fe trouvent dans cette Table.)

DATES des Décrets.	Titres des Décrets.	DATES de l'apposition du Sceau.
	fomme de 273,677 l. 2 f. 2 d., accordée pour fecours dans chacune des années 1790 & 1791 aux ci-devant penfionnaires âgés de foixante-dix ans & au-deffus, & portant qu'il fera remis 3,000 l au fieur Pingré pour l'impreffion des Annales céleftes du dix-feptième fiècle, 9.	
2 Juillet 1791.	Décret relatif aux penfionnaires fur le fort defquels il n'a pas été ftatué nominativement, qui accorde une gratification à François Aude & à Françoife Imbert, & concernant les penfions des perfonnes qui ont fervi l'Etat dans les places de Juges ou d'Officiers chargés du Miniftère public près des Tribunaux, & des Magiftrats & Officiers chargés du Miniftère public dans l'Ifle de Corfe, qui n'étoient pas originaires de cette Ifle, 9.	20 Juillet 1791.
3.	Décret relatif à la libre fortie du Royaume des efpèces monnoyées étrangères, 12.	4.
3.	Décret interprétatif de celui du 28 Juin dernier, qui permet la libre fortie du Royaume aux Etrangers, 13.	4.
3.	Décret pour porter au complet ceux des régimens de l'Armée, y compris les fept régimens d'artillerie, qui n'ont pas encore reçu l'ordre de s'y porter, & relatif à la défenfe des frontières du Nord, 14.	9.
3.	Décret & Inftruction fur l'adjudication & vente des biens nationaux, 15.	10.
4.	Décret qui accorde quatre Suppléans au Tribunal de Commerce de Saint-Quentin, fixe les limites de celui d'Orbec, & portant réunion de diverfes paroiffes & Communautés, 30.	10.
	Décret qui confirme l'adjudication faite au fieur Boiffeau de la maifon des ci-devant Récolets de Royan, 31.	10.
	Décret relatif à l'emplacement du Séminaire de la ville de Bellay, 31.	

a 4

Fin de la Table Chronologique des Décrets du mois de Juillet 1791.

COLLECTION GÉNÉRALE

DES DÉCRETS RENDUS

PAR

L'ASSEMBLÉE NATIONALE,

Avec la mention des dates de l'appofition du Sceau de l'Etat.

MOIS DE JUILLET 1791.

Décret qui ordonne l'inventaire des différens effets contenus dans différentes caiffes arrêtées dans la ville de Roye.

Du premier Juillet 1791.

L'Affemblée Nationale décrète que les Officiers municipaux de Roye procéderont à l'inventaire des différens effets contenus dans les Caiffes (1) qui ont été arrêtées en cette ville le 23 de ce mois, & dépofées à la Maifon commune, & qu'expédition de l'inventaire fera envoyée à l'Affemblée Nationale.

Scellé le . . .

---

(1) Ces caiffes étoient deftinées pour Bruxelles ; une d'elles étoit à l'adreffe de Madame l'Archiducheffe Chriftine, & quelques autres fans adreffe.

Juillet 1791. **A**

Décret qui suspend, envers la Nation, la prescription pour raison des droits corporels & incorporels dépendans des Domaines nationaux.

Du premier Juillet 1791.

L'Assemblée Nationale, ouï le rapport du Comité d'A-liénation, décrète que la prescription contre la Nation pour raison des droits corporels ou incorporels dépendans des biens nationaux, est & demeurera suspendue depuis le 2 Novembre 1789, jusqu'au 2 Novembre 1794, sans qu'elle puisse être alléguée pour aucune partie du temps qui sera écoulé pendant le cours desdites cinq années.

Scellé le 6 du même mois.

Décret relatif à la liquidation des mémoires des Fournisseurs & Entrepreneurs des bâtimens du Roi.

Du premier Juillet 1791.

L'Assemblée Nationale ayant entendu le compte qui lui a été rendu, a approuvé la proposition du Comité, & l'a autorisé à liquider les mémoires des fournisseurs & entrepreneurs (1), sur le pied des règlemens qui ont été faits, sauf l'action contre les ordonnateurs.

Suite des Décrets sur le Code Pénal.

Du premier Juillet 1791.

(Voyez le Décret général, sous la date du Septembre 1791.

---

(1) Il s'agit de l'arriéré des bâtimens du Roi.

Décret relatif à l'arreſtation de pluſieurs Officiers du
Régiment de Royal-Allemand, & autres perſonnes,
pour le fait de l'évaſion du Roi.

Du premier Juillet 1791.

L'Aſſemblée Nationale, après avoir ouï ſon Comité des Rapports, décrète:

1°. Que les ſieurs Mandel, Lieutenant-Colonel du ci-devant Régiment Royal-Allemand, Maraſſin & Blondel, l'un Capitaine, l'autre ſous-Lieutenant au même Régiment, ſeront retenus en état d'arreſtation en l'Abbaye de St.-Germain à Paris, juſqu'à ce qu'il en ſoit autrement ordonné.

2°. Que les perſonnes qui, dans divers Départemens, ſont ou pourront être arrêtées pour le fait de l'évaſion du Roi, y reſteront en état d'arreſtation, & y ſeront interrogées par les Juges des lieux, qui prendront toutes informations, pour les interrogatoires qui ſeront prêtés & les informations qui ſeront priſes, être envoyés à l'Aſſemblée Nationale.

Décret qui ordonne la levée des ſcellés appoſés ſur les
bureaux de la liſte civile.

Du premier Juillet 1791.

L'Aſſemblée Nationale, après avoir ouï ſon Comité des Rapports,

Ordonne que les ſcellés appoſés ſur les bureaux de la Caiſſe de la liſte civile par le Juge de paix de la Section de la place Vendôme, ſeront, par le même

Juge, levés en préfence de l'Intendant de la lifte civile, pour la difpofition de la Caiffe & des bureaux être remife à M. Dubois, Caiffier, afin qu'il puiffe procéder tant au paiement des Gardes-Suiffes, qu'à l'acquittement des créances de la lifte civile qui font échues.

Décret relatif à l'Adreffe & demande de la demoifelle Emérica Dumoulins de Litiski.

Du 2 Juillet 1791.

L'Affemblée Nationale renvoie à fon Comité de Liquidation l'Adreffe & demande de la Demoifelle Emérica Dumoulins de Litiski, le charge de faire faire la recherche de fes titres dans le département de la Guerre, & enjoint au Miniftre de les délivrer à fon Comité, qui procédera à leur vérification, & qui en fera le rapport à l'Affemblée, pour être ftatué par elle ce qu'il appartiendra.

Décret qui ordonne la liquidation de plufieurs parties de la dette publique.

Du 2 Juillet 1791.

(Voyez le Décret & l'état à la fin du Volume)

Scellé le 12 du même mois.

Décret relatif à une émiffion de menue monnoie.

Du 2 Juillet 1791.

L'Affemblée Nationale charge fon Comité des Mon-

noies de lui préfenter inceffamment un projet d'exécution ou de modification de fon Décret du 11 Janvier,
concernant une émiffion de menue monnoie, & fes
vues fur la fufpenfion de la fabrication des écus & des
louis.

*Suite des Décrets fur les places de guerre & poftes
militaires.*

Du 2 Juillet 1791.

(Voyez le Décret général fous la date du 8 de ce
mois.)

*Décret relatif à la nomination du Gouverneur de l'Héritier
préfomptif de la Couronne.*

Du 2 Juillet 1791.

L'Affemblée Nationale ajourne à quinzaine le fcrutin définitif pour la nomination du Gouverneur de l'héritier
préfomptif du Trône.

Suit la lifte indicative des perfonnes qui ont été
portées pour la place de Gouverneur de l'héritier préfomptif du Trône.

MESSIEURS,

Agier, Préfident d'un Tribunal de Diftrict de Paris.
Allonville (d'), ci-devant Chevalier.
Amand-d'Aupeley-de-Breteuil, Département de l'Eure.
Auger (l'Abbé), de l'Académie des Infcriptions.
Bâcon, Electeur.
Barberin, Colonel-d'Artillerie.

A 3

Baudin, Maire de Sedan.

Beranger, Auteur de l'Efprit de Mably.

Bernardin-de-Saint-Pierre, Auteur des Etudes de la Nature.

Berquin, Auteur de l'Ami des Enfans.

Beugnot, Procureur-Syndic du Département de l'Aube.

Bigot-de-Préemaneu.

Bochard-de-Sarron.

Boffu (l'Abbé).

Bouchage (du), Officier d'Artillerie de la Marine.

Bougainville (de).

Bourbon-Conti.

Bret, Place des Victoires.

Brouffonnet, Secrétaire de la Société d'Agriculture.

Callet, Principal du Collége de Vannes.

Cérutti.

Charroft-Bethune (ci-devant Duc).

Châteaugiron (de)

Coadjuteur de Sens (le).

Coëtlogon (Emmanuel de).

Condorcet.

Cofte, Maire de Verfailles.

Croï (ci-devant Duc de).

Dacier, Secrétaire-perpétuel de l'Académie des belles-Lettres.

Defmares-de-Gacey, du Déparement de l'Orne.

Defpaulx, Directeur en chef de la ci-devant Ecole Militaire de Sorreze.

Devon de-Forbonnais.

Du Caftel, Homme de Loi à Rouen.

Ducis.

Duduit - de - Romainviile , ci-devant Gouverneur des Pages.

Du Ménil.

Duport-du-Tertre.

Du Verger.

Duverryer , Secrétaire du Sceau.

Fleurieu.

François de Neufchâteau.

Garran-de-Coulon.

Geres-Vaquez, du Département de la Gironde.

Guitton-Morveau, Procureur-général-Syndic du Département de la Côte-d'Or.

Harcourt (d').

Hérault-de-Séchelles.

Herbouville (d'), Président du Département de Rouen.

Hom, Homme de Loi.

Jourdan, ci-devant Président du Diftrict des Petits-Auguftins.

Kerfaint , de Breft.

La Cépède, Adminiftrateur du Département de Paris.

La Cretelle.

Lafond , Médecin.

Lamétherie, frère du Député.

Leger ou Legier, Juge-de-Paix de la Section des Poftes.

Lehoc , Commandant de Bataillon de la Garde Nationale de Paris.

Leroy, de l'Académie des Sciences.

Mailhe, Procureur - général - Syndic de la Haute - Garonne.

Malesherbes, ancien Miniftre.

Mariette, Caiffier des ponts & chauffées.

Mayot, Membre du Département de Paris.

Mollien, rue de la Michodière.

Mongès, de l'Académie des Sciences.

Montbel.

Montciel, Maire de Dôle.

Montmorin, Miniftre.

Morel de Vindé, Juge d'un Tribunal de Diftrict de Paris.

Necker.

Noël , Rédacteur de la Chronique.

Ormeſſon (d') , ci-devant Contrôleur-général.

Paſtoret , Procureur-général-Syndic du Département de Paris.

Perron , Officier municipal de Paris.

Pieyres , de Nimes , Auteur de l'Ecole des Pères.

Pujet (du) , Colonel d'Artillerie.

Quatremer de Quincy.

Queſnay de Saint-Germain.

Roucher , Préſident de la Section de Saint-Etienne-du-Mont.

Sainte Croix , Miniſtre en Pologne.

Saint Martin , Auteur du livre des Erreurs & de la Vérité.

Séguin , Evêque de la Métropole de l'Eſt.

Ségur , Ambaſſadeur à Rome.

Servan , ancien Avocat-Général.

Sicard (l'Abbé).

Terrède , Médecin , à l'Aigle , Département de l'Orne.

Tremblay (du) , Adminiſtrateur du Département de Paris.

Valence.

Valfort.

Vandœuvre.

Vauvilliers.

Vergennes , Commandant de Bataillon.

Villes (de) , ancien Fermier général.

Décret relatif aux penſions à la charge des **Meſſageries.**

Du 2 Juillet 1791. Séance du ſoir.

(Voyez ce Décret & l'état à la fin du Volume, numéro 2.)

Décret relatif à la répartition d'une somme de 273,677 l. 2 sols 2 den., accordée pour secours dans chacune des années 1790 & 1791, aux ci-devant Pensionnaires âgés de soixante-dix ans & au-dessus, & portant qu'il sera remis 3,000 liv. au sieur Pingré pour l'impression des Annales Célestes du dix-septième siècle.

Du 2 Juillet 1791. *Séance du soir.*

(Voyez ce Décret & l'état à la fin du Volume, numéro 3.)

Scellé le 20 du même mois.

Décret relatif aux Pensionnaires sur le sort desquelles il n'a pas été statué nominativement, qui accorde une gratification à François Aude, & à Françoise Imbert, & concernant les pensions des personnes qui ont servi l'Etat dans les places de Juges, ou d'Officiers chargés du ministère public près des Tribunaux, & des Magistrats & Officiers chargés du ministère public dans l'Isle de Corse, qui n'étoient pas originaires de cette Isle.

Du 2 Juillet 1791. *Séance du soir.*

L'Assemblée Nationale, considérant la nécessité de subvenir aux pensionnaires sur le sort desquels il n'a pas encore pu être statué nominativement, soit par provision, soit définitivement, décrète que les Décrets par elle précédemment rendus pour procurer aux ci-devant pensionnaires des secours pour l'année 1790,

notamment les Décrets du 3 Août 1790, des 9 &
11 Janvier & du 20 Février derniers, auront leur exécution pour l'année 1791, dans les mêmes termes,
aux mêmes conditions, & en outre aux conditions
fuivantes :

1°. Les perfonnes qui fe préfenteront pour recevoir
lefdits fecours, feront tenues de juftifier, aux termes
du Décret du 24 Juin dernier, de leur domicile actuel
& habituel dans le Royaume, ainfi que de la quittance
de leurs impofitions & du paiement des deux premiers termes de leur contribution patriotique, ou de
la déclaration qu'elles n'ont pas été dans le cas de faire
une contribution patriotique.

2°. Lefdites perfonnes feront tenues de déclarer expreffément, dans la quittance qu'elles donneront du
fecours qui leur fera payé, fi elles fe préfentent en perfonne pour le recevoir, ou dans la procuration qu'elles
donneront à cet effet, qu'elles n'ont aucune autre penfion dont elles touchent les arrérages en tout ou en
partie, à quelque titre que ce foit, ni aucun traitement
d'activité.

3°. Les fecours fur l'année 1791 feront payés en
deux parties, la première à compter de ce jour, pour
les fix premiers mois ; la deuxième à compter du premier
Janvier prochain, pour les fix derniers mois.

4°. Le Directeur-général de la liquidation fera, dans
le plus bref délai poffible, fon rapport des perfonnes
qui, ayant rendu des fervices à l'Etat, n'ont été ré-
compenfées que de penfions inférieures à la fomme de
150 livres.

Et dès-à-préfent décrète que fur le fonds de deux
millions, deftiné aux gratifications pour l'année 1790,
il fera payé à François Aude, ancien Carabinier au
Régiment Royal des Carabiniers, la fomme de 10,000

livres, en confidération de la prife qu'il a fait du Gé-
nénéral Ligonier à la bataille de Lawfelt; au moyen
de laquelle gratification, la penfion de 200 livres qu'il
avoit fur le Tréfor public ceffera d'être employée dans
l'état des penfions.

5°. L'Affemblée décrète, en outre, que fur le même
fonds des gratifications, il fera payé à Françoife Imbert,
Garde nationale de Bergerac, la fomme de 400 livres,
pour le courage qu'elle a montré à la tête des Gardes
nationales de Bergerac.

6°. L'Affemblée Nationale décrète pareillement, que
fur les fonds annuels deftinés aux penfions, il fera
payé à Madame Flacheron provifoirement, à compter
du premier Janvier 1790, chaque année & jufqu'au
retour de M. Mongez, l'un des favans qui ont accompagné M. de la Peyroufe dans fon expédition, la fomme
de 600 l. qui lui a été affurée par le Roi lors de l'embarquement du fieur Mengez, fon frère.

7°. Les perfonnes qui ayant fervi l'Etat dans des
places de Juges ou d'Officiers chargés du miniftère public
près des Tribunaux pendant l'efpace de 20 années au
moins, avoient précédemment obtenu des penfions, &
qui font arrivées à l'âge de foixante ans, obtiendront
le rétabliffement de leurs penfions, fous la condition
toutefois qu'elles ne pourront pas excéder la fomme de
1800 livres pour ceux qui feront âgés de foixante à
foixante & dix ans; & la fomme de 2400 livres pour
ceux qui feront âgés de foixante-dix à foixante-quinze
ans.

8°. Les Magiftrats & Officiers chargés du miniftère
public dans les Tribunaux de l'Ifle de Corfe, qui n'é-
toient pas originaires de cette Ifle, & qui ne feroient
pas rappelés aux mêmes fonctions par les élections faites
ou à faire, auront droit à une penfion de retraite,

s'ils ont fervi dans lefdites fonctions pendant dix années. Ces retraites feront fixées d'après les mêmes bafes du Décret du 3 Août 1790, en rapprochant les termes & les époques portés au titre premier dudit Décret, de manière qu'après dix années de fervice, lefdits Magiftrats & Officiers obtiennent le quart du traitement dont il jouiffoient, & pour chacune des années ultérieures, le vingtième de trois quarts reftant.

Scellé le 20 du même mois.

Décret relatif à la libre fortie du Royaume des efpèces monnoyées étrangères.

Du 3 Juillet 1791.

L'Affemblée Nationale, fur le rapport qui lui a été fait aux nom de fes Comités Diplomatique, d'Agriculture & Commerce, des Recherches & des Rapports, de différentes pétitions relatives au libre paffage des matières ou monnoies d'or & d'argent, & à leur fortie hors des frontières, déclare que dans la prohibition provifoire, portée en fes Décrets des 21 & 28 du mois dernier, d'exporter hors du Royaume aucune matière d'or & d'argent, ni aucunes efpèces monnoyées, elle n'a point entendu comprendre les efpèces monnoyées étrangères, lefquelles pourront fortir comme ci-devant, nonobftant la prohibition fus-énoncée, qui n'aura lieu que pour les matières d'or & d'argent, & pour les monnoies marquées au coin de l'Etat.

Scellé le 4 du même mois.

Décret interprétatif de celui du 28 Juin dernier, qui permet la libre sortie du Royaume aux Etrangers.

Du 3 Juillet 1791.

L'Affemblée Nationale, fur le rapport à elle fait au nom de fon Comité Diplomatique, de différentes demandes d'Ambaffadeurs ou Miniftres étrangers près la Nation Françoife, & de celles d'Ambaffadeurs françois, & quelques Secrétaires d'ambaffade ou légation françaife en pays étranger, qui fe trouvent préfentement retenus à Paris ou en d'autres parties du Royaume;

Déclare que dans fon Décret du 28 Juin dernier, qui permet la libre fortie du Royaume aux étrangers, elle a entendu comprendre les Français attachés comme Secrétaires aux Ambaffadeurs & Miniftres des Puiffances étrangères, même ceux de leurs domeftiques également nés en France, qu'ils attefteront avoir à leur fervice depuis plus de fix mois.

Déclare également qu'elle n'a point entendu défendre aux Ambaffadeurs françois, ni aux Secrétaires d'ambaffade ou légation françoife, qui, en vertu de congés, fe trouvoient à Paris, ou en d'autres parties de la France, à l'époque des Décrets des 21 & 23 Juin, de fe rendre ou retourner, dès ce moment, à leurs fonctions & poftes refpectifs, & qu'en conféquence il pourra leur être expédié des paffe-ports pour le lieu de leur réfidence, par le Miniftre des affaires étrangères, le tout avec les précautions indiquées pour toutes les efpèces de paffe-ports par les articles II, III & VII du Décret du 28 Juin.

Scellé le 4 du même mois.

Décret pour porter au complet ceux des Régimens de l'armée, y compris les sept Régimens d'artillerie, qui n'ont pas encore reçu l'ordre de s'y porter, & relatif à la défense des frontières du Nord.

Du 3 Juillet 1791.

L'Affemblée Nationale, après avoir entendu fon Comité Millitaire fur les moyens de compléter la défenfe des frontières au |Nord du Royaume, décrète ce qui fuit:

ARTICLE PREMIER.

Ceux des Régimens de l'Armée, y compris les fept Régimens d'artillerie, qui n'ont pas encore reçu l'ordre de fe porter au complet de 750 hommes par bataillon, & de 170 hommes par efcadron, recevront cet ordre & l'exécuteront fans delai.

II. Le nombres des Gardes nationales mifes en activité par le Décret du 25 du mois dernier, fera porté à 18 mille hommes, dont 8 mille fur la Somme, & 10 mille pour la défenfe des frontières des Ardennes, de la Meufe & de la Mofelle.

III. Il fera mis de plus en activité dans les Départemens du Rhin, 8 mille hommes de Gardes nationales, qui feront fournis par les Départemens du Doubs, du Jura, de la haute-Saone, des Vôges, du haut & du bas Rhin.

IV. La quantité de Gardes nationales à fournir par chaque Département en particulier, lui fera indiquée

par le Miniftre de la guerre, ainfi que le lieu où ils devront fe porter.

Scellé le 9 du même mois.

*Décret & inftruction fur l'adjudication & vente des biens
nationaux.*

Du 3 Juillet 1791.

L'Affemblée Nationale approuve l'inftruction ci-après,
& décrète qu'elle fera exécutée comme loi du Royaume.

Teneur de l'Inftruction.

Quelques abus s'introduifent dans l'aliénation des
domaines nationaux ; des doutes s'élèvent fur le fens de
plufieurs Décrets, fur la manière de les entendre.

Quatre objets principaux ont fixé l'attention de l'Affemblée Nationale.

Les infolvables, les élections d'amis ou nominations
de commands.

Les enchères partielles en concurrence avec des enchères fur la totalité d'objets compofant des lots d'adjudication.

Les ventes ou baux à vie, faits à des titulaires par
leurs chapitres.

La perception ou le partage des fruits des domaines
nationaux vendus aux Municipalités & aux particuliers.

L'Affemblée Nationale n'héfite point à le penfer ; les
Corps adminiftratifs adopteront tous des procédés uni-
formes & réguliers, dès qu'ils ne conferveront aucun
doute fur le vœu de la loi ; les abus eux-mêmes difpa-
roîtront, auffi-tôt que leur fource & les funeftes conféquences qu'ils peuvent entraîner feront connues.

Tel eft le but & tel fera, fans doute, l'effet de l'inftruction que l'Affemblée Nationale croit devoir adreffer
aux différens Diftricts & Départemens du Royaume.

I. Des hommes d'une infolvabilité notoire fe préfentent aux adjudications des domaines nationaux,
élèvent leurs offres à des prix hors de toute proportion
avec la vraie valeur des objets qu'ils enchériffent, &
contractent des obligations qu'ils font dans l'impoffibilité
de remplir.

Ces hommes fe flattent ou d'interrompre le cours
des ventes, ou de mettre à contribution ceux qui veulent férieufement acquérir.

D'autres citoyens moins coupables, mais trompés
par leur propre cupidité, ne rougiffent pas d'employer
de tels agens pour obtenir des acquifitions plus avantageufes.

D'accord avec eux, un infolvable fe rend adjudicataire d'un domaine national important; il en fait auffitôt, par des élections d'amis ou nominations de commands, la répartition entre les véritables acquéreurs; &
bien certain de fe jouer à fon gré de fes engagemens, il
s'inquiète peu fi les différens prix répondent à la vraie valeur
des biens affignés à chacun d'eux.

Tels objets font cédés aux uns, pour des prix inférieurs de beaucoup à leur valeur; tels autres confervés
par l'adjudicataire primitif, ou affignés à d'autres commands pour des prix exceffivement exagérés, & fans
aucune proportion avec leur véritable valeur.

Par quels moyens ces abus feront-ils arrêtés dès leur
naiffance? Le citoyen fera-t il affujéti à faire preuve de
fa folvabilité pour être admis à enchérir? ou celui qui
ne pourra point en juftifier, fera-t il tenu de fournir
caution folvable, ou de payer à l'inftant même de l'adjudication tout ou partie de l'à-compte déterminé par les
Décrets?

Ce remède extrême n'a paru à l'Affemblée Nationale,
ni le plus jufte, ni le plus conforme au véritable intérêt
de la Nation; elle a penfé qu'il fuffiroit de renfermer,

dans

dans les bornes précifes, la liberté juftement laiffée à tous les citoyens d'enchérit les domaines n tionaux, de réveiller, d'animer le patriotifme des Magift ats fur ces délits d'un nouveau genre, & fur-tout d'éclairer les citoyens fur leurs vrais intérêts, fur les conféquences des ceffions, élections d'amis, ou nominations de commands que font à leur profit de tels adjudicataires.

L'Affemblée Nationale fe bornera donc à indiquer aux Corps adminiftratifs les précautions qu'ils ont à prendre, aux Magiftrats les devoirs qu'ils ont à remplir, aux citoyens les piéges tendus à leur avarice ou leur crédulité, à tous enfin les principes qui doivent les diriger, & qui fe réduifent aux règles fuivantes :

1°.Les Directoires de Diftricts font autorifés à ne point admettre, 1°. tous ceux qui ne juftifieront pas d'un domi ile certain & d'une contribution directe, foncière ou mobiliaire, au lieu de leur domicile, ou qui, à défaut de cette juftification, ne dépoferont pas entre les mains du Secrétaire le premier terme de paiement d'après la première mife à prix, & fuivant la nature des biens qu'ils enchérillent ; 2°. ceux qui s'étant rendus adjudicataires de biens nationaux, n'ont point acquitté les termes échus, ou qui ayant déjà fubi l'événement d'une folle enchère, n'auront pas payé depuis les fommes dont ils feront reftés débiteurs ; 3°. les particuliers étant manifeftement en état d'ivreffe ; 4°. les enchères de fommes exagérées comme de cent, deux cent mille livres à-la-fois, & qui excéderoient le vingtième de la fomme totale à laquelle le bien a été porté par la dernière enchère.

La juftification du domicile & de la contribution fera faite par un certificat de la Municipalité, vifé par le Directoire du Diftrict.

2°. Les Procureurs-Syndics de Diftrict doivent dénoncer aux accufateurs publics, & faire pourfuivre dans

les Tribunaux quiconque troubleroit la liberté des enchères par des menaces, violences ou voies de fait, ou
qui, dans les mêmes vues, donneroit ou recevroit quelques deniers, accepteroit ou souscriroit des promesses,
billets ou obligations.

Ceux qui se seront rendus coupables de ces manœuvres ou excès, doivent être condamnés à des amendes
pécuniaires, ue ne poursuivis criminellement, s'il y a
lieu.

3°. Toutes promesses d'argent exigées ou souscrites
pour renoncer ou faire renoncer au droit d'enchérir,
doivent être déclarées nulles par les Tribunaux. Ceux
qui auront reçu des deniers, ou accepté de telles promesses, condamnés en des amendes égales aux sommes
qui leur auront été promises ou payées. Les adjudications déclarées nulles, lorsqu'elles se trouveront faites au
profit des auteurs de pareilles manœuvres.

4°. Les accusateurs publics & les magistrats qui né-
gligeroient la poursuite de ces délits, s'en rendroient
complices & responsables envers la nation; dans le cas
d'une inaction volontaire ou de refus, ils pourroient
être jugés ainsi qu'il appartiendra.

5°. Lorsqu'un bien compris en un seul lot d'évaluation ou d'estimation, crié & adjugé par un seul & même
prix, est divisé ensuite, soit entre l'adjudicataire & ses
commandans, soit entre différens particuliers, par des
élections d'amis ou nominations de commands faites après
ou dans l'adjudication même, la créance de la nation
n'en demeure pas moins une, indivisible; l'adjudication
ne devient pour l'adjudicataire primitif un titre réel,
incommutable, la propriété ne se fixe irrévocablement
sur sa tête, que du jour où il en a rempli toutes les
conditions.

Jusque-là les diverses parties du bien adjugé demeurent hypothéquées à la totalité du paiement, & restent

toutes également fujettes à la revente, à la folle enchère; à défaut de paiement d'aucune des parties du prix de l'adjudication.

6°. A défaut de paiement de la part d'un ou de plufieurs co-acquéreurs, le procureur-fyndic fera tenu de pourfuivre la revente, à la folle enchère, de toutes les parties de biens comprifes dans l'adjudication ; mais pour éviter cette revente à la folle enchère, chacun des autres pourra fe faire fubroger au lieu & place de celui ou de ceux qui feront en retard de payer, en acquittant les termes échus, & en fe foumettant à remplir le furplus de leurs obligations, fauf à faire droit fur les répétitions du co-acquéreur évincé s'il y a lieu.

Si la fubrogation étoit demandée par plufieurs co-acqué-reurs, elle appartiendra à celui qui, en la requérant le pre-mier, aura en même-temps acquitté les termes échus non-payés, & fe fera foumis au paiement des autres.

Le développement & la connoiffance de ces principes puifés dans la nature même des contrats, en mettant à couvert les intérêts de la nation, épargneront aux citoyens les regrets & les pertes auxquelles peut les expofer leur imprudente cupidité.

I I. Conftamment occupée du defir de multiplier le nombre des propriétaires, l'Affemblée nationale n'a ceffé de tendre, par toutes fes difpofitions, à la plus grande divifion poffible des domaines nationaux ; cette vue qui n'a été fubordonnée qu'au devoir plus impérieux, plus facré encore, de l'extinction de la dette, a fucceffive-ment dicté les articles VI & VII de la loi du 17 mai, l'article VI de celle du 25 juillet, & l'article XIV de la loi du 18 novembre fuivant.

Ces différentes difpofitions contiennent toutes les règles relatives à la divifion des domaines nationaux.

Celle que les Corps adminiftratifs & les enchériffeurs doivent fur-tout obferver, eft confignée dans l'article

XIV de la loi du 18 novembre 1790, conçue en ces termes :

« On comprendra dans un feul lot d'évaluation ou
» d'eftimation, la totalité des objets compris dans un
» même corps de ferme ou de métairie, ou exploités
» par un même particulier ».

La règle établie par cet article eft générale, impé-
rieufe & précife. Les domaines nationaux font ou ne
font pas affermés ; au premier cas, & quelque foible
que foit la quantité des biens compris en un feul bail,
ils doivent compofer un lot d'évaluation, & former une
feule adjudication.

Si la modicité des objets détermine un directoire de
diftrict à en réunir plufieurs dans un même lot d'évaluation, auffitôt qu'un enchériffeur réclame contre la réunion, & requiert que les biens compris en un feul bail
foient mis féparément en vente, le directoire de diftrict
doit à l'inftant y déférer.

Lorfque les biens ne font point affermés, fi le domaine national eft exploité par un grand nombre de
particuliers différens, chaque exploitation, quelque foible qu'elle foit, doit également former un feul & même
lot d'eftimation & d'adjudication.

Mais fi le même cultivateur exploite un domaine plus
confidérable, une ferme, une métairie d'une grande
étendue, la règle eft encore la même ; la ferme ou métairie, de quelque étendue qu'elle foit, doit encore former
un feul & même lot d'eftimation & d'adjudication.

Les divifions pouvoient être portées à l'infini ; il étoit
un point où il falloit néceffairement s'arrêter ; l'intérêt
de la nation eût été évidemment compromis, fi l'on eût
ordonné ou permis aux Corps adminiftratif de décompo-
fer à toute réquifition, une métairie pour en former un plus
ou moins grand nombre de lots particuliers ; les portions
précieufes euffent été le plus ordinairement les feules

recherchées, les feules demandées ; toutes celles d'une valeur modique n'euffent prefque jamais trouvé d'acquéreurs.

L'Affemblée nationale a encore ménagé aux enchériffeurs & fur tout à ceux des campagnes, le moyen d'obtenir en ce cas une plus grande divifion des domaines nationaux.

Par l'article VI de la loi du 25 Juillet, l'Affemblée nationale recommande aux Corps adminiftratifs de divifer, autant que la nature des objets peut le permettre.

Par l'article VI du titre III de la loi du 17 mai, elle veut que « les enchères foient en même tems ouvertes » fur l'enfemble & fur les parties d'un objet compris en » une feule & même adjudication, & que dans le cas » où, au moment de l'adjudication définitive, la fomme » des enchères partielles fe trouve égale à l'enchère mife » fur le tout, les biens foient de préférence adjugés divi- » fément ».

Le véritable fens de ces deux difpofitions eft parfaitement faifi par les Corps adminiftratifs qui ont foin de les rapprocher de l'article XIV de la loi du 18 novembre fuivant ; mais ceux qui perdent de vue cette dernière difpofition, adoptent différens procédés également irréguliers, & d'où naiffent de nouveaux abus auffi fâcheux que ceux réfultans des manœuvres des infolvables, des élections d'amis ou nominations de commands.

En effet, un directoire de diftrict fe conformant à la difpofition de l'article XIV de la loi du 18 novembre, fait un feul lot d'eftimation de biens compofans une ferme, une métairie d'une étendue affez confiderable. Il fe préfente des citoyens qui veulent enchérir fur le tout, d'autres qui demandent à enchérir fur les parties ; les uns & les autres y font autorifés par la loi.

Les enchériffeurs partiels portant leurs offres à une fomme égale à l'enchère mife fur la totalité, demandent en conféquence que chacune des parties qu'ils ont enchéries, leur foit divifément adjugée.

Si le directoire du Diftrict déféroit purement & fimplement à leurs demandes, fi chacun d'eux obtenoit une adjudication féparée, un titre particulier & tout-à-fait indépendant de celui des autres, pour le prix déterminé par la répartion faite entr'eux de celui de l'adjudication; les enchériffeurs partiels, fouvent & prefque *toujours d'accord entr'eux*, auroient un moyen infaillible pour écarter tous enchériffeurs fur la totalité. Il leur fuffiroit de ne mettre aucune proportion dans la répartition qu'ils feroient entr'eux, des objets & du prix de l'adjudication, d'affigner aux uns des biens d'une grande valeur pour des prix très modiques, à d'autres (aux infolvables, par exemple) des objets fans valeur pour des prix exceffivement exagérés. La nation perdroit la fûreté de fon paiement, puifque dans cette hypothèfe les objets affignés aux derniers, feroient feuls fujets à la folle enchère.

Ce procédé ne peut pas être & n'eft réellement pas celui autorifé par la loi L'avantage accordé aux enchériffeurs partiels n'eft pas le droit d'abufer des bienfaits de la nation, mais feulement celui d'obtenir la préférence fur les enchériffeurs pour la totalité, mais à égalité parfaite & pour le montant des offres, & pour la fûreté du paiement.

« Si au moment de l'adjudication définitive, porte » la loi, la fomme des enchères partiels eft égale à » l'enchère mife fur la maffe, les biens feront de pré- » férence adjugés divifément ».

L'égalité n'exifteroit pas fi elle n'avoit lieu & pour le montant des offres, & pour la fûreté du paiement, fi la nation fe trouvoit néceffairement expofée à perdre une partie du prix du bien adjugé.

A égalité de prix, un domaine national doit de préférence être adjugé aux enchériffeurs qui veulent le diviser entr'eux; mais, toutes les fois qu'aux termes de la loi du 18 novembre le domaine national doit former un feul lot d'évaluation, l'adjudication eft encore néceffairement une, indivifible; les enchériffeurs partiels n'ont enfemble qu'un feul & même titre; toutes les parties du bien adjugé demeurent le g ge fpécial de la créance de la Nation; toutes reftent fujettes à la folle enchère, à défaut de paiement d'aucune des parties du prix de l'adjudication.

Il faut enfin appliquer aux enchériffeurs partiels tous les principes qui ont été établis relativement aux élections d'amis ou nominations de Commands. Et c'eft ainfi que doit déformais être exécuté l'article IV du titre III de la loi du 17 mai 1790. Si les directoires de Diftrict ne l'ont pas tous jufques ici entendu de cette manière, fi plufieurs ont cru devoir adjuger divifément, toutes les fois que la réunion des enchères partielles fe trouvoit, de quelque manière que ce fût, égale aux enchères mifes fur la totalité, l'Affemblée Nationale n'entend pas anéantir des contrats fur la foi defquels les acquéreurs ont traité; feulement il faut obferver avec foin les adjudications qui font réellement divifées de celles qui ne le font pas.

Il n'y a point de divifion, lorfque la diftinction des prix inférée dans un procès-verbal d'adjudication, n'eft que le réfultat d'une répartition amiablement faite ou concertée entre les différens enchériffeurs partiels.

Mais, lorfque chaque portion a été féparément mife en vente, fucceffivement criée, & diftinctement adjugée, chaque acquéreur alors a fon titre particulier, & fa portion n'eft hypothéquée qu'au paiement de fes obligations perfonnelles.

III. Il s'eft encore élevé des doutes fur l'exécution des articles XXVI, XXIX & XXX du Décret du 24 juillet, fanctionné le 24 août , & fur celle de l'art. XII de la loi du 15 décembre fuivant.

1°. Le plus grand nombre des départemens a penfé que l'article XXX du décret du 24 juillet les obligeoit à faire procéder à l'aliénation des maifons canoniales vendues ou louées à vie à des titulaires par leurs chapitres, lorfqu'il exiftoit des foumiffions pour les acquérir.

Confultés fur ce point , les comités eccléfiaf que & d'aliénation avoient auffi penfé d'abord que le texte de la loi étoit formel , & ne pouvoit pas être autrement entendu.

Plufieurs départemens , perfiftant dans leurs doutes, ont repréfenté qu'ils avoient peine à concevoir que l'Affemblée nationale, après avoir ftatué, par l'article XXVI de la oi du 24 août , que les titulaires qui tenoient par vente ou bail à vie des maifons de leurs chapitres, en jouiffoient jufqu'à leur décès , en complétant le prix de la vente ou en payant le prix du bail dans les termes convenus, eût réellement entendu ordonner, par l'article XXX , que ces maifons pourroient être aliénées fans que l'adjudicataire fût tenu de l'entretien de la vente ou du bail à vie maintenus par l'article XXVI, & que la jouiffance accordée au titulaire, par ce dernier article , pourroit être convertie en une fimple indemnité.

Ils ajoutent, 1°. que plufieurs de ces titulaires font avancés en âge.

2°. Que la fixation des indemnités fera une opération difficile & coûteufe, & que le paiement de ces indemnités abforbera une partie du prix des aliénations.

3°. Que le principal motif, qui a déterminé l'Affemblée nationale à ordonner l'aliénation des maifons appartenantes à la nation , a été fans doute la confidération des dépenfes d'entretien qui rendent de telles propriétés très-onéreufes.

4°. Que la loi du 17 Avril obvie à cet inconvénient,

puisqu'elle donne à la nation le moyen de vendre, dès-à-présent, sans perte, ses nues propriétés, & que des tables de proportion déterminent d'une manière précise les sommes que les soumissionnaires doivent offrir pour le prix de ces acquisitions.

Frappée de ces considérations, l'Assemblée nationale s'est fait représenter le procès-verbal de sa séance du 12 juillet 1790.

On y lit :

« Le rapporteur du comité ecclésiastique a proposé divers » articles additionels ; le premier, concernant les maisons » canoniales vendues ou louées à vie aux titulaires. Après » deux articles intermédiaires, le rapporteur a proposé » celui-ci : Les titulaires des bénéfices supprimés, qui justi- » fieront avoir bâti entièrement à neuf la maison d'ha- » bitation à leurs frais, jouiront pendant leur vie de ladite » maison ».

Un membre a proposé d'ajouter à la fin de cet article : *ou en cas d'aliénation les titulaires en seront justement indemnisés sur l'avis du district & du département.*

Le rapporteur adoptant l'amendement, a proposé de le joindre à l'article suivant, & d'en faire un article séparé, en ces termes :

« Néanmoins, lors de l'aliénation qui sera faite en » vertu des décrets de l'Assemblée nationale, des mai- » sons dont la jouissance est laissée aux titulaires, ils se- » ront indemnisés de la valeur de ladite jouissance sur » l'avis des administrations de département & de » district ».

L'amendement proposé n'avoit donc pour objet de rendre aliénables, que les seules maisons énoncées en l'article XXIX de la loi du 24 août ; il étoit absolu- ment étranger aux maisons canoniales possédées par les titulaires à titre de bail ou de vente à vie.

De ces obſervations il réſulte , 1°. que la loi promulguée autoriſoit en effet l'aliénation des maiſons louées ou
vendues à vie aux titulaires par leurs chapitres ; que des
adjudicataires qui ont acquis de bonne foi & conformément à la loi , doivent jouir dès à préſent ; & que les
titulaires ne peuvent en ce cas obtenir que l'indemnité
qui leur eſt accordée par l'article XXX.

2°. Que l'intention de l'Aſſemblée nationale n'a cependant pas été que les titulaires poſſeſſeurs à titre de
bail ou de vente à vie fuſſent dépouillés de la jouiſſance
que leur accordoit l'article XXVI.

L'Aſſemblée nationale croit , en conſéquence , de ſa
ſageſſe & de ſa juſtice , d'ordonner que les maiſons canoniales vendues ou louées à vie aux titulaires par les
ci-devant chapitres , ne ſeront déſormais aliénées qu'à la
charge , par les adjudicataires , de laiſſer les titulaires en
jouir pendant leur vie.

Les ſoumiſſionnaires prendront pour baſe de leurs
offres les tables de proportion annexées à la loi du 27 avril
dernier , & les aliénations ſeront faites conformément
aux articles XIV & XV de cette loi.

3°. Il eſt encore quelques obſervations à faire ſur
les ventes ou baux à vie faits à des titulaires par leurs
chapitres.

Les maiſons canoniales étoient naturellement deſtinées
à l'habitation des chanoines ; les conceſſions qui leur en ont
été faites par des baux à vie ſont en conſéquence maintenues , & la jouiſſance leur en eſt conſervée par l'article
XXVI du décret du 24 juillet.

Il n'en eſt pas de même des baux à vie faits à des titulaires par leurs chapitres des biens de toute autre
nature.

L'article XII de la loi du 15 décembre diſtingue , relativement à cette dernière eſpèce de biens , les baux faits

pour la vie bénéficière, de ceux faits pour la vie naturelle des intitulaires.

« Les baux des biens nationaux, porte cet article, » passés à des bénéficiers supprimés, pour durer pendant » leur vie bénéficiere, sont & demeurent résiliés à compter » du premier janvier 1790, sauf l'exécution de l'article » XXVI du decret du 24 juillet dernier ».

Ainsi, lorsque ces actes sont faits seulement pour la vie bénéficière ou canoniale des titulaires, la résiliation en est prononcée par la loi.

Lorsqu'ils sont, au contraire, passés à leur profit, non en leur qualité de chanoines ou de bénéficiers, mais pour la durée de leur vie naturelle, l'exécution en est ordonnée tant par l'article XXVI du décret du 24 juillet que par la disposition générale des décrets des 25, 26, 29 juin & 9 juillet, concernant les baux à vie de biens nationaux.

Quant aux ventes à vie, il n'est pas douteux que l'article XII de la loi du 15 décembre ne s'applique point à ces actes, puisqu'elle ne parle que de baux à vie bénéficière. Ainsi toute vente légalement faite par un chapitre à l'un de ses membres, soit pour sa vie bénéficière, soit pour sa vie naturelle, doit être exécutée. La nue propriété des biens ainsi vendus peut seulement être aliénée conformément à la loi du 27 avril dernier.

Les ventes ou baux à vie faits aux chanoinesses par leurs chapitres, sont soumis aux mêmes règles.

En satisfaisant ainsi aux vœux des titulaires & de plusieurs départemens, ces divers procédés rempliront exactement les intentions de l'Assemblée nationale.

IV. Les dispositions des décrets des 14 & 28 février dernier, n'auroient dû faire naître aucune incertitude.

Ces deux lois n'ont rien changé à ce qui est réglé par l'instruction du 31 mai 1790, relativement à la jouissance des municipalités & des particuliers qui acquièrent par leur intervention.

Les municipalités payent les intérêts de leurs obligations , supportent les contributions , & perçoivent les fruits naturels & civils des biens qui leur sont adjugés à compter du jour des décrets d'aliénation rendus en leur faveur. Les fruits naturels & civils appartiennent aux municipalités en proportion de la durée de leur jouissance , & ne courent au profit des acquéreurs qui les remplacent , que du jour de leur adjudication.

Il n'en est pas de même à l'égard des particuliers qui acquièrent directement de la nation. La loi distingue entre les fruits civils & les fruits naturels ; les premiers ne sont déférés aux acquéreurs que proportionnellement en raison du tems & à compter du jour de leur adjudication.

Quant aux fruits naturels , le particulier qui acquiert directement de la nation , a droit à la totalité des fruits pendans par les racines au jour de son adjudication , & *aux fermages qui les représentent* , à quelques époques que soient fixés les termes de paiement déterminés par les baux.

Ainsi, d'un côté les fermages échus avant , mais qui représentent des fruits recueillis depuis une adjudication , appartiennent à l'acquéreur , & de l'autre il n'a aucun droit à des termes de paiement qui sont échus depuis son adjudication , mais qui représentent les fruits d'une année antérieure.

Si le domaine produisoit des fruits de diverse nature ; que les uns eussent été recueillis avant , d'autres depuis l'adjudication , une ventilation seroit nécessaire pour déterminer la portion de fermage appartenante à l'acquéreur , & celle qui ne lui appartient pas.

Il faut remarquer, 1°. que ces dispositions ne s'appliquent point aux adjudications faites avant ou depuis la publication du décret du 24 février , avec la condition expreſſe que les acquéreurs ne percevront les fruits naturels & civils que proportionnellement & à compter du jour de leur adjudication. Les acquéreurs n'ont en ce cas aucun droit à des fruits qui ſont formellement exclus du titre de leur acquiſition.

2°. Que la loi du 17 mai 1790 & l'inſtruction du 31 du même mois ne contenant pas des diſpoſitions relatives aux fruits de biens directement vendus par la nation aux particuliers , il faut, à l'égard de celles de ces ventes qui ne renferment pas la même condition , ſuivre les diſpoſitions des lois anciennes qui défèrent les fruits naturels ou les fermages qui les repréſentent à ceux qui ſe ſont trouvés propriétaires au temps de leur récolte.

Une explication eſt encore demandée ſur l'exécution de l'article XI de la loi du 27 avril dernier, ainſi, conçu :

« La récolte de la préſente année 1791 ſera faite » par tout fermier , *ou cultivateur*, qui, ſans avoir de » bail ſubſiſtant, a fait les labours & enſemencemens qui » doivent la produire ».

Les expreſſions de la loi, *ou cultivateur*, ne permettent aucun doute.

Quel que ſoit l'individu qui a cultivé un champ, la loi veut que les fruits appartiennent à celui qui les a fait naître.

Cette règle ne s'applique point aux ci-devant corps & communautés qui ont fait des ſemences en 1790.

Ces corps & communautés ne ſubſiſtant plus, ne ſauroient jouir en la préſente année, & les perſonnes qui étoient membres de ces corps, ne peuvent pas davantage prétendre à la jouiſſance, n'ayant aucun droit individuel à cet égard.

La même loi du 27 avril indique encore ce qui eſt dû en ce cas par le cultivateur. Il paiera un fermage déterminé par l'ancien bail, ou s'il n'en exiſtoit pas, par un expert que nommera le directoire de diſtrict, & aſſimilé aux fermiers; il ſera ſoumis à toutes les règles de droit qui les concernent.

L'Aſſemblée nationale déclare enfin commune aux religieuſes la diſpoſition relative aux enclos, portée en l'article III de la loi du 25 mars 1790.

Ces divers éclairciſſemens feront ſans doute ceſſer la plupart des abus, des embarras, des difficultés qui entravoient la marche des Corps adminiſtratifs ; les autres ne tarderont pas à céder aux efforts de leur zèle, de leur patriotiſme & de leurs lumières.

Décret qui accorde quatre Suppléans au Tribunal de Commerce de Saint-Quentin, fixe les limites de celui d'Orbec, & portant réunion de diverſes Paroiſſes & Communautés.

Du 4 Juillet 1791.

L'Aſſemblée Nationale, après avoir entendu le rapport du Comité de Conſtitution, décrète ce qui ſuit:

Il ſera nommé quatre Suppléans au Tribunal de Commerce établi dans la Ville de Saint-Quentin, leſquels feront inſtallés & prêteront ſerment dans la forme preſcrite par la Loi de l'organiſation judiciaire.

Les limites de celui établi à Orbec feront déterminées par l'Aſſemblée Nationale, ſur l'avis du Directoire de l'Adminiſtration du Calvados, qui prendra celui du Diſtrict de Liſieux.

La Paroiſſe de S. Aignan fait partie du Département de la Nièvre, & celle de S. Léger-du-Fourche dépend de celui de la Côte-d'Or.

Le village de la la Madeleine eſt diſtrait du Département de la Nièvre & de la Paroiſſe de la Celle, pour être réuni à celle du Liré & au Département du Cher.

La Commune de Lutzelhauſſen & Netzenbach fait partie du Département du haut-Rhin, Diſtrict de Straſbourg.

Scellé le 10 du même mois.

Décret qui confirme l'adjudication faite au ſieur Boiſſeau de la maiſon des ci-devant Récolets de Royan.

Du 4 Juillet 1791.

L'Aſſemblée Nationale, ouï le rapport de ſon Comité d'Emplacement, décrète que la portion du Décret du 13 Mars dernier, relative à la conſervation de la Maiſon des ci-devant Récolets de Royan, pour en faire un Hôpital de la Marine, ſera regardée comme non-avenue ; en conſéquence, confirme l'adjudication qui en a été faite par le Diſtrict de Marennes au ſieur Boiſſeau, le 25 Février précédent.

Scellé le . . . .

Décret relatif à l'emplacement du Séminaire de la ville de Bellay.

Du 4 Juillet 1791.

L'Aſſemblée Nationale, ouï le rapport de ſes Comités d'Aliénation, Eccléſiaſtique & d'Emplacement, réunis, décrète que le Séminaire diocéſain, Département de l'Ain, ſera placé, du conſentement des Religieuſes de la Viſitation de Bellay, dans la Maiſon qu'elles occupent actuellement, & que ces Religieuses seront en conséquence, aussi de leur consentement, transférées dans le Couvent des Capucins de la même Ville ; à l'effet de quoi il sera dressé un devis estimatif des ouvrages & arrangemens intérieurs à faire, soit pour l'établissement du Séminaire dans la Maison de la Visitation, soit pour celui des Religieuses dans celle des Capucins, pour être ensuite procédé à l'adjudication au rabais desdits ouvrages, & le montant de l'adjudication payé par le Receveur du District.

Décret qui autorise la Municipalité de Louhan, à vendre l'Hospice ci-devant habité par les Cordeliers.

Du 4 Juillet 1791.

L'Assemblée Nationale, ouï le rapport de son Comité d'Aliénation, décrète que la Municipalité de la ville de Louhans, Département de Saone & Loire, est autorisée à vendre, ou employer aux bâtimens destinés à loger le Tribunal & les Corps administratifs, l'Hospice ci-devant habité par les Cordeliers, & dont il leur avoit été permis de disposer par Lettres-patentes du mois de Mars 1789.

Suite des Décrets sur les places de guerre, & postes militaires.

Du 4 Juillet 1791.

(Voyez le Décret général sous la date du 8 de ce mois).

Décret

Décret relatif à deux bâtimens anglais retenus dans le port de Nantes.

Du 4 Juillet 1791.

Sur le compte rendu à l'Affemblée Nationale, d'une lettre de M. l'Ambaffadeur d'Angleterre au Miniftre des Affaires étrangères, par laquelle cet Ambaffadeur fe plaint de ce qu'un Corps de Garde nationale de la Ville de Nantes eft venu à bord de deux bâtimens anglois qui fe trouvoient dans le Port de cette ville & qui étoient fur le point d'en partir, & a emporté leurs voiles;

L'Affemblée Nationale charge le Miniftre de l'Intérieur de prendre, fans délai, les éclairciffemens néceffaires fur ce qui a pu donner lieu à ce procédé, afin qu'il foit accordé une jufte indemnité, s'il y a lieu, aux maîtres des deux bâtimens anglois dont il s'agit, & que toute liberté leur foit rendue pour fuivre leur deftination.

Et cependant l'Affemblée Nationale voulant que la bonne intelligence & l'amitié qui règnent entre la France & les Nations étrangères foient conftamment entretenues, ordonne aux Corps adminiftratifs, aux Municipalités, aux Commandans des forces de terre & de mer, & généralement à tous les fonctionnaires publics, de faire jouir les étrangers, dans toute l'étendue du Royaume, & particulièrement dans les Ports de France, de la liberté, de la fûreté & de la protection qui leur font garanties par les traités.

Scellé le même jour.

Décret qui approuve la conduite des Commiſſaires envoyés à Avignon, & qui les autoriſe à prendre toutes les meſures qu'ils jugeront convenables pour aſſurer l'exécution des articles préliminaires de paix, arrêtés & ſignés à Orange.

Du 4 Juillet 1791.

1°. L'Aſſemblée Nationale, ouï le rapport de ſes Comités Diplomatique & d'Avignon, déclare qu'elle approuve la conduite des trois Commiſſaires qui, en exécution du Décret du 25 Mai dernier, ont été envoyés à Avignon & dans la Comtat Vénaiſſain, pour y offrir aux différentes parties belligérantes la médiation de la France, & pour y concourir au rétabliſſement de l'ordre public & de la tranquillité.

2°. L'Aſſemblée Nationale décrète que, conformément au vœu exprimé par Meſſieurs les Députés de l'Aſſemblée électorale, ceux des Municipalités d'Avignon & de Carpentras, & ceux de l'armée de Vaucluſe, dite Avignonoiſe, dans l'article V des préliminaires de paix & de conciliation, arrêtés & ſignés le 14 Juin dernier dans la Ville d'Orange par les parties ci-deſſus mentionnées, & par-devant les Médiateurs de la France; leſdits Commiſſaires-Médiateurs ſont autoriſés à requérir, ſoit les Gardes nationales, ſoit les Troupes de ligne Françoiſes, pour aſſurer l'exécution de tous les articles préliminaires de paix, arrêtés & ſignés à Orange, ainſi qu'il a été dit ci-deſſus, & notamment pour prévenir & empêcher toute violence qui pourroit être faite, ſoit aux perſonnes, ſoit aux propriétés, pour aſſurer le licenciement des troupes belligérantes, actuellement répandues dans les pays d'Avignon & Comtat Vénaiſſain, pour arrêter les déſordres de ceux qui, après le licenciement, pourroient fe répandre dans les campagnes, & y exercer des vexations, pour diffiper toute affociation ou attroupement qui pourroit fe former avec intention de s'oppofer à l'ordre public, & enfin pour placer dans les deux Villes d'Avignon & de Carpentras, & dans tout autre lieu où befoin feroit, une force publique fuffifante pour le maintien & l'exécution des Lois.

3°. L'Affemblée Nationale déclare qu'elle confirme la garantie donnée par les trois Commiffaires-Médiateurs pour l'exécution des articles & préliminaires de paix arrêtés & fignés à Orange le 14 Juin dernier.

Scellé le même jour.

Décret portant que la Caiffe de l'Extraordinaire verfera par échange à la Tréforerie nationale la fomme de 500,000 l. en affignats de 5 l.

Du 4 Juillet 1791.

L'Affemblée Nationale décrète que la Caiffe de l'Extraordinaire verfera, par échange, à la Tréforerie nationale, la fomme de 500 mille livres, en Affignats de cinq livres, pour être employés, ainfi que le numéraire, en appoints & paiemens de fommes au-deffous de 50 liv.

Scellé le même jour.

C 2

*Décret relatif à la ceſſation des fonctions des Chambres des
Comptes , à la préſentation des comptes , & ſur les formes
à ſuivre par les comptables pour les rendre.*

Du 4 Juillet 1791.

L'Aſſemblée Nationale , après avoir entendu ſon Comité Central de liquidation , décrète ce qui ſuit:

TITRE PREMIER.

De la ſuppreſſion des Chambres des Comptes.

ARTICLE PREMIER.

A compter du jour de la publication & de la notification
du préſent Décret aux Chambres des Comptes du
Royaume , ſupprimées par le Décret du 2 Septembre
1790 , elles ceſſeront toutes fonctions.

II. A compter du même jour, les offices de Procureurs poſtulans, & les autres offices miniſtériels près
leſdites Chambres des Comptes, ſeront ſupprimés.

III. Auſſitôt que le préſent Décret ſera parvenu aux
Directoires de Départemens, ils le feront notifier aux
Chambres des Comptes ſituées dans l'étendue de leur
Département ; & dans le jour, les Directoires des Départemens feront procéder, par deux de leurs Membres,
aſſiſtés du Procureur-Général-Syndic du Département ,
à l'appoſition des ſcellés ſur les Greffes, Dépôts & Archives deſdites Chambres des Comptes , ainſi que ſur
leur mobilier.

IV. Leſdits Commiſſaires , lors de l'appoſition des
ſcellés, ſe feront repréſenter & remettre tous les comptes non encore définitivement jugés, appurés ou corrigés ,

qui fe trouveront exifter dans les Greffes, ainfi que les pièces à l'appui ; ils en drefferont un bref état, dont un double fera délivré aux Greffiers pour leur décharge defdits comptes & pièces.

V. Ils fe feront repréfenter les regiftres aux diftributions des comptes, & remettre ceux defdits regiftres fur lefquels il fe trouvera des articles non encore déchargés.

VI. Les Officiers qui fe font chargés fur les regiftres, des comptes & pièces à l'appui, feront tenus de remettre lefdits comptes & pièces au Directoire du Département dans la quinzaine, à compter de la notification : après laquelle quinzaine, faute par eux d'avoir remis lefdits comptes & pièces, les intérêts de leur finance cefferont de plein droit ; & , après une feconde quinzaine, ils feront en outre condamnés à une amende de 500 liv., laquelle fera enfuite augmentée de 10 l. par chaque jour de retard.

VII. Les Directoires des Départemens feront parvenir fans délai au Bureau de comptabilité, (1) qui fera ci-après établi, les comptes & pièces à l'appui, qu'ils auront retirés, foit des Greffes, foit des mains des Confeillers-Rapporteurs.

VIII. L'Affemblée Nationale pourvoira à la levée des fcellés, à l'inventaire & confervation des pièces repofantes aux Greffes, Dépôts & Archives des Chambres des Comptes fupprimées.

IX. Il fera pourvu inceffamment au rembourfement des offices fupprimés par le préfent Décret, & ce, fuivant les formes & les principes décrétés par l'Affemblée Nationale concernant la liquidation & le rembourfement des offices de judicature & miniftériels.

---

(1) Le Décret fur l'établiffement de ce Bureau eft du 15 Septembre 1791.

TITRE II.

De la préfentation des comptes.

ARTICLE PREMIER.

Dans le délai d'un mois après l'organifation du Bureau de Comptabilité, tous individus ou compagnies qui comptoient de la recette ou dépenfe des deniers publics, foit par devant les Chambres des Comptes, foit par devant le Confeil du Roi ; tous héritiers & ayant-caufe d'individus comptables, comme auffi les Receveurs, Economes, Séqueftres, Régiffeurs ou Adminiftrateurs tenus de rendre compte par devant le Corps légiflatif, aux termes des Décrets, adreſſeront au Bureau de Comptabilité un état de fituation de leur comptabilité, contenant : 1°. la date de leur dernier compte jugé, apuré & corrigé avec le certificat de *quittus* ou décharge à l'appui ;

2°. La date de leurs comptes jugés, mais non encore apurés ni corrigés, avec copie des jugemens ;

3°. La date des comptes par eux préfentés, & qui n'ont pas encore été jugés ;

4°. La date des années de leur exercice, dont ils n'ont pas encore préfenté le compte, jufques & compris l'année 1790.

II. Lefdits comptables, ou leurs ayans-caufe, joindront, dans le même délai, au précédent état, un mémoire motivé & expofitif du temps qu'ils jugeront leur être néceffaire pour dreffer & préfenter leurs comptes, comme auffi pour les apurer ; le tout dans les formes qui feront ci après prefcrites, avec leur foumiffion de fatisfaire aux lites préfentations & apurement dans ledit délai.

III. Tous comptables qui n'auront pas envoyé au Bureau de Comptabilité les états & mémoires indiqués aux deux articles précédens, dans le délai ci-deffus énoncé, ceſſeront, à compter de l'expiration audit délai, d'avoir droit aux intérêts du montant de leurs finances, cautionnemens ou fonds d'avance, & feront en outre condamnés à une amende de 400 liv., qui fera augmentée de 10 liv. par chaque jour de retard ; & à cet effet, ils feront tenus de se pourvoir au Bureau de Comptabilité, d'un certificat de remise de leurs états & mémoires, où le jour de ladite remise fera énoncé : le décompte de leurs finances, fonds d'avance ou cautionnemens, ne pourra être fait que sur la représentation dudit certificat.

IV. L'Assemblée Nationale connoîtra, par le rapport qui lui en fera fait, du délai demandé par chacun des comptables ou leurs ayans cause, pour présenter leurs comptes jusques & compris l'année 1790 ; elle fixera, par un Décret, le temps qui fera accordé à chacun d'eux pour y satisfaire.

V. Tout comptable pour des objets de recette & de dépense antérieurs au premier Janvier 1791, qui n'aura pas présenté ses comptes dans le délai décrété par l'Assemblée Nationale, perdra, à compter du jour de l'expiration dudit délai, l'intérêt de ses finance, cautionnement ou fonds d'avance, & fera tenu, en outre, de payer les intérêts à cinq pour cent des débets dont il fera définitivement jugé reliquataire ; & trois mois après l'expiration du délai, s'ils n'avoit pas encore satisfait, il fera contraint par corps.

VI. Tout comptable pour des objets de recette ou de dépense postérieurs au premier Janvier 1791, qui n'aura pas présenté ses comptes dans le délai qui lui aura été prescrit par le Corps législatif, paiera, à compter du jour de l'expiration du délai, l'intérêt à cinq pour cent des débets dont il fera jugé reliquataire ; plus, ils paiera, par forme d'amende, une somme égale au montant dudit intérêt ; & s'il laisse écouler trois mois après l'expiration du délai, sans présenter son compte, il fera contraint par corps.

TITRE III.

Des formes à suivre par les Comptables pour rendre compte.

ARTICLE PREMIER.

A moyen de la suppreſſion des Procureurs à la Chambre des Comptes, tous Comptables dreſſeront & préſenteront eux-mêmes leurs comptes, & pourront en ſuivre l'examen par eux-mêmes ou par leurs fondés de procuration.

II. Les Comptables ne ſeront pas tenus à la formalité de rapporter des *états au vrai* ſignés du Miniſtre ou des Ordonnateurs: ils dreſſeront un compte par chapitres de recettes, dépenſes & repriſes, & rapporteront les pièces à l'appui.

III. Les recettes, dépenſes & repriſes ſeront établies & juſtifiées d'après les Décrets de l'Aſſemblée, & par les mêmes pièces qui ont été requiſes juſqu'à ce jour par les Lois pour chaque nature de comptabilité.

IV. Il ſera joint à chaque compte un état des frais néceſſaires pour le dreſſer; & il ſera prononcé ſur cet état de frais, en même temps que ſur l'arrêté du compte.

V. Les Comptables d'objets antérieurs au premier Janvier 1791, & dont les recettes & dépenſes ſont fixes, pourront réunir en un ſeul compte les exercices de pluſieurs années, & porter en un même article la ſomme d'une même recette ou d'un même paiement, qui a eu lieu pendant les années qu'embraſſe le compte.

VI. Il ne ſera rien innové à la forme des comptes déjà préſentés.

Scellé le 25 Août.

Décret relatif aux Entrepreneurs de la Manufacture de Charleville, & des Forges de Mariembourg & du Haut-Marteau, à l'importation des Marbres bruts & travaillés du Canton de Barbançon, & à l'exportation de toute espèce de bois par la rivière de Sarre.

Des 4 & 5 Juillet 1791.

L'Assemblée Nationale décrète ce qui suit:

ARTICLE PREMIER.

Les Entrepreneurs de la Manufacture de Charleville pourront extraire dans la présente année, en exemption de tous droits, de la mine de Saint-Pancré & de Sapogue, pour les forges de Berchiwé, la quantité de dix-huit cents voitures de mine lavée, & 400 bannes de charbon de bois, à la charge de rapporter desdites forges à Charleville 600 milliers pesant de fer, & d'acquitter sur lesdits fers les droits d'entrée du nouveau tarif.

II. Les Entrepreneurs des forges de Mariembourg & du Haut-Marteau, situées dans le canton du même nom, continueront d'avoir la faculté de tirer du Royaume, en exemption de droits, les bois & charbons dont ils auront besoin pour l'aliment desdites forges; les quantités de ces bois & charbons seront fixées par le Directoire du Département.

Les marbres bruts & travaillés du canton de Barbançon continueront d'être importés pour l'intérieur du Royaume, en exemption de droits, à la charge que les marbres bruts seront accompagnés d'un certificat d'origine de la Municipalité de Barbançon, & que les marbres ouvrés le seront d'un certificat de la même Municipalité, qui constatera qu'ils ont été travaillés dans ledit canton.

III. La permiſſion d'exporter du Royaume toute eſpece de bois par la rivière de Sarre, continuera à avoir lieu pendant deux années, en payant ſur leſdits bois au Bureau de Sarguemines, ou à tout autre premier Bureau de la route, un droit de cinq pour cent de la valeur.

Scellé le 12 du même mois.

Suite des Décrets ſur les places de guerre & poſtes militaires.

Du 5 Juillet 1791.

Voyez le Décret général ſous la date du 8 de ce mois.

Décret qui ordonne l'arreſtation de M. Poſſel, ordonnateur de la marine à Toulon.

Du 5 Juillet 1791.

L'Aſſemblée Nationale, ſatisfaite de la conduite des Adminiſtrateurs compoſant le Directoire du Département du Var, décrète que les ordres les plus prompts feront donnés pour que le ſieur Poſſel, ordonnateur de la Marine à Toulon, ſoit ſaiſi & gardé en état d'arreſtation, & que le ſcellé ſoit appoſé ſur ſes papiers ; décrète, de plus, que le Procès-verbal du 25 Juin ſera renvoyé aux Comités des Recherches & des Rapports. (1)

(1) Du même jour, Séance du ſoir, il a été décrété qu'il feroit ſurſis à l'expédition de ce Décret, lequel feroit rapporté au Comité des Rapports, & que le Miniſtre feroit prendre des informations ſur l'état de la caiſſe de la Marine à Toulon.

Décret qui approuve la réunion des Paroisses de Dax.

Du 5 Juillet 1791. *Séance du soir.*

L'Assemblée Nationale, sur le rapport de son Comité Ecclésiastique, approuve & décrète la réunion des paroisses à l'Eglise cathédrale de la ville de Dax, dans le Département des Landes, telle qu'elle a été arrêtée par le Directoire de ce Département, sur l'avis du Directoire du District de ladite ville de Dax, & de concert avec l'Evêque du même Département. En conséquence, les paroisses de Saint-Vincent, avec le quartier de la Torte, & le faux-bourg du Sablad, la paroisse d'Ivosse, seront réunies à l'Eglise cathédrale de Dax, pour ne faire, à l'avenir, qu'une seule & même paroisse, sauf d'y réunir, aussi, le cas échéant, & en la forme de droit, les paroisses de Saint-Paul-de-Narosse & de Landresse.

Scellé le 20 du même mois.

Décret relatif à la Circonscription des paroisses de divers Départemens.

Du 5 Juillet 1791. *Séance du soir.*

L'Assemblée Nationale, ouï le rapport qui lui a été fait par son Comité Ecclésiastique,

1°. De l'Arrêté du Directoire du Département du Nord, du 10 du mois dernier, sur les délibérations du Directoire du District de Valenciennes des 8 & 25 Mai précédent, & sur le Mémoire de la Municipalité de Valenciennes, concernant la circonscription des paroisses de cette ville, & de l'avis de l'Evêque de ce Département, du 17 dudit mois de Mai;

2°. De l'Arrêté du Directoire du Département du

Nord, du 13 Juin dernier, fur la délibération du Directoire du Diftrict d'Hazebroucke, du 9 précédent, concernant la réunion des paroiffes de la ville de Caffel, & de l'avis de l'Evêque du Département, du 16 du même mois ;

3° De l'Arrêté du Directoire du Département de la Dordogne, du 11 Juin dernier, fur la délibération du Directoire du Diftrict de Périgueux, du 9 précédent, concernant la circonfcription des paroiffes de la ville de Périgueux, & de l'avis de l'Evêque du Département, du 11 du même mois ;

4°. De l'Arrêté du Directoire du Département du Calvados, du 15 Mai dernier, fur les délibérations du Directoire du Diftrict & de la Municipalité de Caen, des 5 & 3 Avril précédent, concernant la circonfcription des paroiffes de la ville de Caen, & de l'avis de Claude Fauchet, Evêque de ce Département, du 2 Juin dernier ;

5°. De l'Arrêté du Directoire du Département du Calvados, du 3 Juin dernier, fur les délibérations du Directoire du Diftrict & de la Municipalité de Falaife, des 23 & 12 Mars précédent, concernant la circonfcription des paroiffes de la ville de Falaife, & de l'avis de Claude Fauchet, Evêque de ce Département, du 5 Juin dernier ;

6°. De l'Arrêté pris par le Directoire du Département de l'Orne, de concert avec l'Evêque de ce Département, les 21 Mai & premier Juin derniers, fur l'avis du Directoire du Diftrict d'Alençon, concernant la réunion des paroiffes de la ville de Séez ;

7°. De l'Arrêté du Directoire du Département de l'Orne, pris de concert avec l'Evêque de ce Département, le 27 Juin dernier, concernant la réunion des paroiffes de la ville de Tinchebray ;

8°. De l'Arrêté du Directoire du Département de Maine & Loire, du 15 Juin dernier, fur la délibération du Directoire du Diftrict de Château-neuf, du 10 Mai précédent, concernant la circónfcription des paroiffes de ce Diftrict, & de l'avis donné par Hugues Pelletier, Evêque du Département, le même jour que l'Arrêté fufdaté ;

9°. De l'Arrêté du Directoire du Département de Maine & Loire, du 11 Juin dernier, fur la délibération du Directoire du Diftrict de Chollet, du 29 Mars précédent, concernant la circonfcription des paroiffes de ce Diftrict , & de l'avis de Hugues Pelletier, Evêque du Département, du 25 Juin dernier;

10°. De l'Arrêté du Directoire du Département de Maine & Loire, du 11 Juin dernier, fur la délibération du Directoire du Diftrict de Saumur, du 2 précédent, concernant la circonfcription des paroiffes de ce Diftrict, & de l'avis de Hugues Pelletier, Evêque de ce Département, du 15 Juin dernier ;

11°. De l'Arrêté du Directoire du Département de Seine & Marne, du 29 Juin dernier, concerté avec l'Evêque de ce Département , fur les délibérations du Directoire du Diftrict & de la Municipalité de Melun, des 23 Février, 24 Mars, 15 Avril & 16 Février, concernant la réduction des paroiffes de cette ville;

12°. De l'Arrêté du Directoire du Département de Seine & Marne, du 11 Juin dernier, fur la délibération du Directoire du Diftrict de Provins, du 28 Mai, prife de concert avec l'Evêque du Département , qui l'a fignée, & fur la pétition de la Commune de Provins, du 15 du même mois, concernant la circonfcription des paroiffes de cette ville ;

13°. De l'Arrêté du Directoire du Département de l'Yonne, du 30 Juin dernier, fur la délibération du Directoire du Diftrict d'Avalon , du 2 du même mois,

& fur la pétition du Conſeil-général de la Commune de Vézelay, du 26 Mars précédent, concernant la réunion des paroiſſes de la ville de Vézelay, & de l'avis d'Etienne-Charles Loménie-Brienne, Evêque du Département de l'Yonne, du 30 Juin dernier ;

14°. De l'Arrêté du Directoire du Département du Cher, du 31 Janvier 1791, ſur les délibérations du Directoire du Diſtrict, & de la Municipalité de Vierzon, des 2, & 19 du même mois, concernant la circonſcription des paroiſſes de cette ville, & de l'avis de Pierre-Anaſtaſe Torné, Evêque de ce Département, du 20 Juin dernier ;

15°. De l'Arrêté du Directoire du Département de l'Allier, du 18 Juin dernier, ſur la délibération du Directoire du Diſtrict du Donjon, du 4 Mai précédent, concernant la circonſcription des paroiſſes de ce Diſtrict, & de l'avis de François-Xavier-Laurent, Evêque de ce Département, du 6 dudit mois de Mai ;

16°. De l'Arrêté pris le 25 Mai dernier par le Directoire du Département de l'Allier, de concert avec le Curé de Cuſſet, fondé du pouvoir ſpécial de l'Evêque de ce Département, ſur les délibérations du Directoire du Diſtrict de Cuſſet, & de la Municipalité de la ville de Varennes-ſur-Allier, concernant le réunion des paroiſſes de cette ville, décrète :

ARTICLE PREMIER.

Département du Nord. Ville de Valenciennes.

Il y aura pour la ville de Valenciennes, quatre paroiſſes, qui ſeront débornées ainſi qu'il eſt expliqué au mémoire de la Municipalité, en tête de l'Arrêté ſuſdaté ; elles ſeront deſſervies dans les Egliſes de Notre-Dame-la-Grande, de Saint-Jacques, de Saint-Nicolas & de

Notre-Dame de la Chauſſée. L'Egliſe de Saint-Vaaſt-la-
Haut ſera conſervée comme ſuccurſale de la paroiſſe de
Notre-Dame de la Chauſſée. Les fauxbourgs de Cambrai
& de la Briquette ſont réunis à la paroiſſe d'Aulnoy,
celui du Cardon à celle de Marly, celui de Mons &
de Saint-Roch à celle de Saint-Saulve, le Mouton-Noir
& l'Ecorchoir à celle d'Anzin.

Département du Nord. Ville de Caſſel.

II. Les deux paroiſſes de la ville de Caſſel ſont réunies en une ſeule paroiſſe, qui ſera deſſervie ſous le
nom & dans l'Egliſe de Notre-Dame.

Département de la Dordogne. Ville de Périgueux.

III. Il n'y aura, pour la ville de Périgueux & pour
ſes fauxbourgs, que la paroiſſe cathédrale, qui ſera
deſſervie dans l'Egliſe ci-devant épiſcopale. Les paroiſſes
de St.-Silain, de St.-Martin, de St.-Hilaire, de St.-George,
& de la cité, ſont ſupprimées ; l'Egliſe de la cité ſera
conſervée comme Oratoire de ladite paroiſſe.

Département du Calvados. Ville de Caen.

IV. Il y aura, pour la ville de Caen, ſept paroiſſes; ſavoir:
celles de Saint-Pierre, de Saint-Jean, de Saint-Michel,
de Vaucelles, de Saint-Gilles, de Notre-Dame, qui ſera
deſſervie dans l'Egliſe des ci-devant Jéſuites ; Saint-
Etienne, qui le ſera dans l'Egliſe de la ci-devant Abbaye
de Saint-Etienne; & Saint-Sauveur, dans celle des
ci-devant Cordeliers : elles ſeront circonſcrites ainſi qu'il
eſt expliqué dans la délibération ſuſdatée de la Municipalité. L'Egliſe de Saint-Ouen & de Saint-Germain
la Blanche Herbe ſera conſervée comme ſuccurſale de la

paroiſſe de Saint-Etienne ; & l'Egliſe de Sainte-Paix, comme Oratoire de la Paroiſſe de Vaucelles.

Département du Calvados. Ville de Falaiſe.

V. Il y aura, pour la ville de Falaiſe & les campagnes environnantes, trois paroiſſes, qui ſeront deſſervies ſous les noms & dans les Egliſes de la Trinité, de Saint-Gervais & de Guibray, & qui ſeront circonſcrites ainſi qu'il eſt expliqué dans la délibération ſuſdatée de la Municipalité.

Département de l'Orne. Ville de Séez.

VI. Les paroiſſes de Saint-Pierre, de Notre-Dame de la Place, de Saint-Ouen, de Saint-Germain, & de Saint-Gervais, ſont réunies en une ſeule, qui ſera la paroiſſe cathédrale, & qui ſera deſſervie dans l'Egliſe de Saint-Gervais.

Les Égliſes ci-devant paroiſſiales de Saint Pierre & de Notre-Dame de la Place ſont conſervées: la première comme ſuccurſale, la ſeconde comme Oratoire.

L'Egliſe de Saint-Laurent conſervera proviſoirement ſon ancien état de ſuccurſale, ſous la dépendance de la nouvelle paroiſſe, juſqu'à ce qu'il ait été ſtatué ſur la circonſcription des paroiſſes des campagnes environnantes.

Département de l'Orne. Ville de Tinchebray.

VII. Les deux paroiſſes de la ville de Tinchebray ſont réunies en une ſeule, qui ſera deſſervie ſous le nom & dans l'Egliſe de Notre-Dame, & qui comprendra dans ſon territoire les hameaux de la Dauphinière, de la Vrainière, de Laqueue de Freſne, &

des

des Hauts-Camps. L'Eglife de Saint-Remi fera confervée comme Oratoire.

Département de Maine & Loire. Diftrict de Châteauneuf.
Ville de Châteauneuf.

VIII. Il n'y aura, pour la ville de Châteauneuf, qu'une feule paroiffe, qui fera deffervie fous le nom & dans l'Eglife de Notre-Dame de Seronnes.

Ville de Durtal.

IX. Les quatre paroiffes de la ville de Durtal font réunies pour n'en former qu'une feule, fous le nom & dans l'Eglife de Notre-Dame. Les Eglifes ci-devant paroiffiales de Gouis & de Saint-Léonard feront confervées comme Oratoires de la nouvelle paroiffe.

X. Les autres paroiffes du Diftrict de Châteauneuf font réduites au nombre de 29, dont l'état fuit :

Etat des paroiffes du Diftrict de Châteauneuf.

1	Barace.
2	Briolé.
3	Briffarthe.
4	Champigné.
5	Champtocé,
6	Cheffis.
7	Chemillé.
8	Chemiré.
9	Cherré.
10	Contigné.
11	Daumeray.
12	Efcueillé.

13 Eſtriché.
14 Fenou.
15 Grez Neuville.
16 Huilié.
17 Jivardeil.
18 Marigné.
19 Miré.
20 Montreuil-ſur-le-Loir.
21 Morannes.
22 Pruilié.
23 Querré.
24 Sceaux.
25 Seurdres.
26 Soucelles.
27 Soulaire.
28 Tiercé.
29 Torigné.

XI Toutes les paroiſſes du Diſtrict de Châteauneuf ſeront circonſcrites ainſi qu'il eſt expliqué dans la délibération ſuſdatée du Directoire du Diſtrict.

Département de Maine & Loire. Diſtrict de Chollet.
Ville de Chollet.

XII. Il y aura pour la ville de Chollet, chef-lieu du Diſtrict, & pour les Campagnes environnantes, deux paroiſſes, qui ſeront deſſervies ſous les noms & dans les Egliſes de Notre-Dame & de Saint-Pierre.

XIII. Les autres paroiſſes du Diſtrict de Chollet ſont réduites au nombre de 33, conformément à l'état qui ſuit :

1 Andrèſe.
2 Chanteloup.

3   Chapelle-Rousselin. (la)
4   Cerqueux. (les)
5   Gête.
6   Jallais, qui aura un Oratoire à Jubaudière.
7   Longeront. (le)
8   Maulevrier.
9   Mazière.
10 May , (le) qui aura pour succursale Bégrole.
11 Mellé.
12 Notre-Dame-des-Gardes.
13 Renaudière. (la)
14 Romagne. (la)
15 Roussay.
16 Saiguinière , (la) qui aura un Oratoire à Saint-
      Léger.
17 Saint-André.
18 Saint-Christophe.
19 Saint-Crepin.
20 Saint-Jacques de Montfaucon, qui aura deux
      Oratoires, l'un à Saint-Germain , & l'autre
      à Montigny.
21 Saint-Léonard-de Chemillé.
22 Saint-Lézin-de-Chemillé.
23 Saint-Macaire.
24 Saint-Pierre-de-Chemillé.
25 Tessoualle. (la)
26 Tilliers.
27 Torfou.
28 Tour-Landry. (la)
29 Tout-le-Monde.
30 Trementine. (la)
31 Vecins.
32 Ville-dieu, dont l'Eglise paroissiale sera tranf-
      férée dans l'Eglise de la Commanderie de ce

nom , & qui aura un Oratoire à Saint-Philbert.

33 Yzernay.

XIV. Toutes les paroiffes du Diftrict de Chollet feront circonfcrites ainfi qu'il eft expliqué dans la délibération du Directoire de ce Diftrict , fauf les changemens propofés par l'Arrêté fufdaté du Département de Maine & Loire.

Département de Maine & Loire. Diftrict de Saumur. Ville de Saumur.

XV. Il y aura, pour la ville de Saumur, deux paroiffes ; celle de Saint-Pierre , qui fera deffervie dans l'Eglife de ce nom ; & celle de Saint-Jacques, qui fera deffervie dans l'Eglife du ci-devant Monaftère des Capucins de cette ville. La rivière de Loire fera la ligne de féparation entre les deux paroiffes. L'Eglife ci-devant paroiffiale de Saint-Nicolas , & la Chapelle de Notre-Dame des Ardillières, feront confervées comme Oratoires de la paroiffe de Saint-Pierre.

Ville de Doué.

XVI. Il n'y aura, pour la ville & les fauxbourgs de Doué , que deux paroiffes, qui feront deffervies , la première fous le nom & dans l'Eglife de Saint-Pierre, la feconde fous le nom & dans l'Eglife de Saint-Denis.

Ville de Montreuil-Bellay.

XVII. Il n'y aura , pour la ville de Montreuil Bellay, qu'une feule paroiffe , à laquelle font réunies les paroiffes de Lennay & de Saint-Hilaire-le-Doyen.

Ville du Puy-Notre-Dame.

XVIII. Il n'y aura, pour la ville du Puy, qu'une feule paroiffe, qui fera deffervie fous le nom & dans l'Eglife de Notre-Dame, & qui réunira à fon ancien territoire les hameaux de Meffemé, Oiré, Champagné, les Caves & le Moulin-Arpenty.

XIX. Les autres paroiffes du Diftrict de Saumur font réduites au nombre de 38, conformément à l'état qui fuit :

1 Allonne, qui aura pour fuccurfale Ruffé.
2 Ambillou.
3 Antoigné.
4 Brain-fur-Allonne, qui aura pour fuccurfale la Breille.
5 Brézé, qui aura un Oratoire à Saint-Juft.
6 Chenehutte.
7 Cizé.
8 Coudray Macouard, (le) qui aura un Oratoire à Montfort, & un à Courchamp.
9 Coutures.
10 Denezé.
11 Diftre.
12 Epieds.
13 Frontevrault.
14 Grefillé.
15 Louverre.
16 Loureffe, qui aura un Oratoire à Roche-ménil.
17 Meron.
18 Monforau, qui aura une fuccurfale à Tur-quant.
19 Neuillé.
20 Rofiers, (les) qui aura pour fuccurfale la Ménitré.

D 3

21 Rou, qui aura un Oratoire à Marfon.
22 Saint - Clément de Trèves.
23 Saint - Cyr - en - Bourg.
24 Saint - Hilaire - l'Abbaye.
25 Saint - Juft - de - Verché.
26 Saint - Lambert - des - Levées.
27 Saint-Macaire.
28 Saint - Martin - de - la - Place.
29 Saint - Vétérin - de Gennes , qui aura un Oratoire à Milly.
30 Souzé.
31 Tourey. (le)
32 Trèves.
33 Ulmes. (les)
34 Vivy.
35 Varannes - fur - Monforau.
36 Vauldenay. (le)
37 Vilbernier.
38 Voreins.

XX. Toutes les Paroiffes du Diftrict de Saumur feront circonfcrites ainfi qu'il eft expliqué dans la délibération du Directoire de Diftrict, fauf les changemens propofés par l'Arrêté fufdaté du Directoire du Département de Maine & Loire.

Département de Seine & Marne. Ville de Melun.

XXI. Il n'y aura pour la ville de Melun que deux paroiffes. Elles feront deffervies dans les Eglifes de Saint-Afpais & de Notre-Dame. Le bras de la rivière de Seine, du côté du Nord, fera la féparation entre elles.

Les paroiffes de Saint-Liefne, de Saint-Barthelemy et de Saint-Ambroife font fupprimées.

L'Eglife de Saint-Barthelemy eft provifoirementconfervéecomme fuccurfale de la paroiffe de Saint-Afpais, jufqu'à ce qu'il ait été ftatué fur la circonfcription des paroiffes des campagnes environnantes.

Département de Seine & Marne. Ville de Provins.

XXII. Il y aura, pour la ville de Provins, deux paroiffes, l'une pour la ville haute, l'autre pour la ville baffe. Elles feront deffervies fous les noms & dans les Eglifes de Saint-Quiriau & de Saint-Ayoult. L'Eglife de Sainte-Croix fera confervée comme Oratoire de la paroiffe de Saint-Avoult; la rivière de Durtin fera la ligne de féparation entre les deux paroiffes.

Département de l'Yonne. Ville de Vezelay.

XXIII. Les deux paroiffes de la ville de Vezelay font réunies en une feule, qui fera deffervie dans l'Eglife de Sainte-Marie-Madeleine.

Département du Cher. Ville de Vierzon.

XXIV. Il y aura, pour la ville de Vierzon, & pour les campagnes environnantes, deux paroiffes qui feront deffervies, l'une fous le nom & dans l'Eglife de Notre-Dame, & l'autre fous le nom de Saint-Pierre, dans l'Eglife de la ci-devant Abbaye des Bénédictins de cette ville. Lefdites paroiffes feront circonfcrites ainfi qu'il eft expliqué dans la délibération fufdatée du Directoire du Diftrict.

Département de l'Allier. Diftrict du Donjon.

XXV. Les paroiffes du Diftrict du Donjon font réduites au nombre de trente-cinq, conformément à l'état qui fuit:

D 4

1	Ande - la - Roche.
2	Avrilly.
3	Barrois.
4	Bert.
5	Bouchaud. (le)
6	Buffole.
7	Chaffenard.
8	Châtel - Perron.
9	Chavroche.
10	Coullange.
11	Diou.
12	Dompierre.
13	Donjon. (le)
14	Droiturier.
15	Jalogny.
16	Lénax.
17	Liernolles.
18	Lodde.
19	Lunau.
20	Molinet.
21	Moneftay.
22	Montaignet.
23	Neuilly.
24	Pierre-Fitte.
25	Pin. (le)
26	Saligny.
27	Sorbiers.
28	Saint - Didier.
29	Saint - Léger - des - Bruyères.
30	Saint-Léon.
31	Saint - Pourçain.
32	Thionné.
33	Tréfel.
34	Varennes - fur - Tesche.
35	Vofmas.

XXVI. Toutes les paroiffes du Diftrict du Donjon

feront circonfcrites ainfi qu'il eft expliqué dans la délibération fufdatée du Directoire de ce Diftrict.

Département de l'Allier. Ville de Varenne-fur-Allier.

XXVII. Les paroiffes de Saint-Jean & de Saint-Pierre
de la ville de Varenne-fur-Allier feront réunies en une
feule paroiffe, qui fera deffervie fous le nom & dans
l'Eglife de Sainte-Croix de la même ville.

XXVIII. Il fera envoyé, les Dimanches & les Fêtes,
dans chacun des Oratoires mentionnés au préfent décret,
par les Curés refpectifs, un de leurs Vicaires, pour y
célébrer la meffe, & y faire les inftructions fpirituelles,
fans pouvoir y exercer les fonctions curiales.

Scellé le 12 du même mois.

Décret portant vente de Biens nationaux à différentes
Municipalités.

Du 5 Juillet 1791. *Séance du foir.*

L'ASSEMBLÉE NATIONALE, fur le rapport qui lui a été
fait par fon comité de l'Aliénation des Domaines nationaux, des foumiffions faites fuivant les formes prefcrites,
déclare vendre les biens nationaux dont l'état eft annexé
aux procès-verbaux refpectifs des évaluations ou eftimations defdits biens, aux charges, claufes & conditions
portées par le Décret du 14 mai 1790, & pour les fommes
ci-après, payables de la manière déterminée par le même
Décret.

S A V O I R :

Département du Lot.

A la Municipalité de
Cahors , pour la somme
de . . . . 338,278 l.

Département de Lot & Garonne.

A la Municipalité de
Loubès-en-Théobon , pour
la somme de 4,613

Département du Nord.

A la Municipalité de
Biffezelle , pour la som-
me de 55,238   10 f.

Département de Lot & Garonne.

A la Municipalité de
Caftillonées , pour la som-
me de 79,156

  A celle de la Sauve-
tat , même Département ,
pour la somme de 12,082

Département du Nord.

  A la Municipalité de

Gravelines , pour la fom-
me de . . . . 107,338 l.

Le tout ainfi qu'il eft plus au long détaillé dans les
Décrets de vente & états d'eftimation refpectifs annexés à la minute du Procès-verbal de ce jour.

Décret relatif à la liquidation de l'Office de Premier
Préfident à la ci-devant Chambre des Comptes de
Grenoble.

Du 6 Juillet 1791.

L'Affemblée Nationale , inftruite par fon Comité de
Judicature qu'il n'exifte aucun acte authentique d'acquifition ou de partage entre les co-héritiers de l'Office de
Premier Préfident à la ci-devant Chambre des Comptes
de Grenoble, & confidérant que cet Office ne peut être
comparé à aucun des autres Offices de la même Compagnie, décrète que ledit Office fera liquidé conformément à l'évaluation qui en a été faite en 1771.

Scellé le 12 du même mois.

Décret qui ordonne la vifite du vaiffeau l'Africain,
détenu à Caudebec. .

Du 6 Juillet 1791.

L'Affemblée Nationale , après avoir entendu la lecture des dépêches des Adminiftrateurs compofant le
Directoire du Département de la Seine-inférieure , décrète que le vaiffeau l'*Africain*, Capitaine *Quibel*, parti
de Rouen pour Hambourg , actuellement détenu à
Caudebec, y fera vifité , & qu'il en fera dreffé procès-

verbal. A cet effet, les Adminiſtrateurs du Directoire du Département de la Seine-inférieure ſont autoriſés d'en ordonner le déchargement, ſauf les indemnités, s'il y a lieu.

Scellé le 12 du même mois.

Décret relatif aux Officiers & ſous-Officiers de terre & de mer, pour l'exercice de leurs droits de Citoyens actifs.

Du 6 Juillet 1791.

L'Aſſemblée Nationale décrète ce qui ſuit :
Les Officiers, ſous-Officiers, ou autres, attachés au ſervice de terre & de mer, domiciliés habituellemen dans les lieux où ils ſe trouveront, ſoit en garniſon, ſoit en activité de ſervice, pourront y exercer leurs droits de Citoyens actifs, s'ils réuniſſent d'ailleurs les conditions requiſes.

Scellé le 12 du même mois.

Suite des Décrets ſur la police municipale.

Du 6 Juillet 1791.

Voyez le Décret général ſous la date du 19 de ce mois.

Décret relatif à des barils contenant des eſpèces monnoyées étrangères, arrêtées par la Municipalité de Forbach.

Du 7 Juillet 1791.

L'Aſſemblée Nationale, après avoir entendu ſes Co-

mités réunis des Rapports & des Recherches, décrète
que les barils contenant des efpèces monnoyées étrangères, mentionnées dans le procès-verbal du Receveur
des Douanes nationales de Forbach, contenant l'arref-
ration defdites efpèces, ordonnée par la Municipalité
dudit Forbach, en date du 16 Juin dernier, jouiront,
conformément à fon Décret du 3 de ce mois, de la libre
circulation pour arriver à leur deftination.

Scelle le 20 du même mois.

*Décret portant qu'il n'y a lieu à inculpation contre les
Membres de la ci-devant Affemblée générale de Saint-
Domingue, ceux du Comité provincial de l'oueft de
ladite Colonie, & contre le fieur Santo-Domingo.*

Du 7 Juillet 1791.

L'Affemblée Nationale, après avoir entendu le rapport qui lui a été fait au nom de fes Comités des Colonies, de Marine, de Conftitution, d'Agriculture & de
Commerce, prenant en confidération les explications &
rétractations des Membres de la ci-devant Affemblée
générale de Saint-Domingue, contenues dans leurs
Adreffes des 19 Avril & 22 Mai derniers,

Déclare qu'il n'y a lieu à inculpation contre les Membres de la ci-devant Affemblée générale de Saint Domingue, ceux du Comité Provincial de l'oueft de ladite
Colonie, & le fieur Santo-Domingo, commandant le
vaiffeau *le Léopard.*

En conféquence, décrète qu'elle lève les difpofitions
de fes Décrets des 20 Septembre & 12 Octobre 1790,
par lefquelles les Membres de la ci-devant Affemblée
générale de Saint-Domingue, ceux du Comité Provin-

cial de l'oueſt, & le ſieur Santo Domingo, ont été mandés & retenus à la ſuite de l'Aſſemblée Nationale, ainſi que les diſpoſitions par leſquelles le Roi a renvoyé l'équipage du vaiſſeau *le Léopard* dans ſes quartiers reſ-pectifs, & enjoint aux Officiers de reſter dans leurs Départemens : & ſur le ſurplus, l'Aſſemblée décrète qu'il n'y a pas lieu à délibére..

Scellé le 20 du même mois.

Décret relatif aux marchandiſes étrangères importées en Alſace par le Pont du Rhin, ou directement à Stras-bourg par le Rhin ou par la rivière d'Ill.

Du 7 Juillet 1791.

L'Aſſemblée Nationale décrète :

ARTICLE PREMIER.

Toutes marchandiſes étrangères importées en Alſace par le pont du Rhin, ou directement à Strasbourg par le Rhin ou par la rivière d'Ill, ſeront conduites à la Douane ſans aucune vérification, ſous l'eſcorte de deux Prépoſés à la Police du Commerce extérieur, duement prévenus par les voituriers & bateliers ; elles y ſeront dé-clarées par eſpèce, poids ou quantité, & dépoſées de ſuite dans un magaſin particulier, ſous la clef reſpective du Prépoſé de la Régie des Douanes nationales, & du Prépoſé du Commerce.

II. Le Négociant à qui leſdites marchandiſes auront été adreſſées, ſera tenu de déclarer, dans la quinzaine de l'arrivée pour les objets de manufacture & fabrique étrangères, & dans deux mois pour les drogueries & épiceries, & autres objets non manufacturés, les quan-tités des marchandiſes qu'il voudra faire entrer dans la

confommation du Royaume, & celles qu'il deftinera à faire
paffer à l'Etranger en tranfit. Il acquittera les droits du nouveau tarif fur les marchandifes déclarées pour le Royaume,
& fera tenu de les retirer auffitôt de l'entrepôt. Les
autres feront entrepofées dans un magafin féparé, d'où
elles ne pourront être retirées que pour tranfiter à l'E-
tranger. Ce magafin fera également fous la clef refpec-
tive du Prépofé de la Régie des Douanes nationales , &
du Prépofé du Commerce.

I I I. La durée de l'entrepôt, à compter du jour de
l'arrivée , ne pourra excéder fix mois , à l'expiration defquels les marchandifes qui n'auront point été expédiées
en tranfit pour l'Etranger , y feront envoyées, fans pouvoir en aucun cas être retirées pour la confommation du
Royaume.

I V. Les conducteurs des marchandifes étrangères qui
feront préfentées au Bureau de Ru'sheim ou de Saint-
Louis , pour paffer à Strasbourg fans deftination fixe,
feront tenus de déclarer le nombre des colis , le poids
de chacun, & leur contenu. Ladite déclaration fera
vérifiée ; après quoi, les voitures fur lefquelles feront
lefdites marchandifes, feront plombées par *capacité*,
& les marchandifes expédiées par acquit à caution pour
l'entrepôt de Strasbourg , où elles feront reconnues. Les
Négocians à qui elles auront été adreffées , auront, pour
en difpofer, les délais fixés par les articles II & III ,
auxquels ils feront tenus de fe conformer.

V. Les marchandifes qui fortiront de l'entrepôt de
Strasbourg à la deftination de l'Etranger , feront expé-
diées par acquit à caution, qui devra être déchargé après
vérification dans les Bureaux de Rulsheim ou de Saint-
Louis, lorfqu'elles feront voiturées par terre ; & par les
Bureaux de Honheim, ou de Neuhoffen , ou de Gautzan,

lorfqu'elles feront conduites par la rivière d'Ill pour être tranfportées par le Rhin.

VI. Les marchandifes venant de l'Etranger, & préfentées aux Bureaux de Rulsheim ou de Saint-Louis, pour paffer en tranfit par l'Alface, feront également déclarées, vérifiées, plombées par *capacité* de voiture, & expédiées par acquit à caution, pour être repréfentées au Bureau de fortie, où l'acquit à caution fera déchargé.

VII. Dans le cas où une partie des marchandifes préfentées auxdits Bureaux feroit deftinée pour les Départemens du haut & du bas Rhin, & le furplus pour paffer directement à l'Etranger, les premières acquitteront les droits au premier Bureau d'entrée; les autres feront expédiées par acquit à caution, qui fera déchargé au dernier Bureau de fortie.

VIII. Le tranfit & l'entrepôt accordés par les articles ci-deffus aux marchandifes étrangères qui pafferont fur les Départemens du haut & du bas-Rhin, auront également lieu pour celles qui feront importées par le Bureau de Sarguemines, & par les autres Bureaux des Départemens de la Meurthe & de la Mofelle, auffi à la deftination étrangère; à la charge par ceux qui expédieront lefdites marchandifes, de remplir les formalités prefcrites par lefdits articles.

IX. Le tranfit ne fera affujéti à aucun droit, mais il paiera les frais du plombage; & les magafins d'entrepôt qui feront établis à Strasbourg, feront fournis aux frais du Commerce, qui paiera également fes Prépofés.

X. Les Entrepreneurs de manufactures de toiles peintes établies actuellement dans le Département du haut-Rhin, jouiront du remboursement des droits du nouveau tarif qu'ils auront acquittés sur les toiles de coton blanches tirées de l'Etranger par le Bureau de Saint-Louis pour
être

être peintes dans leur manufacture, & réexportées à l'Etranger, en se conformant aux formalités prescrites par les articles suivans.

XI. Les toiles qui auront cette destination devront, au moment de leur introduction, être déclarées pour celle des manufactures du Département du haut - Rhin à laquelle elles seront destinées.

XII. Le remboursement des droits qu'elles auront acquittés, ne pourra s'effectuer qu'autant que ces toiles n'auront pas changé de main, que l'exportation en sera faite dans l'année par le Bureau de Saint-Louis, & qu'elles seront accompagnées de l'acquit de paiement des droits d'entrée, lequel sera émargé à chaque expédition par le Receveur & le Contrôleur, pour les quantités dont la sortie aura été constatée.

XIII. Les manufactures actuellement établies dans le Royaume, qui justifieront avoir les mêmes besoins que celles du Haut-Rhin, pourront jouir du même avantage, seulement en vertu d'une loi nouvelle.

Scellé le 10 *du même mois.*

Suite des Décrets sur la Police Municipale.

Du 7 Juillet 1791.

Voyez le Décret général sous la date du 19 de ce mois.

Décret portant que la Sentence rendue contre le Régiment Royal-Comtois est & demeure comme non-avenue.

Du 7 Juillet 1791.

L'ASSEMBLÉE NATIONALE, après avoir oui le compte
Juillet 1791.   E

qui lui a été rendu par fon Comité Militaire, de l'affaire du Régiment Royal-Comtois , & de la Sentence rendue le 12 Juillet 1773, par le Confeil de Guerre aflemblé pour en prendre connoiffance ,

Décrète que ladite Sentence eft & demeure comme non-avenue.

Scellé le 10 du même mois.

Décret qui ordonne l'exécution des Jugemens rendus fur conteftations entre les Adminiftrateurs de l'Hôpital des Quinze-Vingts , le Procureur-général-Syndic du Département de Paris & les Sieurs Bochet & Duhamel.

Du 7 juillet 1791.

L'ASSEMBLÉE NATIONALE, après avoir entendu fon Comité des Rapports ,

Décrète que les Jugemens rendus par le Tribunal de l'arrondiffement des Quinze-Vingts , fur les conteftations qui fe font élevées entre les anciens Adminiftrateurs de l'Hôpital du même nom, le procureur-général-Syndic du Département, & les fieurs Bochet & Duhamel , feront exécutés fuivant leur forme & teneur ; & tous les Arrêtés que le Directoire du Département de Paris a pris poftérieurement auxdits Jugemens fur l'adminiftration de cet Hôpital , feront regardés comme non-avenus.

Scellé le 10 du même mois.

Décret portant circonfcription de différentes Paroiffes.

Du 8 juillet 1791.

L'ASSEMBLÉE NATIONALE , oui le rapport qui lui a été fait par fon Comité Eccléfaftique ,

1°. de l'Arrêté pris par le Directoire du Département de Seine & Marne , le premier de ce mois , de concert avec l'Evêque de ce Département , fur la délibération du Directoire du Diftrict de Melun , en date du même jour , concernant la circonfcription & réunion de plu-fieurs Paroiffes de ce Diftrict ;

2°. de l'Arrêté pris le même jour , par le Directoire du même Département , de concert avec l'Evêque , fur la délibération du Directoire du Diftrict de Nemours , du 15 juin dernier , concernant la circonfcription & la réu-nion de quelques Paroiffes de ce Diftrict, décrète ce qui fuit.

DISTRICT DE MELUN.

ARTICLE PREMIER.

Pontault.

Les Paroiffes de Combault & Berchers , avec le Hameau de Pontillaut , feront réunies à la Paroiffe de Pontault. L'Eglife de Combault fera confervée comme Oratoire.

Chévry.

II. Les Paroiffes d'Attilly & de Coffigny , avec les Hameaux en dépendans , feront réunies à la Paroiffe de Chévry , & l'Eglife de Coffigny fera confervée comme Oratoire. Il fera néanmoins diftrait de la Paroiffe d'Attilly les Hameaux de Beauroffe , Laborde & Foreil , pour être réunis provifoirement aux Paroiffes circonvoifines les plus proches, dont la circonfcription fera inceffamment décrétée.

Tournan.

III. Les Paroiffes de la Madeleine-les-Tournan & Grets, avec les Hameaux en dépendans , feront réunies à la Pa-

E 2

roiſſe de Tournan. L'Egliſe de la Madeleine ſera conſervée comme Oratoire. La Paroiſſe de Grets, avec ſes Hameaux, deviendra ſuccurſale de la Patoiſſe de Tournan.

Liverdy.

IV. La Paroiſſe de Chaſtres deviendra ſuccurſale de Liverdy.

Chaumes.

V. Les Paroiſſes de Verneuil, Beauvoir & Argentière, avec tous les Hameaux en dépendans, ſont réunies à la Paroiſſe de Chaumes. Il en ſera néanmoins diſtrait, 1°. de la Paroiſſe d'Argentière, le Hameau de Montcouvent, pour être réuni à la Paroiſſe de Courtomer; 2°. de la Paroiſſe de Verneuil, les Hameaux de Vernouillet, Moacienne, la Thuillerie, les Chênes & les Planches, pour être réunis à la Paroiſſe de Guignes. Les Egliſes de Beauvoir & Argentière ſeront conſervees comme ſuccurſales, avec leurs territoires reſpectifs, ſous les exceptions ci-deſſus, & il y aura un Oratoire à Verneuil.

Aubepierre.

VI. La Paroiſſe de Péqueux & ſes Hameaux ſeront réunis à la Paroiſſe d'Aubepierre : il y ſera néanmoins conſervé un Oratoire.

Guignes.

VII. Les Paroiſſes d'Yèbles, Suſci-le-Château, Andrezel & l'Etang avec tous les Hameaux en dépendans, ſont ſupprimées & réunies à la Paroiſſe de Guignes. Il y ſera pareillement réuni les Hameaux de Vernouillet, Moa-

cienne, la Thuillerie, les Chênes & les Planches, qui;
à cet effet, feront diftraits de la Paroiffe de Verneuil;
néanmoins il y aura une fuccurfale à Yèbles, compofée
du territoire actuel de cette Paroiffe, & de celui de Sufci-
le Château, à l'exception des Hameaux du Péage, du
Moulin, des Planches, & de Nogent fur-Avon, qui
dépendront de la Paroiffe de Guignes; il y aura pareillement une fuccurfale à Andrezel, compofée de fon ancien territoire.

Crifenoy.

VIII. Les Paroiffes de Champdeuil & Champigny,
avec tous les Hameaux en dépendans, feront réunies à
la Paroiffe de Crifenoy. L'Eglife de Champdeuil fera
confervée comme Oratoire.

Réau.

IX. Les Paroiffes de Liffy, Fourches & Limoges,
avec les Hameaux en dépendans, feront réunies à la
Paroiffe de Réau, dont elles formeront une fuccurfale deffervie en l'Eglife de Limoges; celle de Liffy
fera confervée comme Oratoire. Il fera réuni à la Paroiffe
de Réau le Hameau de Viercy, qui, à cet effet, fera
diftrait de la Paroiffe de Montereau-fur-le-Jard.

Saint-Germain-de-Laxis.

X. La Paroiffe d'Aubigny, & celle de Montereau-
fur-le-Jard, avec le Hameau de Courceaux, en dépendant, feront réunies à la Paroiffe de Saint-Germain-de-
Laxis. Il y aura un Oratoire à Montereau-fur-le-Jard,
& une fuccurfale à Aubigny, compofée du territoire
actuel d'Aubigny, & du Hameau de Courceaux; celui
de Villaroche appartiendra à la Paroiffe de Réau.

E 5

Sivry.

XI. Les Paroiſſes de Courtry & d'Ailly-Milli-les-Granges ſont réunies à la Paroiſſe de Sivry : néanmoins la Paroiſſe de Courtry ſera conſervée comme ſuccurſale.

Quiers.

XII. Les Paroiſſes de Clos-Fontaine & la Fermeté, avec les Hameaux en dépendans, ſont réunies à la Paroiſſe de Quiers, ainſi que le Hameau de Bagneaux, qui, à cet effet, ſera diſtrait d'Ozouer-le-Repos. Néanmoins la Paroiſſe de Clos-Fontaine, avec les Hameaux de la Boulaye, Enfer & les Viviers, ſera conſervée comme ſuccurſale. Il y aura un Oratoire à la Fermeté.

Bailly.

XIII. Les Paroiſſes de Carroy & Grand-Puits, avec les Hameaux en dépendans, enſemble les Hameaux du haut & du bas-Chaillot, dépendans de la Paroiſſe de Nangis, Diſtrict de Provins, feront réunies à la Paroiſſe de Bailly. Il y aura un Oratoire à Grand-Puits.

Valence.

XIV. La Paroiſſe d'Echouboulains, avec ſes Hameaux, deviendra ſuccurſale de Valence. Il en ſera néanmoins diſtrait, pour être réunis à la Paroiſſe de Valence, les Hameaux de la rue du Bois & d'Echou.

Héricy.

XV. Les Paroiffes de Vulaine & Samoireau, avec tous les Hameaux en dépendans, enfemble la maifon des Preffoirs-du-Roi & le territoire environnant qui dépendoit de la Paroiffe de Thomery, dont il étoit féparé par la rivière de Seine, font réunies à la Paroiffe d'Héricy; néanmoins ladite Paroiffe de Samoireau, avec la maifon des Preffoirs-du-Roi, formera le territoire d'une fuccurfale, & l'Églife de Vulaine fera confervée comme Oratoire. Le Bois-Gautier, & tout le territoire au-delà de la rivière de Seine qui dépendoit de la paroiffe de Samoireau, en fera diftrait, pour être réuni à la Paroiffe d'Avon.

Notre-Dame-de-Melun.

XVI. La paroiffe de la Rochette fera réunie à la Paroiffe de Notre-Dame-de-Melun: l'Églife de la Rochette fera confervée comme Oratoire.

Pringy.

XVII. La Paroiffe de Montgermon fera fupprimée, &, avec les Hameaux en dépendans, réunie à la Paroiffe de Pringy; il en fera néanmoins diftrait le Hameau de Faronville, pour être réuni à la Paroiffe Saint-Sauveur.

Boiffize-le-Roi.

XVIII. Le Hameau de Vofves fera diftrait de la Paroiffe de Dame-Marie-les-Lys, & réuni à celle de Boiffize-le-Roi.

Saint Sauveur.

XIX. Le Hameau d'Orgenoy, Paroiſſe de Boiſſize-le-Roi, celui de Faronville, & le Hameau de la Planche, Paroiſſe de Perthes, feront réunis à la Paroiſſe de Saint-Sauveur.

Chailly-en Bierre.

XX. La Paroiſſe de Villiers-en-Bierre, avec ſes Hameaux, fera réunie à la Paroiſſe de Chailly, dont elle fera ſuccurſale.

DITRICT DE NEMOURS.

Château-Landon.

XXI. Il n'y aura dans la Ville de Château-Landon, qu'une ſeule Paroiſſe, deſſervie en l'Egliſe de Notre-Dame, à laquelle feront réunies les Paroiſſes de Saint-Séverin, Saint-Thugal, Sainte-Croix, vacante, & ſans exercice de Culte depuis long-temps, & Néronville avec tous les Hameaux en dépendans, à l'exception des Hameaux de Chancepoix & Lamivoy, Paroiſſe Saint-Séverin, qui en feront diſtraits & réunis à la Paroiſſe de Souppes; les Hameaux du Meſnil-Mézainville & Butteaux, Paroiſſe de Chenon, feront pareillement réunis à la Paroiſſe Notre-Dame de Château-Landon. L'Egliſe de Saint-Thugal fera conſervée comme Oratoire.

Souppes.

XXII. Les Paroiſſes de la Madeleine-de-Corbeval & du Boulay, avec tous les Hameaux en dépendans, feront réunies à la Paroiſſe de Souppes; il en fera néanmoins

diſtrait le Hameau du Chamault , Paroiſſe du Boulay ;
pour être réuni à la Paroiſſe de Poligny. Seront pareillement réunis à la Paroiſſe de Souppes , & , à cet
effet, diſtraits de leurs Paroiſſes reſpectives, les Hameaux du Moulin-de-Glandelle , Paroiſſe de Bagneaux,
de Fraville , Paroiſſe de Chaintreaux , de Chancepoix
& de Lamivoye , Paroiſſe de Saint-Séverin de Château-
Landon. L'Egliſe de la Madeleine de-Corbeval ſera con-
ſeivée comme Oratoire.

Montereau.

XXIII. Il n'y aura dans la Ville de Montereau-Saut-
Yonne qu'une ſeule Paroiſſe, deſſervie en l'Egliſe Notre-
Dame-de Saint Loup , à laquelle ſera réunie la Paroiſſe
de Saint-Maurice. L'Egliſe de Saint Nicolas , fauxbourg
de même nom , deviendra ſuccurſale de Montereau ,
& il y ſera réuni la Paroiſſe de Saint-Jean-Courbeton,
& le Hameau du Dragon bleu qui , à cet effet , ſera
diſtrait de la Paroiſſe de Forges ; la rivière de Seine, qui
ſépare la Ville de Montereau d'avec le fauxbourg Saint
Nicolas , ſervira de limite à cette ſuccurſale.

XXIV. Il ſera envoyé les Dimanches & Fêtes , dans
chacun des Oratoires mentionnés au préſent Décret,
par les Curés reſpectifs, un de leurs Vicaires, pour y
célébrer la Meſſe, & y faire les fonctions ſpirituelles,
ſans pouvoir y exercer les fonctions curiales.

Scellé le 20 *du même mois.*

Décret relatif à l'impreſſion & envoi des Décrets qui ſeront relatifs à des objets d'utilité générale, ou de pure localité.

Du 8 Juillet 1791.

L'Aſſemblée Nationale décrète ce qui ſuit :

ARTICLE PREMIER.

Les Décrets de l'Aſſemblée Nationale qui ſeront rendus à l'avenir, contiendront, ſuivant qu'ils ſeront relatifs à des objets d'utilité générale, ou de pure localité qui n'intéreſſera pas plus d'un Département, la clauſe qu'ils ſeront imprimés & envoyés dans tous les Départmes, ou bien qu'ils ſeront envoyés ſeulement dans le Département, Corps adminiſtratif ou Tribunal qu'ils intéreſſeront.

II. Les Décrets de la première eſpèce ſeront imprimés & envoyés par les Miniſtres à tous les Départemens; les autres ne ſeront envoyés qu'en manuſcrit au Département, Corps adminiſtratif ou Tribunal qu'ils pourront concerner.

Scellé le 20 du même mois.

Décret qui deſtine, ſur les fonds de la Caiſſe de l'Extraordinaire, une ſomme de trois millions, pour les ſecours proviſoires que pourront exiger les beſoins preſſans & momentanés des Hôpitaux.

Du 8 Juillet 1791.

L'Aſſemblée Nationale, ſur le rapport qui lui a été

fait par fes Comités des Finances & de Mendicité,
réunis, décrète ce qui fuit:

ARTICLE PREMIER.

Il fera deftiné, fur les fonds de la Caiffe de l'Extraordinaire, une fomme de trois millions pour les
fecours provifoires que pourront èxiger les befoins
preffans & momentanés des Hôpitaux du Royaume,
laquelle fera avancée fucceffivement à titre de prêt, fur
la demande des Directoires de Diftrict & de Département & des Municipalités du Royaume, en faveur
des Hôpitaux qui y font fitués, ainfi qu'il fera déterminé par les articles fuivans.

II. Les différentes Municipalités qui réclameront ces
avances en faveur de leurs hôpitaux, ne pourront le
faire fans l'avis des Directoires de Diftrict & de Département où elles font fituées, & feront tenues de
fe procurer l'acquiefcement des Confeils-généraux de
leurs communes, avec obligation de rétablir ces avances
dans la Caiffe de l'Extraordinaire, dans les fix premiers
mois de l'année 1792, par le produit des fols additionnels aux contributions foncière & mobiliaire, &
fur les droits des patentes à impofer en 1791.

III. Ces Municipalités feront tenues en outre de
préfenter le confentement du Confeil-général de la Commune pour donner, en garantie de ces avances, & de
la reftitution des deniers à la Caiffe de l'Extraordinaire,
le feizième qui leur revient dans le produit de la vente
des biens nationaux dont elles font foumiffionnaires.

IV. A défaut de cette garantie du feizième, qui revient
aux Municipalités dans le produit de la vente des biens
nationaux, les hôpitaux ou les Municipalités feront
tenus de préfenter en garantie de ces avances, fur l'avis

des Directoires de District & de Département, les capitaux des rentes appartenantes aux hôpitaux sur le Trésor national, ou d'autres créances vérifiées être à la charge dudit Trésor, & liquidées à la Caisse de l'Extraordinaire, ou même les biens fonds que pourroient posséder les hôpitaux qui sont dans le besoin, & en faveur desquels seront faites les avances de la Caisse de l'Extraordinaire.

V. Les sommes qui seront ainsi avancées à titre de prêt aux différens hôpitaux de Paris, en remplacement provisoire des revenus dont ils sont privés par la suppression des droits d'entrée, seront rétablies à la Caisse de l'Extraordinaire dans les six premiers mois de l'année 1792, sur les premiers deniers provenans des impositions qui seront ordonnées en remplacement de ces revenus; & les créances sur le Trésor national dont lesdits hôpitaux sont propriétaires, ainsi que leurs biens-fonds, seront, sur l'avis du Directoire du Département de Paris, reçues en garantie de la restitution de ces derniers.

VI. L'état de distribution des avances qui seront faites aux hôpitaux du Royaume, conformément aux dispositions déterminées dans les articles précédens, sera dressé par le Ministre de l'Intérieur; cet état indiquera, pour chaque hôpital une somme déterminée pour chaque mois, & le Commissaire du Roi à la Caisse de l'Extraordinaire ne pourra ordonner le paiement de ces avances que conformément à cet état qui lui sera communiqué par le Minist. de l'Intérieur.

VII. Les pièces à produire par les Municipalités & les hôpitaux, à l'appui de leurs demandes, ne seront point assujéties au timbre.

Scellé le 25 du même mois.

Décret relatif à la signature des Assignats.

Du 8 Juillet 179.

L'Assemblée Nationale décrète ce qui suit :

ARTICLE PREMIER.

Le nombre des signataires sera distribué ainsi qu'il suit :

Six seront occupés à signer les Assignats de 500 livres.

Seize aux Assignats de 100 liv.
Vingt aux Assignats de 50 liv.
Huit aux Assignats de 90 liv.
Huit aux Assignats de 80 liv.
Huit aux Assignats de 70 liv.
Huit aux Assignats de 60 liv.

II. La liste des signataires nouvellement admis sera rendue publique par la voie de l'impression, & adressée à tous les Departemens du Royaume.

Scellé le 10 du même mois.

Décret relatif à un versement de fonds à la Trésorerie Nationale par la Caisse de l'Extraordinaire.

Du 8 Juillet 1791.

L'Assemblée Nationale, décrète ce qui suit :

ARTICLE PREMIER.

Il sera fourni à la Trésorerie, par la Caisse de l'Extraordinaire, la somme de 24.618.376 liv. pour supplément aux dépenses ordinaires du mois de Juin.

II. La Caisse remboursera à la Trésorerie la somme 11,991,470 livres en remplacement de pareille somme

par elle avancée pour l'acquittement des dépenfes particulières à l'année 1791.

Scellé le 25 du même mois.

*Décret relatif aux effets dont le tranfport à l'Etranger
eft prohibé, & à ceux dont l'exportation eft libre.*

Du 8 Juillet 1791.

L'Affemblée Nationale, ayant entendu le rapport de
fon Comité Diplomatique, voulant, conformément
à fon Décret du 24 Juin dernier, qu'il ne foit apporté
aucun obftacle au cours ordinaire du commerce, déclare
que les feuls effets dont elle entend prohiber, quant
à préfent, le tranfport à l'étranger, font les armes,
munitions de guerre, les matières d'or & d'argent en
lingot, & les efpèces monnoyées, qui ont cours dans
le Royaume; l'exportation des ouvrages de l'Orfèvrerie
& de Joaillerie neufs & poinçonnés de la marque actuellement exiftante demeurant libres; n'entendant néanmoins l'Affemblée porter aucune atteinte aux prohibitions portées par les Loix & les Règlemens de Commerce, lefquels font maintenus comme par le paffé.

Scellé le 10 du même mois.

Suite des Décrets fur la Police Municipale.

Du 8 Juillet 1791.

Voyez le Décret général, fous la date du 19 Juillet
1791.

*Décret contenant liquidation de plufieurs parties de la dette
publique.*

Du 8 Juillet 1791.

Scellé le 12 du même mois.

(Voyez ce Décret à la fin du volume).

Décret concernant la conservation & le classement des Places de guerre & Postes militaires , la police des fortifications & autres objets y relatifs.

Des 24 Mai, 25, 27 & 30 Juin, 2, 4, 5 & 8 Juillet 1791.

L'ASSEMBLÉE NATIONALE, sur le rapport de son Comité Militaire, décrète ce qui suit:

TITRE PREMIER.

Conservation & classement des Places de Guerre & Postes militaires. Police des Fortifications.

ARTICLE PREMIER.

Les places de guerre & postes militaires seront partagés en trois classes, suivant leur degré d'importance, & conformément au tableau qui sera reglé & annexé au présent Décret.

Les places & postes de la première classe seront non-seulement entretenus avec exactitude, mais encore renforcés dans toutes celles de leurs parties qui l'exigeront, & constamment pourvus des principaux moyens nécessaires à leur défense.

Ceux de la seconde classe seront entretenus sans augmentation, si ce n'est pour l'achèvement des ouvrages commencés; & ceux de la troisième classe seront conservés en masse, pour valoir au besoin, sans démolition, & sans autre entretien que celui des bâtimens qui seront conservés pour le service militaire, & des ouvrages relatifs aux manœuvres des eaux.

I I.

Ne feront réputés places de guerre ou poftes militaires que ceux énoncés au tableau annexé au préfent Décret.

I I I.

Dans le nombre des places de guerre & poftes militaires défignés à l'article précédent, fi un examen ultérieur prouvoit que quelques forts, citadelles, tours ou châteaux font abfolument inutiles à la défenfe de l'Etat, ils pourroient être fupprimés ou démolis en tout ou en partie, & leurs matériaux & emplacemens aliénés au profit du tréfor public.

I V.

Nulle conftruction nouvelle de places de guerre ou poftes militaires, & nulle fuppreffion ou démolition de ceux actuellement exiftans, ne pourront être ordonnées que d'après l'avis d'un confeil de guerre, confirmé par un Décret du corps légiflatif, fanctionné par le roi.

V.

Les places de guerre & poftes militaires feront confidérés fous trois rapports : favoir, *dans l'état de paix, dans l'état de guerre, & dans l'état de fiége.*

V I.

Dans les places de guerre & poftes militaires, lorfque ces places & poftes feront *en état de paix,* la police intérieure & tous autres actes du pouvoir civil n'émaneront que des magiftrats & autres officiers civils,

prépofés

préposés par la constitution pour veiller au maintien des lois ; l'autorité des agens militaires ne pouvant s'étendre que sur les troupes & sur les autres objets dépendans de leur service , qui seront désignés dans la suite du présent Décret.

V I I.

Dans les places de guerre & postes militaires , lorsque ces places & postes seront *en état de guerre* , les officiers civils ne cesseront pas d'être chargés de l'ordre & de la police intérieure , mais ils pourront être requis par le commandant militaire , de se prêter aux mesures d'ordre & de police qui intéresseront la sureté de la place ; en conséquence , pour assurer la responsabilité respective des officiers civils & des agens militaires , les délibérations du conseil de guerre en vertu desquelles les réquisitions du commandant militaire auront été faites , seront remises & resteront à la municipalité.

V I I I.

L'état de guerre sera déterminé par un Décret du corps législatif , rendu sur la proposition du roi , sanctionné & proclamé par lui.

I X.

Et dans le cas où le corps législatif ne seroit point assemblé , le roi pourra , de sa seule autorité , proclamer que tels places ou postes sont *en état de guerre* , sous la responsabilité personnelle des ministres ; mais , lors de la réunion du corps législatif , il délibérera sur la proclamation du roi , à l'effet de la valider ou de l'infirmer par un Décret.

X.

Dans les places de guerre & poftes militaires, lorfque ces places & poftes feront *en état de fiége*, toute l'autorité dont les officiers civils font revêtus par la conftitution pour le maintien de l'ordre & de la police intérieure, paffera au commandant militaire, qui l'exercera exclufivement fous fa refponfabilité perfonnelle.

X I.

Les places de guerre & poftes militaires feront *en état de fiége*, non-feulement dès l'inftant que les attaques feront commencées, mais même auffitôt que, par l'effet de leur inveftiffement par des troupes ennemies, les communications du dehors au-dedans, & du dedans au-dehors, feront interceptées à la diftance de 1800 toifes des crêtes des chemins couverts.

X I I.

L'état de fiége ne ceffera que lorfque l'inveftiffement fera rompu; &, dans le cas où les attaques auroient été commencées, qu'après que les travaux des affiégeans auront été détruits, & que les brèches auront été réparées ou mifes en état de défenfe.

X I I I.

Tous terrains de fortifications des places de guerre ou poftes militaires, tels que remparts, parapets, foffés, chemins couverts, efplanades, glacis, ouvrages avancés, terrains vides, canaux, flaques ou étangs dépendans des fortifications, & tous autres objets faifant partie des moyens défenfifs des frontières du royaume, tels que lignes, redoutes, batteries, retranchemens, digues, éclufes, canaux & leurs francs bords, lorfqu'ils accompagnent les lignes défenfives, ou qu'ils en tiennent lieu, quelque part qu'ils foient fitués, foit fur les frontières de terre, foit fur les côtes & dans les ifles qui les avoifinent, font déclarés *propriétés nationales*; en cette qualité, leur confervation eft attribuée au miniftre de la guerre, &, dans aucun cas, les corps adminiftratifs ne pourront en difpofer ni s'immifcer dans leur manutention d'une autre manière que celle qui fera prefcrite par la fuite du préfent Décret, fans la participation dudit miniftre; lequel, ainfi que fes agens, demeureront refponfables, en tout ce qui les concerne, de la confervation defdites propriétés nationales, de même que de l'exécution des lois renfermées au préfent Décret.

X I V.

L'Affemblée Nationale n'entend point annuller les conventions ou règlemens en vertu defquels quelques particuliers jouiffent des productions de certaines parties de lignes, redoutes, retranchemens ou francs-bords de canaux; mais elle renouvelle, en tant que de befoin, la défenfe de les dégrader, d'en altérer les formes, ou d'en combler les foffés; les difpofitions ci-deffus ne concernant point les jouiffances à titre d'émolumens, & ne dérogeant point à ce qui eft prefcrit par l'art. LIX du titre III du préfent Décret.

X V.

Dans toutes les places de guerre & poftes militaires, le terrain compris entre le pied du talus du rempart & une ligne tracée du côté de la place, à quatre toifes du pied dudit talus, & parallèlement à lui, ainfi que celui renfermé dans la capacité des redans, baftions vides ou autres ouvrages qui forment l'enceinte, fera confidéré comme terrain militaire national, & fera rue le long des courtines & des gorges des baftions ou redans. Dans les poftes militaires qui n'ont point de remparts, mais un fimple mur de clôture, la ligne deftinée à limiter intérieurement le terrain militaire national, fera tracée à cinq toifes du parement intérieur du parapet ou mur de clôture, & fera également rue.

X V I.

Si dans quelques places de guerre & poftes militaires, l'efpace compris entre le pied du talus du rempart ou le parement intérieur du mur de clôture, & les maifons ou autres établiffemens des particuliers, étoit plus confidérable que celui prefcrit par l'article précédent, il ne feroit rien changé aux dimenfions actuelles du terrain national.

X V I I.

Les agens militaires veilleront à ce qu'aucune ufurpation n'étende à l'avenir les propriétés particulières au-delà des limites affignées au terrain national; & cependant toutes perfonnes qui jouiffent actuellement de maifons, bâtimens, ou clôtures qui débordent ces limites continueront d'en jouir fans être inquiétées; mais, dans le cas de démolition defdites maifons, bâtimens ou clôtures, que cette démolition foit volontaire, accidentelle, ou néceffitée par le cas de guerre & autres circonftances, les particuliers feront tenus, dans la reftauration de leurs maifons, bâtimens & clôtures, de ne point outre-paffer les limites fixées au terrain national par l'article XV ci - deffus.

X V I I I.

Les particuliers qui, par les difpofitions de l'art. XVII ci-deffus, perdront une partie du terrain qu'ils pofsèdent,

en feront indemnifés par le tréfor public , s'ils four-
niffent le titre légitime de leur poffeffion ; l'Affemblée
Nationale n'entendant d'ailleurs déroger en rien aux
autres conditions en vertu defquelles ils feront entrés
en jouiffance de leur propriété.

X I X.

Les difpofitions des articles 15 , 16 , 17 & 18 ci-
deffus , feront fufceptibles d'être modifiées dans les places
où quelques portions de vieilles enceintes non baftionnées
font partie des fortifications. Dans ce cas , les corps
adminiftratifs & les agens militaires fe concerteront
fur l'étendue à donner au terrain militaire national ; &
le réfultat de leur convention, approuvé par le miniftre
de la guerre , deviendra provifoirement obligatoire pour
les particuliers, lefquels demeureront néanmoins réfervés
aux indemnités qui pourront leur être dues , & qui
feront réglés à l'amiable , s'il fe peut , par les départemens , fur l'avis des diftricts , & en cas de décord par
le tribunal du lieu.

X X.

Les terrains militaires nationaux, extérieurs aux places
& poftes , feront limités & déterminés par des bornes,
toutes les fois qu'ils ne fe trouveront pas l'être déja
par des limites naturelles , telles que chemins , rivières
ou canaux , &c. Dans le cas où le terrain militaire
national ne s'étendroit pas à la diftance de vingt toifes
de la crête des parapets des chemins couverts, les bornes
qui devront en fixer l'étendue , feront portées à cette
diftance de vingt toifes , & les particuliers , légitimes
poffeffeurs , feront indemnifés , aux frais du tréfor public , de la perte du terrain qu'ils pourront éprouver
par cette opération.

F 5

X X I.

Dans les postes sans chemins couverts, les bornes qui fixeront l'étendue du terrain militaire national seront éloignées du parement extérieur de la clôture, de quinze à trente toises, suivant que cela sera jugé nécessaire.

X X I I.

Tous terrains dépendans des fortifications, qui, sans nuire à leur conservation, seront susceptibles d'être cultivés, ne le seront jamais qu'en nature d'herbages, sans labour quelconque, & sans être pâturés, à moins d'une autorisation du ministre de la guerre.

X X I I I.

Le ministre de la guerre désignera ceux desdits terrains qui seront susceptibles d'être cultivés, & dont le produit pourra être récolté sans inconvéniens ; il indiquera pareillement ceux des fossés, les canaux, flaques ou étangs qui seront susceptibles d'être pêchés ; il adressera les états de ces divers objets aux commissaires des guerres, qui, conjointement avec les corps administratifs, & de la manière qu'il est prescrit aux articles V, VI, VII, VIII, IX & X du titre VI, les affermeront à l'enchère, en présence des agens militaires qui auront été chargés par le ministre de prescrire les conditions relatives à la conservation des fortifications.

X X I V.

Les fermiers de toutes les propriétés nationales dépendantes du département de la guerre, seront responsables de toutes les dégradations qui seront reconnues provenir de la faute d'eux ou de leurs agens : & lorsque le service des fortifications obligera de détériorer par des dépôts de matériaux, ou des emplacemens d'ateliers, ou de toute autre manière, les productions de quelques parties de terrains qui leur feront affermés, l'indemnité à laquelle ils auront droit de prétendre fera estimée par des experts, & il leur fera fait, fur le prix de leurs baux, une déduction égale au dédommagement estimé.

X X V.

Toutes dégradations faites aux fortifications ou à leurs dépendances, telles que portes, paffages d'entrée des villes, barrières, ponts-levis, ponts dormans, &c. feront dénoncées par les agens militaires aux officiers civils chargés de la police, lesquels feront tenus de faire droit, fuivant les circonftances & les caractères du délit.

X X V I.

Nulle perfonne ne pourra planter des arbres dans le terrain des fortifications, émonder, extirper, ou faire abattre ceux qui s'y trouvent plantés, fans une autorifation du miniftre de la guerre; ceux defdits arbres qu'il défignera comme inutiles au fervice militaire, feront vendus à l'enchère, conformément à ce qui eft prefcrit à l'article XXIII ci-deffus, pour l'affermage des terrains.

X X V I I.

Tous les produits provenans des propriétés nationales dépendantes du département de la guerre, feront perçus par les corps adminiftratifs, & verfés par eux au tréfor public, ainfi que cela fera réglé par les lois concernant l'organifation des finances.

F 4

XXVIII.

Pour affurer la confervation des fortifications & la récolte des fruits des terrains affermés, il eft défendu à toute
perfonne, fauf aux agens militaires & leurs employés
néceffaires, de parcourir les diverfes parties defdites fortifications, fpécialement leurs parapets & banquettes,
n'exceptant de cette difpofition que le feul terre-plein
du rempart du corps de place, & les parties d'efplanade
qui ne font pas en valeur, dont la libre circulation fera
permife à tous les habitans, depuis le foleil levé jufqu'à l'heure fixée pour la retraite des citoyens, & laiffant
aux officiers municipaux, de concert avec l'autorité militaire, le droit de reftreindre cette difpofition toutes les
fois que les circonftances l'exigeront.

X X I X.

Il ne fera fait aucun chemin, levée ou chauffée, ni
creufé aucun foffé dans l'étendue de cinq cents toifes
autour des places, & de trois cents toifes autour des
poftes militaires, fans que leur alignement & leur pofition
aient été concertés avec l'autorité militaire.

X X. X.

Il ne fera à l'avenir bâti ni reconftruit aucune maifon
ni clôture de maçonnerie autour des places de première
& de feconde claffe, même dans leurs avenues & fau-
bourgs, plus près qu'à deux cents cinquante toifes de
la crête des parapets des chemins couverts les plus avancés : en cas de contravention, ces ouvrages feront démolis
aux frais des propriétaires contrevenans. Pourra néanmoins
le miniftre de la guerre déroger à cette difpofition, pour
permettre la conftruction de moulins & autres femblables
ufines, à une diftance moindre que celle prohibée par le

préfent article , à condition que lefdites ufines ne feront compofées que d'un rez-de-chauffée , & à charge par les propriétaires de ne recevoir aucune indemnité pour démolition en cas de guerre.

X X X I.

Autour des places de première & de feconde claffe, il fera permis d'élever des bâtimens & clôtures en bois & en terre, fans y employer de pierre ni de brique, même de chaux ni de plâtre, autrement qu'en crépiffage, mais feulement à la diftance de cent toifes de la crête du parapet du chemin couvert le plus avancé, & avec la condition de les démolir fans indemnité, à la réquifition de l'autorité militaire, dans le cas où la place, légalement déclarée en *état de guerre*, feroit menacée d'une hoftilité.

X X X I I.

Autour des places de troifième claffe , & des poftes militaires de toutes les claffes, il fera permis d'élever des bâtimens & clôtures de conftruction quelconque, au-delà de la diftance de cent toifes des crêtes des parapets des chemins couverts les plus avancés, ou des murs de clôture des poftés, lorfqu'il n'y aura pas de chemins couverts : le cas arrivant où ces places & poftes feroient déclarés dans l'*état de guerre*, les démolitions qui feroient jugées néceffaires, à la diftance de deux cents cinquante toifes & au-deffous, de la crête des parapets des chemins couverts, & des murs de clôture, n'entraîneront aucune indemnité pour les propriétaires.

X X X I I I.

Les indemnités prévues par les articles XXX, XXXI

& XXXII, feront dues néanmoins aux particuliers, fi, lors de la conftruction de leurs maifons, bâtimens & clôtures, ils étoient éloignés des crêtes des parapets des chemins couverts les plus avancés de la diftance prefcrite par les ordonnances.

XXXIV.

Les décombres provenant des bâtiffes ou autres travaux civils & militaires, ne pourront être dépofés à une diftance moindre de cinq cents toifes de la crête des parapets des chemins couverts les plus avancés des places de guerre, fi ce n'eft dans les lieux indiqués par les agens de l'autorité militaire; exceptant de cette difpofition ceux des détrimens qui pourroient fervir d'engrais aux terres, pour les dépôts defquels les particuliers n'éprouveront aucune gêne, pourvu qu'ils évitent de les entaffer.

XXXV.

Les éclufes dépendant des fortifications, foit dedans, foit dehors des places de guerre de toutes les claffes, ne pourront être manœuvrées que par les ordres de l'autorité militaire, laquelle, dans l'*état de paix*, fera tenue de fe concerter avec les municipalités ou les directoires des corps adminiftratifs, pour diriger les effets defdites éclufes de la manière la plus utile au bien public.

XXXVI.

Lorfqu'une place fera en *état de guerre*, les inondations qui fervent à fa défenfe ne pourront être tendues ou mifes à fec fans un ordre exprès du roi; il en fera de même pour les démolitions des bâtimens ou clôtures qu'il deviendroit néceffaire de détruire pour la défenfe defdites places; & en général, cette difpofition fera fuivie pour toutes les opérations qui pourroient porter préjudice aux propriétés & jouissances particulières.

X X X V I I.

Dans le cas d'urgente nécessité qui ne permettroit pas d'attendre les ordres du roi , le commandant des troupes assemblera le conseil de guerre à l'effet de délibérer sur l'état de la place & la défense de ses environs, & d'autoriser la prompte exécution des dispositions nécessaires à sa défense. ,

X X X V I I I.

Dans les cas prévus par les articles XXXV , XXXVI & XXXVII ci-dessus, les particuliers dont les propriétés auront été endommagées, seront indemnisés aux frais du trésor public, sauf pour les maisons, bâtimens & clôtures existans à une distance moindre de 250 toises de la crête des parapets des chemins couverts.

X X X I X.

Dans les places & postes de troisième classe où il y a des municipalités, il ne sera fourni aucun fonds par le trésor public pour l'entretien des ponts, portes & barrières ; ces diverses dépenses devant être à la charge des municipalités , si elles desirent conserver lesdits ponts, portes & barrières.

X L.

Les municipalités des places & postes de troisième classe pourront, si elles le jugent convenable , supprimer les ponts sur les fossés , & leur substituer des levées en terre, avec des ponteaux pour la circulation des eaux dont lesdits fossés peuvent être remplis; à la charge à elles de déposer dans les magasins militaires les matériaux suscep-

tibles de fervice, tels que les plombs, les fers & les bois
fers, provenans de la démolition defdits ponts, & à
charge encore de ne point dégrader les piles & culées de
maçonnerie fur lefquelles ces ponts feront portés.

X L I.

Il eft défendu à tous particuliers, autres que les agens
militaires défignés à cet effet par le miniftre de la
guerre, d'exécuter aucune opération de topographie fur
le terrain à 500 toifes d'une place de guerre, fans l'aveu
de l'autorité militaire : cette faculté ne pourra être refufée
lorfqu'il ne s'agira que d'opérations relatives à l'arpen-
tement des propriétés. Les contrevenans à cet article
feront arrêtés & jugés conformément aux lois qui feront
décrétées fur cet objet dans le code des délits militaires.

SUITE DU TITRE PREMIER.

Des employés des fortifications.

ARTICLE PREMIER.

Tous les employés des fortifications, connus ci-devant
fous les noms d'infpecteurs de cafernes, de caferniers,
de fontainiers, de citerniers, d'éclufiers, de gardes
des fortifications, digues, lignes, épis, jetées, &c.
feront défignés dorénavant fous les noms de gardes des
fortifications & d'éclufiers des fortifications.

I I.

Les emplois des gardes & d'éclufiers des fortifications
dans les places de première & feconde claffe, ne pourront être donnés qu'à des fujets qui aient été employés
fix ans au fervice des fortifications.

I I I.

Nul ne pourra exercer les fonctions de garde & d'éclusier des fortifications, qu'en conséquence de la nomination du roi, & d'un brevet de sa majesté.

I V.

Les gardes & éclusiers des fortifications seront divisés en quatre classes, quant aux appointemens dont ils doivent jouir.

Savoir:

	par an.	ensemble.
20 de la première classe, aux appointemens de	720l.	14,400 l.
80 de la seconde classe, aux appointemens de	540l.	43,200l.
120 de la troisième classe, aux appointemens de	360l.	43,200l.
80 de la quatrième classe, aux appointemens de	240l.	19,200l.

300 gardes ou éclusiers des fortifications, coûtant ensemble. 120,000l.

Cette somme de 120,000 liv. sera ajoutée annuellement aux fonds destinés à l'entretien des fortifications & des bâtimens militaires qui en dépendent.

V.

Les gardes & éclusiers des fortifications ne seront soumis qu'à l'autorité militaire dans tout ce qui dépendra de leurs fonctions, & ils ne recevront d'ordres pour leur service, que de ceux des agens de cette autorité qui leur seront désignés à cet effet par les réglemens militaires.

V I.

Les 300 gardes & éclusiers des fortifications, désignés à l'article IV ci-dessus, seront répartis par le ministre de la guerre dans les places & postes militaires suivant les besoins du service, pour y exercer les fonctions qui leur seront assignées par leur brevet.

V I I.

Les employés actuels des fortifications continueront à exercer leurs emplois comme ci-devant, & ils n'é-prouveront aucune réduction sur les traitemens dont ils jouissent : quant à l'excédant des fonds affectés à la présente organisation sur ceux qui étoient affectés à l'ancienne, il sera réparti par le ministre de la guerre, tant à ceux des anciens employés dont les fonctions seront augmentées, qu'aux gardes & éclusiers des fortifications qui seront créés suivant la nouvelle organisation, soit pour satisfaire aux besoins du service dans les lieux où ils deviennent nécessaires, soit à mesure de l'extinction des emplois.

V I I I.

Tous les gardes & éclusiers des fortifications, d'ancienne ou de nouvelle création, seront tenus de résider dans les lieux de leur service, ainsi que d'y porter l'uniforme qui leur sera affecté ; faute de se conformer à cette injonction, il sera nommé à leur emploi.

I X.

Les gardes & éclusiers des fortifications recevront un logement en argent ou en nature, au lieu fixé pour leur résidence.

X.

Les gardes & éclufiers des fortifications ne pourront exercer aucun emploi ou charge de communauté dont le fervice empêcheroit celui qui leur eft confié en qualité de gardes & d'éclufiers des fortifications.

X I.

Tous priviléges & exemptions , de quelque efpèce qu'ils foient, dont ont joui ou pu jouir les employés des fortifications aux entrées des villes fur les objets de confommation , feront & demeureront fupprimés , à dater de l'époque de la publication du préfent décret.

T I T R E I I.

Suppreſſion des Etats-majors des places , & retraites accordées à ceux qui les compofent.

A R T I C L E P R E M I E R.

Tous les emplois d'officiers d'état-major des places de guerre , citadelles , châteaux & autres poftes militaires ou villes de l'intérieur , de quelque grade que foient ces officiers, & fous quelque dénomination qu'ils exiftent, & toutes leurs fonctions en cette qualité, feront & demeureront fupprimés , à dater du premier août de la préfente année.

I I.

Sont également fupprimés & compris dans la difpofition du préfent Décret les lieutenans-de-roi militaires des bailliages.

I I I.

Il fera accordé auxdits officiers des retraites dont la

valeur fera déterminée ,tant en conféquence du traitement dont ils jouiffent , que de l'ancienneté de leurs fervices, ainfi qu'il fera expliqué ci-après.

I V.

A l'effet d'évaluer le traitement en retraite , dont
devra jouir chacun defdits officiers , on prendra pour bafe
le tarif annexé à l'ordonnance du 18 mars 1776.

V.

La penfion de retraite dont devra jouir chaque officier d'état-major réformé par le préfent décret , fera
réglée conformément aux difpofitions du Décret du 3
août 1790 , fauf les modifications qui feront ci-après-
détaillées.

V I.

Les officiers des états-majors de place , défignés
dans l'ordonnance du 18 mars 1776 , fous les dénominations de gouverneurs à charge de réfidence , de
commandans , de lieutenans-de-roi , de majors commandans , de majors , d'aides-majors , de fous-aides-
majors , & les lieutenans-de-roi militaires des bailliiages , qui auront plus de vingt ans de fervice, tant dans
la ligne que dans les fonctions d'officiers d'états-majors , compteront dix ans en fus de leur fervice effectif , c'eft-à-dire , que celui qui n'aura que vingt-ans
de fervice en comptera trente, que celui qui n'en aura
que trente-cinq en comptera quarante-cinq , & ainfi de
fuite.

V I I.

A vingt ans de fervice , lefdits officiers obtiendront
en retraite le quart du traitement attribué à leurs
places par l'ordonnance du 18 mars 1776 : les trois
quarts

quarts reftans feront partagés en vingt parties, dont il leur en reviendra une pour chaque année de fervice qu'ils auront au-delà de vingt ans, tellement qu'à quarante ans de fervice révolus, ils auront en retraite la totalité de leur traitement actuel.

V I I I.

Quant à ceux qui ont moins de vingt ans de fervice, leur retraite fera réglée ainfi qu'il fuit : à dix ans de fervice, leur retraite fera d'un huitième ou de dix quatre vingtièmes de leur traitement actuel; pour chaque année de fervice de dix ans jufqu'à vingt, il leur fera accordé un quatre-vingtième du même traitement : en forte qu'à vingt ans de fervice, il leur reviendra vingt-quatre vingtièmes, ou le quart du traitement, conformément à l'article précédent.

I X.

Ceux defdits officiers qui ont le grade de maréchal-de-camp, feront traités comme l'ont été les autres officiers généraux en activité qui ont obtenu des penfions de retraite.

X.

Tout officier d'état-major de place, qui aura perdu un membre à la guerre, aura en retraite le montant du traitement total dont il jouit.

X I.

Les officiers retirés à la fuite des places, payés de leurs retraites fur les revues de commiffaires, & qui avoient obtenu des logemens dans les places à la fuite defquelles ils étoient retirés, conferveront lefdits logemens, foit en nature, foit en argent, conformément à leur grade.

Juillet 1791.   G

X I I.

Tout officier d'état - major de place fera libre de demander que fon traitement en retraite foit réglé d'après le grade qu'il avoit en activité dans la ligne, s'il croit y trouver quelqu'avantage; & l'on ne pourra le lui refufer.

X I I I

Les officiers d'état-major de place n'entreront en jouiffance des retraites & des logemens qui leur font accordés par le préfent Décret, qu'au premier d'août 1791; en conféquence ils continueront à jouir de leur traitement actuel jufqu'audit jour exclufivement.

X I V.

Les officiers pourvus de provifions ou de commif-fions en adjonction ou en furvivance des officiers actuels des états majors de place, conferveront les traitemens dont ils jouiffent, jufqu'à la mort des titulaires.

X V.

En cas de mort des titulaires, lefdits adjoints ou furvivanciers perdront les traitemens dont ils jouiffent, & feront fubftitués aux droits des titulaires; en con-féquence leur nouveau traitement en retraite fera calculé d'après celui affecté à l'emploi dont ils ont la furvivance ou l'adjonction, & conformément aux règles prefcrites par le préfent Décret. Dans l'évaluation de leur fervice, ils compteront leur temps de furvivancier ou d'adjoint, comme s'ils avoient été en activité dans la ligne.

X V I.

Les officiers qui, lorfqu'ils ont obtenu des emplois

dans les états-majors des places, avoient depuis dix ans le grade de lieutenans colonels, recevront le brevet de maréchal de-camp, conformément aux Décrets des 15 février & 3 mars 1791. Quant à ceux qui, lorsqu'ils sont entrés dans les états majors des places, n'étoient pas lieutenans-colonels depuis dix ans, il leur sera tenu compte, pour obtenir le brevet de maréchal de-camp, de leurs services dans lesdits états majors, à raison de neuf mois pour chaque année qu'ils auront passée dans ce dernier service.

X V I I.

Les officiers des états-majors de place, qui n'ont pas plus de 50 ans d'âge, & ceux d'entr'eux qui sont officiers généraux, seront susceptibles d'être employés en activité dans le même grade qu'ils avoient dans la ligne ou dans le grade immédiatement supérieur, moyennant qu'ils soient pourvus de ce premier depuis plus de deux ans; dans le cas de leur remplacement, ils cesseront de jouir de la pension de retraite qui leur est attribuée par le présent Décret.

X V I I I.

Ceux des officiers des états-majors de place, qui depuis l'époque du 14 juillet 1789 ont été privés, soit en totalité, soit en partie, des émolumens qui leur étoient affectés par les ordonnances, seront indemnisés jusqu'au jour de leur réforme, d'après l'évaluation qui en sera faite & constatée; ils seront de plus payés de tout ce qui leur sera dû d'arriéré sur leur traitement : lesdites indemnités & paiemens seront fournis par les fonds de la guerre.

X I X.

Les corps & officiers civils qui avoient le privilége

d'exercer les fonctions d'officiers d'états-majors de place ; les cesseront à dater du premier août 1791.

X X.

Les dispositions précédentes, & toutes autres du présent Décret, ne concernent point les colonies fran-çoises hors d'Europe ; l'Assemblée nationale se réservant de prononcer ultérieurement sur le régime auquel elles devront être soumises.

TITRE III.

Du commandement & du service des troupes en garnison ; des rapports entre le pouvoir civil & l'autorité militaire, ainsi qu'entre les gardes nationales & les troupes de ligne dans les places de guerre, postes militaires & garnisons de l'intérieur.

ARTICLE PREMIER.

Le service que faisoient les officiers des états-majors des places, sera rempli par les officiers de ligne, con-formément à ce qui sera prescrit à cet égard par les réglemens militaires. Quant au commandement des troupes en garnison, il sera décerné ainsi qu'il sera expliqué ci-après.

II.

Il sera formé des divisions ou arrondissemens com-prenant un certain nombre de places, postes ou gar-nisons ; dans l'un de ces points pris pour chef-lieu, résidera un officier général chargé de surveiller & de maintenir l'ordre & l'uniformité du service dans toutes les places, postes & garnisons de son arrondissement.

III.

Dans chaque garnison de place de guerre, poste

millitaire ou ville de l'intérieur, le commandement des troupes fera dévolu, fous les ordres de l'officier-général, chef de l'arrondiffement, à celui des officiers employés en activité dans ladite gaanifon, qui fe trouvera le plus ancien dans le grade le plus élevé, fans diftinction d'armes.

I V.

Dans les places de guerre qui auront des citadelles ou châteaux, ainfi que des forts détachés, dépendans du fyftême millitaire de ces places, le commandant militaire de la place le fera également des citadelles, forts & châteaux qui en dépendent.

V.

Ce commandant fera pris, conformément à l'article III ci deffus, parmi tous les officiers compofant les garnifons particulières defdites places, citadelles & dépendances, & fera tenu de faire fon domicile habituel dans la place.

V I.

Dans les citadelles, forts & châteaux dépendans d'une place de guerre, il y aura des commandans particuliers fubordonnés au commandant de la place.

V I I.

Ces commandans particuliers feront pris chacun dans leurs garnifons refpectives, conformément à l'art. III ci-deffus.

V I I I.

Nul officier-général ne pourra exercer i'autorité militaire

dans les places, poftes ou garnifons de fon arrondiffement, que préalablement il n'ait fait enregiftrer fes
lettres de fervice au directoire de chacun des départemens
compris dans fon arrondiffement.

I X.

Dans chaque arrondiffement, l'officier-général commandant, chargé de tenir la main à l'exécution des
réglemens militaires, fera de plus obligé de fe concerter
avec toutes les autorités civiles, à l'effet de procurer
l'exécution de toutes les mefures ou précautions qu'elles
auront pu prendre pour le maintien de la tranquillité
publique, ou pour l'obfervation des lois; ainfi que
d'obtempérer à leurs réquifitions, toutes les fois qu'elles
feront dans les cas prévus par les lois.

X.

Nul officier ne pourra prendre ou quitter le commandement des troupes dans une place, qu'après l'avoir
notifié au corps municipal.

X I.

Seront tenus à la même formalité les officiers en
réfidence dans les places, & y faifant fonctions de chef
dans leurs parties refpectives, tels qu'officiers du génie,
de l'artillerie, & les commiffaires des guerres : la même
notification fera faite par eux aux autres corps adminiftratifs, s'il exifte entre ces corps & ces officiers
quelques relations pour le fervice public.

X I I.

Tout officier auquel le commandement fera dévolu
par fon grade & par fon ancienneté, ne pourra refufer
de l'exercer.

X I I I.

Les commandans particuliers fe conformeront, dans leurs places refpectives, à ce qui eft prefcrit art. IX du préfent titre pour l'officier-général-commandant dans l'arrondiffement, ainfi qu'aux ordres qu'ils recevront dudit officier-général.

X I V.

Dans tous les objets qui ne concerneront que le fervice purement militaire, tels que la défenfe de la place, la garde & la confervation de tous les établiffemens & effets militaires, comme hôpitaux, arfenaux, caſernes, magaſins, priſons, vivres, effets d'artillerie ou des fortifications & autres bâtimens, effets ou fournitures à l'uſage des troupes, la police des quartiers, la tenue, la difcipline & l'inftruction des troupes, l'autorité militaire fera abfolument indépendante du pouvoir civil.

X V.

Il ne pourra être préjugé de l'article précédent, ni de tous autres du préfent Décret, que dans aucun cas les terrains, bâtimens & établiffemens confiés à la furveillance de l'autorité militaire, puiffent devenir des lieux d'exception ou d'afyle, & fouftraire le crime, la licence, les délits ou les abus, à la pourfuite des tribunaux : l'action des lois devant être également libre & puiffante dans tous les lieux, fur tous les individus; & nul ne pouvant, fans forfaiture, pour aucun cas civil ou criminel, fe prévaloir de fon emploi & de fes fonctions dans la fociété, pour fufpendre ou détruire l'effet des inftitutions qui la gouvernent.

X V I.

Dans toutes les circonstances qui intéresseront la police, l'ordre, la tranquillité intérieure des places, & où la participation des troupes seroit jugée nécessaire, le commandant militaire n'agira que d'après la réquisition par écrit des officiers civils, &, autant que faire se pourra, qu'après s'être concerté avec eux.

X V I I.

En conséquence, lorsqu'il s'agira, soit de dispositions passagères, soit de mesures de précautions permanentes, telles que patrouilles régulières, détachemens pour le maintien de l'ordre ou l'exécution des lois, police des foires, marchés ou autres lieux publics, &c., les officiers civils remettront au commandant militaire une réquisition signée d'eux, dont les divers objets seront clairement expliqués & détaillés, & dans laquelle ils désigneront l'étendue de surveillance qu'ils croiront nécessaire ; après quoi l'exécution de ces dispositions, & toutes mesures capables de la procurer, telles que consignes, placemens de sentinelles, bivouacs, conduite & direction des patrouilles, emplacemens des gardes & des détachemens, choix des troupes & des armes, & tous autres modes d'exécution, seront laissés à la discrétion du commandant militaire, qui en sera responsable, jusqu'à ce qu'il lui ait été notifié par les officiers civils que ces soins ne sont plus nécessaires ou qu'ils doivent prendre une autre direction.

X V I I I.

La force des garnisons sera réglée de manière à ce que dans le cas du service ordinaire chaque soldat d'in-

fanterie ait huit nuits de repos , & jamais moins de fix ,
& chaque homme de troupe à cheval douze nuits de
repos , & jamais moins de dix.

X I X.

Nulle troupe ne pourra être changée de la garnifon
qui lui aura été affectée par le Roi , que par un ordre
contraire de fa majefté , ou , dans les cas urgens , par
ceux des agens de l'autorité militaire auxquels le Roi
en aura délégué la faculté.

X X.

Nulles difpofitions de police ne feront obligatoires
pour les citoyens & pour les troupes , qu'autant qu'elles
auront été préalablement publiées : elles feront même
affichées , fi leur importance ou leur durée l'exige ; les
publications & affiches feront faites par les municipalités ,
& les frais en feront fupportés par elles.

X X I.

Pour faciliter le fervice des places , il y aura 50 officiers , qui , fous le nom d'*adjudans de place*, feront diftribués dans les forterefles les plus confidérables , au nombre
de deux au plus par chaque place. Trente de ces officiers
auront le grade de capitaine , & feront partagés en deux
claffes. Quant à leurs appointemens , les 15 plus anciens
auront 2.400 liv. , & les 15 moins anciens 1,000 liv.
par an ; les 20 autres adjudans de place auront le grade de
lieutenans , & 1200 liv. d'appointemens par an. Les uns
& les autres, pour cette première formation , feront choifis
parmi les officiers des états-majors de places actuellement
exiftans.

X X I I.

En cas de mort , retraite ou démiffion defdits adjudan,

de place, ils feront remplacés par des officiers choifis dans la ligne. Les lieutenans en activité dans la ligne ne pourront être faits adjudans de place avec brevet de capitaine, qu'autant qu'ils feroient parvenus par les grades, & qu'ils auroient dix ans de fervice de lieutenans. Les adjudans-de-place-lieutenans feront fufceptibles d'être faits adjudans-capitaines, au choix du roi, après deux ans d'exercice comme adjudans-lieutenans.

X X I I I.

Dans chaque place de guerre où il y aura garnifon habituelle, à l'exception des citadelles & autres poftes militaires qui n'ont point de municipalités, & dans les principales garnifons de l'intérieur, il y aura un fecrétariat militaire, où feront dépofés les décrets & règlemens concernant l'armée, & en originaux, les ordres, con-fignes, réquifitions, & autres objets de ce genre relatifs au fervice de la place.

X X I V.

La garde & le foin de ce fecrétariat feront confiés à un fecrétaire-écrivain nommé par le roi, & affermenté pardevant le commiffaire des guerres.

X X V.

Autant que faire fe pourra, l'emploi de fecrétaire-écrivain ne fera donné qu'à des fujets qui auront été fous-officiers dans les troupes de ligne.

X X V I.

Ces fecrétaires écrivains ne recevront des ordres, quant à leur fervice, que de l'autorité militaire; &, pour tous les objets qui n'intérefferont que ce fervice, ils ne feront jufticiables que des tribunaux militaires.

XXVII.

Les fecrétaires - écrivains jouiront d'appointemens proportionnés à l'étendue des fonctions qu'ils auront à remplir dans les places, poftes ou garnifons auxquels ils feront attachés.

XXVIII.

En conféquence ils feront répartis, quant aux appointemens, en trois claffes, ainfi qu'il fuit :

SAVOIR :

	par an.	enfemb'e.
20 de première claffe, aux appointemens de	900l.	18,000l.
40 de feconde claffe, aux appointemens de	600l.	24,000l.
60 de troifième claffe, aux appointemens de	450l.	27,000l.

120 fecrétaires - écrivains, coûtant enfemble par an la fomme de · · · · · · · · · · · · · · · 69,000l.

XXIX.

Il fera défigné dans les bâtimens militaires de chaque place un emplacement fuffifant pour le fecrétariat & le logement du fecrétaire écrivain.

XXX.

Lorfqu'une troupe arrivera dans une place, elle ne pourra prendre poffeffion des logemens qui lui feront deftinés qu'après que le commiffaire des guerres aura fait publier les bans à ladite troupe en fa préfence par le fecrétaire-écrivain.

X X X I.

Ces bans rappelleront non-seulement les loix générales de police & de discipline, mais encore celles particulières à la place.

X X X I I.

Les officiers-municipaux seront tenus de donner connoissance de ces bans aux habitans de la place.

X X X I I I.

Le plus ancien des régimens d'infanterie françoise qui se trouvent en garnison avec des régimens d'infanterie étrangère, prendra toujours le rang sur ces derniers. Les autres régimens d'infanterie françoise & étrangère, dans la même garnison, prendront ensuite rang entr'eux, selon la date de leur création.

X X X I V.

Ne seront réputés régimens d'infanterie étrangère que ceux qui, en vertu de traités, seront fournis ou avoués par une puissance étrangère. Lorsque lesdits régimens se trouveront en garnison avec des régimens d'infanterie françoise, le commadement militaire de la garnison appartiendra, à grade égal, à l'officier des troupes françoises, quelle que soit son ancienneté dans ce grade.

X X X V.

Dans tous les cas où les gardes nationales serviront avec les troupes de ligne, les gardes nationales prendront le rang sur toutes les troupes de ligne.

X X X V I.

Lorfque les gardes nationales ferviront avec les troupes de ligne , l'honneur du rang qui eft réfervé aux premières , n'empêchera pas que le commandement général ne foit toujours déféré à l'officier le plus ancien dans le grade le plus élevé defdites troupes de ligne.

X X X V I I.

Toutes les fois que les gardes nationales feront mifes en activité , elles ne pourront être raffemblées qu'au préalable les officiers civils n'en aient averti le commandant militaire.

X X X V I I I.

Les commandans militaires , dans les places où les gardes nationales feront le fervice , demanderont à qui il appartiendra , le nombre d'officiers & de foldats defdites gardes nationales néceffaires au fervice militaire ; mais lefdits commandans ne pourront s'ingérer dans le détail des officiers , fous-officiers & gardes nationales qui devront marcher ; toutes les difficultés de ce genre devant être portées à la décifion de leurs Officiers fupérieurs ou des municipalités , felon ce qui fera réglé à cet égard par le décret concernant l'organifation des gardes nationales.

X X X I X.

Lorfque les gardes nationales feront le fervice militaire , les honneurs militaires fe rendront réciproquement entr'elles & les troupes de ligne , fuivant ce qui fera réglé pour ces dernières.

X L.

Les honneurs militaires étant dans l'armée un acte

de difcipline, un figne extérieur, deftiné à rappeler &
à conferver fans cette parmi les troupes la foumiffion à
l'autorité légitime, la confidération néceffaire pour les
chefs, & le refpect pour les objets du fervice, feront,
par ces mêmes raifons, accordés, hors du corps militaire, à titre d'honneur ou de diftinction publique, aux
objets du culte, à la perfonne du roi, à celle de
l'héritier préfomptif du trône, lorfqu'il aura atteint l'âge
de majorité fixé par les lois ; dans le cas de minorité du
roi, au régent du royaume ; aux corps adminiftratifs,
judiciaires & municipaux ; aux officiers municipaux individuellement pris, lorfque, revêtus du figne diftinctif
de leurs places, ils feront dans l'exercice de leurs
fonctions ; & aux princes régnans, ainfi qu'à leurs
ambaffadeurs ou miniftres, lorfque le roi aura fpécialement
donné des ordres à cet effet.

X L I.

Les honneurs qui fe rendront aux corps & aux
individus, agens du pouvoir civil, feront, favoir :
pour les corps adminiftratifs, judiciaires & municipaux,
les mêmes qui feront affectés aux maréchaux-de-camp
employés ; & pour les officiers municipaux individuellement pris, les mêmes que pour les capitaines.

X L I I.

Les fonctions de la gendarmerie nationale étant
effentiellement diftinctes du fervice purement militaire
des troupes en garnifon, la gendarmerie nationale ne
fera jamais regardée comme portion de la garnifon des
places dans lefquelles elle fera répartie.

X L I I I.

En conféquence de la difpofition précédente, les

officiers de la gendarmerie nationale ne concourront point
au commandement militaire dans les places.

X L I V.

Dans les places de guerre & postes militaires, l'ordre
& le mot seront toujours donnés par le commandant
militaire ; & dans le cas où les gardes nationales feront
quelque service dans la place, le mot sera porté par
l'officier ou le sous-officier des gardes nationales, qui
l'aura reçu à l'ordre, au principal officier municipal,
ou au commandant des gardes nationales, selon ce qui
sera réglé à cet égard par le décret d'organisation des
gardes nationales.

X L V.

Dans les garnisons de l'intérieur, & dans tous les
lieux qui ne seront ni places de guerre, ni postes
militaires, lorsque les troupes de ligne seront requises
pour faire le service conjointement avec les gardes
nationales, ou que lesdites troupes de ligne en seront
chargées seules, le commandement, l'ordre & le mot
seront donnés conformément à ce qui est prescrit aux
articles ci-dessus.

X L V I.

Mais lorsque, dans les villes ou autres lieux qui ne
sont ni places de guerre, ni postes militaires, les gardes
nationales seront seules chargées de la garde & de la
police desdits lieux, sans participation des troupes de
ligne, alors le mot sera, selon l'usage, composé de
deux autres mots, dont le premier sera donné par le
principal officier municipal, ou par le commandant des
gardes nationales, selon ce qui sera ultérieurement
réglé ; & le second par le commandant des troupes
de ligne.

X L V I I.

Dans les places de guerre & poftes militaires **en**
état de paix, & dans les garnifons de l'intérieur, lorfque
les autorités civiles & militaires feront dans le cas de
faire battre la générale, ou fonner le boute-felle, pour
le raffemblement des gardes nationales ou des troupes
de ligne, elles devront au préalable s'en prévenir
réciproquement, fauf les cas de furprife, d'incendie ou
d'mondation.

X L V I I I.

Les clefs de toutes les portes, poternes, vannages,
aqueducs & autres ouvertures qui donnent entrée dans
les places de guerre ou poftes militaires, feront toujours
confiées au commandant militaire.

X L I X.

Et cependant, pour la facilité du commerce & la
commodité des habitans & des voyageurs, il y aura
dans chaque place & pofte de guerre un certain nombre
de portes par lefquelles la communication du dedans au
dehors, & du dehors au dedans, pourra fe faire dans
l'*état de paix*, à toutes les heures de la nuit comme du
jour. Les officiers civils & le commandant militaire
fe concerteront fur celles defdites portes qui feront
affectées à cette deftination, fur les formalités à remplir
& les précautions à prendre pour éviter les abus ;
l'exécution de ces difpofitions appartiendra toujours au
commandant militaire.

L.

Lorfque les circonftances exigeront une furveillance
plus particulière de la part des officiers civils & militaires, il pourra y avoir à chaque porte des places de
guerre,

guerre, un préposé choisi par la municipalité, lequel fera chargé de recevoir de tous particuliers arrivans dans la place, la déclaration de leurs noms & qualités, ainsi que de l'auberge ou maison particulière dans laquelle ils se proposeront de loger. Ces renseignemens feront portés aux officiers municipaux, & le commandant militaire pourra ordonner aux commandans des gardes des portes, de faire assister un sous-officier aux déclarations qui feront faites par lesdits particuliers arrivans dans la place, & de lui en rendre compte.

L I.

Tout particulier qui fera arrêté pour fait de désordres de contravention aux lois ou à la police, fera remis sans délai, le citoyen à la police civile, le militaire à la police militaire, pour être chacun, suivant les circonstances & la nature du délit, renvoyé aux tribunaux civils ou militaires.

L I I.

Toutes femmes ou filles notoirement connues pour mener une vie débauchée, qui feront surprises avec les soldats dans leurs quartiers, lorsqu'ils feront de service, ou après la retraite militaire, feront arrêtées & remises sans délai à la police civile, pour être jugées conformément aux lois.

L I I I.

Les prisons militaires, autant qu'il fera possible, feront toujours séparées des prisons civiles.

L I V.

Le commandant d'une troupe en marche fera tenu d'informer la municipalité du lieu où couchera sa

Juillet 1791.   H

troupe, de l'heure à laquelle il la fera partir le lendemain. Une heure après son départ, les citoyens ne pourront plus porter de plainte contre elle ; & si, pendant ce temps, il n'y en a aucune de portée, la municipalité ne pourra refuser un certificat de bien vivre à l'officier de ladite troupe, qui aura dû rester à cet effet.

L V.

Toute troupe en marche, ou prête à marcher, en conséquence d'un ordre du roi, ne pourra, soit en totalité, soit en partie, être détournée de sa destination que par un ordre contraire du roi, ou de ceux auxquels il en aura délégué la faculté.

L V I.

Aucun corps administratif ne pourra disposer des munitions de guerre, subsistances, & d'aucune espèce d'effets, armes ou fournitures confiés au département de la guerre, ni changer leur destination, ni empêcher leur transport légalement ordonné, qu'en vertu d'une autorisation expresse du pouvoir exécutif.

L V I L.

Les fonds affectés au département de la guerre étant à la seule disposition du ministre, sous sa responsabilité, les corps administratifs ne pourront, dans aucun cas, disposer des fonds versés entre les mains des trésoriers du département de la guerre, ni ordonner aucune dépense sur lesdits fonds.

L V I I I.

Nul officier en activité ne sera tenu de payer sa part des impositions directes & personnelles dans sa garnison, qu'autant qu'elle feroit en même temps le lieu de fon domicile habituel ou de fes propriétés.

L I X.

Tous les émolumens accordés par les anciennes ordon‑ nances militaires aux officiers, de quelque grade & arme qu'ils puiffent être , font & demeureront fupprimés.

L X.

Tout militaire en activité ne pourra porter d'autre habit que fon uniforme dans les lieux de fon fervice.

L X I.

Les officiers, les fous-officiers & les foldats ne pour‑ ront donner des repas de corps, ni en recevoir, fous quelque prétexte, & de quelque part que ce foit.

L X I I.

Il ne pourra être fait aucune retenue fur les appoin‑ temens des officiers, fous-officiers & foldats, fous pré‑ texte de dépenfes de corps , de quelque nature qu'elles foient , excepté celles qui feroient deftinées à payer les dégradations commifes par les troupes dans leurs loge‑ mens, ou toutes autres indemnités dues, foit à l'Etat, foit aux particuliers, pour réparation de dommages , défordres ou excès commis par lefdites troupes.

L X I I I.

Tout militaire en activité, qui étant majeur, aura contracté des engagemens pécuniaires par lettres-de‑ change, billets à ordre, ou par toute autre efpèce d'ob‑ bligation, emportant la contrainte par corps, & qui

H 2

s'étant laissé poursuivre pour le paiement de semblables dettes, aura, par jugement définitif, été condamné par corps, ne pourra rester au service, si dans le délai de deux mois il ne satisfait pas à ses engagemens; dans ce cas, la sentence portée contre lui équivaudra, après le délai de deux mois, à une démission précise de son emploi.

L X I V.

Les actions résultantes d'obligations contractées par un militaire en activité, ne pourront être poursuivies que pardevant les magistrats civils, & seront par eux jugées conformément aux lois civiles, sans que les officiers, ni les juges militaires puissent en prendre connoissance, si ce n'est à l'armée & hors du royaume; sans qu'ils puissent non plus apporter aucun obstacle, soit à la poursuite, soit à l'exécution du jugement.

L X V.

Ne pourront être compris dans les saisies & ventes qui auront lieu en exécution des jugemens rendus contre des militaires en activité, leurs armes & chevaux d'ordonnance, ni leurs livres & instrumens de service, ni les parties de leur habillement & équipement dont les ordonnances imposent à tous militaires la nécessité d'être pourvus. Leurs appointemens ne pourront non plus être saisis, que pour ce qui en excédera la somme de 600 l., laquelle leur demeurera réservée, sans préjudice aux créanciers à exercer leurs droits sur les autres biens, meubles & immeubles de leur débiteur, suivant les règles & les formes prescrites par la loi.

TITRE QUATRIÈME.

Des bâtimens & établissemens militaires, meubles, effets, fournitures & ustensiles qui en dépendent, tant dans les places de guerre & postes militaires que dans les garnisons de l'intérieur.

ARTICLE PREMIER.

Tous les établissemens & logemens militaires, ainsi que leurs ameublemens & ustensiles actuellement existans dans lesdits logemens & établissemens ou en magasin; soit que ces divers objets appartiennent à l'État ou aux ci-devant provinces & aux villes; tous les terrains & emplacemens militaires, tels que, esplanades, manèges, polygones, &c. dont l'Etat est légitime propriétaire, seront considérés désormais comme propriétés nationales, & confiés en cette qualité au ministre de de la guerre pour en assurer la conservation & l'entretien.

I I.

Ne seront point compris dans l'article précédent les bâtimens & emplacemens que le ministre de la guerre ne jugeroit pas nécessaires au service de l'armée, lesquels seront dans ce cas remis aux corps administratifs, pour faire partie des propriétés nationales aliénables, s'ils appartenoient ci-devant à l'Etat; & dans le cas où ils auroient appartenu aux ci-devant provinces ou aux villes, elles continueront d'en être propriétaires.

I I I.

Il sera dressé des procès-verbaux de tous les terrains, bâtimens & établissemens conservés pour le service de l'armée, ainsi que des ameublemens, effets & four-

H 3

nitures qu'ils contiennent, foit qu'ils appartiennent actuellement à l'Etat, foit qu'ils appartiennent aux ci-devant provinces ou aux villes Une expédition defdits procès-verbaux fera dépofée au département de la guerre, une autre fera remife aux directoires des départemens dans lefquels fe trouvent les objets ci-deffus mentionnés, & bornée pour chaque département à ce qui le concerne. Et la troifième expédition fera dépofée dans les fecrétariats militaires des différentes places : celle-ci fera bornée pour chaque place en particulier aux objets renfermés dans ladite place, ou qui en font dépendans.

I V.

Au moyen de ce qui précède, les dépenfes d'entretien, réparation, reconftruction ou augmentation de bâtimens, renouvellement d'effets & fournitures concernant le fervice de l'armée, qui, jufqu'à ce moment, avoient été fupportées par les ci-devant provinces & par les villes, cefferont d'être à leur charge, du jour de la remife qui en fera faite ; lefdites dépenfes devant, à compter de ce même jour, être fupportées par la partie du tréfor-public affectée au département de la guerre.

V.

Le miniftre de la guerre devenant refponfable du bon emploi & de la confervation des établiffemens & bâtimens militaires, & des effets qu'ils renferment ou qui en font dépendans ; les corps adminiftratifs ne pourront, dans aucun cas, en difpofer, ni s'immifcer dans leur manutention d'une autre manière que celle indiquée par le préfent Décret.

V I.

Dans les places & garnifons qui manquent de bâti-

mens militaires, le miniftre de la guerre défignera ceux
des bâtimens nationaux qui peuvent y fuppléer, afin
que, s'il y a lieu, il foit furfis à leur aliénation, & que
par l'Affemblée nationale ils puiffent être déclarés affectés
au département de la guerre, comme bâtimens militaires.

V I I.

Toutes les fois qu'un terrain appartenant à une municipalité ou à quelque particulier, fera néceffaire pour
un établiffement militaire, le département de la guerre
en fera l'acquifition de gré à gré ; & dans le cas où le
propriétaire refuferoit de céder fa propriété, les directoires des corps adminiftratifs feront confultés & chargés
de l'eftimation de l'objet demandé.

TITRE CINQUIÈME.

Du logement des troupes.

ARTICLE PREMIER.

Les bâtimens & établiffemens militaires dont la remife aura été faite au département de la guerre, ne
pourront être affectés qu'au logement des troupes, des
employés attachés à l'adminiftration de la guerre, & à
contenir ou conferver les munitions, fubfiftances ou effets
militaires.

I I.

Dans aucune place de guerre, pofte militaire ou
ville de l'intérieur, les municipalités ne pourront être
tenues de fournir ni logement, ni emplacement, ni magafins pour l'ufage des troupes, qu'autant que ceux
actuellement exiftans ne feroient pas fuffifans.

I I I.

Il fera remis aux municipalités de tous les lieux où fe trouveront des bâtimens militaires confervés, un état détaillé des logemens que ces bâtimens renferment, afin que lafdites municipalités puiffent toujours connoître fi les logemens qui leur feront demandés, font proportionnés aux befoins réels du fervice.

I V.

Dans les places de guerre, poftes militaires & villes de garnifon habituelle de l'intérieur, il fera fait par les officiers municipaux, un recenfement de tous les logemens & établiffemens qu'elles peuvent fournir, fans fouler les habitans, à l'effet d'y avoir recours au be in & momentanément, foit dans le cas de paffage de troupes, foit dans les circonftances extraordinaires, lorfque les établiffemens militaires n'y fuffiront pas.

V.

Lorfqu'il y aura néceffité de loger chez les habitans les troupes qui devront tenir garnifon, fi leur féjour doit s'étendre à la durée d'un mois, les feuls logemens des fous-officiers & foldats, & les écuries pour les chevaux feront fournis en nature; à l'égard des officiers, ils ne pourront prétendre à des billets de logement pour plus de trois nuits; & ce terme expiré, ils fe logeront de gré à gré chez les habitans, au moyen de la fomme qui leur fera payée fuivant leur grade, ainfi qu'il fera décrété par l'Affemblée nationale.

V I.

Les municipalités veilleront à ce que les habitans n'abufent point, dans le prix des loyers, du befoin de logement où fe trouveront les officiers.

VII.

Toutes les fois qu'il fera pourvu à l'établissement du logement d'une troupe, excepté le cas de paffage, le logement des fous-officiers & foldats, & les fournitures d'écuries pour les chevaux, feront faites au complet & non à l'effectif.

VIII.

Faute de bâtimens affectés au logement des troupes deftinées à tenir garnifon dans un lieu quelconque, il y fera pourvu, autant que faire fe pourra, en établiffant lefdites troupes dans les maifons vides & convenables, & il fera en outre fourni aux troupes à cheval, des écuries fuffifantes pour leurs chevaux. Ces maifons & écuries feront choifies & louées par les commiffaires des guerres, qui feront autorifés à requérir les foins & l'intervention des municipalités pour leur faciliter l'établiffment des logemens dont ils feront chargés. De plus, les agens militaires défignés à cet effet par les réglemens, feront, en préfence d'un ou de plufieurs officiers municipaux, la reconnoiffance des maifons & écuries qui feront louées, afin de conftater l'état dans lequel elles fe trouveront, afin de pouvoir, au départ des troupes, eftimer, s'il y a lieu, les indemnités dues aux propriétaires pour les dégradations qu'auroient éprouvées lefdites maifons & écuries.

IX.

Dans les cas de marches ordinaires, de mouvemens imprévus, & dans tous ceux où il ne pourra être fourni aux troupes des logemens ifolés, tels qu'ils ont été indiqués dans l'article VIII précédent, les troupes

feront logées chez les habitans, fans diftinction de perfonnes, quelles que foient leurs fonctions & leurs qualités,
à l'exception des dépofitaires de caiffe pour le fervice
public, lefquels ne feront point obligés de fournir de logement dans les maifons qui renferment lefdites caiffes, mais
feront tenus d'y fuppléer, foit en fournifant des logemens
en nature chez d'autres habitans, avec lefquels ils s'arran-
geront à cet effet, foit par une contribution proportionnée à leurs facultés, & agréée par les municipalités. La
même exception aura lieu, à la même condition, en
faveur des veuves & des filles, & les municipalités
veilleront à ce que la charge du logement ne tombe pas
toujours fur les mêmes individus, & que chacun y foit
foumis à fon tour.

X.

Les troupes feront refponfables des bâtimens qu'elles
occuperont, ainfi que des écuries qui leur feront fournies pour leurs chevaux.

X I.

L'Affemblée nationale ftatuera ultérieurement fur la
fomme à attribuer à chaque officier ou employé de l'armée, felon fon grade & fon emploi, pour lui tenir lieu
du logement qui ne pourra lui être fourni en nature
dans les établiffemens militaires.

X I I.

Nul officier en garnifon ne recevra un logement en
argent qu'autant qu'il ne pourroit lui être fourni un logement en nature dans les bâtimens militaires. En conféquence, à l'époque du départ des femeftriers, les
logemens qu'ils laifferont vacans dans lefdits bâtimens,
feront remplis par ceux qui devront paffer l'hiver à la
garnifon.

X I I I.

Lorfque les officiers des troupes de ligne recevront leur logement en argent, il ne leur en fera fait le décompte que pour le temps qu'ils feront préfens au corps : quant aux officiers en réfidence, tels que ceux du génie, de l'artillerie & les commiffaires des guerres, ils recevront leur logement, abfens comme préfens, tout le temps qu'ils feront employés dans une place.

X I V.

Il fera tenu compte fur les fonds de la guerre aux officiers de tout grade auxquels les ordonnances affectoient des logemens en argent, des fommes dont ils n'ont pas été payés fur lefdits logemens pendant les années 1789 & 1790 : cette indemnité ne fera accordée que pour les logemens dont ont dû jouir lefdits officiers dans le lieu de leur réfidence militaire.

X V.

Les officiers dans leur garnifon ou réfidence, & les employés de l'armée dans leur réfidence ne logeront point les gens de guerre dans le logement militaire qui leur fera fourni en nature ; & lorfqu'ils recevront leur logement en argent, ils ne feront tenus à fournir le logement aux troupes qu'autant que celui qu'ils occuperont excédera la proportion affectée à leur grade ou à leur emploi. Quant aux officiers en garnifon dans le lieu de leur habitation ordinaire, ils feront tenus à fournir le logement dans leur domicile propre, comme tous les autres habitans.

TITRE VI.

Administration des travaux militaires.

ARTICLE PREMIER.

Les fonds deſtinés à l'augmentation, à l'entretien &
aux réparations des fortifications, ainſi que des bâtimens & établiſſemens militaires quelconques dans les
places de guerre, poſtes militaires & garniſons de l'intérieur, ſeront dorénavant fournis en entier par la partie du tréſor public affectée au département de la
guerre. En conſéquence, les départemens & les villes
ſeront déchargées de toute impoſition ou contribution
particulière relative à cet objet.

II.

Le miniſtre de la guerre répartira entre les différentes places, poſtes militaires & garniſons de l'intérieur,
ſelon leur claſſe & ſelon leurs beſoins, les fonds accordés au département de la guerre pour les travaux
militaires.

III.

Tous les travaux de conſtruction, entretien ou réparation des fortifications, bâtimens & établiſſemens militaires quelconques, & de tout ce qui en dépend,
ſeront faits par entrepriſe d'après une adjudication au
rabais : cette adjudication ne ſera jamais paſſée en
maſſe ; mais elle comprendra le détail des prix affectés
à chaque nature d'ouvrage & de matériaux qui ſeront
employés.

IV.

Lorſqu'il s'agira de paſſer le marché pour des travaux militaires, le miniſtre adreſſera au commiſſaire

des guerres , 1°. l'ordre de procéder à l'adjudication ; 2°. un état par aperçu des travaux à exécuter pendant la durée du marché; 3°. les devis & conditions qui auront été fournis par les agens militaires préposés à cet effet.

V.

Suivant que les travaux, objet du marché, intéresseront toute l'étendue d'un département, ou seulement celle d'un district, ou enfin qu'ils se borneront à l'étendue d'une municipalité , le commissaire des guerres informera le directoire du département ou celui du district, ou les officiers municipaux, des ordres qu'il aura reçus, & les requerra de procéder , dans un délai dont ils conviendront , à l'adjudication du marché.

V I.

D'après l'époque convenue entre les corps administratifs & le commissaire des guerres , celui-ci fera poser dans la place, & dans les lieux circonvoisins, des affiches signées de lui , & indicatives de l'objet, de la durée, du devis & des conditions du marché, ainsi que du jour & du lieu où il sera passé, de manière à ce que les particuliers puissent être informés à tems , & se mettre en état de concourir à l'adjudication qui sera faite.

V I I.

Le commissaire des guerres sera tenu de donner à ceux qui se présenteront à cet effet, connoissance des devis & conditions du marché, & tous autres renseignemens qui dépendront de lui. On pourra , pour se procurer les mêmes indications , s'adresser au secrétariat du département, ou du district, ou de la municipalité.

VIII.

Le jour fixé pour l'adjudication, les membres du directoire du département, ou de celui du diftrict, ou de la municipalité, conformément à l'article V ci-deffus, fe rendront, ainfi que le commiffaire des guerres, au lieu d'affemblée de celui defdits corps adminiftratifs pardevant lequel devra fe paffer le marché ; & là, en leur préfence & celle des agens militaires prépofés à cet effet par le miniftre de la guerre, l'adjudication fera faite par le commiffaire des guerres, au rabais, publiquement, & paffée à celui qui fera les meilleures conditions, avec les formalités qui feront prefcrites ; & en attendant, celles ufitées jufqu'à ce jour continueront d'avoir lieu.

I X.

Nul ne pourra être déclaré adjudicataire du marché, que préalablement il n'ait juftifié de fa folvabilité, ou donné caution fuffifante.

X.

Tous les frais dépendans de l'adjudication feront bornés aux frais de publication & d'affiches, & feront fupportés par l'adjudicataire.

X I.

Les différens ouvrages à exécuter par les entrepreneurs adjudicataires feront furveillés dans tous leurs détails par les agens militaires, qui en feront les toifés particuliers, en préfence defdits entrepreneurs ou de leurs commis avoués, à mefure des progrès defdits ouvrages. Ces toifés particuliers feront fignés par les entrepreneurs ou par leurs commis avoués, & certifiés par les agens militaires chargés de la direction des travaux.

XII.

Chaque année, au terme des travaux, les toisés partiels feront réunis en un feul toisé général, en préfence de l'entrepreneur, par les agens militaires qui auront furveillé & dirigé tous les détails des travaux. Ce toisé fera figné par l'entrepreneur, certifié par lefdits agens, & visé par ceux d'entre eux qui auront infpecté les travaux.

XIII.

Le toisé général, certifié & visé ainfi qu'il a été dit dans l'article précédent, fera remis au commiffaire des guerres, pour être arrêté par lui, après en avoir vérifié les calculs. Ledit toisé fera enfuite foumis au *visa* de celui des corps adminiftratifs par devant lequel aura été paffé le marché.

XIV.

Les parfaits paiemens des travaux militaires exécutés par les entrepreneurs, ne leur feront dûs, & ne pourront être ordonnés à leur profit par le miniftre de la guerre, que, préalablement, les formalités prefcrites par les art. XI, XII & XIII n'aient été remplies. Lefdits paiemens ne feront exigibles par les entrepreneurs que trois mois après la confection du toisé général.

XV.

Pourront néanmoins lefdits entrepreneurs, à mefure de l'avancement des ouvrages, recevoir, fur les certificats des agens militaires, & d'après les ordres du miniftre de la guerre, des à-comptes proportionnés à la portion de travail exécutée, & ce, jufqu'à la concurrence de trois quarts des travaux entrepris.

XVI.

Les marchés qui feront paffés après la publication du préfent Décret, ne feront plus fujets à la retenue de 4 deniers pour livre ; quant à ceux antérieurs à ladite époque, & qui font grevés de cette claufe, ils refteront chargés de ladite retenue, dont le montant fera déduit de celui du toifé général.

XVII.

Les travaux militaires des garnifons de l'intérieur ne pouvant être foumis à la furveillance des agens militaires, d'une manière auffi exacte & auffi conftante que dans les places de guerre & poftes militaires, le roi nommera & inftituera dans chaque garnifon de l'intérieur un *confervateur* chargé de veiller à l'entretien journalier des bâtimens militaires, aux réparations de détail, & qui fera tenu d'en rendre compte aux agens militaires défignés à cet effet. Ces confervateurs feront amovibles à la volonté du roi.

XVIII.

Les confervateurs des bâtimens militaires feront logés, autant que faire fe pourra, dans les bâtimens confiés à leurs foins & fur les fonds deftinés à l'entretien des établiffemens militaires ; il leur fera accordé un traitement annuel, proportionné à l'étendue des objets dont ils feront chargés, mais qui ne pourra jamais excéder 300 liv.

XIX.

Dans les garnifons habituelles de l'intérieur les places de fecrétaires-écrivains ne feront point incompatibles avec celles de confervateurs des bâtimens militaires ;

mais

mais, lorfqu'elles feront réunies, celui qui en fera revêtu n'emportera pas néceffairement la totalité du traitement affecté à chacune d'elles; il pourra même n'avoir, pour les deux, que le traitement affecté à la place de fecré-taire-écrivain.

X X.

Les agens militaires chargés, fur les frontières, de la direction des travaux militaires, étendront leur furveil-lance fur les établiffemens de l'intérieur, d'après les or-dres qu'ils en recevront du miniftre de la guerre. Ils in-diqueront les principales réparations, drefferont les devis des marchés, les états de dépenfe, & tiendront la main à tout ce qui peut contribuer à la confervation defdits bâtimens & établiffemens militaires, comme pour ceux des places de guerre. Lórfque les agens militaires ne feront employés dans les garnifons de l'intérieur que mo-mentanément, & pour conftater l'état des bâtimens mili-taires, il leur fera tenu compte, fur les fonds de la guerre, des frais de leur déplacement.

X X I.

Les entrepreneurs des travaux militaires feront tenus de fe conformer, pour leur exécution, non-feulement aux conditions des devis & marchés, mais encore aux mefures, aux formes, aux diftributions & emplacemens d'atteliers, aux dépôts de matériaux, & autres difpofi-tions qui leur feront prefcrites par les agens militaires chargés de la direction des travaux. Lefdits entrepre-neurs & leurs prépofés feront également tenus à l'obéif-fance envers les agens militaires, dans tout ce qui con-cernera l'exécution defdits travaux.

X X I I.

Tous particuliers, non militaires, employés aux travaux militaires, feront en cette qualité, & pour tout ce qui concernera l'exécution de ces travaux, foumis graduellement à l'obéiffance envers les officiers & autres prépofés chargés de furveiller & de diriger lefdits travaux ; fauf, en cas de prétentions pécuniaires, ou de toute autre plainte qu'ils auroient à faire valoir à la charge les uns des autres, à fe pourvoir pardevant les tribunaux civils, fuppofé qu'après en avoir référé à l'agent militaire chargé de la conduite des travaux, celui-ci n'ait pas pu les concilier ou les appaifer.

X X I I I.

Les particuliers non militaires, employés aux travaux militaires, feront en cette qualité foumis à la police des agens militaires chargés de la direction des travaux, & en cas d'arreftation d'aucun d'eux, ils feront remis aux tribunaux civils.

X X I V.

Lorfque des travaux indifpenfables exigeront la plus grande célérité, après que les troupes en garnifon auront fourni toutes les reffources qu'on en peut attendre, les corps adminiftratifs, d'après la réquifition des agens militaires, feront tenus d'employer tous les moyens légalement praticables, qui feront en leur pouvoir, pour procurer le fupplément d'ouvriers néceffaires à l'exécution des travaux. Dans ce cas le falaire defdits ouvriers fera fixé par les corps adminiftratifs.

X X V.

Dans le cas de travaux preffés, les agens militaires chargés de leur direction, pourront ne point les interrompre les jours de dimanches & de fêtes chommées, à charge par eux d'en prévenir les municipalités.

XXVI.

Les ouvriers employés aux travaux militaires feront payés par les entrepreneurs, au plus tard toutes les trois femaines, d'après les toifés particuliers des ouvrages, & toutes les femaines pour le nombre des journées de travail. Il ne pourra être fait aucune retenue fur les falaires, fi ce n'eft pour les foldats ouvriers, celle néceffaire pour payer leur fervice de garnifon & leur habillement de travail, s'ils n'y ont pas fatisfait; l'Affemblée nationale n'entendant point d'ailleurs déroger aux loix concernant les actions & oppofitions des créanciers envers leurs débiteurs.

XXVII.

Lorfque les travaux des fortifications, ou tous autres objets de fervice militaire, exigeront, foit l'interruption momentanée des communications publiques, foit quelques manœuvres d'eaux extraordinaires, ou toute autre difpofition non ufitée qui intéreffera les habitans, les agens militaires ne pourront les ordonner, qu'après en avoir prévenu la municipalité, & pris avec elle les mefures convenables pour que le fervice public n'en reçoive aucun dommage.

SUITE DU TITRE VI.

Comité des Fortifications.

ARTICLE PREMIER.

Attendu l'importance des travaux des fortifications, & la néceffité d'employer les fonds qui leur font deftinés de manière à concilier l'économie des deniers de l'Etat avec l'intérêt de fa dépenfe, il fera formé un comité des fortifications, lequel s'affemblera tous les ans près du miniftre de la guerre, dans l'intervalle du 1er janvier au 1er avril, en forte que les objets dont il devra s'occuper, foient terminés à cette dernière époque.

II.

Ce comité, formé d'officiers du génie délignés & appelés par le miniftre de la guerre, fera toujours compofé de deux infpecteurs généraux & de trois directeurs des fortifications, auxquels pourront être adjoints tels officiers-généraux, fupérieurs ou autres du corps du génie, que le miniftre jugera néceffaires. Il fera toujours préfidé par le plus ancien des infpecteurs appelés.

III.

Le préfident du comité prendra les ordres du miniftre fur tous les objets à propofer à la délibération des membres, & ces objets pourront être les projets généraux & particuliers des différentes places de guerre du royaume, la répartition des fonds qui leur feront affectés, l'inftruction de l'école du génie, les progrès & la perfection des différentes branches de l'art des fortifications, ou tels autres objets de théorie ou de pratique militaire que le miniftre jugera à propos de donner à difcuter au comité.

IV.

Le réfultat motivé des délibérations du comité fera remis au miniftre par le préfident du comité, & chacun de fes membres fera libre de joindre à ce réfultat les motifs de fon opinion particulière, dans le cas où elle feroit contraire à la majorité.

V.

Lorfque le comité difcutera des queftions qui embrafferont le fyftême général de la défenfe d'une ou de plufieurs parties des frontières, le miniftre pourra, s'il le croit utile, lui adjoindre des officiers - généraux, fupérieurs ou particuliers de la ligne, en tel nombre qu'il le croira convenable.

V I.

Pour faciliter les opérations de ce comité, & lui donner le degré d'utilité dont il peut être fufceptible, il fera formé un dépôt de tous les mémoires, plans, cartes, & autres objets provenans des travaux du corps du génie, relatifs aux places de guerre & établiffemens militaires, ou à la défenfe des frontières. Ce dépôt, fous le nom d'archives des fortifications, fera dirigé par un lieutenant - colonel du corps du génie, fous le nom de directeur, lequel, fecondé d'un ou de deux officiers au plus du même corps, furveillera les objets confiés à fa garde, claffera les papiers & les deffeins. Cet officier & fes adjoints feront auffi chargés de la confervation & de l'entretien des plans en relief, & le miniftre de la guerre propofera le fupplément d'appointemens qu'il croira néceffaire de leur accorder pendant la durée de leurs fonctions, ainfi que l'organifation & la dépenfe de ce dépôt.

V I I.

Les officiers du génie attachés aux archives des fortifications feront nommés par le Roi, amovibles à fa volonté, & ne pourront continuer à être employés aux fonctions qui leur font affignées par l'article VI précédent, lorfqu'ils pafferont à un grade fupérieur à celui dont ils font revêtus.

ÉT AT des *Places & Postes de l'intérieur, dont les parties fortifiées étant reconnues inutiles à la sûreté des frontières, peuvent être supprimées dès ce moment même, & aliénées par les Corps administratifs.*

Lens.
Mouzon.
Sarrebourg.
Oberenheim.
Colmar. (Haut - Rhin.)
Château de Dijon.
Montelimart.
Tour du Crest.
Château de S. André-de-Villeneuve.
Tour du Pont d'Avignon.
Fort de Saint - Hippolyte.
Château de Beauregard.

Château de Ferrières.
Château de Sommières.
Citadelle de Nîmes.
Château Trompette. }
Fort Sainte - Croix. } Bordeaux.
Château du Haa.
Château d'Angoulême.
Château de Loches.
Château de Saumur.
Château d'Angers.
Château de Rouen.

ÉTAT DES PLACES DE GUERR[E]
CLASSÉS SUIVANT LEUR

PREMIÈRE CLASSE.		SECONDE C[LASSE]	
PLACES.	POSTES.	PLACES.	
			Citad[elle]
		Boulogne et dépendances.	
Calais et dépendances.		Ardres.	
Gravelines.			
Dunkerque et dépendances.			
Bergues et dépendances.			
Saint-Omer.			
		Aire et dépendances.	
			Saint-
		Béthune.	
		Arras.	
Lille.			
Douai et dépendances.		Bouchain.	
		Cambrai.	
Valenciennes.			
Condé et dépendances.		Le Quesnoy.	
		Landrecy.	Bavai
		Guise.	
Maubeuge.		Avernes.	
Philippeville.		Rocroi.	
Charlemont et les Givets.			Marie
Mézières.			
Sedan.			Châte[au]
Montmédy.			Carig[nan]
			Stena[y]
		Verdun.	
Longwy.			
Thionville.			Roden
Metz.			
			Sierck
Sare-Louis.		Marsal.	
Bitche.			
Landau et dépendances.			
		Veissembourg.	Laute[r]
		Fort-Louis du Rhin.	
		Phalsbourg.	La Pe[tite]
Strasbourg.		Schelestat.	
Neufbrisack.			Fort-
Huningue.			
			Lands[berg]
		Belfort.	

DE CLASSE.	TROISIÈME CLASSE.	
POSTES.	PLACES.	POSTES.
Citadelle de Montreuil.	Abbeville.	. . . .
. . . .	Montreuil.	. . . .
. . . .	. . . .	Fort Mardick. . . . .
Saint - Venant.	Hesdin.	. . . .
. . . .	Douleas.	. . . .
. . . .	Bapaume.	. . . .
. . . .	Amiens..	. . . .
. . . .	Péronne.	. . . .
. . . .	Ham.	. . . .
. . . .	Saint - Quentin.	. . . .
Bavai.	La Fère.	. . . .
Mariembourg.	. . . .	. . . .
Château de Bouillon.	. . . .	. . . .
Carignan.	. . . .	. . . .
Stenai.	. . . .	. . . .
Rodemaken.	Toul.	. . . .
Sierck.	Nancy.	. . . .
Lauterbourg.	. . . .	. . . .
La Petite-Pierre.	Haguenau.	Lichtemberg. . . . .
Fort - Mortier.	. . . .	. . . .
Landskron.	. . . .	. . . .
Château de Blamont.	. . . .	. . . .
Château de Joux.	Auxonne..	. . . .
	Salins et dépendances.	. . . .

6		Schelestat.	Fort-
Neufbrisack.			
Huningue.			Lauds
		Betfort.	Châte
Besançon.			Châte
	Fort-l'Ecluse.		
	Pierre-Châtel.		
Fort-Barraux.			
Grenoble.			
Briançon.			
Mont-Dauphin.	Queiras.	Embrun.	
			S.-Vi
			Colm
		Entrevaux.	
Antibes.			Les I
		Saint-Tropès.	Les L
Toulon et dépendances.			
Les Forts de Marseille.			Citad
			Aigue
	Les Forts de Cette.		
			Le Fe
Perpignan et dépendances.			
Port-Vendres et dépendances.		Collioure et dépendances.	
	Bellegarde et dépendances.		Fort
			Pratz
Mont-Louis.			Ville
		Navarreins.	
Saint-Jean-Pied-de-Port.			
			Enda
			Fort
Bayonne et dépendances.			
	Fort-Médoc.		
Blaye.			Fort
L'Isle d'Oléron.		Rochefort.	Four
La Rochelle et dépendances.	L'Isle d'Aix et dépendances.		
L'Isle de Rhé.			Châ
			Châ
Belle-Isle et dépendances.			Les
Port-Louis et dépendances.		l'Orient.	L'Is
			Conc
Brest et dépendances.			
			Châ
Saint-Malo et dépendances.			Le I
	La Hougue et dépendances.	Granville et dépendances.	
Cherbourg et dépendances.			
			Chà
Le Havre.			Chà
			Bat
			Cà

Lauterbourg.		
La Petite-Pierre.	Haguenau.	Lichtemberg.
Fort-Mortier.		
Landskron.		
Château de Blamont.		
Château de Joux.	Auxonne.	
	Salins et dépendances.	
	Valence.	
S.-Vincent et Val de Barcelonnette.	Seine.	
	Sisteron.	
Colmar et dépendances.		
Les Isles Sainte-Marguerite.		
Les Isles d'Hyères.		
Citadelle du Saint-Esprit.		Fort d'Alais.
Aiguemorte.		Pecais.
		Citadelle de Montpellier.
Le Fort Brescou.	Beziers.	
	Narbonne et dépendances.	
		Château de Saluces.
Fort des Bains.		
Pratz de Mouillon.	Carcassonne.	
Ville-Franche.		
		Château de Lourdes.
Endaye.		
Fort de Socoa.		
		Dax.
Fort Chapus.		Brozage.
Fouras et dépendances.		
Château de Niort.		
Château de Nantes.		
Les Isles d'Hédic et d'Ouat.		
L'Isle de Grouais.		
Concarneau.		
Château de Toreau.		
Le Fort de Château-Neuf.		
	Carentan.	

49 PLACES.	8 POSTES.	30 PLACES.	
. . .	. . .	. . .	S.-Vince
. . .	. . .	. . .	Colmar
Antibes.	. . .	Entrevaux.	Les Isle
. . .	. . .	Saint-Tropès.	Les Isle
Toulon et dépendances.	. . .	. . .	. . .
Les Forts de Marseille.	. . .	. . .	. . .
. . .	. . .	. . .	Citadeli
. . .	. . .	. . .	Aiguem
. . .	. . .	. . .	. . .
. . .	Les Forts de Cette.	. . .	Le Fort
. . .	. . .	. . .	. . .
Perpignan et dépendances.	. . .	Collioure et dépendances.	Fort des
Port-Vendres et dépendances.	Bellegarde et dépendances.	. . .	Pratz de
. . .	. . .	. . .	Ville-F
Mont-Louis.	. . .	. . .	. . .
. . .	. . .	Navarreins.	. . .
Saint-Jean-Pied-de-Port.	. . .	. . .	Endaye
. . .	. . .	. . .	Fort de
Bayonne et dépendances.	. . .	. . .	. . .
. . .	. . .	. . .	. . .
Blaye.	Fort-Médoc.	. . .	Fort Cl
L'Isle d'Oléron.	. . .	Rochefort.	Fouras
La Rochelle et dépendances.	L'Isle d'Aix et dépendances.	. . .	Château
L'Isle de Rhé.	. . .	. . .	Château
Belle-Isle et dépendances.	. . .	. . .	Les Isl
Port-Louis et dépendances.	. . .	l'Orient.	L'Isle
. . .	. . .	. . .	Concar
Brest et dépendances.	. . .	. . .	Château
. . .	. . .	. . .	. . .
Saint-Malo et dépendances.	. . .	. . .	Le For
. . .	La Hougue et dépendances.	Granville et dépendances.	. . .
Cherbourg et dépendances.	. . .	. . .	. . .
. . .	. . .	. . .	Château
Le Havre.	. . .	. . .	Château
. . .	. . .	. . .	Batter
. . .	. . .	. . .	Côtes
Corse { Ajacio et dépendances.	. . .	Bonifacio et dépendances.	Isle R
Bastia.	. . .	Calvi et dépendances.	Tour
. . .	. . .	Saint-Florent et dépendances.	Tour

TOTAL. . . . . . 161 PLAC

	Seine.	
S.-Vincent et Val de Barcelonnette.	Sisteron.	
Colmar et dépendances.		
Les Isles Sainte - Marguerite.		
Les Isles d'Hyères.		
Citadelle du Saint-Esprit.		Fort d'Alais.
Aiguemorte.		Pecais.
		Citadelle de Montpellier.
Le Fort Brescou.	Beziers.	
	Narbonne et dépendances.	
		Château de Saluces.
Fort des Bains.		
Pratz de Mouillon.	Carcassonne.	
Ville-Franche.		
		Château de Lourdes.
Endaye.		
Fort de Socoa.		
		Dax.
Fort Chapus.		Brozage.
Fouras et dépendances.		
Château de Niort.		
Château de Nantes.		
Les Isles d'Hédic et d'Ouat.		
L'Isle de Grouais.		
Concarneau.		
Château de Toreau.		
Le Fort de Château-Neuf.		
Château de Caen.	Carentan.	
Château de Dieppe et dépendances.		
Batteries et retranchement sur les Côtes et les Isles qui les avoisinent.		
Isle Rousse.		
Tour de Vivario.	Corté et dépendances.	
Tour de Bogoguano.		

42 POSTES.	23 PLACES.	9 POSTES.

PLACES ET POSTES.

*Addition au **Décret** du 7 de ce mois , concernant les Membres de la ci-devant Affemblée de Saint-Domingue.*

Du 9 Juillet 1791.

(On y a eu égard en tranfcrivant le Décret fous la date du 7.)

Décret relatif aux Nantukois établis en France , ou qui viendront s'y établir pour y exercer la pêche de la baleine.

Du 9 Juillet 1791.

L'Affemblée Nationale décrète :

ARTICLE PREMIER.

Les Nantukois établis en France , & y exerçant la pêche de la baleine , font exceptés des difpofitions du Décret du 4 Mars dernier, & pourront, en conféquence, continuer à faire venir pour leur compte, des Etats-Unis de l'Amérique, les bâtimens propres à la pêche de la baleine , à condition toutefois de les employer à cette pêche , en rèmpliffant d'ailleurs toutes les charges , claufes & conditions de leur établiffement en France.

II. Il fera auffi permis aux habitans de l'ifle de Nantuket , qui defireront venir s'établir en France pour fe livrer à la pêche de la baleine , de s'y tranfporter avec tous leurs effets & bâtimens propres à ladite pêche, & ils feront admis à jouir des avantages du Pavillon françois , & de tous ceux accordés aux Pêcheurs Nantukois déjà établis dans les Ports de France , fans que leurfdits

I 4

navires puiffent avoir aucune autre deftination que celle
de la pêche de la baleine.

Scellé le 25 du même mois.

Décret portant liquidation de plufieurs parties de la dette
publique.

Du 9 Juillet 1791.

(Voyez ce Décret à la fin du volume.)

Décret relatif à la liquidation des Receveurs particuliers
des Finances, qui ont été chargés du recouvrement des
rôles fupplétifs fur les ci-devant privilégiés pour les 6
derniers mois 1789.

Du 9 Juillet 1791.

L'Affemblée Nationale, confidérant que les Receveurs
particuliers des Finances qui ont fait l'exercice de 1789,
ont été chargés, aux termes des Proclamations du Roi
des 8 Août 1790, & 11 Avril 1791, des recouvremens
des rôles fupplétifs fur les ci-devant privilégiés, pour les
6 derniers mois 1789 ; que, fuivant ces Proclamations,
le produit net defdits rôles deftiné à être réparti en moins
impofé fur les anciens contribuables en 1790, a dû être
verfé, foit dans la caiffe du Receveur du Diftrict renfermant le chef-lieu de chaque Département d'où dépendent aujourd'hui les différentes Communautés qui for-
moient le reffort des ci-devant Elections ou Bureaux,
foit dans la Caiffe de l'Extraordinaire, pour celles qui
ont offert le montant defdits rôles fupplétifs en don patriotique ; qu'ainfi lefdits Receveurs ne peuvent être

admis à la liquidation définitive de leurs finances, ordonnée par le Décret du 4 Mai 1791, fanctionné le 15
du même mois, fans au préalable avoir juftifié defdits
verfemens, ou fans laiffer au Tréfor public une fomme
égale à celle qui leur refte encore à recouvrer fur lefdits
rôles, décrète :

ARTICLE PREMIER.

Les Receveurs particuliers des Finances qui, ayant fait
l'exercice de 1789, ont été chargés, aux termes des Proclamations du Roi des 8 Août 1790, & 10 Avril 1791,
du recouvrement des rôles fupplétifs fur les ci-devant
privilégiés pour les 6 derniers mois 1789, ne feront
admis à la liquidation définitive de leurs finances, ordonnée par le Décret du 4 Mai dernier, fanctionné le
15, qu'au préalable ils n'aient juftifié du verfement du
produit net defdits rôles dans les différentes Caiffes publiques où ledit verfement devoit être fait.

II. Pour parvenir à cette juftification, lefdits Receveurs drefferont un compte final, établiffant, d'une part,
le montant brut des rôles fupplétifs pour toute l'étendue
de leurs ci-devant Elections ou Bureaux ; & d'autre part,
1°. les fommes par eux verfées à compte du montant
defdits rôles, entre les mains des Receveurs-généraux
de l'exercice de 1790, jufqu'à l'époque de la Proclamation du 10 Avril 1791 ; 2°. les fommes payées par lefdits Receveurs, à compter de la même époque, aux
Tréforiers des Diftricts renfermant le chef lieu de chaque
Département d'où dépendent actuellement les Communautés qui compofoient auparavant le reffort defdites
Elections ou Bureaux ; 3°. les déductions à faire fur le
montant defdits rôles pour les taxations des Collecteurs,
& celles des Receveurs particuliers des Finances ; 4°. les
déductions à faire également pour les non-valeurs, dé-

charges, modérations ou compensations des décimes ou capitations privilégiées, qui auront été régulièrement accordées sur lesdits rôles des 6 derniers mois 1789 ; 5°. enfin, les sommes versées dans la Caisse de l'Extraordinaire pour le produit net des rôles supplétifs des Communautés qui en ont offert le montant en don patriotique.

III. Lesdits comptes ainsi dressés & appuyés de pièces justificatives & de quittances, seront présentés au Directoire de chaque Département d'où dépendent actuellement les Communautés qui composoient auparavant le ressort desdites Elections ou Bureaux ; chaque Directoire arrêtera quittes lesdits comptes ainsi arrêtés & balancés avec les objets à recevoir ; & ceux réellement reçus, ou légalement déduits, seront réunis aux autres pièces à fournir par les Receveurs particuliers, & remis au Bureau général de Liquidation, qui procédera alors à la liquidation définitive desdits Receveurs particuliers, aux termes du Décret du 4 Mai 1791.

IV. Pour assurer l'exécution des articles ci-dessus, & faire connoitre le montant exact desdits rôles supplétifs pour chaque Election ou Bureau, le Ministre des contributions fera passer au Bureau de Liquidation un bordereau de chacun desdits rôles arrêtés par les Directoires de Département.

V. Et néanmoins, lesdits Receveurs à qui il restera encore des recouvremens à faire sur lesdits rôles supplétifs, d'après les comptes dressés & arrêtés de la manière ci-dessus indiquée, pourront consentir qu'il soit retenu sur leur finance une somme égale à celle qui leur restera encore à recouvrer sur lesdits rôles, & le surplus de leur finance sera remboursé aux termes du Décret du 4 Mai.

VI. A l'égard de l'époque à laquelle la portion de finance retenue aux termes de l'article précédent, sera

nife auxdits Receveurs, & des prétentions qu'ils pour-
ent former pour les intérêts d'icelle, l'Assemblée a
ivoyé au Comité central de Liquidation, pour en con-
er avec le Ministre des Contributions publiques, &
préfenter un projet de Décret.

VII. Les justifications prescrites par les articles pré-
lens, seront exigées de la part des Receveurs particu-
rs qui ont déjà été liquidés en exécution du Décret
4 Mai, sanctionné le 15; en conséquence, leurs
:onnoissances définitives qui n'auront pas été délivrées
qu'à ce jour, ne pourront l'être que sur la représen-
ion des comptes dressés & arrêtés aux termes des
icles précédens.

VIII. Toutes les dispositions ci-dessus auront lieu à
gard des Receveurs des Tailles, Receveurs des Foua-
s, & tous autres Percepteurs des deniers publics qui
t été chargés du recouvrement des rôles supplétifs dans
ci-devant pays conquis, pays d'États, & pays abon-
s; en conséquence, ils ne pourront être admis à la
uidation & au remboursement de leurs Offices, qu'en
ghant par eux, à la décharge légale de leur dernier
rcice, les comptes dressés & préfentés comme ci-
sus.
Et sera le présent Décret, en ce qui concerne le Rè-
ment relatif aux Receveurs des finances, imprimé &
royé à tous les Départemens.

cret relatif à l'emploi des assignats de 5 livres par la
Caisse de l'Extraordinaire & la Trésorerie nationale.

Du 9 Juillet 1791.

l'Assemblée Nationale décrète ce qui suit :

ARTICLE PREMIER.

La Caiffe de l'Extraordinaire verfera , par échange ; à la Tréforerie les affignats de 5 livres à mefure de leur fabrication ; elle en réfervera ce qui fera néceffaire à fes appoints , & à l'échange des coupons d'affignats de 1000 livres , 300 livres , 200 livres , & annullera dans la même proportion des affignats de 2000 livres & de 1000 livres , remis à fa Caiffe de geftion.

II. La Tréforerie nationale , à compter du 11 de ce mois , enverra , autant qu'il fera poffible , des affignats de 5 livres dans les Départemens pour le paiement du culte , partie du prêt des Troupes françoifes , paiement des Officiers , & autres dépenfes des Départemens.

III. La Tréforerie remettra aux différens payeurs qui font chargés de la dette de l'Etat , les fommes fuffifantes en affignats de 5 livres , pour payer les appoints , & en fournir dans les paiemens jufqu'à la concurrence de 50 livres , autant qu'il fera poffible.

Il fera préfenté inceffamment un projet de Décret fur les moyens d'échanger la menue monnoie contre des affignats de 5 livres.

Scellé le 21 du même mois.

Décret relatif à la tranflation de Voltaire.

Du 9 Juillet 1791.

L'Affemblée Nationale a décrété qu'une Députation de quinze Membres affiftera à la tranflation de Voltaire. Les Membres compofant cette Députation font :

MESSIEURS

Chamorceau.	Garat cadet.
Boiffy.	Folleville.
Chriftin.	d'Eymart.
Matthieu Montmorency.	Creufé-Larouche.
Regnault de Nancy.	Barrère.
Mougins-Roquefort.	Darnaudat.
Vadier.	Goffin.
Rabaut.	

Décret concernant les Emigrans.

Du 9 Juillet 1791.

L'Affemblée Nationale décrète que tout François hors du Royaume, qui ne rentrera pas dans le délai d'un mois à compter de la publication du préfent Décret, fera foumis à une triple impofition, par addition au rôle de 1791 ; fauf à prendre, dans le cas d'une invafion fur le territoire de France, des mefures ultérieures, & telles que les circonftances pourront l'exiger ; renvoie aux Commiffaires pour la rédaction du Décret, & préfenter les moyens d'exécution.

Décret relatif au compte & au recenfement des affignats hors d'état de fervir, & à divers objets de recette publique.

Du 10 Juillet 1791.

L'Affemblée Nationale décrète ce qui fuit :

ARTICLE PREMIER.

Les Commiffaires établis pour la fabrication de huit

cens millions d'affignats décrétée le 29 Novembre 1790, feront le compte & recenfement des affignats délivrés à l'imprimerie, remis à la fignature, & qui lors de cette fignature, ou de l'application du timbre, ont été mis hors d'état de fervir par quelque vice d'application de la fignature, du numéro ou du timbre, ainfi que de ceux qui fe trouveroient excéder la quantité qui a été néceffaire pour fournir lefdits huit cens millions. Après ledit recenfement, lefdits affignats qui n'ont pu fervir, & tous ceux qui fe trouveroient excéder le nombre qui a rempli l'émiffion des huit cens millions d'affignats, feront brûlés dans la cour de la Caiffe de l'Extraordinaire, en préfence des Commiffaires de ladite Caiffe & du public; il fera dreffé Procès-verbal defdits compte, recenfement & brûlement d'affignats, & il fera rendu public par la voie de l'impreffion.

II. Le Tréforier de l'Extraordinaire eft autorifé à recevoir, fur fes quittances, les arrérages échus au premier Janvier dernier des contrats de rente fur l'État, ainfi que le paiement des actions, billets de loterie, effets de tout genre, coupons d'iceux, qui fe font trouvés fous les fcellés, ou lors des inventaires des biens des ci-devant Corps & Communautés eccléfiaftiques, lefquels ont été ou feront dépofés entre fes mains, aux termes du Décret du 20 Janvier dernier; le montant defdites recettes fera verfé à la Caiffe de l'Extraordinaire, & il en fera compté au nombre des recettes diverfes.

III. Les payeurs des rentes dites de l'Hôtel-de-Ville font autorifés à acquitter les rentes au-deffous de cent livres, fans exiger, quant à préfent, les repréfentations des actes requis par le Décret du 14 Juin dernier.

IV. Tous receveurs d'impôts & de contribution patriotique feront tenus de fournir fans frais, aux contribuables, autant de *duplicata* de leurs quittances, qu'ils en demanderont , pour juftifier du paiement de leurs contributions.

V. Les ceſſionnaires ou délégataires qui ſe préſente-roient pour toucher en vertu des ceſſions ou délégations qui n'auroient pas une date authentique antérieure au 24 Juin dernier , ſeront tenus de juſtifier que l'auteur de la ceſſion ou délégation en vertu de laquelle ils ſe préſen-tent , a ſatisfait aux conditions exigées par le Décret du 24 Juin dernier , relativement aux impoſitions.

Scellé le 20 *du même mois.*

Décret qui ordonne le rembourſement de pluſieurs Offices de Judicature.

Du 10 Juillet 1791.

Scellé le 18 *du même mois.*

(*Voyez ce Décret à la fin du Volume.*)

Décret concernant le ſecret & l'inviolabilité des Lettres.

Du 10 Juillet 1791.

L'Aſſemblée Nationale , ſur le rapport de ſon Comité des Rapports , conſidérant que les précautions qu'elle a ordonnées pour la ſûreté de l'Etat par ſon Décret du 21 Juin dernier , ont été exagérées en pluſieurs lieux ; que par l'effet d'un zèle inconſidéré , des Corps adminiſtratifs & des Municipalités avoient cru pouvoir, en conſéquence, ſoumettre à leur ſurveillance & à leurs recherches la cor-reſpondance des particuliers ; que l'arreſtation qui a été faite en pluſieurs Villes des Couriers des Malles , les dépôts forcés de leurs paquets en autres lieux qu'aux bureaux auxquels ils étoient deſtinés ; les perquiſitions faites chez les Directeurs des Poſtes , la vérification des lettres , les ſurſis ordonnés à leur diſtribution ne peuvent qu'interrompre les relations commerciales , & ſont autant d'abus qu'il eſt indiſpenſable d'arrêter ; que ces moyens illégaux, qui ne peuvent être tolérés que dans un moment d'alarme univerſelle & dans un péril imminent, ne peuvent être plus long-temps employés, d'après les meſures qui ont été arrêtées pour la ſûreté & la défenſe de l'Empire ; décrète qu'il eſt enjoint aux Corps adminiſtratifs de ſurveiller l'exécution du Décret du 10 Août 1790 concernant le ſecret & l'inviolabilité des lettres, & de ſe conformer aux diſpoſitions de l'article X du titre des attributions, faiſant partie du Décret du 26 du même mois d'Août, qui défend aux Corps adminiſtratifs & aux Tribunaux d'ordonner aucun changement dans le ſervice des Poſtes.

Scellé le 20 du même mois.

Décret concernant l'organiſation de la Caiſſe de l'Extraordinaire, & qui règle les appointemens des perſonnes qui y ſont employées.

Du 11 Juillet 791.

L'Aſſemblée Nationale, ouï le rapport de ſes Commiſſaires nommés pour l'examen de l'organiſation de la Caiſſe de l'Extraordinaire, & de ſes Commiſſaires nommés pour ſurveiller ladite Caiſſe, réunis, décrète :

ARTICLE PREMIER.

Les Bureaux de l'Adminiſtration de la Caiſſe de l'Extraordinaire, ſous le Commiſſaire-Adminiſtrateur, ſeront compoſés chacun d'un premier Commis ; & ſous celui-ci, des Commis & Expéditionnaires, dont le nombre & les appointemens ſeront déterminés par le Commiſſaire-Adminiſtrateur, aux conditions portées par les articles ſuivans.

II. Le Commiſſaire-Adminiſtrateur ne pourra donner

à aucun de fes premiers Commis, plus de 8,000 liv. par an, foit en appointemens, foit en gratifications; il ne pourra donner à aucun Commis moins de 1,800 liv.; ni à aucun Expéditionnaire, moins de 1,200 liv. par an en appointemens fixes.

III. Il fera remis au Commiffaire-Adminiftrateur, 1°. pour les appointemens des Commis, & les gages des Garçons de Bureaux, une fomme de 30,833 livres 6 fols 8 deniers par mois, (370,000 livres par an); 2°. pour les menus entretiens des Commis, pour l'entretien & frais des Bureaux, papier, bois, lumière, &c. pour l'entretien, frais & gages des deux Portiers de l'Hôtel, la paie des Suiffes qui gardent l'entrée du Bureau des paiemens, le feu des Corps-de-garde placés dans la cour de l'Hôtel, une fomme de 3,750 livres par mois (45,000 liv. par an), en ce non compris les frais d'impreffion, Pofte, Meffageries, envois des regiftres dans les Diftricts; 3°. pour fon traitement perfonnel, la fomme de 2,083 liv. 6 f. 8 d. par mois (25,000 liv. par an), lefdites trois fommes faifant enfemble 36,666 liv. 13 f. 4 den. par mois, 440,000 liv. par an.

IV. Sur la fomme annuelle de 370,000 l. deftinée aux appointemens des Commis & gages des Garçons de Bureau, le Commiffaire-Adminiftrateur pourra diftribuer en appointemens fixes, feulement celle de 360,000 livres, & réferver celle de 10,000 livres pour diftribuer en gratifications aux Commis qui, dans l'année, auront montré plus de zèle, de talent & d'affiduité.

V. La fomme de 36,666 liv. 13 f. 4 d. fera délivrée au Commiffaire-Adminiftrateur pour chaque mois, à partir du premier Avril dernier, déduction faite des à-comptes qu'il a reçus jufqu'à ce moment.

VI. Quant aux dépenfes & aux appointemens antérieurs au premier Avril dernier, il fera remis au Commiffaire-

Administrateur, 1°. pour le travail du sieur Godefroy en 1790, une somme de 4,000 livres ; pour celui du sieur Pardou dans la même année, 2,400 livres ; pour le travail fait dans les Bureaux depuis le premier Janvier dernier, une somme de 23,200 livres, sur laquelle il sera retenu ce qui a été payé à compte, notamment la somme de 12,400 liv. ; pour l'établissement & les frais de Bureaux jusqu'audit jour premier Avril, la somme de 26,928 liv. 15 sols, conformément aux états & mémoires desFournisseurs que le Commissaire-Administrateur représentera ; 4°. il sera remis au Commissaire-Administrateur, pour son traitement, à partir du 15 Septembre 1790 jusqu'au premier Avril 1791, la somme de 13,541 l. 13 s. 4 d.

VII. Les Bureaux de la Trésorerie de l'Extraordinaire feront composés, sous le Trésorier, d'un Caissier, d'un Teneur de livres, d'un premier Commis de correspondance, & des Commis & Expéditionnaires que le Trésorier jugera nécessaire d'employer.

VIII. Il sera remis au Trésorier de l'Extraordinaire, 1°. pour les appointemens des Commis, & gages des Garçons de Bureau, la somme de 13,833 liv. 6 sols 8 den. par mois (166,000 livres par an) ; 2° pour l'entretien & frais de Bureau de toute espèce, à l'exception des frais d'impression, frais de Poste & Messageries, la somme de 1,666 liv. 13 sols 4 d. par mois (20,000 liv. par an) ; 3°. pour son traitement personnel, la somme de 3,333 liv. 6 sols 8 d. par mois (40,000 liv. par an); lesdites trois sommes montant à celle de 18,833 l. 6 s. 8 d. par mois (226,000 liv. par an).

IX. Sur la somme annuelle de 166,000 liv. destinée aux appointemens des Commis & gages des Garçons de Bureau, le Trésorier pourra distribuer en appointemens fixes, seulement celle de 160,000 l., & réservera celle de 6,000 liv. pour diftribuer en gratifications aux Commis qui, pendant l'année, auront montré plus de zèle, de talent & d'affiduité.

X. Le Tréforier ne pourra donner à aucun de fes Commis plus de 8,000 liv. par an, foit en appointemens, foit en gratifications; il ne pourra donner à aucun Commis moins de 1,800 liv., ni à aucun Expéditionnaire moins de 1,200 liv. par an, en appointemens fixes.

XI. Le Tréforier fera refponfable des erreurs & mécomptes d'affignats & écus provenant de fon fait, ou de celui de fes Employés, fauf la refponfabilité de ceux-ci envers lui.

XII. Le traitement du Tréforier de l'Extraordinaire courra à compter du premier Avril 1790; celui de fes Employés, & les frais de fes Bureaux, à compter du premier Avril 1791. A l'égard des dépenfes de l'établiffement de fes Bureaux, traitement des Commis, & frais antérieurs au premier Avril 1791, le Tréforier en préfentera inceffamment l'état pour en être rembourfé d'après un Décret de l'Affemblée Nationale, déduction faite des fommes qui lui ont été payées à compte.

XIII. Au mois de Décembre de chaque année, le Commiffaire-Adminiftrateur, & le Tréforier de la Caiffe de l'Extraordinaire, rendront publics, par la voie de l'impreffion, l'état de leurs Bureaux, la lifte nominative des Employés, les appointemens donnés à chacun d'eux, & la diftribution des fommes deftinées aux gratifications.

XIV. Toutes les fommes payables aux termes des précédens articles, feront fournies fur les quittances du Commiffaire-Adminiftrateur & du Tréforier, chacun en ce qui concerne fa partie, par la Tréforerie Natio-

K 2

nale, fans que, fous aucun prétexte; elles puiffent être prifes fur la Caiffe de l'Extraordinaire.

XV. Il fera remis, fans délai, à l'Affemblée Nationale, un état de toutes les dépenfes faites depuis le mois de Novembre dernier, en conftruction, réparations & diftribution à l'Hôtel de la Caiffe de l'Extra-ordinaire.

Scellé le 20 du même mois.

Décret qui autorife les fix Tribunaux criminels de Paris à nommer deux Commiffaires-Greffiers pour l'inftruction des procès criminels, & fixe leur traitement, ainfi que celui des Accufateurs publics de ces Tribunaux & de ceux de Diftrict.

Du 11 Juillet 1791.

L'Affemblée Nationale décrète ce qui fuit :

ARTICLE PREMIER.

Chacun des fix Tribunaux criminels provifoires établis à Paris en vertu de la Loi du 14 Mars 1791, eft autorifé à nommer deux Commis-Greffiers pour l'inftruction des procès criminels.

II. Les Commis-Greffiers dont il vient d'être parlé, auront pour traitement les deux tiers de celui attribué au Greffier, le tout à raifon de la durée de leur fervice près defdits Tribunaux criminels.

III. Les Accufateurs publics des fix Tribunaux criminels auront une indemnité égale à celle des Commiffaires du Roi de fervice auprès defdits Tribunaux, également à raifon de la durée de leur fervice.

IV. Les Accufateurs publics des Tribunaux de Diftrict auront une indemnité égale à la moitié de celle des Commiſſaires du Roi, pour tout le temps de la durée de leur ſervice.

Scellé le 6 Septembre 1791.

Décret relatif aux Régimens & Bataillons Coloniaux & autres Troupes employées à la défenſe des Colonies & des poſſeſſions nationales hors du Royaume.

Du 11 Juillet 1791.

L'Aſſemblée Nationale, ouï le rapport de ſon Comité de Marine, décrète :

ARTICLE PREMIER.

Les Régimens & Bataillons Coloniaux des Iſles de France, de Bourbon, Pondichery, Port-au-Prince, du Cap, la Martinique, la Guadeloupe, la Guyanne d'Afrique, Saint-Pierre & Miquelon ; le Bataillon auxiliaire, ainſi que l'Artillerie des Colonies, & les ſix Compagnies de Cipayes de Pondichéry, & toutes autres Troupes ſoldées employées à la défenſe des Colonies & des poſſeſſions nationales hors du Royaume, feront, à l'avenir, ſous la direction du Département de la Guerre.

II. Le Comité Militaire préſentera inceſſamment les articles néceſſaires pour la remiſe des fonds que le Département de la Marine doit faire au Département de la Guerre pour l'entretien de ces Troupes, & pour déterminer le rang que les Officiers des Colonies doivent prendre dans l'Armée.

Scellé le 20 du même mois.

Suite des Décrets fur l'organisation de la Tréforerie Nationale.

Du 11 Juillet 1791.

Voyez le Décret général fous la date du 16 Août 1791.

Décret relatif à la fabrication de la menue Monnoie d'argent de 30 & de 15 fols.

Du 11 Juillet 1791.

L'Affemblée Nationale, confidérant que l'exécution de fon Décret du 11 Janvier, relativement à l'émiffion d'une menue monnoie d'argent, feroit, dans les circonftances actuelles, fufceptible d'inconvéniens, s'il n'y étoit apporté quelque modification, après avoir entendu fon Comité des Monnoies, décrète ce qui fuit :

ARTICLE PREMIER.

Conformément au Décret du 11 Janvier, les pièces de trente fols contiendront en grain de fin la moitié de l'écu ; celles de 15 fols, le quart de l'écu.

II. Néanmoins, chacune defdites pièces fera alliée dans la proportion de huit deniers d'argent fin, avec quatre deniers de cuivre.

III. Le Graveur-général préparera fans délai les poinçons néceffaires à cette fabrication, aux types décrétés le 9 Avril dernier ; de forte que dans trois femaines au plus tard de la publication du préfent Décret, la fabrication foit en activité.

IV. L'argenterie des Eglises fupprimées, & dépofée dans les Hôtels des Monnoies, fera d'abord employée à cette fabrication ; elle fera continuée enfuite avec les matières que fe procure le Tréfor public pour la fabrication des écus, dont il ne fera fabriqué que pour les befoins indifpenfables, jufqu'à ce que l'émiffion de la menue monnoie foit déclarée fuffifante par un Décret du Corps légiflatif.

V. Toute perfonne qui apportera à la Monnoie des matières d'argent, recevra, fans aucune retenue, la même quantité de grains de fin en monnoie fabriquée.

Scellé le 28 du même mois.

Décret fur la nomination du fieur Dupré à la place de Graveur - général des Monnoies.

Du 11 Juillet 1791.

L'Affemblée Nationale, fur le rapport de fon Comité des Monnoies, & après avoir entendu la lecture du procès-verbal de l'Académie de Peinture & de Sculpture, en date du 9 de ce mois duquel il réfulte qu'à la majorité abfolue des voix, le fieur Dupré a été jugé par cette Compagnie le plus digne de la place de Graveur-général des Monnoies, ordonne que ledit fieur Dupré fe retirera auprès du pouvoir exécutif, pour fe faire expédier une commiffion de Graveur-général des Monnoies de France.

Scellé le 28 du même mois.

Suite des Décrets fur la Police municipale & correctionnelle.

Du 11 Juillet 1791.

Voyez le Décret général fous la date du 19 de ce mois.

Décret relatif aux dons patriotiques pour l'entretien des Gardes nationales.

Du 12 Juillet 1791.

L'Affemblée nationale décrète que les dons patriotiques qui feront offerts à l'Affemblée pour l'entretien des Gardes nationales qui feront le fervice militaire, ou pour tout autre objet d'utilité publique, feront fur-le-champ portés par un des Commis du Bureau des Procès-verbaux à la Tréforerie de l'Extraordinaire, où il lui en fera expédié des reçus, & où il fera tenu un regiftre particulier defdits dons patriotiques, & des noms de ceux qui les auront faits.

Scellé le 10 Août 1791.

Décret relatif au Te Deum qui fera chanté au Champ de Mars le 14 Juillet.

Du 12 Juillet 1791.

L'Affemblée Nationale a décrété qu'une députation de 24 Membres affifteroit au *Te Deum* annoncé. Ces Membres font,

153

MESSIEURS

Darraing.
Barrère.
Augier.
Menou.
Aiguillon.
Treilhard.
Maffieu, Evêque.
Hervyn.
Goupilleau.
Satillieu.
Gérard, de Saint-Domingue.
Gérard, de Bretagne.
Defeze.

Broglie.
Vimal-Flouvat.
Rouffillou.
Bouffion.
La Poule.
Bourdon, Curé.
Marolles.
Crillon le jeune.
Grenot.
Verchère.
Moutier.
Varin.
Vadier.

Décret relatif aux rations de fourrage accordées aux Maréchaux de France & Officiers-Généraux.

Du 12 Juillet 1791.

L'Affemblée Nationale, après avoir entendu fon Comité Militaire, décrète :

ARTICLE PREMIER.

Indépendamment des traitemens fixés par les Décrets des 18 Août, 5 Octobre 1790, & 4 Mars 1791, aux Maréchaux-de-France, aux Lieutenans-Généraux commandant en chef, aux Lieutenans-Généraux commandant les divifions, aux Maréchaux-de-Camp employés, aux Adjudans-Généraux & Aides-de-Camp, fuivant leur grade, il leur fera accordé un nombre de rations de fourrage proportionnel à leur grade, favoir:

A chaque Maréchal de France & Lieutenant-Général commandant en chef, douze rations;

A chaque Lieutenant-général commandant de division, huit rations ;

A chaque Maréchal-de-Camp employé, six rations ;

A chaque Adjudant-général ou Aide-de-Camp Colonel, quatre rations ;

A chaque Adjudant-général ou Aide-de-Camp Lieutenant Colonel, trois rations ;

A chaque Aide-de-Camp, deux rations.

II. Ces rations de fourrage feront payées à ces Officiers à raison de 15 fols par jour, ou de 270 livres par an de 360 jours, cumulativement avec leurs appointemens, & ils ne pourront exiger qu'elles leur foient fournies en nature pendant la guerre.

Scellé le 20 du même mois.

Décret relatif au cinquante-troisième Régiment ci-devant Alface, & au quatre-vingt-cinquième ci-devant de Foix.

Du 12 Juillet 1791.

L'Affemblée Nationale informée, par le rapport de fon Comité Militaire, du dévouement civique que le cinquante-troisième Régiment d'infanterie, ci-devant Alface, & le quatre-vingt-cinquième Régiment d'infanterie, ci-devant Foix, ont manifefté à Givet, non-feulement en fe livrant aux travaux néceffaires à la défenfe de la Place, mais encore en avançant l'argent de leur maffe, en offrant jufqu'à leur prêt pour les accélérer, décrète ce qui fuit :

ARTICLE PREMIER.

Le Préfident fera chargé d'écrire, au nom de l'Affemblée Nationale, une lettre de fatisfaction aux cinquante-troifième & quatre-vingt-cinquième Régimens
d'infanterie.

II. Le cinquante-troifième Régiment d'infanterie,
ci-devant Alface, ceffera dès ce moment d'être compris
fur l'état de l'Infanterie allemande ; il prendra l'uniforme
de l'Infanterie françoife, & y occupera dans la ligne le
rang que fon ancienneté lui affigne.

III. Le Miniftre de la Guerre donnera fur-le-champ
les ordres néceffaires pour que les avances faites pour le
fervice de l'Etat fur les maffes des cinquante-troifième &
quatre-vingt-cinquième Régimens d'infanterie leur foient
rembourfées fans délai, au nom de la Patrie.

Scellé le 20 du même mois.

Décret relatif aux Mines.

Du 27 Mars, 15 Juin & 12 Juillet 1791.

L'Affemblée Nationale, après avoir entendu le rapport
qui lui a été fait au nom de fes Comités réunis, des
Finances, d'Agriculture & de Commerce, des Domaines
& des Impofitions, décrète comme article conftitution-
nel ce qui fuit :

TITRE PREMIER.

Des Mines en général.

ARTICLE PREMIER.

Les mines & minières, tant métalliques que non métalliques, ainsi que les bitumes, charbons de terre ou de pierre & pyrites, font à la difposition de la Nation; en ce fens feulement, que ces fubftances ne pourront être exploitées que de fon confentement & fous fa furveillance, à la charge d'indemnifer, d'après les règles qui feront prefcrites, les propriétaires de la furface, qui jouiront en outre de celles de ces mines qui pourront être exploitées, ou à tranchée ouverte, ou avec foffe & lumière, jufqu'à cent pieds de profoudeur feulement.

II. Il n'eft rien innové à l'extraction des fables, craies, argiles, marnes, pierres à bâtir, marbres, ardoifes, pierres à chaux & à plâtre, tourbes, terres vitrioliques, ni de celles connues fous le nom de cendres, & généralement de toutes fubftances autres que celles exprimées dans l'article précédent, qui continueront d'être exploitées par les propriétaires, fans qu'il foit néceffaire d'obtenir aucune permiffion.

Mais à défaut d'exploitation, de la part des propriétaires, des objets énoncés ci-deffus, & dans le cas feulement de néceffité pour les grandes routes, ou pour des travaux d'une utilité publique, tels que ponts, chauffées, canaux de navigation, monumens publics, ou tous autres établiffemens & manufactures d'utilité générale, lefdites fubftances pourront être exploitées, d'après la permiffion du Directoire du Département, donnée fur l'avis du Directoire du Diftrict, par tous entrepreneurs ou propriétaires defdites manufactures, en indemnifant le propriétaire ; tant du dommage fait à la surface , que de la valeur des matières extraites, le tout de gré à gré, ou à dire d'Experts.

III. Les propriétaires de la surface auront toujours la préférence & la liberté d'exploiter les mines qui pour-roient se trouver dans leurs fonds ; & la permission ne pourra leur en être refusée , lorsqu'ils la demanderont.

IV. Les concessionnaires actuels, ou leurs cessionnaires qui ont découvert les mines qu'ils exploitent, seront maintenus jusqu'au terme de leur concession , qui ne pourra excéder cinquante années , à compter du jour de la publication du présent Décret.

En conséquence, les propriétaires de la surface , sous prétexte d'aucune des dispositions contenues aux articles premier & second , ne pourront troubler les concession-naires actuels dans la jouissance des concessions , lesquelles subsisteront dans toute l'étendue , si elles n'excèdent pas celle qui sera fixée par l'article suivant ; & dans le cas où elles excéderoient cette étendue , elles y seront ré-duites par les directoires de départemens , en retran-chant, sur la désignation des concessionnaires , les parties les moins essentielles aux exploitations.

V. L'étendue de chaque concession sera réglée suivant les localités & la nature des mines, par les départemens, sur l'avis des directoires de district ; mais elle ne pourra excéder six lieues quarrées. La lieue qui servira de me-sure , sera celle de vingt-cinq au degré de deux mille deux cent quatre-vingt-deux toises.

VI. Les concessionnaires dont la concession a eu pour objet des mines découvertes & exploitées par des proprié-taires , seront déchus de leurs concessions , à moins qu'il n'y ait eu, de la part desdits propriétaires , consentement libre , légal , & par écrit formellement confirmatif de la concession ; sans quoi lesdites mines retourneront aux propriétaires qui les exploitoient avant lesdites conceffions, à la charge par ces derniers de rembourfer, de gré à gré ou à dire d'experts, aux conceffionnaires actuels, la valeur des ouvrages & travaux dont ils profiteront. Quand le conceffionnaire aura rétrocédé au propriétaire, le propriétaire ne fera tenu envers le conceffionnaire, qu'au remboursement des travaux faits par le ceffionnaire, defquels le propriétaire pourra profiter.

VII. Les prorogations de conceffions feront maintenues pour le terme fixé par l'article IV, ou annullées, felon que les mines qui en font l'objet, fe trouveront de la nature de celles mentionnées aux articles IV & VI du préfent Décret.

VIII. Toute conceffion ou permiffion d'exploiter une mine, fera accordée par le département, fur l'avis du directoire du diftrict dans l'étendue duquel elle fe trouvera fituée, & ladite permiffion ou conceffion ne fera exécutée qu'après avoir été approuvée par le Roi, conformément à l'article V de la fection troifième du Décret du 22 décembre 1789, fur les affemblées adminiftratives.

IX. Tous demandeurs en conceffions ou en permiffions, feront tenus de juftifier de leurs facultés, des moyens qu'ils emploieront pour affurer l'exploitation, & de quels combuftibles ils prétendront fe fervir, lorfqu'il s'agira de l'exploitation d'une mine métallique.

X. Nulle conceffion ne pourra être accordée qu'auparavant le propriétaire de la furface n'ait été requis de s'expliquer, dans le délai de fix mois, s'il entend, ou non, procéder à l'exploitation, aux mêmes claufes & conditions impofées aux conceffionnaires. Cette réquifition fera faite à la diligence du procureur-fyndic du département où fe trouvera la mine à exploiter.

Dans le cas d'acceptation par le propriétaire de la

furface, il aura la préférence, pourvu toutefois que fa
propriété feule, ou réunie à celle de fes affociés, foit d'une
étendue propre à former une exploitation. Auront également la préférence fur tous autres, excepté les propriétaires, les entrepreneurs qui auront découvert des mines,
en vertu de permiffion à eux accordée par l'ancienne adminiftration, en fe conformant aux difpofitions contenues au préfent décret.

XI. Toutes demandes en conceffions ou permiffions,
qui feront faites par la fuite, feront affichées dans le
chef-lieu du département, proclamées & affichées dans
le lieu du domicile du demandeur, ainfi que dans
les Municipalités que cette demande pourra intéreffer;
& lefdites affiches & proclamations tiendront lieu d'inter-
pellation à tous les propriétaires.

XII. Lorfque les conceffions ou permiffions auront
été accordées, elles feront de même rendues publiques
par affiches & proclamations, à la diligence du procureur yndic du département.

XIII. Les limites de chaque conceffion accordée, feront tracées fur une carte ou plan levé aux frais du conceffionnaire, & il en fera dépofé deux exemplaires aux
archives du Département.

XIV. Tout conceffionnaire fera tenu de commencer fon
exploitation au plus tard fix mois après qu'il aura obtenu
la conceffion, paffé lequel tems elle fera regardée comme
non-avenue, & pourra être faite à un autre, à moins que
ce retard n'ait une caufe légitime, vérifiée par le directoire du diftrict, & approuvée par celui du département.

XV. Une conceffion fera annullée par une ceffation
de travaux pendant un an, à moins que cette ceffation
n'ait eu des caufes légitimes, & ne foit approuvée par

le directoire du département , fur l'avis du directoire du diftrict auquel le conceffionnaire fera tenu d'en juftifier. Il en fera de même des anciennes conceffions maintenues , dont l exploitation n'aura pas été fuivie pendant un an fans caufe légitime , également conftatée.

XVI. Pourront les conceffionnaires renoncer à la conceffion qui leur a été faite , en donnant , trois mois d'avance , avis de cette renonciation au directoire du département.

XVII. A la fin de chaque conceffion , ou dans le cas d'abandon , le conceffionnaire ne pourra détériorer fes travaux ; en conféquence , il ne pourra vendre que les minéraux extraits , les machines , bâtimens & matériaux exiftant fur l'exploitation , mais jamais enlever les échelles , étais , charpentes ou matériaux néceffaires à la vifite & à l'exiftence des travaux intérieurs de la mine , dont alors il fera fait un état double , qui fera dépofé aux archives du département.

XVIII. S'il fe préfente de nouveaux demandeurs en conceffions ou permiffions , pour continuer l'exploitation d'une mine abandonnée , ils feront tenus de rembourfer aux anciens conceffionnaires la valeur des échelles , étais , charpentes , matériaux , & de toutes machines qui auront été reconnues néceffaires pour l'exploitation de la mine , fuivant l'eftimation qui en fera faite de gré à gré , finon par experts , gens de l'art , qui auront été choifis par les parties ou nommés d'office.

XIX. Le droit d'exploiter une mine , accordé pour cinquante ans ou moins , expirant , les mêmes entrepreneurs qui auront fait exploiter par eux-mêmes ou par ouvriers à forfaits , feront , fur leurs demandes , admis de préférence à tous autres , excepté cependant les propriétaires qui feront dans le cas prévu par l'article X , au renouvellement de la conceffion , pourvu toutefois qu'il qu'il soit reconnu que lesdits concessionnaires ont bien fait valoir l'intérêt public qui leur étoit confié ; ce qui aura lieu tant pour les anciennes concessions maintenues que pour les nouvelles.

XX. Les concessionnaires actuels, ou leurs cessionnaires qui ont découvert les mines qu'ils exploitent & qui sont maintenus aux termes de l'article IV, ainsi que ceux qui le seront conformément à l'article VI, seront obligés d'indemniser les propriétaires de la surface, si fait n'a été, & ce dans le délai de six mois, à compter du jour de la publication du présent Décret.

XXI. L'indemnité dont il vient d'être parlé, ainsi que celle mentionnée dans l'article premier du présent Décret, s'entend seulement des non-jouissances & dégats occasionnés dans les propriétés par l'exploitation des mines, tant à raison des chemins que des lavoirs, fuite des eaux & tout autre établissement de quelque nature qu'il soit, dépendant de l'exploitation, sans cependant que ladite indemnité puisse avoir lieu lorsque les eaux seront parvenues aux ruisseaux, fleuves & rivières.

XXII. Cette indemnité aura pour base le double de la valeur intrinsèque de la surface du sol qui sera l'objet desdits dégats & non-jouissances. L'estimation en sera faite de gré à gré, ou à dire d'experts, si mieux n'aiment les propriétaires recevoir en entier le prix de leur propriété, dans le cas où elle n'excéderoit pas dix arpens, mesure de Paris, & ce, sur l'estimation qui en sera faite à l'amiable, ou à dire d'experts.

XXIII. Les concessionnaires ne pourront ouvrir leurs fouilles dans les enclos murés, ni dans les cours, jardins, prés, vergers & vignes attenant aux habitations dans la distance de deux cents toises, que du consentement des propriétaires de ces fonds, qui ne pourront dans aucun cas être forcés à le donner.

XXIV. Les conceſſionnaires demeureront civilement reſponſables des dégats, dommages & déſordres occaſionnés par leurs ouvriers, conducteurs & employés.

XXV. Lorſqu'il ſera néceſſaire à une exploitation d'ouvrir des travaux de ſecours dans un canton ou exploitation du voiſinage, l'entrepreneur en demandera la permiſſion au directoire du département, pourvu que ce ne ſoit pas pour extraire des minéraux provenant de ce nouveau canton ; mais pour y étendre des travaux néceſ-ſaires, tels que galerie d'écoulement, chemins, priſe d'eaux, ou paſſage des eaux, & autres de ce genre, à la charge de ne point gêner les exploitations y exiſtans, & d'indemniſer les propriétaires de la ſurface.

XXVI. Seront tenus les anciens conceſſionnaires maintenus & ceux qui obtiendront à l'avenir des conceſſions ou permiſſions : ſavoir, les premiers dans ſix mois pour tout délai, à compter du jour de la publication du préſent décret ; & les derniers dans les trois premiers mois de l'année qui ſuivront celle où l'exploitation aura commencé, de remettre aux archives de leur département reſpectif, un état double détaillé & certifié véritable, contenant la déſignation des lieux où ſont ſituées les mines qu'ils font exploiter, la nature de la mine, le nombre d'ouvriers qu'ils emploient à l'exploitation ; les quantités de matières extraites, & ſi ce font des charbons de terre, ce qu'ils en font tirer par mois, enſemble les lieux où s'en fait la principale conſommation, & le prix deſdits charbons ; & de continuer à faire ladite remiſe avant le premier décembre de chaque année, & de joindre audit état un plan des ouvrages & des travaux faits dans l'année.

XXVII. Toutes conteſtations relatives aux mines, demandes en règlement d'indemnité, & toutes autres ſur l'exécution du préſent décret, ſeront portées par-devant les juges de paix ou les tribunaux de diftrict, fuivant l'ordre de compétence, & d'après les formalités prefcrites par les décrets fur l'ordre judiciaire, fans que cependant il puiffe être donné aucune fuite aux procédures criminelles, commencées depuis le 14 juillet 1789 contre les auteurs des dégats commis dans des conceffions de mines, lefquelles procédures feront civilifées & les informations converties en requêtes, à l'effet par les entrepreneurs de pourfuivre, par la voie civile, la réparation des dommages faits à leur conceffion & la réintégration en icelle, s'il y a lieu, aux termes des articles IV & VI du préfent Décret.

TITRE II.

Des Mines de fer.

ARTICLE PREMIER.

Le droit accordé aux propriétaires par l'article premier du titre premier du préfent Décret, d'exploiter à tranchée ouverte, ou avec foffe & lumière jufqu'à cent pieds de profondeur, les mines qui fe trouveront dans l'étendue de leurs propriétés, devant être fubordonné à l'utilité générale, ne pourra s'exercer pour les mines de fer que fous les modifications fuivantes.

II. Il ne pourra à l'avenir être établi aucune ufine pour la fonte des minérais, qu'enfuite d'une permiffion qui fera accordée par le Corps légiflatif, fur l'avis du département dans l'étendue duquel cet établiffement fera projeté.

III. Toutes les formalités prefcrites par les articles XII & XIII du titre premier, pour la conceffion des

Mines à exploiter, feront exécutées pour la permiſſion d'établir de nouvelles uſines.

IV. Tout demandeur en permiſſion d'établir un ou pluſieurs fourneaux ou uſines, fera tenu de déſigner le lieu où il prétend former ſon établiſſement, les moyens qu'il a de ſe procurer les minérais, & l'eſpèce de combuſtibles dont il prétend ſe ſervir pour alimenter ſes fourneaux.

V. S'il y a concurrence entre les demandeurs, la préférence fera accordée aux propriétaires ayant dans leurs poſſeſſions des minérais & des combuſtibles; au défaut de ces propriétaires, & à moyens égaux d'ailleurs, la permiſſion d'établir l'uſine fera accordée au premier demandeur en date.

VI. La permiſſion d'établir une uſine pour la fonte des minérais, emportera avec elle le droit d'en faire des recherches, ſoit avec des ſondes à ce deſtinées, ſoit par tout autre moyen praticable, ſauf dans les lieux exceptés par l'article XXII du titre premier, ainſi que dans les champs & héritages enſemencés ou couverts de fruits.

VII. Les maîtres de forges ou uſines avertiront, un mois d'avance, les propriétaires des terreins qu'ils voudront ſonder, & leur paieront de gré à gré, ou à dire d'experts, les dommages que cette opération pourroit cauſer.

VIII. D'après la connoiſſance acquiſe du minérai, les maîtres d'uſine en donneront légalement avis aux propriétaires.

IX. Lorſque le maître de forge aura beſoin, pour le ſervice de ſes uſines, des minérais qu'il aura reconnus précédemment, il en préviendra les propriétaires, qui, dans le délai d'un mois à compter du jour de la notification pour les terres incultes ou en jachère, & dans le même délai à compter du jour de la récolte, pour celles qui feront enfemencées ou difpofées à l'être dans l'année, feront tenus de faire eux-mêmes l'extraction defdits minérais.

X. Si, après l'expiration de ce délai, les propriétaires ne font pas l'extraction dudit minérai, ou s'ils l'interrompent ou ne la fuivent pas avec l'activité qu'elle exige, les maîtres d'ufine fe feront autorifer à y faire procéder eux-mêmes ; & à cet effet, ils fe pourvoiront pardevant les tribunaux, ainfi qu'il eft prefcrit par l'article XXVI du titre premier.

XI. Lorfque les propriétaires feront l'extraction du minérai pour le vendre aux maîtres d'ufine, le prix en fera réglé entr'eux de gré à gré, ou par experts choifis ou nommés d'office, lefquels auront égard aux localités & aux frais d'extraction, ainfi qu'aux dégats qu'elle a occafionnés.

XII. Lorfque, fur le refus des propriétaires, les maîtres d'ufine auront fait extraire le minérai, le prix en fera déterminé ainfi qu'il eft annoncé en l'article précédent.

XIII. Indépendamment du prix du minérai lavé, qui fera payé aux propriétaires par le maître de forge, celui-ci fera tenu d'indemnifer lefdits propriétaires, foit à raifon de la non-jouiffance des terreins, foit pour les dégats qui feront faits à la fuperficie, de gré à gré ou à dire d'experts.

XIV. Le maître d'ufine ceffant de jouir de la faculté qui lui aura été accordée d'extraire du minérai, fera tenu de remettre les terreins en état de culture, avec la charrue deftinée au labourage ; & dans le cas où l'extraction feroit faite dans des vignes ou prés, il fera également tenu de les remettre en état de culture & de production, & l'indemnité fera réglée en conféquence par les experts, fi les parties ne l'ont déterminée entr'elles.

XV. Ne pourront les maîtres de forges faire aucune exploitation ou fouilles dans les bois & forêts, fans avoir, indépendamment des formalités prefcrites par les articles VII, VIII & IX du préfent titre, indemnifé préalablement les propriétaires, de gré à gré, ou à dire d'experts choifis ou nommés d'office, lefquels experts feront obligés, dans leur eftimation, d'avoir égard à la valeur fuperficielle defdits bois & forêts, & au retard qu'éprouvera le recru ; & lefdits maîtres de forges feront tenus de laiffer au moins vingt arbres ou baliveaux de la meilleure venue, par arpent, & de ne leur caufer aucun dommage ni dégradation, fous les peines portées par les ordonnances. Ne pourront au furplus lefdits maîtres de forges faire des fouilles dans l'étendue de plus d'un arpent, par chaque année ; & l'exploitation finie, ils nivelleront le terrein, le plus que faire fe pourra, & repiqueront de glands ou femis les places endommagées par l'extraction de la mine.

XVI. S'il étoit reconnu par experts qu'il fût impoffible de remettre en culture certaines places de terrein où les fouilles & extractions des minérais autoient été faites, l'entrepreneur dédommagera le propriétaire, à proportion de la moins value de fon terrein, occafionnée par l'extraction, foit de gré à gré, foit à dire d'experts.

XVII. La mine extraite de la terre pourra être lavée & tranfportée en toute faifon, à charge par les maîtres de forges, de dédommager ceux fur la propriété defquels ils établiront des patouillets ou lavoirs, des chemins pour le tranfport ou charrois, ainfi qu'il eft prefcrit par l'article XX du titre premier, fans cependant que le tranfport puiffe s'en faire à travers les héritages enfemencés.

XVIII. Les maîtres de forges fe concerteront avec les propriétaires, le plus que faire fe pourra, pour établir leurs patouillets & lavoirs de manière à ne caufer aucun préjudice aux propriétés voifines ou inférieures ; & s'il réfultoit quelques dommages de ces établiſſemens, les maîtres d'uſine feront tenus d'indemniſer les propriétaires, foit de gré à gré, foit à dire d'experts ; mais leſdits lavoirs ne pourront être établis dans des champs & héritages couverts de fruits.

XIX. Les maîtres de forges actuellement exiſtantes feront tenus de fe conformer, à compter du jour de la publication du préſent Décret, à toutes fes diſpofitions en ce qui les concerne.

XX. Dans le cas où les propriétaires voudroient continuer les fouilles ou extractions des mines de fer, qui s'exploitent avec foſſe & lumière juſqu'à cent pieds de profondeur, déjà commencées par les maîtres de forges, ils feront tenus de rembourfer à ces derniers les dépenfes qu'ils juſtifieront légalement avoir faites pour parvenir auxdites extractions.

XXI. Sera le préfent décret adreſſé inceſſamment aux départemens, pour être exécuté comme loi du Royaume.

Scellé le 28 *du même mois.*

***Décret** concernant l'évaluation & la cotifation à la contribution foncière des bois & forêts, & des terreins exploités en tourbières* (1).

Du 13 Juillet 1791.

L'Aſſemblée Nationale décrète ce qui fuit :

_____

(1) Ce Décret avoit été adopté, fauf rédaction, dans la Séance précédente.

ARTICLE PREMIER.

Tous les bois au-deſſous de l'âge de 30 ans, ſont réputés taillis, & ſeront évalués & cotiſés conformément aux diſpoſitions des articles XVIII & XIX de la loi du premier Décembre 1790.

II. Les bois actuellement exiſtans, & âgés de plus de 30 ans, ſeront eſtimés à leur valeur actuelle; & cotiſés juſqu'à leur exploitation, comme s'ils produiſoient un revenu égal à deux & demi pour cent de cette valeur.

III. A l'avenir, lorſqu'un bois atteindra l'âge de 30 ans ſans être aménagé en coupes régiées, il ſera eſtimé à ſa valeur, & cotiſé juſqu'à ſon exploitation ſur le pied d'un revenu égal à deux & demi pour cent de cette valeur.

IV. L'évaluation du revenu des forêts en futaies aménagées en coupes régiées, lorſqu'elles s'étendront ſur le territoire de pluſieurs Communautés d'un même Diſtrict, ſera faite par le Directoire du Diſtrict, & le revenu ſera porté aux rôles de chaque Communauté, en proportion du nombre d'arpens qui ſont ſur ſon territoire.

V. L'évaluation des forêts en futaies aménagées en coupes réglées, lorſqu'elles s'étendront ſur le territoire de pluſieurs Diſtricts d'un même Département, ſera faite par le Directoire du Département, & le revenu porté aux rôles de chaque Communauté, en proportion du nombre d'arpent qui ſont ſur ſon territoire.

VI. Le revenu des forêts qui s'étendront ſur pluſieurs Départemens, ſera évalué ſéparément dans chaque Département.

VII. Lorſqu'un terrein ſera exploité en tourbière, on

évaluera, pendant les dix années qui fuivront le commencement du tourbage, fon revenu au double de la fomme à laquelle il étoit évalué l'année précé ente.

VIII. Il fera fait note fur chaque rôle de l'année où doit unir ce doub'ement d'évaluation. Après ces dix années, ces terreins feront cotifés comme les autres propriétés.

Scellé le 20 du même mois.

Décret qui ordonne le rapport de celui d'hier, fur la fup-preffion de diverfes fommes que le Gouvernement fran-çois payoit à la Cour de Rome, & qui fufpend tout paiement pour l'avenir.

Du 13 Juillet 1791.

L'Affemblée Nationale décrète que le Décret rendu hier fur la fuppreffion de diverfes fommes que le Gouvernement françois payoit à la Cour de Rome, fera rapporté ; & ce qui en eft l'objet, renvoyé à fes Comités de Commerce & d'Agriculture, Diplomatique & des Contributions publiques, pour, après avoir ouï les Députés de la ville d'Avignon, être fait rapport du tout à l'Affemblée Nationale, pour être ftatué ce qu'il appartiendra ; & cependant décrète que tout paiement fera fufpendu pour l'avenir.

Décret concernant la fourniture de Sel à faire à divers Départemens par les Salines de Salins, d'Arcq, de Montmorot, de Dieuze, de Château-Salins & de Moyenvic.

Du 13 Juillet 1791.

L'Assemblée Nationale, après avoir ouï le rapport de son Comité des Domaines, décrète ce qui suit :

ARTICLE PREMIER.

Il sera annuellement délivré dans les Salines de Salins, d'Arcq & de Montmorot, pour l'approvisionnement des Départemens du Jura, du Doubs & de la Haute-Saone, la quantité de cent sept mille trois cent-dix quintaux de sel en grain, au prix de 6 livres le quintal ; sauf aux Communautés qui préféreroient le sel en pain, à le payer sept livres par quintal. Cette quantité de sel sera répartie entre ces trois Départemens, proportionnellement à celle qui est actuellement fournie à chacun d'eux.

II. Il sera également délivré dans les Salines de Dieuze, de Château-Salins & de Moyenvic, pour l'approvisionnement des Départemens des Vosges, de la Meurthe, de la Meuse & de la Moselle, au même prix de 6 livres le quintal, la même quantité de sel qui leur a été fournie du passé, & qui sera fixée d'après les rôles des dix dernières années, dont il sera fait une année commune.

III. La quantité de sel qu'obtiendra chacun desdits Départemens sera répartie par leurs Directoires entre les Districts qui en dépendent. Les Directoires de ces Districts répartiront leurs portions entre les Municipalités de leur ressort, qui, à leur tour, feront la distribution de leur contingent entre les habitans de leurs territoires , le tout proportionnellement aux befoins perfonnels defdits habitans , à la quantité de leur bétail , à celle de fromages qu'ils fabriquent.

I V. Après l'approvifionnement defdits Départemens, & les fournitures qui doivent être faites aux Suiffes , conformément aux traités , ce qui reftera du fel fabriqué dans lefdites Salines fera vendu au profit de l'Etat.

V. A l'exception des bois actuellement exploités pour le fervice de la Saline de Montmorot , il eft provifoirement réglé qu'il ne fera employé à la cuite des fels de cette Saline, que la houille ou le charbon de terre , ou la tourbe; & en conféquence elle eft déchargée du chauffage de la ville de Lons-le-Saunier. A l'égard du chauffage d'autres villes & Communautés des Départemens du Jura & du Doubs , il en fera provifoirement ufé comme du paffé , jufqu'à ce qu'il y ait été définitivement pourvu.

Scellé le 20 du même mois.

Décret qui règle l'uniforme des Gardes Nationales.

Du 13 Juillet 1791.

L'Affemblée Nationale décrète ce qui fuit:

L'uniforme des Gardes nationales eft définitivement réglé ainfi qu'il fuit :

Habit bleu de roi , doublure blanche , paffe-poil écarlate, parement & collet écarlate & paffe-poil blanc, revers blanc & paffe-poil écarlate, manche ouverte à trois petits boutons, poches en dehors à trois pointes & trois boutons, avec paffe-poil rouge, le bouton tel qu'il eft prefcrit par le Décret du 23 Décembre dernier, feulement à l'époque fixée par le Décret du 15 Janvier auffi dernier ; le fleuron du retrouffis écarlate ; vefte & culotte blanches.

Scellé le 20 du même mois.

Décret qui autorife le Directoire du Diftrict de Meaux à acquérir la maifon des Cordeliers , pour y placer le Corps adminiftratif.

Du 14 Juillet 1791.

L'Affemblée Nationale , ouï le rapport de fon Comité d'Emplacement, autorife le Directoire du Diftrict de Meaux , Département de Seine & Marne , à acquerir , aux frais des adminiftrés , & dans les formes prefcrites par les Décrets pour la vente des biens nationaux , la maifon des Cordeliers de la ville de Meaux , & bâtimens en dépendans , renfermés & circonfcrits dans les lignes tracées en jaune fur le plan qui fera joint à la minute du préfent Décret , pour y placer le Corps adminiftratif du Diftrict.

L'autorife également à faire procéder à l'adjudication, au rabais , des ouvrages & arrangemens intérieurs nécef- faires audit emplacement , fur le devis eftimatif qui en a été dicté par le fieur Cliquot, Architecte, le 14 Mars dernier & jours fuivans ; le montant de laquelle adjudi- cation fera fupporté par lefdits adminiftrés.

Excepté de la préfente permiffion d'acquérir, l'églife, les jardins verger potager , luzernes , vignes , & autres terreins non renfermés dans la fufdite ligne jaune tracée fur ledit plan , pour être, tous ces objets exceptés, vendus féparément dans les formes ci-deffus prefcrites , & le prix verfé dans la Caiffe du Diftrict.

Scellé le 25 du même mois.

Décret qui autorise le Directoire du District de Chaumont en Vexin, à acquérir la maison des Récollets, pour y placer le Corps administratif & le Bureau de Paix.

Du 14 Juillet 1791.

L'Affemblée Nationale, ouï le rapport de fon Comité d'Emplacement, autorife le Directoire du Diftrict de Chaumont en Vexin, Département de l'Oife, à acquérir, aux frais des adminiftrés, & dans les formes prefcrites par les Décrets de l'Affemblée Nationale, la maifon des Récollets de cette ville, pour y placer le Corps adminiftratif du Diftrict & le Bureau de Paix.

L'autorife également à faire procéder à l'adjudication, au rabais, des réparations & arrangemens intérieurs néceffaires, fur le devis eftimatif qui en fera dreffé; le montant de laquelle adjudication fera fupporté par les adminiftrés.

Excepte de la préfente permiffion d'acquérir, les terres, la petite Chapelle & le jardin marqués A, B, C & D, fur le plan qui fera joint à la minute du préfent Décret, pour être vendus féparément en la manière accoutumée, à la charge par l'adjudicataire dudit jardin & terrein marqués C & D, de laiffer quarante pieds le long des bâtimens pour la confervation des jours.

Scellé le 25 du même mois.

*Décret qui autorife le Directoire du Diftrict de Forcal-
quier à louer une partie de la maifon de la Vifitation,
pour y placer le Corps adminiftratif.*

Du 14 Juillet 1791.

L'Affemblée Nationale, ouï le rapport de fon Comité
d'Emplacement, autorife le Directoire du Diftrict de
Forcalquier, Département des Baffes-Alpes, à louer,
aux frais des Adminiftrés, & à dire d'Experts, l'aîle du
côté du fauxbourg de la maifon de la Vifitation de la
ville de Forcalquier, telle qu'elle eft défignée au plan
qui fera joint à la minute du préfent Décret, pour y
placer le Corps adminiftratif du Diftrict.

L'autorife également à faire procéder à l'adjudication,
au rabais, des réparations & arrangemens intérieurs néceffaires à fon établiffement, fur le devis eftimatif qui
en a été dreffé par le fieur Aubert, le 7 Mai dernier; le
montant de laquelle adjudication fera fupporté par lefdits adminiftrés.

Scellé le 15 du même mois.

*Décret qui autorife les Commiffaires-Adminiftrateurs du
droit du Timbre, & d'enregiftrement à transporter leur
établiffement à l'Hôtel de la Régie, & qui ordonne la
vente de l'Hôtel de Mefmes, ci-devant occupé par ces
établiffemens.*

Du 14 Juillet 1791.

L'Affemblée Nationale, ouï le rapport de fon Comité
d'Emplacement, décrète que les Commiffaires-Admini-
trateurs du droit de Timbre & d'Enregiftrement, dont

les Bureaux font placés à l'Hôtel de Mefmes, tranfpor-
teront leur établiffement à l'Hôtel de la Régie, rue de
Choifeul, pour l'occuper définitivement.

Décrète que les anciens Régiffeurs iront fe placer,
avec les Bureaux qui leur reftent dans l'Hôtel des Fermes pour y achever l'arriéré & la clôture de leur comptabilité.

Décrète pareillement que l'Hôtel de Mefmes, fis rue
Sainte-Avoie, fera inceffamment mis en vente.

Scellé le 11 Septembre.

*Décret relatif au rétabliffement & au paiement des penfions
des perfonnes nées en 1716 & en 1717, comprifes dans
le premier & le fecond état de fecours, & portant qu'il
n'y a pas lieu au rétabliffement de celles des perfonnes
comprifes au troifième état.*

Du 14 Juillet 1791.

Scellé le 28 du même mois.

(*Voyez ce Décret à la fin du Volume.*)

*Décret qui annulle la donation faite au Cardinal Mazarin,
des ci-devant Comté de Ferrette & Seigneuries de Bedfort,
Delle, Taun, Altkirch & Iffenheim.*

Du 14 Juillet 1791.

L'Affemblée Nationale, ouï le rapport de fon Comité
des Domaines, annulle & révoque la donation faite au
Cardinal Mazarin, des ci-devant Comté de Ferrette &
Seigneuries de Bedfort, Delle, Taun, Altkirch et Iffen-

heim, par Lettres-Patentes du mois de Décembre 1659; lesquelles demeurent ainsi révoquées, comme tout ce qui s'est ensuivi.

En conséquence décrète ce qui suit :

ARTICLE PREMIER.

Les domaines corporels & incorporels, droits & objets quelconques, dépendans des ci-devant Comté & Seigneuries susmentionnés, seront, en conformité de l'article X du Décret du 22 Novembre dernier, sur la Législation domaniale, régis, administrés & perçus suivant leur nature, par les Préposés des Régie & Administration nationales.

II. Pourront les agens actuellement chargés du soin & de la manutention desdits biens, être conservés provisoirement dans leurs places, par l'Administration, & ils seront susceptibles d'obtenir un remplacement dans les nouvelles Régies, en concurrence avec les anciens Employés des Ferme & Régie supprimées, & avec les préposés à la perception des droits jadis levés au profit des apanagistes.

III. Pourront les Titulaires d'Offices de Judicature, Officiers municipaux, Greffier, Huissier, dans l'étendue des ci-devant Comté & Seigneuries, qui ont acquis lesdits Offices des successeurs & ayant-causes du Cardinal Mazarin, présenter leurs titres & quittances de finances au Commissaire du Roi, Directeur de la liquidation; & le remboursement leur en sera fait par le Trésor public dans la même forme & au taux décrété pour les Offices de même nature, étant à la charge de l'État.

Scellé le 25 du même mois.

Decret

Décret relatif à la promulgation de ceux qui ne seroient ni acceptés ni sanctionnés par le Roi.

Du 15 Juillet 1791.

L'Affemblée Nationale décrète que les Miniftres feront avertis par les Commiffaires aux Décrets de fe conformer à ceux des 21 & 25 Juin dernier, pour la forme de la promulgation des Décrets qui ne feroient ni acceptés ni fanctionnés par le Roi.

Décret qui détermine les cas où le Roi fera cenfé avoir abdiqué, & pourra être pourfuivi comme fimple Citoyen.

Du 15 Juillet 1791.

Ce *Décret a été adopté fauf rédaction.*

(*Voyez au feize.*)

Décret portant qu'il y a lieu à accufation contre M. de Bouillé, fes complices & adherens, & contre plufieurs Officiers employés dans l'Armée commandée par lui, & qui ordonne de mettre en liberté M. de Briges & les Dames Brunier & Neuville.

Du 15 Juillet 1791.

L'Affemblée Nationale, après avoir entendu fes Comités Militaire & Diplomatique, de Conftitution, de Révifion, de Jurifprudence criminelle, des Recherches & des Rapports, attendu qu'il réfulte des pièces dont le rapport lui a été fait, que le fieur Bouillé, Général de l'Armée Françoife fur la Meufe, la Sarre & la Mofelle, a conçu le projet de renverfer la Conftitution ; qu'à cet effet il a cherché à fe faire un parti dans le Royaume, follicité & exécuté des ordres non contre-fignés, attiré le Roi & fa famille dans une Ville de fon commandement, difpofé des détachemens fur fon paffage, fait marcher des Troupes vers Montmédy, préparé un Camp près cette Ville, tenté de corrompre les Soldats, les a engagés à la défertion pour fe réunir à lui ; follicité les Puiffances voifines à une invafion fur le territoire François, décrète, 1°. qu'il y a lieu à accufation contre ledit fieur Bouillé, fes complices & adhérens, & que fon procès lui fera fait & parfait devant la Haute-Cour Nationale provifoire féante à Orléans ; qu'à cet effet les pièces qui ont été adreffées à l'Affemblée feront envoyées à l'Officier faifant, auprès de ce Tribunal, les fonctions d'Accufateur public.

20. Qu'attendu qu'il réfulte également des pièces, dont le rapport a été fait, que les fieurs d'Heymann, de Klinglin & d'Ophlife, Maréchaux-de-Camp employés dans la même Armée ; Defoteux, Adjudant-général ; Goglas, Aide-de-Camp ; Bouillé *fils*, Major d'Huffards ; Choifeul-Stainville, Colonel du premier Régiment de Dragons ; le fieur Mandel, Lieutenant-Colonel du Régiment ci-devant Royal-Allemand ; le Comte de Ferfenn, ci-devant Colonel propriétaire du Régiment Royal-Suédois ; les fieurs de Valory, de Malleden & Dumouftier, ci-devant Gardes-du-Corps, font prévenus d'avoir eu connoiffance du complot dudit Bouillé, & d'avoir agi dans la vue de le favorifer, il y a lieu à accufation contr'eux, & que leur procès leur fera fait & parfait devant ladite Cour d'Orléans, devant laquelle feront renvoyées toutes les informations ordonnées & commencées pour ledit complot, foit devant le

Tribunal du premier Arrondiffement de Paris, foit pardevant tous autres Tribunaux, pour être fuivies par
ladite Cour provifoire ;

30. Que les particuliers dénommés dans les articles
premier & fecond du préfent Décret, contre lefquels il
y a lieu à accufation, qui font ou feront arrêtés par la
fuite, feront conduits fous bonne & sûre garde dans
les prifons d'Orléans ;

4°. Que les fieurs Damas, Colonel du treizième Régiment de Dragons , Rémi & Floriac , Officiers au
même Corps, le fieur Daudoin & Lacour, l'un Capitaine, l'autre Lieutenant au premier Régiment de Dragons, Moraffin & Talot, l'un Capitaine, l'autre Lieutenant au Régiment ci-devant Royal-Allemand ; Veile-
court, Commiffaire-Ordonnateur des Guerres ; & Pe-
hondy, fous-Lieutenant au Régiment de Caftellat,
Suiffe ; & la dame de Tourzelle, Gouvernante des Enfans de France, demeureront dans le même état d'arreftation où ils fe trouvent, jufqu'à ce qu'il en foit ultérieurement ftatué par l'Affemblée ;

5°. Que le fieur de Briges, Ecuyer du Rci, & les
dames Brunier & Neuville , Femmes-de-Chambre de
M. le Dauphin & de Madame Royale, feront mis en
liberté.

Scellé le 16 du même mois.

*Décret relatif à la libre circulation des Caiffes expédiées
en exécution des Décrets de l'Affemblée Nationale.*

Du 16 Juillet 1791.

L'Affemblée Nationale décrète que le Directoire du
Département de Paris eft chargé de donner tous les ordres

M 2

néceſſaires pour que les caiſſes (1) expédiées en exécution des décrets de l'Aſſemblée Nationale, n'éprouvent aucun obſtacle, & puiſſent être envoyées au lieu de leur deſtination.

Scellé le 25 du même mois.

Décret portant liquidation de pluſieurs parties de la dette publique.

Du 16 Juillet 1791.

Sanctionné le 25 du même mois.

Voyez le Décret à la fin du Volume.

Décret qui réduit les dépenſes des Employés des Hôtels de la Guerre de Paris, Verſailles, Compiègne. & Fontainebleau.

Du 16 Juillet 1791.

L'Aſſemblée Nationale, après avoir entendu ſon Comité militaire ſur une des parties des dépenſes du département de la Guerre, décrète que celle des Employés des Hôtels de la Guerre de Paris, Verſailles, Compiègne & Fontainebleau, attachés au département, ſera réduite de la ſomme de 62,806 liv. à celle de 25,000 liv., à compter du 25 Juillet prochain.

L'état des Employés conſervés avec la répartition des fonds aſſignés à leur traitement, ſera communiqué à

---

(1) Elles contenoient des fuſils pour le Département de la Haute-Vienne.

l'Assemblée Nationale, & l'état des Employés qui seront supprimés, sera remis, par le Ministre de la Guerre, au Comité des Pensions.

Décret sur les reconnoissances définitives de liquidation grevées d'oppositions.

Du 16 Juillet 1791.

L'Assemblée Nationale décrète ce qui suit.

ARTICLE PREMIER.

Les reconnoissances définitives de liquidation qui, se trouvant grevées d'oppositions, ne pourront être payées comptant à la Caisse de l'Extraordinaire, seront susceptibles d'être employées en acquisition de domaines nationaux, en conformité des articles XI & XII du Décret du 30 Octobre, & des articles V & X de celui des 6 & 7 Novembre.

II. Elles ne seront expédiées qu'après que les parties prenantes auront justifié des acquisitions par elles faites, qui seront visées dans lesdites reconnoissances, dans lesquelles il sera, en outre, fait mention des noms des opposans & de la date des oppositions.

III. Les intérêts dont les créances liquidées seront susceptibles aux termes des décrets, seront calculés & compris dans lesdites reconnoissances.

IV. Lesdites reconnoissances ne pourront être reçues en paiement des domaines nationaux, qu'après que le porteur aura notifié aux créanciers opposans l'acquisition par lui faite, avec sommation à comparoître, à jour & heure fixes, chez le Trésorier du District, pour y assister, par eux ou leurs procureurs fondés, à l'emploi

M 3

de ladite reconnoiffance , & aux tranfports de leurs droits , priviléges & hypothèqu:s.

V. Le Tréforier du Diftrict qui recevra lefdites reconnoiffances en paiement , les retirera quittancées par le propriétaire ou fon fondé de procuration , & fera tenu de les vifer dans la quittance qu'il délivrera , & d'y faire mention du nom des créanciers oppofans , de la fommation qui leur aura été faite , & de leur préfence ou défaut de comparution , & fe conformera , en outre , à ce qui lui eft prefcrit par l'article VII du Décret du 30 Décembre.

VI. Lefdites reconnoiffances ne pourront être employées qu'à la charge de payer la totalité d'un ou de plufieurs domaines nationaux , afin qu'en aucun cas l'hypothèque des créanciers ne foit atténuée par le privilége de la Nation fur les biens vendus.

VII. Les droits , priviléges & hypothèques des créanciers pafferont fur le domaine acquis , fans novation , en conformité de l'article XII du Décret du 30 Octobre.

Scellé le 25 du même mois.

Décret qui ordonne une Adreffe aux François , & mande le Département , la Municipalité de Paris , les fix Accufateurs publics & les Miniftres, pour leur enjoindre d'exécuter les difpofitions contenues audit Décret concernant l'ordre public.

Du 12 Juillet 1791.

L'Affemblée Nationale decrète , 1°. qu'il fera rédigé, féance tenante , une Adreffe aux François (1) , pour leur

---

(1) L'Affemblée, dans la Séance du foir , a ordonné le rapport de cette difpofition.

expofer les principes qui ont dicté le Décret rendu hier ; & les motifs qu'ont tous les Amis de la Conftitution de fe réunir autour des principes conftitutionnels, & que cette Adreffe fera envoyée par des couriers extraordinaires ;

2°. Que le Département & la Municipalité de Paris feront mandés, pour qu'il leur foit enjoint de donner des ordres pour veiller avec foin à la tranquillité publique ;

3°. Que les fix Accufateurs publics de la ville de Paris feront mandés, & qu'il léur fera enjoint, fous leur refponfabilité, de faire informer fur-le-champ contre tous les infracteurs des loix & les perturbateurs du repos public ;

4°. Que les Miniftres feront appelés pour leur ordonner de faire obferver exactement, & fous peine de refponfabilité, le préfent Décret.

Suite des Décrets fur la Police municipale & correctionnelle.

Du 16 Juillet 1791.

Voyez le Décret général fous la date du 19 de ce mois.

Décret qui enjoint aux Officiers municipaux de Paris, de mettre à exécution les trois premiers articles, fur la Police municipale & le maintien de l'ordre public.

Du 16 Juillet 1791.

L'Affemblée Nationale décrète qu'il fera enjoint aux officiers municipaux de Paris, de mettre inceffamment à exécution les trois premiers articles que l'Affemblée Nationale a décrétés pour la police municipale & le maintien de l'ordre public.

M 4

Suivent les articles décrétés le 5 Juillet 1791.

ARTICLE PREMIER.

Dans les villes & les campagnes, les Corps municipaux feront conftater l'état des habitans, foit par des
officiers municipaux, foit par des commiffaires de police, s'il y en a, foit par des citoyens commis à cet
effet. Chaque année, dans le courant des mois de novembre & décembre, cet état fera vérifié de nouveau,
& on y fera des changemens néceffaires : l'état des habitans des campagnes fera recenfé au chef-lieu, par des
commiffaires envoyés par chaque communauté particulière.

II. Le regiftre contiendra mention des déclarations
que chacun aura faites de fes noms, âge, lieu de
naiffance, dernier domicile, profeffion, métier & autres
moyens de fubfiftance. Le déclarant qui n'auroit à indiquer aucun moyen de fubfiftance, défignera les citoyens
domiciliés dans la municipalité, dont il fera connu, qui
pourront rendre bon témoignage de fa conduite.

III. Ceux qui étant en état de travailler, n'auront
ni moyens de fubfiftance, ni métier, ni répondans, feront infcrits avec la note de *gens fans aveu*.

Ceux qui refuferont cette déclaration feront infcrits,
fous leur fignalement & demeure, avec la note de *gens
fufpects*.

Ceux qui feront convaincus d'avoir fait de fauffes
déclarations, feront infcrits avec la note de *gens mal
intentionnés*.

Scellé le 20 du même mois.

Suite des Décrets sur les Jurés.

Du 16 Juillet 1791.

Voyez le décret général, sous la date du 16 Septembre 1791.

Décret qui ordonne un projet sur tous les cas où le Roi pourroit encourir la déchéance du Trône.

Du 16 Juillet 1791.

L'Assemblée Nationale décrète que le Comité de Constitution présentera un projet de décret sur tous les cas où le Roi pourroit encourir la déchéance du trône.

Décret qui détermine les cas où le Roi sera censé avoir abdiqué, & poursuivi comme simple Citoyen, & portant suspension de l'exercice des fonctions royales & du Pouvoir exécutif, jusqu'à la présentation de l'acte constitutionnel au Roi.

Du 16 Juillet 1791, *séance du soir.*

L'Assemblée Nationale décrète ce qui suit :

ARTICLE PREMIER.

Si le Roi, après avoir prêté son serment à la Constitution, le rétracte, il sera censé avoir abdiqué.
II. Si le Roi se met à la tête d'une armée pour en

diriger les forces contre la Nation, ou s'il ordonne à ses généraux d'exécuter un tel projet, qu'enfin s'il ne s'oppose pas, par un acte formel, à toute action de cette espèce qui s'exécuteroit en son nom, il sera censé avoir abdiqué.

III. Un Roi qui aura abdiqué, ou qui sera censé l'avoir fait, redeviendra simple citoyen, & il sera accusable suivant les formes ordinaires, pour tous les délits postérieurs à son abdication.

IV. L'effet du décret du 25 du mois dernier, qui suspend l'exercice des fonctions royales & des fonctions du pouvoir exécutif entre les mains du Roi, subsistera jusqu'au moment où la Constitution étant achevée, l'acte constitutionnel entier aura été présenté au Roi.

Scellé le 16 du même mois.

Décret qui ordonne le rapport de celui qui ordonne la rédaction d'une Adresse.

Du 16 Juillet 1791. Séance du soir.

L'Assemblée Nationale décrète que le Décret rendu dans la séance de ce matin, pour ordonner la rédaction d'une Adresse, sera rapporté.

Décret relatif aux troubles qui ont eu lieu dans plusieurs Districts du Département de la Vendée.

Du 16 Juillet 1791. Séance du soir.

L'Assemblée Nationale décrète ce qui suit :

ARTICLE PREMIER.

Les procédures commencées dans les Tribunaux des Diftricts de la Roche-fur-Yon, les Sables & Chalans, pour raifon des troubles qui ont eu lieu dans l'étendue de ces Diftricts dans les mois d'Avril, Mai & Juin derniers, y feront continuées jufqu'à jugement définitif, fauf l'appel, ainfi que de droit; & cependant copie des procédures fera envoyée à l'Affemblée Nationale, fans que cet envoi puiffe retarder les Jugemens.

II. Il fera envoyé inceffamment dans le Département de la Vendée deux Commiffaires civils, qui prendront tous les éclairciffemens qu'ils pourront fe procurer fur les caufes des troubles, & fe concerteront avec les Corps adminiftratifs fur les moyens de rétablir l'ordre & d'affurer la tranquillité publique; lefdits Commiffaires feront autorifés à requérir, toutes les fois qu'ils le jugeront convenable, les fecours des Gardes Nationales & des Troupes de ligne, tant dans le Département de la Vendée que dans les Départemens voifins.

Scellé le 23 *du même mois.*

Décret portant que la Tréforerie nationale fournira au Département des Ponts & Chauffées, une fomme de trois millions, & que la Caiffe de l'Extraordinaire remplacera à la Tréforerie les fommes qui, fur les ordres dudit Département, ont été prifes fur les fonds de 1791.

Du 17 Juillet 1791.

L'Affemblée Nationale décrète ce qui fuit :

ARTICLE PREMIER.

Sur les ordonnances & fous la refponfabilité du Miniftre de l'Intérieur, il fera fourni par la Tréforerie Nationale, au département des Ponts & Chauffées, aux époques fucceffives qui feront déterminées entre le Miniftre & les Commiffaires de la Tréforerie, la fomme de trois millions pour les travaux publics, appointemens, falaires & frais de conduite qui font à la charge de la Nation.

II. La Caiffe de l'Extraordinaire remplacera à la Tréforerie Nationale les fommes qui, fur les ordres du Département, ont été prifes fur les fonds de 1791, pour être employées au paiement de ce qui étoit dû aux divers Entrepreneurs des travaux publics, pour les ouvrages exécutés en 1790, après toutefois que le montant defdits paiemens aura été vérifié par le Commiffaire-général de la Liquidation, & fixé par un Décret de l'Affemblée Nationale.

Scellé le 25 du même mois.

Décret fur l'adminiftration de la Marine.

Du 17 Juillet 1791.

(Voyez le Décret général, fous la date du 21 Septembre 1791).

Décret relatif aux Religieux du Département du Bas-Rhin.

Du 17 Juillet 1791.

L'Affemblée Nationale confirme en fon entier l'arrêté du Directoire du Département du bas-Rhin, du 12 Juillet préfent mois, dont la teneur fuit :

ARTICLE PREMIER.

Tous les Religieux, de quelqu'Ordre qu'ils foient, tant ceux qui ont déclaré vouloir vivre en commun, que ceux qui ont annoncé la réfolution de rentrer dans le monde, & ceux qui n'ont fait aucune déclaration, feront réunis dans la ville de Strasbourg, où ils feront tenus de fe rendre dans la huitaine qui fuivra la publication du préfent Arrêté.

II. Chacun defdits Religieux qui aura déclaré vouloir continuer la vie commune, fe préfentera, à fon arrivée, devant la Municipalité, & déclarera de nouveau s'il entend perfifter dans la même réfolution.

III. Il fera fourni à ceux qui préféreront de vivre en commun, des maifons propres à les loger, & où ils pourront continuer leurs exercices religieux.

IV. Tous ceux qui auront préféré la vie privée, feront libres de fe loger dans la ville à leurs frais, & de telle manière qu'ils jugeront convenable.

V. Le mobilier des maifons que les Religieux quitteront, fera transféré à Strasbourg pour en être fait tel emploi que les circonftances pourront exiger.

VI. Les Religieux vivant dans le monde, ainſi que ceux qui auront adopté la vie commune, ne pourront quitter la ville de Strasbourg ſans un paſſe-port ſpécial.

VII. Ceux qui ont prêté le ſerment preſcrit par la loi ſur la Conſtitution civile du Clergé pour remplir des fonctions publiques eccléſiaſtiques, ſeront exceptés des diſpoſitions de l'article premier.

VIII. Ceux qui prêteront le ſerment après s'être rendus à Strasbourg, ſeront libres d'aller où bon leur ſemblera.

IX. Tous les Curés & Vicaires qui n'ont pas encore prêté le ſerment, ainſi que les Supérieurs, Directeurs, Préfets, Procureurs, Profeſſeurs, & Régens des Colléges & Séminaires de Strasbourg & Molsheim, au remplacement deſquels il aura déjà été pourvu, ainſi que les ci-devant Chanoines, Prébendés, Sommiſſaires, Prémiſſaires, & tous autres Eccléſiaſtiques, tant ſéculiers que réguliers, ſeront tenus de ſe rendre également dans la ville de Strasbourg, dans le même délai de huitaine ci-deſſus fixé; & les diſpoſitions des articles IV, VI, VII & VIII, leur ſeront communes.

X. Ceux deſdits Religieux fonctionnaires publics, & autres mentionnés dans les articles précédens, qui ne ſe rendront point à Strasbourg dans le délai de huitaine à compter de la publication du préſent Arrêté, y ſeront transférés par la force publique, à la diligence du Procureur-Général-Syndic, & des Procureurs-Syndics de Diſtrict.

XI. Seront tenues les Municipalités des lieux du domicile deſdits Religieux & Fonctionnaires publics, de veiller à la ſûreté de leurs perſonnes & de leurs effets, ainſi qu'au tranſport qui devra en être fait à Strasbourg.

XII. M. l'Evêque du bas-Rhin remplacera, *ad interim*, fur les réquifitions des Corps adminiftratifs ou des Municipalités, par des Prêtres à fon choix, à titre de Deffervans provifoires, ceux des Fonctionnaires publics eccléfiaftiques au remplacement defquels il n'auroit pas encore été pourvu, & qui ont refufé de prêter le ferment prefcrit par la loi.

XIII. Auffi-tôt après leur remplacement, lefdits Fonctionnaires publics feront tenus de fe rendre à Strasbourg, conformément aux difpofitions des articles précédens, qui leur feront également appliqués.

XIV. Pourront néanmoins ceux defdits Eccléfiaftiques, tant féculiers que réguliers, qui ne voudront pas fe rendre à Strasbourg, fe retirer dans l'intérieur du Royaume, à quinze lieues des frontières; à défaut de quoi ils feront conduits à Strasbourg, aux termes des articles précédens.

XV. Et fera le préfent Arrêté imprimé dans les deux langues, adreffé aux Directoires des Diftricts, & par ceux-ci envoyé à toutes les Municipalités du Département, pour être lu, publié & affiché par-tout où befoin fera, pour que perfonne n'en puiffe prétendre caufe d'ignorance; & ont, les Corps adminiftratifs, arrêté que la délibération ci-deffus fera adreffée à l'Affemblée Nationale, en la fuppliant de rendre, le plutôt poffible, un Décret par lequel,

1°. Elle approuvera les mefures provifoirement prifes par fes Commiffaires, de concert avec le Corps adminiftratif du Département du bas-Rhin, relativement au tranfport à Strasbourg des Moines & Religieux vivant en communauté, des Curés, Vicaires & Profeffeurs non affermentés, au remplacement defquels il a été pourvu;

comme auſſi celles concernant les Moines & Religieux qui auront opté la vie commune, les Chanoines, Chapelains, & autres Prêtres généralement quelconques qui auront un domicile dans le Département ; ordonnera qu'elles recevront leur pleine & entière exécution ; enjoindra aux Municipalités d'y tenir la main, à peine d'en être reſponſables :

2°. Ordonnera que tous les Moines & Religieux du bas-Rhin, tenant à Strasbourg la vie commune, ſeront transférés, dans le délai de quinzaine, dans la ci-devant Abbaye de Clairvaux, ou dans telle autre maiſon qu'il plaira au Corps légiſlatif de déſigner ; qu'à cet effet, il ſera expédié aux Départemens reſpectifs les ordres néceſſaires pour leur tranſlation, leur réception & leur établiſſement ;

3°. Que les Eccléſiaſtiques, tant réguliers que ſéculiers, qui n'auront pas prêté le ſerment preſcrit par le Décret ſur la Conſtitution civile du Clergé, ſeront tenus, dans huitaine, de ſe retirer dans l'intérieur de la France à quinze lieues des frontières, à peine de déſobéiſſance à la Loi.

L'Aſſemblée Nationale décrète,

1°. Que le Comité Eccléſiaſtique propoſera aux Religieux qui auront préféré la vie commune, des maiſons dans l'intérieur du Royaume, dans leſquelles ils ſeront tenus de ſe retirer définitivement.

2°. Ceux des Religieux qui auront préféré la vie particulière, ſeront tenus de quitter le coſtume de leur ci-devant Ordre, & de ſe retirer dans l'intérieur du Royaume, à la diſtance de trente lieues des frontières.

Ceux des Eccléſiaſtiques qui n'ont pas prêté le ſerment, ſeront pareillement tenus de ſe retirer à trente lieues des frontières.

3°. Ils feront tenus de déclarer, avant leur départ, à la Municipalité du lieu dans laquelle ils font actuellement réfidans, le lieu dans lequel ils entendent fe retirer, & de faire, à leur arrivée audit lieu, leur déclaration à la Municipalité.

Scellé le 27 du même mois.

Décret relatif au paiement des frais caufés par les estimations & ventes des Domaines nationaux.

Du 18 Juillet 1791.

L'Affemblée Nationale, ouï le rapport de fes Comités d'Aliénation & des Finances, réunis, décrète:

ARTICLE PREMIER.

Les Admininiftrateurs des Diftricts feront dreffer des états des frais caufés par les eftimations & ventes des Domaines nationaux, autres que ceux dont l'Affemblée Nationale a décrété l'aliénation en faveur des Municipalités. Lefdits états porteront diftinction des frais des ventes déjà confommées, & de celles qui ne le font pas encore, la date & le prix des adjudications des ventes confommées.

Les états ainfi dreffés feront envoyés aux Directoires de Département, qui feront tenus d'y mettre leur vu, & d'y joindre les obfervations détaillées dont ils feront fufceptibles, de les adreffer enfuite au Comité d'Aliénation, fur le rapport duquel l'Affemblée Nationale décrétera le paiement des fommes qui feront légitimement dues.

En conféquence, & en conformité du Décret de l'Affemblée, les Commiffaires de la Tréforerie feront

194

paffer aux Receveurs de Diftrict les fommes néceffaires
pour le paiement des frais; & le remboursement desdites
fommes fera fait à la Tréforerie nationale par la
Caiffe de l'Extraordinaire, fur une ordonnance du Commiffaire-Adminiftrateur de ladite Caiffe.

A l'avenir, les Adminiftrateurs de Diftrict enverront
aux Directoires de Département, & ceux-ci au Comité
d'Aliénation, avec les procès-verbaux d'adjudication
qu'ils lui font paffer aux termes du Décret du 3 Novembre 1790, les états des frais defdites ventes; à
la fin de chaque mois, il fera fait un relevé defdits
frais; & ils feront payés de la même manière qu'il
vient d'être dit, pour les frais faits jufqu'à ce jour.

II. Les Directoires de Diftricts drefferont pareillement
des états de tous frais & avances qu'ils ont été nécef-
fités de faire pour l'adminiftration des Domaines nationaux, frais de culture, & autres de tout genre;
ils enverront lefdits états aux Directoires de leurs Départemens, qui y mettront leur vu, & y joindront
les obfervations détaillées dont ils leur paroîtront fufceptibles. Les Directoires des Départemens adrefferont
les états qu'ils auront reçus des Diftricts, & les obfervations qu'ils y auront faites, au Comité d'Aliénation, qui en rendra compte à l'Affemblée Nationale,
&, fur les Décrets qu'elle prononcera, les Commiffaires de la Tréforerie nationale feront paffer aux Receveurs des Diftricts les fommes néceffaires pour le
remboursement des frais & dépenfes légitimement dues.
La Caiffe de l'Extraordinaire fera le remplacement des
fommes fournies par la Tréforerie nationale, de la manière qui a été ordonnée par l'article précédent.

III. En attendant l'exécution des difpofitions portées
par les articles précédens, les Commiffaires de la Tréforerie feront, par provifion, verfer entre les mains des

Receveurs de Diſtrict un à-compte d'un pour cent des eſtimations faites dans les différens Diſtricts, & compriſes dans l'état imprimé par l'ordre de l'Aſſemblée, d'après les bordereaux envoyés au Comité d'Aliénation , juſqu'au 15 Mai dernier, & ce, dans la même proportion pour laquelle chaque Diſtrict eſt employé dans ledit état ; les fonds envoyés par la Tréforerie nationale en exécution du préſent article, feront remplacés par la Caiſſe de l'Extraordinaire, ainſi qu'il a été dit en l'article premier.

IV. L'Aſſemblée Nationale renouvelant les défenſes portées par le Décret du 3 Décembre 1790, contre tout emploi des Aſſignats & autres fonds qui rentrent dans les Caiſſes de Diſtrict, autre que celui qui eſt réglé par les Décrets de l'Aſſemblée, décrète que leſdits Aſſignats feront envoyés, foit au Tréforier de l'Extraordinaire, foit à la Tréforerie nationale, felon la deſtination qui en eſt faite par les différens Décrets de l'Aſſemblée, à peine, contre les Adminiſtrateurs, ou tous autres qui interverriroient la deſtination & l'envoi des Aſſignats & fonds publics, d'en répondre en leur propre nom.

Le préſent Décret fera imprimé & envoyé dans tous les Départemens.

Scellé le 18 du même mois.

Décret relatif à un verſement de fonds par la Caiſſe de l'Extraordinaire , à la Tréforerie nationale.

Du 18 Juillet 1790.

L'Aſſemblée Nationale décrète que la Caiſſe de l'Extraordinaire verſera à la Tréforerie la fomme de cinq millions fix cent trente-deux mille neuf cent cinquante-huit livres, en remplacement de pareille fomme par elle acquittée dans le mois de Mai dernier, pour les dépenfes particulières à l'année mil fept cent quatre-vingt-onze.

Scellé le 28 du même mois.

Décret relatif à l'établiffement, dans la Ville de Paris, d'une caiffe pour l'échange des affignats de 5 l. contre de la menue monnoie.

Du 18 Juillet 1791.

L'Affemblée Nationale décrète :

ARTICLE PREMIER.

Le Département de Paris défignera une Caiffe dans laquelle toute perfonne fera admife à échanger des Affignats de cinq livres contre de la menue monnoie.

II. Les Chefs d'atteliers de manufactures pourront fe préfenter au Bureau de M. de la Marche, vieille rue du Temple, munis de leur patente & d'un certificat de leur Section, pour y recevoir un mandat, lequel pourra être d'une fomme au-deffus de cinq livres, mais jamais au-deffus de cent livres. Munis de ce mandat, ils feront admis à l'échange, au Bureau indiqué en l'article premier.

III. Le Directeur de la Monnoie verfera à la Caiffe indiquée par le Département la fomme de deux cent mille livres en menue monnoie de cuivre & billon, pour fervir aux échanges de la femaine.

IV. Le Directeur de la Monnoie échangera au Tréforier de l'Extraordinaire la fomme de trois mille livres de menue monnoie, pour fervir aux appoints des paiemens.

Scellé le même jour.

Décret qui ordonne l'impreſſion du Procès-verbal de la Municipalité de Paris , du diſcours du Préſident de l'Aſſemblée Nationale , & la pourſuite des auteurs des délits & des chefs des émeutes qui ont eu lieu dans la journée d'hier.

Du 18 Juillet 1791.

L'Aſſemblée Nationale ordonne l'impreſſion du procès-verbal de la Municipalité de Paris, qui a été lu à la Barre par le Maire, décrète que le dicours adreſſé par ſon préſident à la Municipalité, & qui renferme l'expreſſion de ſes ſentimens, ſera pareillement imprimé & affiché dans toutes les rues de la Capitale; ordonne aux accuſateurs publics auprès des Tribunaux de Paris, de pourſuivre, avec la plus grande promptitude, la punition des auteurs des délits & des chefs des émeutes qui ont eu lieu dans la journée d'hier.

Scellé le 28 du même mois.

TENEUR DU PROCES-VERBAL.

A l'ouverture de la Séance, le Corps Municipal a été inſtruit par M. le Maire de la ſuite des détails qui avoient été donnés hier au ſujet des raſſemblemens d'hommes & des mouvemens ſéditieux qui ſe ſont manifeſtés depuis pluſieurs jours. Il a appris qu'en exécution des ordres de la Municipalité, les patrouilles s'étoient multipliées hier ſoir, cette nuit, ce matin; que la Garde nationale avoit donné des preuves continuelles de ſon zèle & de ſon attachement à la Conſtitution; que des ordres ultérieurs avoient été donnés; qu'il paroiſſoit conſtant qu'il devoit ſe former aujourd'hui de grands raſſemblemens ſur le terrein de la Baſtille, pour ſe porter enſuite au Champ de la Fédération; que la Garde nationale avoit été avertie de ſe trouver dans les différens endroits qui ont été indiqués; & qu'il y a lieu de croire qu'au moyen des précautions qui avoient été priſes & des meſures que la Municipalité pourroit ordonner, la tranquillité publique ne ſeroit point altérée.

D'après cet expoſé, le Corps Municipal a arrêté que les Citoyens ſeroient, à l'inſtant, avertis par la voie de la promulgation, de l'impreſſion & de l'affiche, des diſpoſitions de la Loi, & de l'obligation où ils ſont de s'y conformer; en conſéquence l'Arrêté ſuivant a été pris:

Le Corps Municipal, informé que des factieux, que des étrangers, payés pour ſemer le déſordre, pour prêcher la rebellion, ſe propoſent de former de grands raſſemblemens, dans le coupable eſpoir d'égarer le Peuple, & de le porter à des excès repréhenſibles;

Ouï le ſecond Subſtitut-Adjoint du Procureur de la Commune,

Déclare que tous attroupemens, avec ou ſans armes, ſur les places publiques, dans les ruës & les carrefours, ſont contraires à la Loi; défend à toutes perſonnes de ſe réunir & de ſe former en groupes, dans aucun lieu public;

Ordonne à tous ceux qui ſont ainſi formés, de ſe ſéparer à l'inſtant;

Enjoint aux Commiſſaires de Police de ſe rendre, ſans délai, dans tous les lieux de leur arrondiſſement où la tranquillité publique pourroit être menacée, & d'employer, pour maintenir le calme, tous les moyens qui leur ſont donnés par la Loi;

Mande au Commandant-général de la Garde nationale de donner, à l'inſtant, les ordres les plus précis pour que tous les attroupemens ſoient diviſés;

Le Corps Municipal fe réfervant de prendre des mefures ultérieures, fi le cas y échoit.

Après ces premières difpofitions, le Corps Municipal a arrêté que deux de fes Membres, MM. Coufin & Charton, fe tranfporteroient dans les environs de la Baftille, pour s'affurer, par eux-mêmes, s'il fe forme dans ce quartier, un raffemblement d'hommes, & d'en référer fans aucun délai au Corps municipal, qui ftatuera ainfi qu'il appartiendra.

M. Charton, chef de la première divifion, a été enfuite introduit. Il a annoncé qu'il avoit été envoyé à l'Hôtel-de-ville pour y prendre les ordres du Corps Municipal; que la Garde nationale étoit commandée, & qu'une grande partie étoit déjà réunie fur la place de l'Hôtel-de-ville.

A onze heures, un de MM. les Adminiftrateurs a annoncé qu'on l'inftruifoit à l'inftant que deux particuliers venoient d'être attaqués dans le quartier du Gros-Caillou; qu'ils avoient l'un & l'autre fuccombé fous les coups d'un nombre de perfonnes attroupées, & qu'au moment actuel leurs têtes étoient promenées au bout de deux piques.

Le Corps Municipal s'occupant, au même inftant, des moyens de réprimer le défordre, & d'en prévenir les fuites, après avoir entendu le fecond Subftitut-Adjoint du Procureur de la Commune,

A arrêté que trois de fes Membres, MM. J. J. le Roulx, Regnault & Hardy fe tranfporteroient à l'inftant au Gros-Caillou; qu'ils feroient accompagnés par un Bataillon de la Garde nationale; qu'ils emploieroient tous les moyens que la prudence pourroit leur fuggérer pour diffiper l'attroupement; & même, dans le cas où il y auroit effectivement eu meurtre, qu'ils pourroient publier la Loi martiale & déployer la force publique; le Corps Municipal arrêtant en même temps que MM.

les Commiſſaires l'inſtruiront, ſans délai, des événemens qui ſe ſont paſſés ou qui ſe paſſeront ſous leurs yeux.

Le Corps Municipal a reçu, à une heure après-midi, une lettre de M. le Préſident de l'Aſſemblée Nationale, relative aux événemens du jour, & aux autres meſures que la Municipalité doit prendre dans cette conjonˢᵗure. Il a été arrêté que M. le Maire répondroit à M. le Préſident, pour lui rendre compte de ce qui a été fait & de l'Arrêté qui a été pris, de la nomination des Commiſſaires envoyés au Gros-Caillou ; & même qu'il ſeroit adreſſé à M. le Préſident expédition de l'Arrêté pris à ce ſujet.

Il a été en outre arrêté qu'il ſeroit adreſſé à M. le Préſident de l'Aſſemblée Nationale, copie de la lettre que viennent d'écrire MM. les Commiſſaires députés au Gros-Caillou, par laquelle ils confirment la nouvelle du meurtre des deux particuliers dans le quartier du Gros-Caillou.

Le Corps Municipal avoit déjà reçu, de la part des Commiſſaires envoyés dans le quartier de la Baſtille, la déclaration que tout étoit tranquille, qu'il n'y avoit dans cette partie de la Capitale aucun raſſemblement, & qu'il ne ſembloit pas que la Municipalité dût avoir de plus longues inquiétudes ſur les mouvemens dont on avoit été menacé.

Cependant les momens s'écouloient; l'attention du Corps Municipal étoit toujours fixée ſur ce qui ſe paſſoit au Gros-Caillou & au Champ de la Fédération. Les Couriers ſe ſuccédoient, les nouvelles devenoient plus inquiétantes; la tranquillité publique reʃevoit, à chaque inſtant, de nouvelles atteintes; les Citoyens étoient en alarmes; des bruits qui ſe ſont convertis en certitude, annonçoient que la Garde nationale avoit été inſultée: les Citoyens armés ſur la place & dans la Maiſon commune, partageoient les mêmes inquiétudes.

Déjà le Commandant-général avoit fait conduire à l'Hôtel de-ville quatre particuliers qui avoient été arrêtés au Champ de la Fédération & aux environs, pour avoir lancé des pierres fur la Garde nationale. L'un des rebelles, interrogé par un Administrateur de la Police, avoit été trouvé faifi d'un piftolet chargé : il eft même convenu, dans fon interrogatoire, qu'il avoit jeté une forte pierre à un Officier de la Garde nationale, à cheval.

En conféquence, le Corps Municipal s'eft déterminé aux mefures de rigueur que la Loi lui prefcrit.

Le Corps Municipal, informé que des factieux réunis au Champ de la Fédération, mettent la tranquillité publique en péril ;

Confidérant qu'il eft refponfable de la sûreté des Citoyens; que déjà deux meurtres ont été commis par des fcélérats ;

Que la force armée, conduite par les autorités légitimes, ne peut effrayer les bons Citoyens, les hommes bien intentionnés;

Arrête que la *Loi Martiale* fera publiée à l'inftant ; que la générale fera battue; que le canon d'alarme fera tiré; que le drapeau rouge fera déployé ;

Ordonne à tous les bons Citoyens, à tous les Soldats de la Loi, de fe réunir fous fes drapeaux, & de prêter main-forte à fes organes;

Arrête, en outre, qu'il tranfportera, fur-le-champ, fes féances à l'Hôtel de l'Ecole Royale Militaire, pour y remplir fes devoirs.

Le Corps Municipal arrête qu'expédition du préfent Arrêté fera, à l'inftant, envoyée à M. le Préfident de l'Affemblée Nationale, & au Directoire du Département.

Trois Officiers municipaux ont été chargés de defcendre fur la place de l'Hôtel-de-ville, & de proclamer l'Arrêté & la Loi Martiale. Les ordres ont en même temps été donnés pour que le drapeau rouge fût, immédiatement après la proclamation, exposé à l'une des principales fenêtres de l'Hôtel-de-ville ; ce qui a été exécuté *à cinq heures & demie.*

Au même inftant , ou plutôt au moment où la Municipalité alloit fe mettre en marche , MM. les Commiffaires nommés, ce matin, pour aller au Gros-Caillou & au Champ de la Fédération , font rentrés dans l'Hôtel - de - Ville. Ils ont expofé que s'étant tranfportés, ce matin, au Gros - Caillou, ils avoient appris que l'un des meurtriers avoit été arrêté , mais qu'il s'étoit échappé des mains de la Garde ; qu'un homme avoit effayé de tirer un coup de fufil, à bout portant , fur M. de la Fayette ; que le coup avoit manqué ; que ce particulier avoit été arrêté & conduit au Comité, d'où M. de la Fayette l'avoit fait mettre en liberté ; qu'ils avoient conftaté tous ces faits par un procès-verbal, ainfi que le meurtre des deux particuliers qui avoient, ce matin, fuccombé fous l'effort des brigands ; que les meurtriers étoient inconnus , mais que le meurtre étoit accompagné des circonftances les plus atroces : ces particuliers ont été égorgés ; leurs cadavres ont été mutilés ; leurs têtes ont été tranchées ; les brigands fe difpofoient à les porter dans l'intérieur de la Ville , & fpécialement au Palais-Royal , lorfque la Cavalerie nationale eft furvenue , & les a forcés à renoncer à leur deffein ;

Qu'étant inftruits qu'il y avoit au Champ de la Fédération , un grand raffemblement d'hommes ; que la Garde nationale avoit été infultée , repouffée , & qu'un des principaux Officiers avoit couru les plus grands dangers , ils avoient cru devoir s'y tranfporter; qu'ils avoient trouvé le Champ de la Fédération & l'Autel de la Patrie couverts d'un grand nombre de perfonnes de l'un & de l'autre fexe , qui fe difpofoient à rédiger une Pétition contre le Décret du 15 de ce mois ; qu'ils leur avoient remontré que leur réclamation & leur démarche étoient contraires à la Loi, & tendoient évidemment à troubler l'ordre public ; mais que ces particuliers ayant infifté , & même ayant demandé de députer douze d'entr'eux à l'Hôtel-de Ville, ils n'avoient pas cru pouvoir refufer de s'en laiffer accompagner ».

Cet incident a donné lieu à la queftion de favoir fi la partie de l'Arrêté qui venoit d'être pris, & qui portoit que la Municipalité fe tranfporteroit au Champ de la Fédération , feroit exécutée.

Le Corps Municipal délibérant de nouveau fur cette queftion , & confidérant :

1.° Que depuis plufieurs jours , de nombreux raf-femblemens alarment les Citoyens , mettent en péril la tranquillité publique , & forcent tous les hommes paifi-bles à fortir de la Capitale ;

2.° Que l'événement affreux arrivé ce matin , eft l'effet de ces raffemblemens défordonnés ;

3.° Que tous les rapports qui lui parviennent, an-noncent une conjuration bien caractérifée contre la Conf-titution & la Patrie;

4.° Que des étrangers payés pour nous divifer , font récemment arrivés à Paris , & que tant par eux que par des émiffaires, tous fomentent , fous différens déguife-mens , des mouvemens populaires ;

5.° Que la Municipalité , refponfable , par la Loi , du maintien de l'ordre public, chargée expreffément , tant par le difcours prononcé hier par M. le Préfident de l'Affemblée Nationale, que par la lettre de ce matin, de prendre les mefures les plus rigoureufes pour arrê-ter les défordres, après avoir inutilement, par plu-fieurs proclamations, rappelé à la paix les hommes égarés par les factieux , & lorfque la Garde nationale n'eft plus respectée, ne peut plus différer de remplir le devoir qui lui est imposé, tout affligeant qu'il est, sans se rendre coupable de prévarication ;

6.° Qu'enfin la proclamation de la Loi Martiale doit infailliblement arrêter les soulèvemens qui, depuis quelques jours, se manifestent, & assurer la liberté des délibérations de l'Assemblée Nationale, que la Municipalité & les bons Citoyens doivent invariablement soutenir :

Arrête que la délibération précédente sera exécutée sur - le - champ, & que cependant quatre de ses Membres resteront à l'Hôtel-de-Ville pour pourvoir à ce que les circonstances pourroient exiger.

Il étoit alors *six heures & demie*. Avant de se mettre en marche, le Corps Municipal a voulu entendre les Députés des Pétitionnaires qui avoient suivi les Commissaires, dans leur retour du Champ de la Fédération, à l'Hôtel de-Ville ; mais il a appris qu'ils s'étoient retirés, & il a présumé qu'ils étoient retournés au Champ de la Fédération, pour y annoncer la proclamation de la Loi martiale.

Le Corps Municipal est parti, précédé d'un détachement d'Infanterie, de trois pièces de canon, ayant à sa tête un drapeau rouge déployé, porté par le Colonel des Gardes de la Ville, & suivi de plusieurs Corps de Cavalerie & d'Infanterie, & de deux canons.

En arrivant par le chemin qui traverse le Gros-Caillou, le Corps Municipal a remarqué un très-grand nombre de personnes des deux sexes qui sortoient du Champ de la Fédération.

Lorsque le Corps Municipal est entré, il étoit *sept heures & demie, ou huit heures moins un quart :* ainsi, plus de deux heures s'étoient écoulées depuis la proclamation de la Loi Martiale.

L'intention du Corps Municipal étoit de se porter

d'abord vers l'Autel de la Patrie, qui étoit couvert de personnes des deux sexes, ensuite à l'Ecole Militaire.

Mais à peine le Corps Municipal étoit-il engagé dans le passage qui conduit au Champ de la Fédération, qu'un grand nombre de particuliers qui s'étoient placés au haut des glacis à droite & à gauche, qui, conséquemment, dominoient la Garde Nationale, se font mis à crier à différentes reprises : *à bas le Drapeau rouge ! à bas les baïonnettes !* Alors M. le Maire s'est arrêté, & il a été ordonné de faire halte. Le Corps Municipal vouloit faire, sur le-champ, les trois sommations prescrites par la Loi ; déjà même trois de ses Membres s'avançoient la Loi à la main ; mais les insultes & les provocations ont continué ; les particuliers attroupés, sur-tout du côté droit, ont montré des bâtons, ont jeté des pierres, & l'un d'eux a tiré un coup de pistolet dirigé contre la Municipalité, & dont la balle, après avoir passé devant M. le Maire, a été percer la cuisse d'un Dragon de la Troupe de ligne, qui s'étoit réuni à la Garde nationale.

La Garde nationale, ne pouvant retenir son indignation, a fait feu ; mais elle a eu la modération de diriger les coups en l'air, & personne n'a été blessé à cette première décharge.

L'audace des séditieux étoit telle que quelques-uns sont revenus sur le haut du glacis braver la Loi & la force.

Cependant le Corps Municipal employoit tous ses efforts pour faire cesser le feu ; & M. le Commandant-général, qui étoit plus avancé dans le Champ de la Fédération, étoit accouru pour rétablir l'ordre, & seconder les efforts de la Municipalité.

Le Corps Municipal & les Troupes sont entrés dans le Champ de la Fédération ; & comme l'Autel de la Patrie paroissoit alors presqu'entièrement évacué, ils ont dirigé leur marche vers l'Ecole-Militaire, à distance à peu-près égale de l'Autel de la Patrie, & du glacis qui se trouve du côté du Gros-Caillou.

Cette partie du glacis, & celle du même côté qui prolonge vers la rivière, étoient couvertes de séditieux qui ont insulté la Garde nationale, qui lui ont lancé des pierres, & qui même ont tiré des coups de fusils & de pistolets.

Le Corps Municipal n'ayant pu exécuter l'art. VI de la Loi Martiale, la Garde nationale a usé du pouvoir que donne l'article VII : elle a déployé la force, parce que les violences les plus criminelles ont rendu les sommations impossibles ; & c'est à cet endroit qu'a été fait le plus grand feu (1).

Au moment où le Corps Municipal rédige le Procès-verbal, on évalue le nombre des morts à *onze* ou *douze*, & le nombre des blessés à dix ou douze. Les ordres ont été donnés à l'instant pour l'enlèvement des morts, & pour le transport des blessés à l'Hôpital Militaire, où il a été recommandé d'en avoir le plus grand soin.

Plusieurs Officiers ou Soldats de la Garde nationale ont reçu des coups de pierre ; l'un d'eux a été frappé si rudement, qu'il a été renversé de son cheval & grièvement blessé.

Le Corps Municipal a appris, avec la plus vive douleur, que deux Chasseurs volontaires de la Garde nationale ont été assassinés, l'un revenant seul du Champ de

_____

(1) Dans le cas où, soit avant, soit pendant le prononcé des sommations, l'attroupement commettroit quelques violences, & pareillement dans le cas où, après les sommations faites, les personnes attroupées ne se retireroient pas paisiblement, la force des armes sera à l'instant déployée contre les séditieux, sans que personne soit responsable des évènemens qui pourront en résulter. (*Article VII de la Loi Martiale*).

la Fédération, l'autre étant à son poste. On ajoute même qu'un Canonnier volontaire l'a été à coups de couteau.

Cinq ou six personnes, prévenues d'avoir insulté ou maltraité la Garde nationale, ont été arrêtées & conduites à l'Hôtel de la Force.

Le Champ de Mars ayant été entièrement évacué, le Commandant-général a rallié les Troupes, & le Corps Municipal s'est mis en marche pour retourner à l'Hôtel-de-ville, où il est arrivé sur les dix heures du soir. Trois Membres s'étoient détachés pour aller rendre compte au Directoire de tout ce qui s'étoit passé, & concerter avec lui les mesures à prendre pour assurer la tranquillité publique.

Le Corps Municipal ayant repris sur *les dix heures & demie* le cours de ses délibérations, a entendu les différentes déclarations qui lui ont été faites, a pourvu par des ordres qui ont été transmis à l'instant aux dépositaires de l'autorité, au maintien du repos & de la tranquillité publique. Il a de plus arrêté que quatre de ses Membres passeroient la nuit à l'Hôtel-de-ville, & que les Officiers municipaux se succéderoient, sans interruption, pour continuer ce service, jusqu'à ce que l'ordre fût parfaitement rétabli.

Le Corps Municipal a encore arrêté que M. le Maire & quatre Officiers Municipaux, MM. Oudet, Borie, JJ. le Roulx & Charron, se présenteroient demain à l'ouverture de l'Assemblée Nationale, pour lui faire lecture du Procès verbal de ce jour ; & qu'expédition en seroit également adressée au Directoire du Département.

Dans la nécessité de pourvoir au renouvellement des excès que les mal-intentionnés pourroient se permettre, & de faire punir ceux qui ont été commis dans cette journée, la Municipalité a terminé sa Séance par les dispositions consignées dans l'arrêté qui suit :

Le Corps Municipal, après avoir entendu le premier

Subſtitut-Adjoint du Procureur de la Commune, chargo
le Procureur de la Commune de dénoncer à l'Accuſateur
public de l'arrondiſſement, l'aſſaſſinat commis ce matin
ſur les perſonnes de deux particuliers, & de lui remettre
les renſeignemens, pièces & indications pouvant ſervir à
la découverte de ſes auteurs, complices & adhérens ;

Arrête que la Loi Martiale reſtera en vigueur juſqu'au
parfait rétabliſſement de la tranquillité publique ; & qu'en
conſéquence, le Drapeau rouge reſtera expoſé à la principale fenêtre de la maiſon commune, juſqu'à ce que, le
calme étant rétabli, il ſoit, conformément à la Loi, remplacé par un Drapeau blanc.

Le Corps Municipal déclare que, tant que la Loi Martiale ſera en vigueur, tous attroupemens, avec ou ſans
armes, deviendront criminels, & devront être diſſipés
par la force, aux termes de l'article III de ladite Loi.

Mande au Commandant-général de la Garde nationale de veiller ſpécialement à l'exécution de la Loi & du
préſent arrêté, qui ſera mis à l'ordre, envoyé aux quarante-huit Sections, publié, ainſi que la Loi Martiale &
toutes les délibérations de ce jour.

Signé, **BAILLY**, Maire ;
 DEJOLY, Secrétaire-greffier.

Réponſe du Préſident.

L'Aſſemblée Nationale a appris avec douleur que des
ennemis du bonheur & de la liberté des François, uſur-
pant le maſque, le langage du patriotiſme, avoient égaré
quelques hommes, les avoient rendus ſéditieux, rebelles
à la Loi, & vous avoient forcés de ſubſtituer les moyens
de rigueur aux moyens de perſuaſion, dont juſqu'ici vous
avez fait uſage avec tant de ſuccès.

L'Aſſemblée Nationale approuve votre conduite & tou-

tes

tes les mefures que vous avez prifes : elle voit avec fatisfaction que la Garde nationale Parifienne . que les Soldats de la Liberté & de la Loi, que les Citoyens mêmes
à qui leurs occupations ne permettent pas de faire un fervice conftant, & dont on s'etoit efforcé de calomnier les
intentions, ont, dans ces circonftances, donné des preuves éclatantes de leur attachement à la Conftitution & à
la Loi, & ont continué de juftifier la haute eftime & la
reconnoiffance de la Nation par leur zèle , leur modera-
tion & leur fidélité.

Scellé le 28 du même mois.

Décret qui ordonne l'arreftation du particulier qui a tiré un
coup de fufil fur M. de la Fayette.

Du 18 Juillet 1791.

L'Affemblée Nationale décrète que la Municipalité de
Paris fera mettre, fur le-champ, en état d'arreftion le
particulier qui a tiré un coup de fufil fur M. de la Fayette.

Scellé le même jour.

Décret concernant les peines à prononcer contre les
perfonnes qui provoqueront le meurtre , le pillage,
l'incendie, ou confeilleront défobéiffance à la Loi, &
infulteront la force publique en fonctions.

Du 18 Juillet 1791.

L'Affemblée Nationale, après avoir ouï fes comités
de conftitution & de jurifprudence criminelle, décrète
ce qui fuit :

Juillet 1791.   O

ARTICLE PREMIER.

Toutes personnes qui auront provoqué le meurtre, le pillage, l'incendie, & conseillé formellement la désobéissance à la loi, soit par des placards ou affiches, soit par des écrits publiés ou colportés, soit par des discours tenus dans des lieux ou assemblées publiques, seront regardées comme séditieuses ou perturbateurs de la paix publique; & en conséquence, les officiers de police seront tenus de les faire arrêter sur-le-champ, & de les remettre aux tribunaux, pour être punies suivant la loi.

II. Tout homme qui, dans un attroupement ou émeute, aura fait entendre un cri de provocation au meurtre, sera puni de trois ans de chaîne, si le meurtre ne s'en est pas suivi, & comme complice du meurtre, s'il a eu lieu : tout citoyen présent est tenu de s'employer ou de prêter main-forte pour l'arrêter.

III. Tout cri contre la garde nationale, ou la force publique en fonctions, tendant à lui faire baisser ou déposer ses armes, est un cri de sédition, & sera puni d'un emprisonnement qui ne pourra excéder deux années.

Le présent Décret sera imprimé & envoyé dans tous les départemens.

Scellé le 28 du même mois.

Décret concernant la liste des Députés qui n'ont pas répondu à l'appel général fait le 12 de ce mois.

Du 18 Juillet 1791.

L'Assemblée nationale arrête définitivement comme

Il suit, la liste des députés qui n'ont pas répondu à l'appel général, fait le 12 de ce mois.

(*Voyez cette liste à la fin du volume*).

Décret relatif à la fabrication de la nouvelle monnoie de cuivre.

Du 18 Juillet 1791.

L'Assemblée nationale décrète ce qui suit :

ARTICLE PREMIER.

Le cuivre résultant des expériences faites sur le métal des cloches, en présence des commissaires des comités des monnoies & des finances, sera incessamment porté à l'hôtel des monnoies, pour y être fabriqué & réduit en monnoie.

II. Il sera procédé à de nouveaux travaux de députation du métal des cloches, sous la surveillance des mêmes comités, lesquels tiendront note exacte des dépenses & des résultats.

III. Le département de Paris délivrera les cloches nécessaires à ces opérations.

Scellé le 28 du même mois.

Décret sur l'Administration de la Marine.

Du 17 Juillet 1791.

Voyez le Décret général sous la date du 21 Septembre 1791.

O 2

Suite des Décrets fur l'Adminiftration de la Marine.

Du 18 Juillet 1791.

Voyez le Décret général fous la date du 21 Septembre 1791.

Décret qui invite tous les Citoyens de Paris à perfifter dans leurs fentimens de patriotifme, & enjoint au Département, à la Municipalité & au Commandant de la Garde nationale de veiller à la fûreté du Roi.

Du 19 Juillet 1791.

L'Affemblée Nationale éprouvant la plus vive fatisfaction de l'ordre & de la tranquillité qui ont régné dans la ville de Paris, invite les Citoyens de cette Ville à perfifter dans des fentimens fi conformes au patriotifme qui les a toujours animés ; enjoint au Département de Paris, à la Municipalité, & au Commandant de la Garde nationale de prendre toutes les précautions néceffaires à la fûreté de la perfonne du Roi & de fa Famille (1).

Décret qui autorife le Directoire du Diftrict de Clamecy, à acquérir l'ancien auditoire de la ci-devant Juftice feigneuriale.

Du 19 Juillet 1791.

L'Affemblée Nationale, ouï le rapport de fon Comité

---

(1) Ce Décret ayant été omis dans le Procès-verbal du 23 Juin dernier, l'Affemblée a ordonné de l'inférer dans celui de ce jour.

d'Emplacement, confidérant qu'il n'exiſte d'autres édi-
fices nationaux dans la ville de Clamecy, que la maiſon
des Récollets, jugée néceſſaire pour y transférer l'Hôtel-
Dieu, autoriſe le Directoire du Diſtrict de Clamecy,
Département de la Nièvre, à acquérir, aux frais des
Adminiſtrés, de M. de Nivernois, moyennant la ſomme
de 15,000 liv., prix convenu entre lui & le Directoire,
l'ancien auditoire de la ci-devant Juſtice ſeigneuriale de
Clamecy, & bâtimens en dépendans, pour y placer le
Corps adminiſtratif du Diſtrict & le Tribunal.

L'autoriſe pareillement à faire procéder à l'adjudication,
au rabais, des ouvrages & arrangemens intérieurs nécel-
ſaires à ces établiſſemens, ſur les devis eſtimatifs qui en
ont été dreſſés par le ſieur Paillard, les 13 & 18 Février
dernier ; pour le montant de ladite adjudication être
auſſi ſupporté par leſdits Adminiſtrés.

Scellé le 25 du même mois.

Décret qui autoriſe le Directoire du Diſtrict de Louhans
à acquérir une partie du jardin de l'Hôpital de cette
Ville.

Du 19 Juillet 1791.

L'Aſſemblée Nationale, ouï le rapport de ſon Comité
d'Emplacement, autoriſe le Directoire du Diſtrict de
Louhans, Département de Saone & Loire, à acquérir, aux
frais des Adminiſtrés, & dans les formes preſcrites, la
partie du jardin de l'Hôpital de cette Ville, énoncée dans
l'avis du Directoire du Diſtrict, du 30 Juin dernier,
pour y faire les conſtructions néceſſaires à l'établiſſement
du Corps adminiſtratif du Diſtrict, du Tribunal, & du
Bureau de Conciliation.

L'autoriſe également à employer aux frais de cette
conſtruction les deniers provenans de la contribution vo-

lontaire des Citoyens du Diftriƈt de Louhans, dont l'Affemblée Nationale loue le zèle & le patriotifme.

Scellé le **25** *du même mois.*

*Décret qui autorife le Directoire du Diftriƈt de Reims à
acquérir la maifon de l'Abbaye de Saint-Denis & terreins en dépendans.*

Du 19 Juillet 1791.

L'Affemblée Nationale, ouï le rapport de fon Comité
d'Emplacement, autorife le Directoire du Diftriƈt de
Reims, Département de la Marne, à acquérir, aux
frais des Adminiftrés, & dans les formes prefcrites, la
maifon de Saint-Denis & terreins en dépendans, renfermés dans les limites figurées fur le tracé du local, qui
fera joint à la minute du préfent Décret, pour y placer
le Corps adminiftratif du Diftriƈt, le Tribunal, les prifons, le Bureau de Conciliation & la Gendarmerie Nationale.

L'autorife pareillement à faire faire auxdits bâtimens
toutes les réparations & arrangemens intérieurs néceffaires, à l'adjudication au rabais defquels il fera procédé
fur le devis eftimatif qui en a été dreffé par le fieur Hu-
rault, infpecteur des ponts & chauffées; pour être le
montant de l'adjudication, fupporté par lefdits adminiftrés.

Scellé le **25** *du même mois.*

Décret relatif à la vente des petites fermes , métairies , ou autres domaines nationaux de cinquante arpens & au-deſſous , enclavées dans les forêts nationales.

Du 19 Juillet 1791.

L'Aſſemblée Nationale , après avoir ouï le rapport de ſes Comités des Domaines & de l'Aliénation , décrète que les petites fermes , métairies , ou autres domaines nationaux de cinquante arpens & au-deſſous , enclavées dans les forêts nationales , ne pourront être vendues qu'en ſuite de l'autoriſation de l'Aſſemblée Nationale , après avoir pris l'avis des Corps adminiſtratifs.

Décret ſur la Police municipale & correctionnelle.

Du 19 Juillet 1791.

L'Aſſemblée Nationale conſidérant que des décrets antérieurs ont déterminé les bornes & l'exercice des diverſes fonctions publiques , & établi les principes de police conſtitutionnelle , deſtinés à maintenir cet ordre ;

Que le décret ſur l'inſtitution des jurés a pareille-ment établi une police de ſûreté , qui a pour objet de s'aſſurer de la perſonne de tous ceux qui ſeroient prévenus de crimes ou délits de nature à mériter peine afflictive ou infamante;

Qu'il reſte à fixer les règles , premièrement , de la police municipale , qui a pour objet le maintien ha-bituel de l'ordre & de la tranquillité dans chaque lieu ; ſecondement , de la police correctionnelle , qui a pour objet la répreſſion des délits qui , ſans mériter peine

O 4

afflictive ou infamante, troublent la société, & dispofent au crime:

Décrète ce qui fuit, après avoir entendu le rapport du Comité de Conftitution.

TITRE PREMIER.

POLICE MUNICIPALE.

Difpofitions générales d'ordre public.

ARTICLE PREMIER.

Dans les villes & dans les campagnes, les corps municipaux feront conftater l'état des habitans, foit par des officiers municipaux, foit par des commiffaires de police, s'il y en a, foit par des citoyens commis à cet effet. Chaque année dans le courant des mois de novembre & décembre, cet état fera vérifié de nouveau, & on y fera les changemens néceffaires. L'état des habitans des campagnes fera recenfé au chef-lieu du canton par des Commiffaires que nommeront les officiers municipaux de chaque communauté particulière.

II. Le regiftre contiendra mention des déclarations que chacun aura faites de fes nom, âge, lieu de naiffance, dernier domicile, profeffion, métier, & autres moyens de fubfiftance. Le déclarant qui n'auroit à indiquer aucun moyen de fubfiftance, défignera les citoyens domiciliés dans la municipalité, dont il fera connu, & qui pourront rendre bon témoignage de fa conduite.

III. Ceux qui étant en état de travailler, n'auront ni moyens de fubfiftance, ni métier, ni répondans, feront infcrits avec la note de gens fans aveu.

Ceux qui refuferont toute déclaration, feront infcrits,

fous leur fignalement & demeure, avec la note de gens fufpects.

Ceux qui feront convaincus d'avoir fait de fauffes déclarations, feront infcrits avec la note de gens mal intentionnés.

Il fera donné communication de ces regiftres aux officiers & fous-officiers de la gendarmerie nationale, dans le cours de leurs tournées.

IV. Ceux des trois claffes qui viennent d'être énoncées, s'ils prennent part à une rixe, un attroupement féditieux, un acte de voie de fait ou de violence, feront foumis, dès la première fois, aux peines de la police correctionnelle, comme il fera dit ci-après.

V. Dans les villes & dans les campagnes, les aubergiftes, maîtres-d'hôtels garnis & logeurs, feront tenus d'infcrire de fuite, & fans aucun blanc, fur un regiftre en papier timbré & paraphé par un officier municipal ou un commiffaire de police, les noms, qualités domicile habituel, dates d'entrée & de fortie de tous ceux qui coucheront chez eux, même une feule nuit, de repréfenter ce regiftre tous les quinze jours, & en outre toutes les fois qu'ils en feront requis, foit aux officiers municipaux, foit aux officiers de police, ou aux citoyens commis par la municipalité.

VI. Faute de fe conformer aux difpofitions du précédent article, ils feront condamnés à une amende du quart de leur droit de patente, fans que cette amende puiffe être au-deffous de 3 livres, & ils demeureront civilement refponfables des défordres & délits commis par ceux qui logeront dans leurs maifons.

VII. Les jeux de hafard où l'on admet, foit le public, foit des affiliés, font défendus, fous les peines qui feront défignées ci-après.

Les propriétaires ou principaux locataires des maifons & appartemens où le public feroit admis à jouer des jeux de hifard, feront, s'ils demeurent dans ces maifons & s'ils n'ont pas averti la police, condamnés, pour la premiere fois, à 300 livres, & pour la feconde, à 1,000 liv. d'amende, folidairement avec ceux qui occuperont les appartemens employés à cet ufage.

VIII. Nul officier municipal, commiffaire ou officier de police municipale, ne pourra entrer dans les maifons des citoyens, fi ce n'eft pour la confection des états ordonnés par les articles 1, 2 & 3, & la vérification des regiftres des logeurs, pour l'exécution des lois fur les contributions directes, ou en vertu des ordonnances, contraintes & jugemens dont ils feront porteurs, ou enfin fur le cri des citoyens, invoquant, de l'intérieur d'une maifon, le fecours de la force publique.

IX. A l'égard des lieux où tout le monde eft admis indiftinctement, tels que les cafés, cabarets, boutiques & autres, les officiers de police pourront toujours y entrer, foit pour connoiffance des défordres ou contraventions aux règlemens, foit pour vérifier les poids & mefures, le titre de matières d'or ou d'argent, la falubrité des comeftibles & médicamens.

X. Ils pourront auffi entrer, en tout temps, dans les maifons où l'on donne habituellement à jouer des jeux de hafard, mais feulement fur la défignation qui leur en auroit été donnée par deux citoyens domiciliés.

Ils pourront également entrer, en tout temps, dans les lieux livrés notoirement à la débauche.

XI. Hors les cas mentionnés aux articles 8, 9 & 10, les officiers de police, qui, fans autorifation fpéciale de juftice ou de la police de fureté, feront des vifites ou recherches dans les maifons des citoyens, feront condamnés par le tribunal de police, & en cas d'appel, par celui du diftrict, à des dommages & intérêts qui ne pourront être au-deffous de 100 livres, fans préjudice des peines prononcées par la loi dans les cas de voies de fait, de violences & autres délits.

XII. Les commissaires de police, dans les lieux où il y en a, les appariteurs & autres agens de police assermentés, dresseront dans leurs visites & tournées le procès-verbal des contraventions, en présence de deux des plus proches voisins, qui y apposeront leur signature, & des experts en chaque partie d'art, lorsque la Municipalité, soit par voie d'administration, soit comme tribunal de police aura jugé à propos d'en indiquer.

XIII. La Municipalité, soit par voie d'administration, soit comme tribunal de police, pourra, dans les lieux où la loi n'y aura pas pourvu, commettre à l'inspection du titre des matières d'or ou d'argent, à celle de la salubrité des comestibles & médicamens, un nombre suffisant de gens de l'art, lesquels, après avoir prêté serment, rempliront, à cet égard seulement, les fonctions de commissaires de police.

Délits de police municipale, & peines qui seront prononcées.

XIV. Ceux qui voudront former des sociétés ou clubs, seront tenus, à peine de 200 liv. d'amende, de faire préalablement au greffe de la Municipalité la déclaration des lieux & jours de leur réunion, & en cas de récidive, ils seront condamnés à 500 liv. d'amende.

L'amende sera poursuivie contre les présidens, secrétaires ou commissaires de ces clubs ou sociétés.

XV. Ceux qui négligeront d'éclairer & de nettoyer les rues devant leurs maisons, dans les lieux où ce soin est laissé à la charge des citoyens;

Ceux qui embarrasseront ou dégraderont les voies publiques;

Ceux qui contreviendront à la défense de rien expofer fur les fenêtres ou au-devant de leur maifon fur la
voie publique, de rien jeter qui puiffe nuire ou endom-
mager par fa chute, ou caufer des exhalaifons nuifibles;

Ceux qui laifferont divaguer des infenfés ou furieux,
ou des animaux mal-faifans ou féroces,

Seront, indépendamment des réparations & indemnités envers les parties léfées, condamnés à une amende
qui ne pourra être au-deffous de 40 fous, ni excéder
50 livres, &, fi le fait eft grave, à la détention de police municipale.

La peine fera double en cas de récidive.

XVI. Ceux qui, par imprudence ou par la rapidité de
leurs chevaux, auront bleffé quelqu'un dans les rues ou
voies publiques, feront, indépendamment des indemnités, condamnés à huit jours de détention & à une
amende égale à la totalité de leur contribution mobiliaire, fans que l'amende puiffe être au-deffous de 300 liv.
S'il y a eu fracture de membres, ou fi, d'après les certificats des gens de l'art, la bleffure eft telle qu'elle ne
puiffe fe guérir en moins de quinze jours, les délinquans feront renvoyés à la police correctionnelle.

XVII. Le refus de fecours & fervices requis par la
police en cas d'incendie, ou autres fléaux calamiteux,
fera puni par une amende du quart de la contribution
mobiliaire, fans que l'amende puiffe être au-deffous de
3 liv.

XVIII. Le refus ou la négligence d'exécuter les règlemens de voirie, ou d'obéir à la fommation de réparer
ou démolir les édifices menaçant ruine fur la voie publique, feront, outre les frais de la démolition ou de la
réparation de ces édifices, punis d'une amende de la moitié de la contribution mobiliaire, laquelle amende ne
pourra être au-deffous de 6 liv.

XIX. En cas de rixe ou dispute avec ameutement du peuple ;

En cas de voies de fait ou violences légères dans les assemblées & lieux publics, en cas de bruit & attroupemens nocturnes ;

Ceux des trois premières classes, mentionnés en l'article III, seront, dès la première fois, punis ainsi qu'il sera dit au titre de la police correctionnelle.

Les autres seront condamnés à une amende du tiers de leur contribution mobiliaire, laquelle ne sera pas au dessous de 12 livres, & pourront l'être selon la gravité du cas, à une détention de trois jours dans les campagnes, & de huit jours dans les villes.

Tous ceux qui, après une première condamnation prononcée par la police municipale, se rendroient encore coupables de l'un des délits ci-dessus, seront renvoyés à la police correctionnelle.

XX. En cas d'exposition en vente de comestibles gâtés, corrompus ou nuisibles, ils seront confisqués & détruits, & le délinquant condamné à une amende du tiers de sa contribution mobiliaire, laquelle amende ne pourra être au-dessous de 3 liv.

XXI. En cas de vente de médicamens gâtés, le délinquant sera renvoyé à la police correctionnelle, & puni de 100 liv. d'amende, & d'un emprisonnement, qui ne pourra excéder six mois.

La vente des boissons falsifiées sera punie ainsi qu'il sera dit au titre de la police correctionnelle.

XXI. En cas d'infidélité des poids & mesures dans la vente des denrées ou autres objets qui se débitent à la mesure, au poids ou à l'aune, les faux poids & fausses mesures seront confisqués & brisés, & l'amende sera, pour la première fois, de 100 livres au moins, & de la quotité du droit de patentes du vendeur, si ce droit est de plus de 100 liv.

XXIII. Les délinquans, aux termes de l'article précédent, seront en outre condamnés à la détention de police municipale; & en cas de récidive, les prévenus seront renvoyés à la police correctionnelle.

XXIV. Les vendeurs convaincus d'avoir trompé, soit sur le titre des matières d'or ou d'argent, soit sur la qualité d'une pierre fausse vendue pour fine, seront renvoyés à la police correctionnelle.

XXV. Quant à ceux qui seroient prévenus d'avoir fabriqué, fait fabriquer ou employé de faux poinçons, marqué ou fait marquer des matières d'or ou d'argent au-dessous du titre annoncé par la marque, ils seront, dès la première fois, renvoyés, par un mandat d'arrêt du juge de paix, devant le juré d'accusation; jugés, s'il y a lieu, selon la forme établie pour l'instruction criminelle; &, s'ils sont convaincus, punis des peines établies dans le code pénal.

XXVI. Ceux qui ne paieront pas, dans les trois jours à dater de la signification du jugement, l'amende prononcée contre eux, y seront contraints par les voies de droit: néanmoins la contrainte par corps ne pourra entraîner qu'une détention d'un mois à l'égard de ceux qui sont insolvables.

XXVII. En cas de récidive, toutes les amendes établies par le présent décret seront doubles, & tous les jugemens seront affichés aux dépens des condamnés.

XXVIII. Pourront être saisis & retenus jusqu'au jugement tous ceux qui, par imprudence ou la rapidité de leurs chevaux, auront fait quelques blessures dans la rue ou voie publique, ainsi que ceux qui seroient prévenus des délits mentionnés aux articles XIX, XXI & XXII.

Ils feront contraignables par corps au paiement des dommages & intérêts, ainfi que des amendes.

Confirmation de divers règlemens & difpofitions contre l'abus de la taxe des denrées.

XXIX. Les règlemens actuellement exiftans fur le titre des matières d'or & d'argent, fur la vérification de la qualité des pierres fines ou fauffes, la falubrité des comeftibles & des médicamens, fur les objets de ferrurerie, continueront d'être exécutés jufqu'à ce qu'il en ait été autrement ordonné. Il en fera de même de ceux qui établiffent des difpofitions de fûreté, tant pour l'achat & la vente des matières d'or & d'argent, des drogues, médicamens & poifons, que pour la préfentation, le dépôt & adjudication des effets précieux dans les Monts-de-Piété, Lombards ou autres maifons de ce genre.

Sont également confirmés provifoirement les règlemens qui fubfiftent touchant la voierie, ainfi que ceux actuellement exiftans à l'égard de la conftruction des bâtimens, & relatifs à la folidité & fûreté, fans que de la préfente difpofition il puiffe réfulter la confervation des attributions ci-devant faites fur cet objet à des tribunaux particuliers.

XXX. La taxe des fubfiftances ne pourra provifoirement avoir lieu dans aucune ville ou commune du royaume que fur le pain & la viande de boucherie, fans qu'il foit permis, en aucun cas, de l'étendre fur le vin, fur le blé, les autres grains, ni autre efpèce de denrée, & ce, fous peine de deftitution des officiers municipaux.

XXXI. Les réclamations élevées par les marchands, relativement aux taxes, ne feront en aucun cas du reffort des tribunaux de diftrict ; elles feront portées devant le directoire de département qui prononcera fans appel les réclamations des particuliers contre les marchands qui vendroient au-dessus de la taxe, seront portées & jugées au tribunal de police, sauf l'appel au tribunal de district.

Forme de procéder & règles à observer par le tribunal de police municipale.

XXXII. Tous ceux qui dans les villes & dans les campagnes auront été arrêtés, seront conduits directement chez un juge de paix, lequel renverra pardevant le commissaire de police ou l'officier municipal, chargé de l'administration de cette partie, lorsque l'affaire sera de la compétence de a police municipale.

XXXIII. Tout juge de paix d'une ville, dans quelque quartier qu'il se trouve établi, sera compétent pour prononcer soit la liberté des personnes amenées, soit le renvoi à la police municipale, soit le mandat d'amener, où devant lui, ou devant un autre juge de paix, soit enfin le mandat d'arrêt, tant en matière de police correctionnelle qu'en matière criminelle.

XXXIV. Néanmoins, pour assurer le service dans la ville de Paris, il sera déterminé par la municipalité un lieu vers le centre de la ville, où se trouveront toujours deux juges de paix, lesquels pourront chacun donner séparément les ordonnances nécessaires. Les juges de paix rempliront tour-à-tour ce service pendant vingt-quatre heures.

XXXV. Les personnes prévenues de contraventions aux lois & réglemens de police, soit qu'il y ait eu un procès-verbal ou non, seront citées devant le tribunal par les appariteurs, ou par tous autres huissiers, à la requête du procureur de la commune ou des particuliers qui croiront avoir à se plaindre. Les parties pourront

comparoître

compaioître volontairement, ou fur un fimple avertiffe-
ment, fans qu'il foit befoin de citation.

XXXVI. Les citations feront données à trois jours ou
à l'audience la plus prochaine.

XXXVII. Les défauts feront fignifiés par un huiffier
commis par le tribunal de police municipale; ils ne pourront être rabattus qu'autant que la perfonne citée compa-
roîtra dans la huitaine après la fignification du jugement, & demandera à être entendue fans délai: fi elle
ne comparoît pas, le jugement demeurera définitif, &
ne pourra être attaqué que par la voie de l'appel.

XXXVIII. Les perfonnes citées comparoîtront par elles-
mêmes ou par des fondés de procuration fpéciale: il n'y
aura point d'avoués aux tribunaux de police municipale.

XXXIX. Les procès-verbaux, s'il y en a, feront lus;
les témoins, s'il faut en appeler, feront entendus; la
défenfe fera propofée; les conclufions feront données
par le procureur de la commune ou fon fubftitut; le
jugement préparatoire ou définitif fera rendu, avec expref-
fion des motifs, dans la même audience ou au plus tard
dans la fuivante.

XL. L'appel des jugemens ne fera pas reçu, s'il eft
interjeté après huit jours depuis la fignification des jugemens à la partie condamnée.

XLI. La forme de procé ler fur l'appel en matière de
police, fera la même qu'en première inftance.

XLII. Le tribunal de police fera compofé de trois
membres que les officiers municipaux choifiront parmi
eux, de cinq dans les villes où il y a foixante mille ames
ou davantage, de neuf à Paris.

XLIII. Aucun jugement ne pourra être rendu que
par trois juges, & fur les conclufions du procureur de
la commune ou de fon fubftitut.

Juillet 1791.   P

XLIV. Le nombre des audiences fera réglé d'après le nombre des affaires , qui feront toutes terminées au plus tard dans la quinzaine.

XLV. Extrait des jugemens rendus par la police municipale fera dépofé foit dans un lieu central , foit au greffe du tribunal de police correctionnelle , dans tous les cas où le préfent décret aura renvoyé à la police correctionnelle les délinquans en récidive.

XLVI. Aucun tribunal de police municipale ni aucun corps muncipal ne pourra faire de règlement. Le corps municipal néanmoins pourra , fous le nom & l'intitulé de *délibérations* , & fauf la réformation , s'il y a lieu , at l'adminiftration du département , fur l'avis de celle du diftrict , faire des arrêtés fur les objets qui fuivent :

1°. Lorfqu'il s'agira d'ordonner les précautions locales fur les objets confiés à fa vigilance & à fon autorité , par les articles 3 & 4 du titre XI du décret fur l'organifation judiciaire.

2°. De publier de nouveau les lois & règlemens de police , ou de rappeler les citoyens à leur obfervation.

XLVII. Les objets confifqués refteront au greffe du tribunal de police , mais feront vendus au plus tard dans la quinzaine , au plus offrant & dernier enchériffeur , felon les formes ordinaires. Le prix de cette vente & les amendes, verfés dans les mains du receveur du droit d'enregiftrement , feront employés , fur les mandats du procureur-fyndic du diftrict , vifés par le procureur-général-fyndic du département , un quart aux menus frais du tribunal, un quart aux frais des bureaux de paix & de jurifprudence charitable , un quart aux dépenfes de la municipalité, & un quart au foulagement des pauvres de la commune. Cet emploi fera juftifié au directoire de diftrict , qui en rendra compte au directoire de département, toutes les fois que l'ordonnera celui-ci.

XLVIII. Les commissaires de police, dans les lieux où il y en a, porteront, dans l'exercice de leurs fonctions, un chaperon, aux trois couleurs de *la nation*, placé sur l'épaule gauche. Les appariteurs, chargés d'une exécution de police, présenteront, comme les autres huissiers, une baguette blanche, aux citoyens qu'ils sommeront d'obéir à la loi. Les dispositions du décret sur le respect dû aux juges & aux jugemens, s'appliqueront aux tribunaux de police municipale & correctionnelle, & à leurs officiers.

TITRE II.

POLICE CORRECTIONNELLE.

Dispositions générales sur les peines de la police correctionnelle & les maisons de correction.

ARTICLE PREMIER.

Les peines correctionnelles seront, 1°. l'amende ; 2°. la confiscation, en certain cas, de la matière du délit ; 3°. l'emprisonnement.

II. Il y aura des maisons de correction destinées, 1°. aux jeunes gens au-dessous de l'âge de 21 ans, qui devront y être renfermés, conformément aux articles 15, 16 & 17 du titre X du décret sur l'organisation judiciaire ; 2°. aux personnes condamnées par voie de police correctionnelle.

III. Si la maison de correction est dans le même local que la maison destinée aux personnes condamnées par jugement des tribunaux criminels, le quartier de la correction fera entièrement féparé.

IV. Les jeunes gens détenus d'après l'arrêté des familles, feront féparés de ceux qui auront été condamnés par la police correctionnelle.

V. Toute maifon de correction fera maifon de travail; il fera établi par les confeils ou directoires de départemens, divers genres de travaux communs ou particuliers, convenables aux perfonnes des deux fexes; les hommes & les femmes feront féparés.

VI. La maifon fournira le pain, l'eau & le coucher fur le produit du travail du détenu; un tiers fera appliqué à la dépenfe commune de la maifon.

Sur une partie des deux autres tiers, il lui fera permis de fe procurer une nourriture meilleure & plus abondante.

Le furplus fera réfervé pour lui être remis après que le temps de fa détention fera expiré.

Il lui fera également permis de fe procurer une nourriture meilleure & plus abondante fur fa fortune particulière, à moins que le jugement de condamnation n'en ait ordonné autrement.

Claffification des délits, & peines qui feront prononcées.

VII. Les délits puniffables par la voie de police correctionnelle feront:

1°. Les délits contre les bonnes mœurs.

2°. Les troubles apportés publiquement à l'exercice d'un culte religieux quelconque.

3°. Les infultes & les violences graves envers les perfonnes.

4°. Les troubles apportés à l'ordre focial & à la tranquillité publique par la mendicité, par les tumultes, par les attroupemens ou autres délits.

5°. Les atteintes portées à la propriété des citoyens par dégats, larcins ou simples vols, escroqueries, ouverture de maisons de jeux où le public est admis.

PREMIER GENRE DE DÉLIT.

VIII. Ceux qui seroient prévenus d'avoir attenté publiquement aux mœurs, par outrage à la pudeur des femmes, par actions déshonnêtes, par exposition ou vente d'images obscènes, d'avoir favorisé la débauche, ou corrompu des jeunes gens de l'un ou l'autre sexe, pourront être saisis sur-le-champ, & conduits devant le juge de paix, lequel est autorisé à les faire retenir jusqu'à la prochaine audience de la police correctionnelle.

IX. Si le délit est prouvé, les coupables seront condamnés, selon la gravité des faits, à une amende de 50 à 500 livres, & à un emprisonnement qui ne pourra excéder six mois. S'il s'agit d'images obscènes, les estampes & les planches seront en outre confisquées & brisées.

Quant aux personnes qui auroient favorisé la débauche ou corrompu des jeunes gens de l'un ou l'autre sexe, elles seront, outre l'amende, condamnées à une année de prison.

X. Les peines portées en l'article précédent, seront doubles en cas de récidive.

DEUXIÈME GENRE DE DÉLIT.

XI. Ceux qui auroient outragé les objets d'une culte quelconque, soit dans un lieu public, soit dans les

P 3

lieux deſtinés à l'exercice de ce culte, ou ſes miniſtres en fonctions, ou interrompu par un trouble public les cérémonies religieuſes de quelque culte que ce ſoit, ſeront condamnés à une amende, qui ne pourra excéder 500 liv., & à un emprisonnement qui ne pourra excéder un an. L'amende ſera toujours de 500 liv., & l'emprisonnement de deux ans, en cas de récidive.

XII. Les auteurs de ces délits pourront être ſaiſis ſur-le-champ & conduits devant le juge de-paix.

TROISIÈME GENRE DE DÉLIT.

XIII. Ceux qui hors les cas de légitime défenſe, & ſans excuſe ſuffiſante, auroient bleſſé ou même frappé des citoyens, ſi le délit n'eſt pas de la nature de ceux qui ſont punis des peines portées au code pénal, ſeront jugés par la police correctionnelle, &, en cas de conviction, condamnés, ſelon la gravité des faits, à une amende qui ne pourra excéder 500 liv., &, s'il y a lieu, à un emprisonnement qui ne pourra excéder ſix mois.

XIV. La peine ſera plus forte ſi les violences ont été commiſes envers des femmes ou des perſonnes de 70 ans & au deſſus, ou des enfans de 16 ans & au-deſſous, ou par des apprentifs, compagnons ou domeſtiques à l'égard de leurs maîtres; enfin s'il y a eu effuſion de ſang, & en outre dans le cas de récidive, mais elle ne pourra excéder 1,000 liv. d'amende & une année d'emprisonnement.

XV. En cas d'homicide dénoncé comme involontaire, ou reconnu tel par la déclaration du juré, s'il eſt la ſuite de l'imprudence ou de la négligence de ſon auteur, celui-ci ſera condamné à une amende qui ne pourra excéder le double de ſa contribution mobiliare, &, s'il y a lieu, à un emprisonnement qui ne pourra excéder un an.

XVI. Si quelqu'un ayant bleſſé un citoyen dans les

rues ou voies publiques, par l'effet de fon imprudence
ou de fa négligence, foit par la rapidité de fes chevaux, foit de toute autre manière, il en eft réfulté fracture de membre, ou fi, d'après le certificat des gens
de l'art, la bleffure eft telle qu'e.le exige un traitement
de quinze jours, le délinquant fera condamné à une
amende qui ne pourra excéder 500 liv., & à un emprifonnement qui ne pourra excéder fix mois. Le maître fera
civilement refponfable des condamnations pécuniaires,
prononcées contre le cocher ou conducteur des chevaux, ou fes autres domeftiques.

XVII. Toutes les peines ci-deffus, feront prononcées
indépendamment des dommages & intérêts des parties.

XVIII. Quant aux fimples injures verbales, fi elles
ne font pas adreffées à un fonctionnaire public en exercice
de fes fonctions, elles feront jugées dans la forme établie
en l'article X du titre 3 du décret fur l'organifation judiciaire.

XIX. Les outrages ou menaces par paroles ou par
geftes, faits aux fonctionnaires publics dans l'exercice
de leurs fonctions, feront punis d'une amende qui ne
pourra excéder dix fois la contribution mobiliaire, &
d'un emprifonnement qui ne pourra excéder deux
années.

La peine fera double en cas de récidive.

XX. Les mêmes peines feront infligées à ceux qui ou-
trageroient ou menaceroient par paroles ou par geftes,
foit les gardes nationales, foit la gendarmerie nationale,
foit les troupes de ligne, fe trouvant ou fous les armes,
ou au corps-de-garde, ou dans un pofte de fervice, fans
préjudice des peines plus fortes, s'il y a lieu, contre ceux
qui les frapperoient. & fans préjudice également de la
défenfe & de la réfiftance légitime, conformément aux
lois militaires.

XXI. Les coupables des délits mentionnés aux articles XIII, XIV, XV, XVI, XIX & XX du présent décret, feront faisis fur-le-champ, & conduits devant le juge-de-paix.

QUATRIÈME GENRE DE DÉLIT.

XXII. Les mendians valides pourront être faisis & conduits devant le juge-de-paix, pour être ftatué à leur égard conformément aux lois fur la répreffion de la mendicité

XXIII. Les circonftances aggravantes feront :

1°. De mendier avec menaces & violences.

2°. De mendier avec armes.

3°. De s'introduire dans l'intérieur des maifons, ou de mendier la nuit.

4°. De mendier deux ou plufieurs enfemble.

5°. De mendier avec faux certificats ou congés, infirmités fuppofées ou déguifement.

6°. De mendier après avoir été repris de juftice.

7°. Et deux mois après la publication du préfent décret, de mendier hors du canton de fon domicile.

XXIV. Les mendians contre lefquels il fe réunira une ou plufieurs de ces circonftances aggravantes, pourront être condamnés à un emprifonnement qui n'excédera pas une année, & la peine fera double en cas de récidive.

XXV. L'infubordination accompagnée de violences ou de menaces dans les atteliers publics ou les atteliers de charité, fera punie d'un emprifonnement qui ne pourra excéder deux années.

La peine fera double en cas de récidive.

XXVI. Les peines portées dans la loi fur les affociations & attroupemens des ouvriers & gens du même état, feront prononcées par le tribunal de la police correctionnelle.

XXVII. Tous ceux qui, dans l'adjudication de la propriété, ou de la location, foit des domaines nationaux, foit de tout autre domaine appartenant à des communautés ou à des particuliers, troubleroient la liberté des enchères, ou empêcheroient que les adjudications ne s'élevaffent à leur véritable valeur, foit par offre d'argent ou par des conventions frauduleufes, foit par des violences ou voies de fait exercées avant ou pendant les enchères, feront punis d'une amende qui ne pourra excéder 500 liv., & d'un emprifonnement qui ne pourra excéder une année.

La peine fera double en cas de récidive.

XXVIII. Les perfonnes comprifes dans les trois claffes mentionnées en l'article 3 du titre premier, qui feront furprifes dans une rixe, un attroupement ou un acte quelconque de fimple violence, feront punis par un emprifonnement qui ne pourra excéder trois mois. En cas de récidive, la détention fera d'une année.

XXIX Les citoyens domiciliés qui, après avoir été réprimés une fois par la police municipale pour rixes, tumultes, attroupemens nocturnes, ou défordres en affemblée publique, commettroient pour la deuxième fois le même genre de délit, feront condamnés par la police correctionnelle, à une amende qui ne pourra excéder 300 liv., & à un emprifonnement qui ne pourra excéder quatre mois.

XXX. Ceux qui fe rendroient coupables des délits mentionnés dans les fix articles précédens, feront faifis fur-le-champ, & conduits devant le juge-de-paix.

CINQUIÈME GENRE DE DÉLIT.

XXXI. Tous dégats commis dans les bois, toutes violations de clôtures, de murs, haies & foffes, quoique non fuivis de vol , les larcins de fruits & de productions d'un terrein cultivé , autres que ceux mentionnés dans le code pénal , feront punis ainfi qu'il fera dit à l'égard de la police rurale.

XXXII. Les larcins , filouteries & fimples vols qui n'appartiennent ni à la police rurale , ni au code pénal, feront , outre les reftitutions, dommages & intérêts , punis d'un emprifonnement qui ne pourra excéder deux ans. La peine fera double en cas de récidive.

XXXIII. Le vol de deniers ou effets mobiliers appartenans à l'Etat , & dont la valeur fera au deffous de 10 liv. , fera puni d'une amende du double de la valeur & d'un emprifonnement d'une année ; la peine fera double en cas de récidive.

XXXIV. Les coupables des délits mentionnés aux trois précédens articles, pourront être faifis fur-le-champ & conduits devant le juge-de-paix.

XXXV. Ceux qui , par dol ou à l'aide de faux noms ou de fauffes entreprifes , ou d'un crédit imaginaire , ou d'efpérances & de craintes chimériques , auroient abufé de la crédulité de quelques perfonnes , & excroqué la totalité ou partie de leurs fortunes , feront pourfuivis devant les tribunaux de diftrict ; & fi l'excroquerie eft prouvée , le tribunal de diftrict , après avoir prononcé les reftitutions & dommages & intérêts , eft autorifé à condamner , par la voie de police correctionnelle , à une amende qui ne pourra excéder 5,000 liv. , & à un emprifonnement qui ne pourra excéder deux ans. En cas d'appel , le condamné gardera prifon , à moins que les juges ne trouvent convenable de le mettre en liberté , fur une caution triple de l'amende & des dommages & intérêts prononcés. En cas de récidive , la peine fera double.

Tous les jugemens de condamnation à la fuite des

délits mentionnés au préfent article, feront imprimés & affichés.

XXXVI. Ceux qui tiendroient des maifons de jeux de hafard où le public feroit admis, foit librement, foit fur la préfentation des affiliés, feront punis d'une amende de 1,000 à 3,000 liv., avec confifcation des fonds trouvés expofés au jeu, & d'un emprifonnement qui ne pourra excéder un an. L'amende, en cas de récidive, fera de 5,000 à 10,000 liv., & l'emprifonnement ne pourra excéder deux ans, fans préjudice de la folidarité pour les amendes qui auroient été prononcées par la police municipale, contre les propriétaires & principaux locataires, dans les cas & aux termes de l'article 7 du titre premier du préfent décret.

XXXVII. Ceux qui tiendroient des maifons de jeux de hafard, s'ils font pris en flagrant délit, pourront être faifis & conduits devant le juge-de-paix.

XXXVIII. Toute perfonne convaincue d'avoir vendu des boiffons falfifiées par des mixtions nuifibles, fera condamnée à une amende qui ne pourra excéder 1000 liv., & à un emprifonnement qui ne pourra excéder une année. Le jugement fera imprimé & affiché. La peine fera double en cas de récidive.

XXXIX. Les marchands ou tous autres vendeurs convaincus d'avoir trompé, foit fur le titre des matières d'or ou d'argent, foit fur la qualité d'une pierre fauffe vendue pour fine, feront, outre la confifcation des marchandifes en délit, & la reftitution envers l'acheteur, condamnés à une amende de 1,000 à 5,000 liv., & à un emprifonnement qui ne pourra excéder deux années; la peine fera double en cas de récidive.

Tout jugement de condamnation à la fuite des délits mentionnés au préfent article, fera imprimé & affiché.

XL. Ceux qui, condamnés une fois par la police municipale pour infidélité fur les poids & mefures, commettroient de nouveau le même délit, feront condamnés par la police correctionnelle, à la confifcation des marchandifes fauffes ainfi que des faux poids & mefures, lefquels feront brifés, à une amende qui ne pourra excéder 1,000 liv., & à un emprifonnement qui ne pourra excéder une année. Tout jugement à la fuite des délits mentionnés au préfent article fera imprimé & affiché. A la feconde récidive, ils feront pourfuivis criminellement, & condamnés aux peines portées au code pénal.

XLI. Les dommages & intérêts, ainfi que les reftitutions & les amendes qui feront prononcées en matière de police correctionnelle, emporteront la contrainte par corps.

XLII. Les amendes de la police correctionnelle & de la police municipale feront folidaires entre les complices ; celles qui ont la contribution mobiliaire pour bafe feront exigées, d'après la cote entière de cette contribution, fans déduction de ce qu'on auroit payé pour la contribution foncière.

Forme de procéder & compofition des tribunaux en matière de police correctionnelle.

XLIII. Dans le cas où un prévenu, furpris en flagrant délit, feroit amené devant le juge-de-paix, conformément aux difpofitions ci-deffus, le juge, après l'avoir interrogé, après avoir entendu les témoins, s'il y a lieu, dreffé procès-verbal fommaire, le renverra en liberté, s'il le trouve innocent ; le renverra à la police municipale, fi l'affaire eft de fa compétence; donnera le mandat d'arrêt, s'il eft juftement fufpect d'un crime ; enfin, s'il s'agit des délits ci-deffus mentionnés au préfent titre depuis l'article 17, le fera retenir pour être jugé par le tribunal de la police correctionnelle, ou l'admettra sous caution de se représenter. La caution ne pourra être moindre de trois mille livres, ni excéder vingt mille livres

XLIV. La poursuite de ces délits sera faite, soit par les citoyens lésés, soit par le procureur de la commune ou ses substituts, s'il y en a, soit par des hommes de loi, commis à cet effet par la municipalité.

XLV. Sur la dénonciation des citoyens, ou du procureur de la commune, ou de ses substituts, le juge de-paix pourra donner un mandat d'amener, & , après les éclaircissemens nécessaires, prononcera selon qu'il est dit en l'article XLIII.

XLVI. Dans les lieux où il n'y a qu'un juge de-paix, le tribunal de police correctionnelle sera composé du juge-de-paix & de deux asseffeurs. S'il n'y a que deux juges-de-paix, il sera composé de deux juges-de-paix & d'un asseffeur.

XLVII. Dans les villes où il y a trois juges-de-paix, le tribunal de police correctionnelle sera composé de trois juges; & en cas d'absence de l'un d'eux, il sera remplacé par un des asseffeurs.

XLVIII. Dans les villes qui ont plus de trois juges-de-paix & moins de six, le tribunal sera de trois, qui siégeront de manière à ce qu'il en sorte un chaque mois.

XLIX. Dans les villes de plus de soixante mille ames, le tribunal de police correctionnelle sera composé de six juges-de-paix, ou, à leur défaut, d'asseffeurs. Il serviront par tour, & pourront se diviser en deux chambres.

L. A Paris, il sera composé de neuf juges-de-paix, servant par tour. Il tiendra une audience tous les jours, & pourra se diviser en trois chambres.

Durant le fervice des neuf juges-de-paix à ce tribunal, & pareillement durant la journée ou les juges-de-paix de la ville de Paris feront occupés au fervice alternatif établi dans le lieu central par l'article 34 du titre premier du préfent décret, toutes les fonctions qui leur font attribuées par la loi pourront être exercées dans l'étendue de leur fection par les juges-de-paix des fections voifines, au choix de parties.

LI. Le greffier du juge-de-paix fervira auprès du tribunal de police correctionnelle dans les lieux où ce tribunal fera tenu par le juge-de paix & deux affef-feurs.

LII. Dans toutes les villes où le tribunal de police correctionnelle fera compofé de deux ou trois juges de paix, le corps municipal nommera un greffier.

LIII. Dans les villes où le tribunal de police correctionnelle fera compofé de plufieurs chambres, le greffier préfentera autant de commis-greffiers qu'il y aura de chambres.

LIV. Les greffiers nommés par le corps municipal pour fervir près du tribunal de police correctionnelle, feront à vie. Leur traitement fera de 1,000 liv. dans les lieux où le tribunal ne formera qu'une chambre, de 1,800 livres dans les lieux où il en formera deux, & de 3,000 l. dans les lieux où il en formera trois. Le traitement des commis-greffiers fera, pour chacun, la moitié de celui de greffier.

LV. Les huiffiers des juges-de-paix qui feront de fervice, feront celui de l'audience.

LVI Les audiences de chaque tribunal feront publiques, & fe tiendront dans le lieu qui fera choifi par la municipalité.

LVII. L'audience fera donnée, fur chaque fait, trois

jours au plus tard après le renvoi prononcé par le juge de paix.

LVIII. L'inſtruction ſe fera à l'audience, le prevenu y ſera interrogé, les témoins pour & contre entendus en ſa preſence, les reproches & defenſes propoſé, les pièces lues, s'il y en a, & le jugement prononcé de ſuite, ou au plus tard à l'audience ſuivante.

LIX. Les témoins prêteront ſerment à l'audience; le greffier tiendra note du nom, de l'âge, des qualités des témoins, ainſi que de leurs principales déclarations & des principaux moyens de défenſe Les concluſions des parties & celles de la partie publique ſeront fixées par écrit, & les jugemens ſeront motivés.

LX. Il ne ſera fait aucune autre procédure, ſans préjudice du droit qui appartient à chacun d'employer le miniſtère d'un défenſeur officieux.

LXI. Les jugemens en matière de police correctionnelle pourront être attaqués par la voie de l'appel.

L'appel ſera porté au tribunal de diſtrict; il ne pourra être reçu après les quinze jours du jugement ſignifié à la perſonne du condamné, ou à ſon dernier domicile.

LXII. Le tribunal de diſtrict jugera en dernier reſſort.

LXIII. Le département de Paris n'aura qu'un tribunal d'appel, compoſé de ſix juges ou ſuppléans, tirés des ſix tribunaux d'arrondiſſemens. Il pourra ſe diviſer en deux chambres, qui jugeront au nombre de trois juges.

LXIV. Les ſix premiers juges ou ſuppléans qui compoſeront le tribunal d'appel, ſeront pris par la voie du ſort dans les ſix tribunaux, les préſidens exceptés; de mois en mois, il en ſortira deux, leſquels ſeront remplacés par deux autres, que choiſiront les deux Tribunaux de Diſtricts auxquels les deux ſortans appartiendront, & ainſi de ſuite, par ordre d'arrondiſſemens.

LXV. L'audience du tribunal d'appel, ou des deux chambres dans lesquelles il sera divisé, sera ouverte tous les jours, si le nombre des affaires l'exige, sans que le tribunal puisse jamais vaquer.

LXVI. Les six premiers juges qui composeront ce tribunal nommeront un greffier, lequel sera à vie, & présentera un Commis-greffier pour chacune des deux chambres. Il en sera de même, dans toute l'étendue du Royaume, pour ceux des tribunaux de première instance qui seront composés de deux ou trois juges-de-paix.

LXVII. Les plus âgés présideront les deux chambres du tribunal d'appel, &c.

LXVIII. Dans toute l'étendue du royaume l'instruction sur l'appel se fera à l'audience & dans la forme déterminée ci-dessus; les témoins, s'il est jugé nécessaire, y seront de nouveau entendus; & l'appellant, s'il succombe, sera condamné en l'amende ordinaire.

LXIX. En cas d'appel des jugemens rendus par le tribunal de police correctionnelle, les conclusions seront données par le commissaire du roi. Dans la ville de Paris, il sera nommé par le roi un commissaire pour servir auprès du tribunal d'appel de police correctionnelle.

Application des confiscations & amendes.

LXX. Les produits des confiscations & des amendes prononcées en police correctionnelle, seront perçus par le receveur du droit d'enregistrement, & après la déduction de la remise accordée aux percepteurs, appliqués, savoir: un tiers aux menus frais de la municipalité & du tribunal de première instance, un tiers à ceux des bureaux de paix & jurisprudence charitable, & un tiers au soulagement des pauvres de la commune. La justification de cet emploi sera faite au corps municipal, & surveillée par le directoire des assemblées administratives.

LXXI. Les peines portées au présent décret, ne seront applicables

applicables qu'aux délits commis poftérieurement à fa publication.

Sceilé le 22 du même mois.

Décret fur la Police rurale.

Du 19 Juillet 1791.

(Voyez le Décret général fous la date de 1791).

Décret relatif aux Spectacles.

Du 19 Juillet 1791. *Séance du foir.*

L'Affemblée Nationale, confidérant que la loi du 16 Août 1790 n'étoit que provifoire, & que la loi du 13 Janvier dernier contient des difpofitions générales, qui feules doivent être exécutées dans tout l'Empire Français, a décrété, fur l'article premier du projet du Comité, qu'il n'y a pas lieu à délibérer ; en conféquence décrète :

ARTICLE PREMIER.

Conformément aux difpofitions des articles III & IV du Décret du 13 Janvier dernier, concernant les Spectacles, les ouvrages des Auteurs vivans, même ceux qui étoient repréfentés avant cette époque, foit qu'ils fuffent ou non gravés ou imprimés, ne pourront être repréfentés fur aucun Théâtre public dans toute l'étendue du Royaume, fans le confentement formel & par écrit des Auteurs, ou fans celui de leurs héritiers ou ceffionnaires pour les ouvrages des Auteurs morts depuis moins de cinq ans, fous peine de confifcation

du produit total des repréſentations au profit de l'Auteur, ou de ſes héritiers ou ceſſionnaires.

II. La convention entre les Auteurs & les Entrepreneurs de Spectacles, ſera parfaitement libre ; & les
Officiers municipaux, ni aucuns autres Fonctionnaires
publics, ne pourront taxer leſdits ouvrages, ni modé-
rer ou augmenter le prix convenu ; & la rétribution des
Auteurs convenue entre eux ou leurs ayans-cauſe, &
les Entrepreneurs de Spectacles, ne pourra être ni ſai-
ſie, ni arrêtée par les créanciers des Entrepreneurs du
Spectacle.

Scellé le 6 Août.

*Décret qui annulle l'inféodation du ſol de la forêt de
Beaufort, faite au ſieur Baraudier-Deſſuile.*

Du 19 Juillet 1791. *Séance du ſoir.*

L'Aſſemblée Nationale décrète ce qui ſuit :

ARTICLE PREMIER.

L'Aſſemblée Nationale, ouï le rapport de ſon Comité
des Domaines, déclare nulle l'inféodation du ſol de
la forêt de Beaufort, faite au ſieur Baraudier-Deſſuile
par Arrêt du Conſeil du 9 Août 1771.

II. Les ventes faites par ledit ſieur Deſſuile aux ſieurs
Boreau de la Bernadière & Guichard, les 7 Janvier 1783,
& 16 Février 1786, ainſi que toutes autres ventes qu'il
auroit pu faire des redevances & droits de directe ſur
les portions de terres dépendantes de ladite forêt de
Beaufort, ſont révoquées & regardées comme non-
avenues.

III. L'Aſſemblée Nationale maintient dans leur pro-

priété les divers particuliers à qui le sieur Dessuile a donné
à cens partie du sol de ladite forêt de Beaufort, à la
charge par eux de tenir directement leurs portions de
terre du Domaine ; de payer au Trésor public , entre
les mains du Préposé de l'Administration, la redevance
fixée par l'Arrêt du Conseil du 9 Août 1771 , ainsi que
les rentes foncières que le sieur Dessuile s'étoit réservées
en sus de ladite redevance , par chaque arpent dudit
terrain ; comme aussi de payer au Domaine les lods ,
ventes, & autres droits casuels, les cas échéant, jusqu'à
ce qu'ils ayent fait le rachat desdites redevances & droits
casuels, en la forme & au taux réglés par les précédens
Décrets.

IV. Le sieur Guichard est pareillement autorisé à
conserver la propriété des quinze arpens du même terrain
qu'il a acquis du sieur Dessuile, en se soumettant à les
tenir directement du Domaine , & à payer la redevance
de 14 liv. 16 sols par arpent , outre celle d'un setier
de bled, conformément à ce qui a été réglé par l'article
précédent pour les autres détenteurs ; ce qu'il sera tenu
de déclarer dans le délai de trois mois à compter de
la publication du présent Décret : passé lequel temps ,
il demeurera déchu de tout droit de propriété , &
lesdits quinze arpens de terre seront vendus au profit
de la Nation , en la manière prescrite pour les autres
biens nationaux.

Scellé le 28 Août.

Suite des articles sur la Police rurale.

Du 20 Juillet 1791.

(Voyez le Décret général sous la date du. . . . . .
1791.)

Q 2

Décret contenant liquidation de plufieurs parties de la dette publique.

Du 21 Juillet 1791.

Scellé le 2 Août.

(*Voyez ce Décret à la fin du Volume.*)

Décret portant que le quatre-vingt-feizième régiment d'in= fanterie , ci-devant Naffau , & tous ceux ci-devant défignés fous le nom de régimens d'infanterie Allemande , Irlandoife & Liégeoife , font partie de l'infanterie fran= çoife , & porteront l'uniforme.

Du 21 Juillet 1791.

L'Affemblée Nationale décrète que le quatre-vingt-feizième Régiment d'Infanterie , ci-devant Naffau , & tous ceux ci-devant défignés fous le nom de Régimens d'Infanterie Allemande , Irlandaife & Liégeoife , font partie de l'Infanterie Françoife ; qu'en conféquence, ils ne font avec elle qu'une feule & même arme ; qu'ils prendront l'uniforme français , fuivront la même difci- pline que les autres Troupes Françaifes ; & , qu'à compter du premier de ce mois , ils feront traités de la même manière , relativement à la folde , aux appointemens, & à la fixation des différentes maffes.

Scellé le 29 du même mois.

Décret qui ordonne un rapport fur l'organifation du corps des Ingénieurs géographes.

Du 21 Juillet 1791.

L'Affemblée Nationale décrète que fon comité militaire

lui fera, à la quinzaine, un rapport fur l'organifation du corps des Ingénieurs géographes, après s'être concerté fur cet objet avec le miniftre de la guerre.

Décret fur les Ecoles de Mathématiques & d'Hydrographie de la marine.

Du 21 Juillet 1791.

(*Voyez au 30 de ce mois.*)

Décret relatif à l'établiffement des fourds & muets, & qui place l'Abbé de l'Epée au rang de ceux qui ont bien mérité de la patrie & de l'humanité

Du 21 Juillet 1791. Séance au foir.

L'Affemblée Nationale, après avoir entendu le rapport fait au nom de fes Comités de l'Extinction de la Mendicité, d'Aliénation des biens nationaux, des Finances & de Conftitution, croyant devoir accorder une protection fpéciale à l'établiffement fait en faveur des Sourds-Muets, décrète :

ARTICLE PREMIER.

Le nom de l'Abbé de l'Epée, premier Fondateur de cet établiffement, fera placé au rang de ceux des Citoyens qui ont le mieux mérité de l'Humanité & de la Patrie.

II. Le local & les bâtimens du Couvent des ci-devant Céleftins, fitués à Paris près l'Arfenal, feront, fans diftraction, employés à l'établiffement des Ecoles deftinées à l'inftruction des Sourds-Muets & des Aveugles-nés.

III. L'établiffement de l'Ecole des Sourds-Muets occu-

Q 3

pera néanmoins, provisoirement, la partie des bâtimens indiquée par l'Arrêté du Directoire du Département de Paris, du 20 Avril dernier.

IV. Il sera pris sur les fonds de la Trésorerie Nationale,

1º. Annuellement & à compter du premier Janvier dernier, la somme de 12,700 liv. pour les honoraires du premier Instituteur, du second, des deux Adjoints, d'un Econome, d'un Maître d'écriture, de deux Répétiteurs & de deux Maîtresses;

2º. Pour cette année seulement, pour vingt-quatre pensions gratuites, à raison de 350 livres chacune, qui feront accordées à vingt-quatre Elèves sans fortune suivant actuellement les Ecoles, celle de 8,400 liv.

V. Les 12,700 liv. d'honoraires accordés par l'article précédent, seront réparties ainsi qu'il suit:

Au premier Instituteur.	4,000 liv.
Au second Instituteur	2,400
A deux Adjoints, à raison de 1,200 liv. chacun	2,400
A l'Econome	1,500
Au Maître d'écriture externe	500
A deux Répétiteurs, à raison de 350 liv. chacun	700
Aux deux Maîtresses-gouvernantes, à raison de 600 liv. chacune	1,200
TOTAL	12,700 liv.

Tous auront le logement, excepté le Maître d'écriture.

Nul n'aura la table que l'Econome, les deux Répétiteurs & les Maîtresses-gouvernantes.

VI. Le choix des deux Inftituteurs, actuellement occupés à l'inftruction des Sourds-Muets, eft confirmé.

VII. Il leur fera adjoint deux Elèves-Inftituteurs, qui feront nommés par le Département de Paris, fur la préfentation du premier Inftituteur.

VIII. La furveillance de l'établiffement eft fpécialement confiée au Département de Paris.

Scellé le 29 du même mois.

Décret relatif au commerce des Echelles du Levant & de Barbarie.

Du 21 Juillet 1791. *Séance du foir.*

L'Affemblée Nationale décrète ce qui fuit :

ARTICLE PREMIER.

Le commerce des Echelles du Levant & de Barbarie eft libre à tous les François.

II. Il eft libre d'envoyer, de tous les ports du Royaume, des vaiffeaux & des marchandifes dans toutes les Echelles.

III. Tout négociant français peut faire des établiffemens dans toutes les parties du Levant & de la Barbarie, en fourniffant, dans la forme ufitée, & jufqu'au règlement qui fera inceffamment préfenté à l'Affemblée Nationale, fur le mode d'organifation de l'adminiftration du Levant, un cautionnement qui garantiffe les autres établiffemens français, des actions qui pourroient être exercées contre eux, par fon fait ou celui de fes agens.

IV. Les cautionnemens qui feront fournis par les habitans des autres Départemens que celui des Bouches-du-Rhône, pourront être reçus par les Directoires de leurs Départemens, qui en feront remettre un extrait à la chambre de commerce de Marseille.

V. Les retours du commerce du Levant & de Barbarie pourront se faire dans tous les ports du Royaume, après avoir fait quarantaine à Marseille, & avoir acquitté les frais & les droits imposés pour l'administration du Levant, à la charge de rapporter un certificat de santé.

VI. Les marchandises provenant desdits retours, à l'exception des tabacs qui y seront traités comme dans les autres ports du Royaume, pourront entrer à Marseille, s'y consommer, & en être réexportés *par mer*, en franchise de tout autre droit que celui imposé pour l'administration des Echelles.

VII. Lesdites marchandises paieront, à leur introduction dans le Royaume, les droits auxquels sont assujéties, par le tarif général, celles de même espèce qui viennent de l'étranger, à l'exception cependant des toiles de coton blanches & des cotons filés, qui ne seront soumis qu'à un droit de 10 liv. du cent pesant, & du café Moka, dont le droit sera réduit à 12 liv. aussi par quintal.

VIII. Le transit par terre desdites marchandises de Marseille pour Genève, la Suisse, le Piémont, la Savoie, l'Allemagne & les Pays-Bas de la domination étrangère, sera affranchi de tous droits, à la charge que lesdites marchandises seront expédiées sous plomb par acquit à caution, portant soumission de les faire sortir, dans le délai de trois mois, par l'un des bureaux de Chaparillan, Pont-de-Beauvoisin, Seyssel, Meytin, Verrières-de-Joux, Jougnes, Héricourt, Strasbourg, St.-Louis, Saar-Louis, Thionville, Givet, Valenciennes & Lille.

IX. Dans le cas où les retours du Levant s'effectueroient dans d'autres ports que celui de Marseille, après y avoir fait quarantaine, les marchandises importées seront,

à leur arrivée, entreposées fous la clef de la régie. Celles
desdites marchandises qui feront tirées de l'entrepôt pour
être réexportées par mer, ou pour passer à l'étranger en
transit, ne feront sujètes à aucun droit. Celles qui entreront dans la consommation du Royaume paieront les
droits mentionnés à l'article VII.

X. Pour favorifer le commerce direct des Français au
Levant, les marchandises du Levant & de Barbarie comprises dans l'état annexé au préfent décret, importées de
l'étranger, même fur bâtimens français, ou directement
du Levant fur navires étrangers, ou fur navires français
ayant relâché à l'étranger & y ayant fait quelque chargement, feront affujéties, tant à Marfeille que dans les autres ports du Royaume, au droit de 20 pour 100 de la
valeur portée par ledit état. Ce droit fera indépendant
de celui du tarif général, & fera perçu par les prépofés
de la régie nationale des douanes au profit de la nation.

XI. Les marchandises importées directement du Levant par navires français, quoique pour le compte des
étrangers, jouiront de la même franchife que celles importées pour le compte des Français.

XII. Le droit de 20 pour 100 fera perçu, également
par addition à celui d'entrée, fur les marchandises dénommées dans l'état N°. II, annexé au préfent décret, importées de l'étranger dans le royaume, tant par terre que
par mer, fans être accompagnées de certificats juftificatifs
d'une origine autre que celle du Levant, délivrés par les
confuls ou agens de la nation française, où il y en aura
d'établis, &, à leur défaut, par les magiftrats des lieux
d'envoi. Dans les cas où les certificats n'accompagneront
pas les marchandises, le droit fera configné, & la reftitution n'en fera faite qu'autant que le certificat fera rapporté dans le délai de trois mois.

N.º I.ᵉʳ.

ÉTAT des Marchandises du Levant qui devront le droit de 20 pour 100 de la valeur à l'entrée de Marseille, lorsqu'elles y seront apportées par vaisseaux étrangers, ou par vaisseaux français qui auront relâché en pays étranger, & qui y auront fait quelques chargemens.

	Evaluation des Marchandises.		Droit de 20 p. 100 à percevoir.		
A.	₶ ſ		₶ ſ &		
Aloès.	85	″ le Quintal.	17	″	″
Alun.	14	″ le Quintal.	2	16	″
Aglu.	110	″ le Quintal.	22	″	″
Affa fœtida.	110	″ ie Quintal.	22	″	″
B.					
Bois de cerf ou de buis. .	22	″ le Quintal.	4	8	″
Bourdes de Barbarie. . . .	8	″ le Quintal.	1	12	″
Bdellium.	90	″ le Quintal.	18	″	″
C.					
Café.	170	″ le Quintal.	34	″	″
Cendres de Tripoli ou de Rome.	9	″ le Quintal.	1	16	″
Cire jaune de toute espèce.	180	″ le Quintal.	36	″	″
Coques du Levant. . . .	90	″ le Quintal.	18	″	″
Corcomme.	45	″ le Quintal.	9	″	″
Cordouans.	24	″ la Douzaine.	4	16	″
Coton filé blanc.	200	″ le Quintal.	40	″	″
Coton filé rouge.	450	″ le Quintal.	90	″	″
Coton en laine.	120	″ le Quintal.	24	″	″
Couvertures.	9	″ la Pièce.	1	16	″
Crin.	100	″ le Quintal.	20	″	″
Cuirs , buffles & chimbalis.	20	″ le Quintal.	4	″	″
Cuirs-Escarts.	12	″ le Quintal.	2	8	″
Cuirs d'Alger & de Tunis.	55	″ le Quintal.	11	″	″

	Evaluation des Marchandises.		Droit de 20 p. 100 à percevoir.		
	₶	ſ	₶	ſ	a
C.					
Cuivre en pain.	80	ʺ le Quintal.	16	ʺ	ʺ
Cuivre vieux.	85	ʺ le Quintal.	17	ʺ	ʺ
D.					
Dattes.	27	ʺ le Quintal.	5	8	ʺ
Dents d'éléphant.	220	ʺ le Quintal.	44	ʺ	ʺ
E.					
Encens en larme.	50	ʺ le Quintal.	10	ʺ	ʺ
Encens en forte.	42	ʺ le Quintal.	8	8	ʺ
Encens en pouffière. . . .	10	ʺ le Quintal.	2	ʺ	ʺ
Eponges fines.	280	ʺ le Quintal.	56	ʺ	ʺ
Eponges communes. . . .	55	ʺ le Quintal.	11	ʺ	ʺ
Efcayoles.	10	ʺ le Quintal.	2	ʺ	ʺ
Etoupes de foie.	33	ʺ le Quintal.	6	12	ʺ
F.					
Follicules de féné. . . .	160	ʺ le Quintal.	32	ʺ	ʺ
Fourrures de foie. . . .	27	ʺ le Quintal.	5	8	ʺ
Figues féches.	15	ʺ le Quintal.	3	ʺ	ʺ
Fil de chèvre.	450	ʺ le Quintal.	90	ʺ	ʺ
G.					
Galbanum.	110	ʺ le Quintal.	22	ʺ	ʺ
Galle de toutes fortes. . .	100	ʺ le Quintal.	20	ʺ	ʺ
Gomme de toutes fortes. .	100	ʺ le Quintal.	20	ʺ	ʺ
Grainette.	25	ʺ le Quintal.	5	ʺ	ʺ
H.					
Huile d'olive.	60	ʺ la Mille-role.	12	ʺ	ʺ
Hermodates.	68	ʺ le Quintal.	13	12	ʺ
L.					
Laine de chevron, noire. .	300	ʺ le Quintal.	60	ʺ	ʺ
Laine de chevron, grife, rouffe ou blanche. . . .	250	ʺ le Quintal.	50	ʺ	ʺ
Les autres efpèces fans diftinction.	40	ʺ le Quintal.	8	ʺ	ʺ
M.					
Maflic en larme ou en forte.	220	ʺ le Quintal.	44	ʺ	ʺ
Mirabolans.	28	ʺ le Quintal.	5	12	ʺ
Myrrhe.	140	ʺ le Quintal.	28	ʺ	ʺ
Maroquins.	30	ʺ la Douzaine.	6	ʺ	ʺ

	Evaluation des Marchandises.			Droit de 20 p. 100 à percevoir.		
	"	"		"	"	"
N.						
Nacre de perles.	100	"	le Quintal.	25	"	"
Noix vomiques.	25	"	le Quintal.	5	"	"
O.						
Opium.	6	"	la Livre.	1	4	"
Opopanax	4	10	la Livre.	"	13	"
Orpiment.	40	"	le Quintal.	8	"	"
P.						
Peaux de chèvres d'Angora.	27	"	la Pièce.	5	8	"
Pignons-Inde.	""	10	la Livre.	"	2	"
Pirètre.	""	5	la Livre.	"	1	"
Pistaches d'Alep.	1	"	la Livre.	"	4	"
Poil de chèvre.	230	"	le Quintal.	46	"	"
Q.						
Queues de Zerdara. . . .	18	"	la Pièce.	3	12	"
R.						
Racine de Lizari.	70	"	le Quintal.	14	"	"
Raisins de Corinthe ou autres.	15	"	le Quintal.	3	"	"
Rhubarbe.	600	"	le Quintal.	120	"	"
S.						
Safranum.	110	"	le Quintal.	22	"	"
Sandarac.	2	10	le Quintal.	"	10	"
Scammonée d'Alep. . . .	25	"	la Livre.	5	"	"
Scammonée de Smyrne. .	11	"	la Livre.	2	4	"
Sebestes.	25	"	le Quintal.	4	12	"
Sel ammoniac.	170	"	le Quintal.	34	"	"
Sel natron.	9	"	le Quintal.	1	16	"
Semen cartami.	1	10	la Livre.	"	6	"
Semencine.	1	3	le Quintal.	"	4	7
Semen contra.	""	17	le Quintal.	"	3	5
Semence de Ben.	""	5	la Livre.	"	1	"
Séné de la Palte.	2	5	la Livre.	"	9	"
Séné en grabeau.	""	10	la Livre.	"	2	"
Séné d'Alep.	1	2	la Livre.	"	4	5
Séné de Tripoli & de Barbarie.	""	12	la Livre.	"	2	5
Soie non filée.	9	"	la Livre.	1	16	"

	Evaluation des Marchandises.			Droit de 20 p. 100 à percevoir.		
S.	₶	ſ		₶	ſ	ð
Spicanardy.	3	5	la Livre.	//	13	//
Storax en larme.	4	//	la Livre.	//	16	//
Storax en pain.	1	2	la Livre.	//	4	5.
Storax liquide.	//	13	la Livre.	//	2	7,
T.						
Tamarin.	50	//	le Quintal.	10	//	//
Terre d'Ombre.	1	15	le Quintal.	//	7	//
Térébenthine de Chio. . .	//	17	la Livre.	//	3	5;
Turbit	//	9	la Livre.	//	1	10
V.						
Vermillon.	6	//	la Livre.	1	4	//
Vin de Chypre.	60	//	la Mille-role.	12	//	//
Vitriol de Chypre. . . .	55	//	le Quintal.	11	//	//
Z.						
Zédoria.	// //	11	la Livre.	//	2	//

Etoffes & Toileries de soie, fil, coton ou laine.

A.						
Allayas.	6	//	la Pièce.	1	4	//
Abats de Salonique. . . .	4	10	la Pièce.	//	18	//
B.						
Bours de soie.	30	//	la Pièce.	6	//	//
Bours de soie & coton. .	12	//	la Pièce.	2	8	//
Bours de soie du petit tirage.	12	//	la Pièce.	2	8	//
Bours de Manafie. . . .	6	//	la Pièce.	1	4	//
Bours d'Alexandrie. . . .	2	10	la Pièce.	//	10	//
Bonnets de Tunis.	30	//	la Douzaine.	6	//	//
C.						
Canevas.	12	//	la Pièce.	2	8	//
Capots de Salonique. . . .	8	//	la Pièce.	1	12	//
Capotins.	6	//	la Pièce.	1	4	//
Capicouly.	16	//	la Pièce.	3	4	//
Carmeſſon.	12	//	la Pièce.	2	8	//

	Evaluation des Marchandises.		Droit de 20 p. 100 à percevoir.		
C.	₶	ſ	₶	ſ	ð
Ceintures de laine.	36	// la Douzaine.	7	4	//
Cotoni.	7	// la Pièce.	1	8	//
D.					
Demittes en ſoie.	12	// la Pièce.	2	8	//
H.					
Herbage.	25	// la Pièce.	5	//	//
Herbages. (petits) . . .	16	// la Pièce.	3	4	//
M.					
Mouchoirs de ſoie. . . .	4	// la Pièce.	//	16	//
Mouchoirs d'Alep. . . .	4	// la Pièce.	//	16	//
S.					
Satin fleuri.	30	// la Pièce.	6	//	//
Satin de Chypre.	9	// la Pièce.	1	16	//
Sirſaka.	12	// la Pièce.	2	8	//
T.					
Toile Ajamis, Auquilli, Boutanonis, Eſcamiſe, Madrapar, Fadales, Manouf, Mouſſob, & autres eſpèces blanches.	7	// la Pièce.	1	8	//
Les bleues.	9	// la Pièce.	1	16	//
Toiles Garas & Guinées. .	18	// la Pièce.	3	12	//

Nº. II.

Etat des marchandises venant de l'étranger, qui devront, à toutes les entrées du Royaume, indépendamment des droits du tarif général, un droit additionnel de 20 pour 100 de la valeur, d'après l'évaluation portée par l'état Nº. premier lorsqu'elles seront du Levant, ou, si elles font de même espèce que celles du Levant, sans être accompagnées du certificat justificatif d'une autre origine :

S A V O I R :

Alun de Smyrne, Caffe du Levant, Cendres du Levant, Cires jaunes, Cordouans ou Maroquins, Coton du Levant en laine, Cuirs-buffles ou befflius, Encens, Eponges, Folium du Levant, Follicule de séné, Galle, Gomme Adragant, Arabique, Ammoniaque, Sérapine & Turique, Huiles du Levant & de Barbarie, Laines du Levant & de Barbarie, Natron ou Soude, Opium, Plumes d'Autruche blanches ou noires, Poil de Chameau en laine, Poil de Chevreau ou Laine de Chevron, Poil de Chèvre filé, Rhubarbe, Safranum, Séné, Soies du Levant, Vitriol de Chypre.

Scellé le 29 *du même mois.*

Décret qui autorise le Directoire du District de Mortain à acquérir la maison du sieur Vaufleury pour y placer le Corps administratif & le Tribunal.

Du 22 Juillet 1791.

L'Assemblée Nationale, oui le rapport de fon Comité

d'Emplacement, considérant qu'il n'existe point d'édifices nationaux dans la Ville de Mortain, propres à y établir le Corps administratif du District & le Tribunal, autorise le Directoire du District à acquérir, aux frais des Administrés, du sieur de Vaussleury, moyennant la somme de 21,440 livres, prix convenu avec lui, la maison qui lui appartient, sise audit Mortain, avec les terrains en dépendans, pour y placer le Corps administratif dudit District & le Tribunal.

L'autorise également à faire procéder à l'adjudication, au rabais, des ouvrages & arrangemens intérieurs nécessaires, sur le devis estimatif qui en a été dressé par le sieur Dissauzais, Ingénieur des Ponts & Chaussées, le 22 Avril dernier, pour le montant de ladite adjudication être supporté par lesdits Administrés.

L'Assemblée Nationale réserve de prononcer sur la revente de tout ou partie des 36 perches de jardin dépendant de la maison dont il s'agit, jusqu'à ce que le Directoire du Département de la Manche se soit fait rendre un nouveau compte de l'état des lieux, & en ait donné son avis.

Scellé le 28 du même mois.

Décret qui autorise le Directoire du département du Morbihan, à acquérir une partie de la maison des Cordeliers de Vannes.

Du 22 Juillet 1791.

L'Assemblée Nationale, après avoir ouï son Comité d'Emplacement, autorise le Directoire du Département du Morbihan à acquérir, aux frais des Administrés, & dans les formes prescrites par les Décres de l'Assemblée Nationale pour la vente des Biens nationaux, 1° la

partie

partie du Couvent ci-devant aux Cordeliers de la Ville de Vannes, où le Directoire tient actuellement les séances, contenant, cette partie, 280 toises, & telle qu'elle est désignée en la délibération du 29 Novembre 1790, & au procès-verbal du sieur Ulliac, Architecte, du 13 Décembre suivant; 2°. le long du bâtiment, du côté du jardin, 110 toises quarrées environ de terrein, pour y former une terrasse de 36 pieds de large, avec un droit de passage à travers le surplus du jardin, pour arriver à l'hôtel du Département par l'escalier placé vers la rue Saint-François.

Excepte de la présente permission d'acquérir, le surplus du terrein de la ci-devant Maison des Cordeliers, sur lequel l'Eglise & le Cloître sont édifiés, ainsi que la partie qui est en jardin ou clos.

L'Assemblée Nationale autorise pareillement le Directoire du Département à faire procéder à l'adjudication, au rabais, des réparations dont il s'agit au procès-verbal de devis du sieur Ulliac, Architecte, du 14 Décembre 1710 & jours suivans, montant à la somme de 13,944 liv. 17 sols 5 den. par adjudication publique, en la forme accoutumée, pour le montant en être également supporté par les administrés.

Scellé le 28 du même mois.

Décret qui autorise le Directoire du Département de l'Ardèche, à acquérir la maison du sieur Marie-César de Fay de la Tour-Maubourg.

Du 22 Juillet 1791.

L'Assemblée Nationale après avoir ouï son Comité d'Emplacement, autorise le Directoire du Département de l'Ardèche à acquérir, aux frais des Administrés, la maison du sieur Marie-César de Fay de la Tour-Maubourg, occupée préfentement par le Directoire, & dont le fieur Guérin, fon Procureur-fondé, lui a paffé promeffe de vente, fous le bon plaifir de l'Affemblée, le 17 Juin dernier, moyennant la fomme de 12,000 livres, & fous les autres charges & conditions mentionnées en ladite promeffe de vente, que l'Affemblée approuve.

Elle autorife pareillement le Directoire à faire procéder à l'adjudication, au rabais, des réparations relatives à l'adminiftration feulement, montant, fuivant le devis du fieur Périolat, fils, Ingénieur des Ponts & Chauffées, des 20 au 24 Juin dernier, à 6,196 livres, pour le montant en être également fupporté par les Adminiftrés.

L'Affemblée fe réferve de prononcer fur les réparations à faire pour la perfection des cafernes, jufqu'à ce que la prochaine Affemblée du Confeil d'adminiftration du Département de l'Ardèche en ait ultérieurement délibéré, & lui ait préfenté de nouveau fa demande à cet égard.

Scellé le 28 du même mois.

Décret concernant la liquidation, & la comptabilité de la Ferme générale, & de la Régie générale.

Des 21 & 22 Juillet 1791.

L'Affemblée Nationale décrète ce qui fuit :

TITRE PREMIER.

Liquidation & comptabilité de la Ferme générale, & de la régie générale.

ARTICLE PREMIER.

Il sera adjoint au Commissaire précédemment nommé pour continuer l'exploitation & la régie des objets dépendans de la Ferme-générale, cinq autres Commissaires, pour travailler avec lui à la liquidation & aux comptes, tant de ladite Ferme générale, que des régies qui lui étoient confiées.

II. Ces nouveaux Commissaires seront choisis par le Roi, entre......Fermiers-généraux.

III. Il en sera usé de même pour la Régie générale

IV. Il sera libre aux Fermiers-généraux & Régisseurs actuellement employés en conséquence du Décret du · . . . . ·de continuer à assister aux délibérations, & de prendre ou donner tous les renseignemens nécessaires à la liquidation des deux Compagnies; mais il ne leur sera alloué aucuns honoraires ni émolumens, à moins qu'ils ne soient au nombre des Commissaires.

V. Tous les droits & sommes dus à la Ferme & à la Régie générale à l'époque de leur suppression, seront incessamment acquittés, & le recouvrement en sera fait conformément aux Ordonnances & Règlemens, sauf les modifications établies par les Lois nouvelles.

VI. Les Corps administratifs protègeront ledit recouvrement de tout le pouvoir qui leur est confié.

VII. Les quitrances du droit annuel acquitté pour la présente année entre les mains des préposés, soit de la Ferme, soit de la Régie générale, seront imputées pour un quart sur les trois premiers mois de ladite année,

R 2

& les trois autres quarts, fur le droit de patentes dû
pour les neuf derniers mois.

VII. Tous les Receveurs & autres Agens chargés
du recouvrement & de la comptabilité des droits &
sommes dus à la Ferme & à la Régie générale, feront tenus de continuer leurs recouvremens, & d'en
compter dans la forme ordinaire & accoutumée.

IX. Le Miniftre des contributions publiques remettra
inceffamment à l'Affemblée Nationale un état des villes
& lieux dans lefquels la perception & les exercices auroient été fufpendus, & du produit opéré dans les
mêmes villes & lieux, dans l'année précédente, pendant
le même efpace de temps qu'aura duré la fufpenfion,
pour être, fur le vu defdits états, ftatué par l'Affemblée
ce qu'il appartiendra.

X. Le Miniftre des contributions publiques remettra
également inceffamment à l'Affemblée Nationale l'état du
nombre des Bureaux & Employés, & de la dépenfe qu'il jugera néceffaire pour opérer la liquidation des deux Compagnies.

Il y joindra fes vues fur les moyens d'intéreffer le
zèle des Commiffaires & Employés à l'accélération de
cette liquidation & des recouvremens qui doivent en
réfulter; & fur le tout, il fera ftatué ce qui fera jugé
convenable, d'après le rapport du Comité des Finances.

XI. A la fin de chaque mois, les Commiffaires
remettront au Miniftre, & le Miniftre à l'Affemblée
Nationale, l'état des recouvremens opérés dans le mois,
des comptabilités particulières vérifiées & apurées, des
Agens qui devront ceffer d'être en activité.

XII. La liquidation de l'une & l'autre compagnie
fera terminée, & tous les comptes formés & préfentés
avant le premier Janvier 1793: lefdits comptes feront
préfentés dans l'ordre de leur date & à mefure qu'ils
feront en état.

XIII. Après les comptes rendus, il sera statué sur la partie de la dépense qui devra être à la charge de la Ferme-générale, à raison de son bail & du temps qu'il a subsisté.

XIV. Il sera alloué à chacun des Commissaires, tant de la Régie générale que de la Ferme, la somme de 1,000 liv. par mois, pour honoraires & frais de Bureau particuliers, pendant la durée de leur travail, sans néanmoins que lesdits honoraires puissent être prolongés au-delà du mois de Décembre 1791, quand même la liquidation ne seroit pas consommée.

XV. Les remises & les indemnités qui pourroient être dues, soit à la Ferme-générale, soit à la Régie-générale, ne seront définitivement réglées qu'après les comptes rendus, & il n'en sera rien payé qu'à cette époque.

XVI. Il sera procédé incessamment, si fait n'a été, à l'inventaire & à l'estimation de toutes les marchandises, effets & bâtimens appartenans à la Ferme générale, ainsi que des effets & bâtimens appartenans à la Nation, & qu'elle devoit remettre à la fin de son bail.

Il sera pareillement procédé à l'inventaire & reconnoissance des effets & bâtimens qui étoient entre les mains des Régisseurs-généraux & des Fermiers généraux, pour les parties dont la régie leur étoit confiée.

XVII. Il sera procédé de même à l'évaluation des effets appartenans aux compagnies secondaires qui avoient traité avec la Ferme-générale, pour le transport des sels dans les pays de grande & de petite Gabelle.

XVIII. Lesdites estimations seront faites par des experts nommés respectivement par les Directoires des Districts où seront situés les effets & bâtimens; & par les compagnies auxquelles ils appartiendront, ou qui devront les remettre.

R 3

XIX. Les procès-verbaux defdites eftimations rapportés, il fera ftatué ce qu'il appartiendra fur les réclamations qui pourront être faites, & fur les indemnités qui pourront être dues.

XX. Il fera ftatué pareillement fur les diminutions du prix de bail, & fur les indemnités que pourroient prétendre les fous-Fermiers des objets dépendans, foit de la Régie-générale, foit de la Ferme-générale à titre de régie.

TITRE II.

Rembourfemens des Adminiftrateurs-généraux des Domaines, fupprimés par le Décret du 7 Février 1791, & des Régiffeurs-généraux.

ARTICLE PREMIER.

Il fera procédé inceffamment à la liquidation & au rembourfement des fonds d'avance & de cautionnement verfés dans le Tréfor public par les Régiffeurs-généraux & les Adminiftrateurs généraux du domaine.

II. En conféquence, Poinfignon & fes cautions, Kalendrin & fes cautions, remettront, dans le délai d'un mois, au Commiffaire-général de la Liquidation :

1°. Les quittances du Garde du Tréfor royal, pour le montant des fonds d'avance & de cautionnement qu'ils y ont verfés;

2°. Un état figné de leurs Receveurs-généraux refpectifs, & certifié par eux, des fommes que chaque Régiffeur & Adminiftrateur a fournies pour fes fonds d'avance & de cautionnement individuel.

III. Un mois après la vérification des quittances du Garde du Tréfor-Royal, & de l'état ci-deffus notifié auxdits Poinfignon & Kalendrin, commencera le rembourfement dudit fonds d'avance & de cautionnement.

IV. Ledit rembourfement total fera fait par la Caiffe de l'Extraordinaire, en neuf mois, à raifon d'un neuvième par mois, & il fera fait individuellement à chaque Régiffeur & Adminiftrateur.

V. Pour cet effet, lefdits Régiffeurs & Adminiftrateurs feront tenus de fe concerter refpectivement entr'eux, & de former, fur cette bafe, un état d'ordre & de diftribution dudit remboursement, qu'ils remettront, dans le délai d'un mois, au Directeur-général de la Liquidation.

VI. Pour recevoir fon remboursement, chacun defdits Régiffeurs & Adminiftrateurs employés dans les états de diftribution, rapporteront leurs récépiffés de caiffe & un certificat de non-oppofition ou de main-levée des oppofitions, s'il y en a.

VII. Les prêteurs & bailleurs de fonds desdits Régiffeurs & Adminiftrateurs, feront tenus, nonobftant toute ftipulation particulière, de recevoir leur remboursement de la même manière & aux mêmes époques que les Régiffeurs & Adminiftrateurs, à la charge par ceux-ci de les avertir ou de les fommer de le faire.

En conféquence, lefdits prêteurs & bailleurs de fonds feront tenus de rapporter tout récépiffé de caiffe, obligation, main-levée d'oppofition, & autres pièces néceffaires, enfemble les billets d'intérêts foufcrits à leur profit, quand même lefdits billets écherroient à une époque poftérieure au remboursement; & dans le cas où ils ne pourroient pas repréfenter lefdits billets, ils confentiront la déduction des intérêts qui excéderont ce qui leur feroit dû à l'époque du remboursement.

VIII. Faute par lefdits Régiffeurs & Adminiftrateurs, leurs prêteurs & bailleurs de fonds, de fatisfaire aux conditions refpectives ci-deffus prefcrites, leurs fonds resteront à la Caisse de l'Extraordinaire à titre de dépôt & sans intérêt.

IX Chacun desdits Régisseurs & Administrateurs, avant que de recevoir la dernière portion de son remboursement, sera tenu de fournir un cautionnement en immeubles réels ou en immeubles fictifs, consistant en créances sur l'État.

X. Les quittances de remboursement de fonds d'avance & de cautionnement ne seront assujéties qu'au droit fixe d'enregistrement de 20 sols.

XI. Pourront les Régisseurs, les Administrateurs-généraux & leurs ayant-cause, employer la totalité ou partie de leurs fonds d'avance & de cautionnement en acquisitions de Domaines nationaux.

XII. Sur la déclaration qu'ils en feront, il leur sera délivré des reconnoissances en justifiant de leur propriété dans les formes prescrites ; le montant desdites reconnoissances sera déduit par neuvième des fonds destinés au remboursement de chaque mois.

TITRE III.

ARTICLE PREMIER.

Dans le délai d'un mois, Mager & ses cautions remettront au Commissaire-général de la liquidation ;

1°. La quittance du Garde du Trésor-Royal pour le montant des fonds d'avance & de cautionnement qu'ils y ont versés ;

2°. Un état signé de leur Receveur-général, & cauté par eux, des sommes que chaque Fermier général a fournies pour ses fonds d'avance & cautionnement individuel.

II. Un mois après la vérification des quittances du Garde du Trésor-Royal & de l'état ci-dessus notifié audit Mager & ses cautions, commencera le remboursement desdits fonds d'avance & de cautionnement.

III. Ledit remboursement sera effectué en cinq mois, à raison d'un cinquième par mois, & il sera fait individuellement à chaque Fermier-général.

IV. Pour cet effet, les Fermiers-généraux seront tenus de se concerter entr'eux, & de former, sur cette base, un ordre de distribution dudit remboursement, qu'ils remettront, dans le même délai d'un mois, au Directeur-général de liquidation.

V. Tout ce qui est prescrit aux articles VI, VII, VIII, IX, X, XI & XII du Titre II, aura lieu pour les Fermiers-généraux, comme pour les Régisseurs-généraux & les Administrateurs-généraux du Domaine.

VI. Lesdits fonds d'avance & de cautionnement remboursés, il sera procédé, sous la garantie du même cautionnement, en immeubles & à la charge de la solidarité toujours subsistante entre les ci-devant Fermiers-généraux, au remboursement du fonds d'exploitation de la Ferme-générale.

VII. Ledit remboursement sera fait à raison de quatre millions par mois, aux conditions & dans les formes prescrites ci-dessus, & jusqu'à concurrence de quarante millions.

L'excédant ne sera remboursé qu'après les comptes de la Ferme présentés & rendus.

TITRE IV.

ARTICLE PREMIER.

Dans le délai d'un mois, Mager & ſes cautions ; Kalendrin & ſes cautions, remettront au commiſſaire-général de la liquidation, 1°. l'état général & nominatif des Employés comptables ou non-comptables qui ont fourni des cautionnemens, & du montant de chaque cautionnement individuel ;

2°. Les quittances du Garde du Tréſor Royal, pour le montant dudit cautionnement.

II. Un mois après que ledit état aura été vérifié & la ſomme totale dudit cautionnement arrêtée par un Décret de l'Aſſemblée Nationale, les Employés non-comptables ou leurs ayans-cauſe, ſeront rembourſés en rapportant leurs récépiſſés de caiſſe & certificats de non-oppoſition ou main-levée d'oppoſition, s'il y en a.

III. Quant aux Employés comptables, leur rembourſement ſera effectué à meſure que leur comptabilité ſera apurée.

En conſéquence, les Commiſſaires-liquidateurs des deux compagnies remettront ſucceſſivement au Commiſſaire-général de la liquidation, 1°. l'état nominatif des Employés comptables dont ils auront vérifié & apuré les comptes ; 2°. le réſultat certifié d'eux deſdits comptes.

Ce qui reſtera dû des cautionnemens, débets déduits, s'il y en a, ſera rembourſé à ceux qui auront droit, en rempliſſant les formalités preſcrites ci-deſſus.

IV. Les articles VII, VIII, IX & X du Titre II ſeront obſervés relativement aux rembourſemens des employés comptables & non-comptables.

Les cautionnemens en argent des Employés de l'Administration des Domaines, qui seroient morts ou retirés depuis l'établissement de la Régie du droit d'enregistrement, seront remboursés dans les mêmes formes.

TITRE V.

Régisseurs des Poudres, Administrateurs de la Loterie Royale.

ARTICLE PREMIER.

Les Régisseurs des poudres seront tenus de fournir, dans le délai d'un mois, un cautionnement en immeubles de 100,000 livres, lequel sera reçu & vérifié par le Ministre des Contributions publiques.

II. Ledit cautionnement reçu, le remboursement de leurs fonds d'avance & de cautionnement sera effectué en la forme prescrite pour les campagnies de finance, & aux mêmes conditions.

Il sera fourni pareillement, dans le même délai, par les Administrateurs de la Loterie Royale, un cautionnement en immeubles de 100,000 livres, & le remboursement de leurs fonds d'avance sera effectué de la même manière.

Scellé le premier Août.

Décret additionnel à la Gendarmerie nationale.

Du 22 Juillet 1791.

L'Assemblée Nationale décrète ce qui suit :

Article /Premier.

Il fera fourni par le ci-devant Commandant de la Compagnie de Robe-Courte, un état des Surnuméraires employés dans ladite Compagnie à la date du premier Janvier 1791, & cet état fera certifié par le Commiffaire des Guerres Infpecteur de ladite Compagnie. Le Directoire du Département de Paris infcrira lefdits Surnuméraires fur le regiftre ordonné par l'article II du Titre II, afin qu'ils foient remplacés, de préférence à tous autres fujets, dans les deux Compagnies de Gendarmerie nationale attachées au fervice des Tribunaux, fans qu'aucun defdits Surnuméraires puiffe être recherché fur le temps de fervice qui lui manqueroit pour être admis.

II. Les Gendarmes de la ci-devant Robe-Courte ne recevant plus d'extraordinaire, font rappelés de leur traitement, à compter du premier Janvier 1791, fur le pied fixé par l'article IV du Titre VI de la Loi fur la Gendarmerie nationale; l'Affemblée Nationale amendant, en ce point, l'article VII de fon Décret du 22 Juin 1791, le Miniftre de l'Intérieur eft autorifé à donner, pour leur paiement, des mandats fur le Tréfor public.

III. Il fera attaché un Commis ou Secrétaire-Greffier au fervice des deux Compagnies de Gendarmerie nationale fervant auprès des Tribunaux de Paris. Son traitement fera de 600 livres, conformément à l'article II du Titre V.

IV. Les Commis au Secrétariat feront choifis par le Secrétaire-Greffier, qui en répondra. Le Secrétaire-Greffier & les Commis feront pourvus de commiffions par le Miniftre de l'Intérieur, fur la préfentation du Colonel, qui recevra leur ferment.

V. Dans la formation actuelle, la diftribution des brigades & les réfidences des officiers & fous-officiers & Gendarmes nationaux feront faites ainfi qu'il eft prefcrit par les articles VIII & XVI du Titre premier; mais le placement des officiers, fous-officiers & Gendarmes fera fait par le Miniftre de la Guerre.

VI. Les Officiers, fous-Officiers & Gendarmes de la Gendarmerie nationale, faifant leur fervice à cheval, ne pourront refter plus de quinze jours fans être montés; & cependant le Colonel, fur les raifons qui lui feront alléguées, pourra étendre ce terme jufqu'à un mois, & non au-delà.

Dans le cas où aucun Officier, fous-Officier ou Gendarme ne fe conformeroit pas à cette Loi, il fera défalqué, favoir, aux Officiers de tout grade, quarante fols par jour, & aux fous-Officiers & Gendarmes, trente-cinq fols, à compter du jour où il aura ceffé d'être monté.

Enfin, s'il négligeoit de fe monter dans le cours du fecond mois, il fera cenfé avoir renoncé à fon état; le Colonel fera tenu d'en rendre compte au Miniftre de la Guerre, lequel deftituera ce délinquant, fans préjudice de la retenue. Lefdites retenues tourneront au profit de la maffe.

VII. Les lettres de paffe dans le Corps de la Gendarmerie nationale, auront lieu, comme par le paffé, d'une réfidence à une autre, toutes les fois que les circonftances l'exigeront; les fous-Officiers & Gendarmes feront tenus de s'y conformer, fous peine de deftitution.

Scellé le 28 du même mois.

Décret relatif à la couleur du papier des Actes émanés de l'autorité publique, & de ceux des particuliers.

Du 22 Juillet 1791.

L'Assemblée Nationale décrète ce qui suit :
Les affiches des actes émanés de l'autorité publique feront seules imprimées sur papier blanc ordinaire, & celles faites par des particuliers ne pourront l'être que sur papier de couleur, sous peine de l'amende ordinaire de la police municipale.

Scellé le 28 du même mois.

Décret portant qu'il sera mis sur-le-champ en activité 97,000 hommes de Gardes nationales pour la défense des frontières ; qu'une commission composée d'officiers d'artillerie & du génie visiteront les places de guerre ; qu'il sera fait un fonds de quatre millions pour la continuation des travaux & la réparation desdites places ; que le nombre des chevaux d'équipage d'artillerie sera porté à trois mille, & que des Commissaires pris dans l'Assemblée seront envoyés dans les Provinces.

Du 22 Juillet 1791.

L'Assemblée Nationale, ouï le rapport des Comités Militaire & Diplomatique sur les moyens de pourvoir à la défense extérieure de l'État, décrète ce qui suit :
1°. Il sera mis sur-le-champ en activité quatre-vingt-dix-sept mille hommes de Gardes nationales, y compris les vingt-six mille qui, par un Décret précédent, ont

été deftinées à la défenfe des frontières du Nord ; ces Gardes nationales feront foldées & organifées conformément aux précédens Décrets, & feront diftribuées ainfi qu'il fuit.

Première Divifion.

De Dunkerque à Givet, huit mille hommes, fournis par les Départemens de la Somme, de l'Oife, de l'Aifne, du Pas-de-Calais & du Nord.

Seconde Divifion.

De Givet à Bitche, dix mille hommes, fournis par les Départemens de la Marne, des Ardennes, la Meufe, la Meurthe & la Mofelle.

Troifième Divifion.

De Bitche à Huningue & Béfort, huit mille hommes, fournis par les Départemens du haut & Bas-Rhin.

Quatrième Divifion.

De Béfort à Belley, dix mille hommes, fournis par les Départemens des Vofges, de la haute-Saone, du Doubs, du Jura & l'Ain.

Cinquième Divifion.

De Belley à Entreveaux fur le Var, huit mille hommes, fournis par les Départemens de l'Isère, les hautes-Alpes, les baffes-Alpes & la Drôme.

Sixième Division.

De la Méditerranée, depuis l'embouchure du Var jusqu'à celle du Rhône, quatre mille hommes, fournis par les Departemens du Var & des Bouches-du-Rhône.

Septième Division.

De l'embouchure du Rhône jusqu'à l'étang du Leucate, trois mille hommes, fournis par les Départemens du Gard, de l'Hérault & de l'Aude.

Huitième Division.

De Perpignan à Bayonne, dix mille hommes, fournis par les Départemens des Pyrénées orientales, de l'Arriége, de la haute-Garonne, des hautes - Pyrénées & des baſſes-Pyrénées.

Neuvième Division.

De l'Océan, depuis Bayonne jusqu'à l'embouchure de la Gironde, quatre mille hommes, fournis par les Départemens des Landes & de la Gironde.

Dixième Division.

De l'embouchure de la Gironde à celle de la Loire, trois mille hommes, fournis par les Départemens de la Charente-inférieure, de la Vendée, de la Loire-Inférieure, des Deux-Sèvres & Mayenne & Loire.

Onzième

Onzième Division.

De l'embouchure de la Loire à Saint-Malo, cinq mille hommes, fournis par les Départemens du Morbihan, du Finistère & des Côtes-du-Nord.

Douzième Division.

De Saint-Malo au Grand Vay, trois-mille hommes fournis par les Départemens de l'Isle &-Vilaine Manche & la Mayenne.

Treizième Division.

Du Grand-Vay à l'embouchure de la Somme, quatre mille hommes, fournis par les Départemens du Calvados, de la Seine-Inférieure & de l'Eure.

Quatorzième Division.

L'Isle-de-Corse, deux mille hommes, fournis par le Département de l'Isle de Corse.

Quinzième Division.

Il sera formé une réserve de quinze mille hommes, placés sur Senlis, Compiègne, Soissons & lieux circonvoisins; elle sera fournie par les Départemens ci-après dénommés:

SAVOIR:

Paris,   La Sarthe,
Seine & Oise,   Loire & Cher,

Seine & Marne,	La Nièvre,
L'Aube,	Cher,
L'Yonne,	La Côte-d'Or,
Loiret,	La Haute Marne,
L'Eure & Loire,	L'Indre & Loire,
L'Orne,	L'Indre.

2°. Le Miniſtre de la Guerre nommera, ſur-le-champ, une Commiſſion compoſée d'Officiers d'Artillerie & de Génie, leſquels feront chargés de parcourir, enſemble ou ſéparément, les principales frontières du Royaume; de prendre connoiſſance de l'état des Places, des travaux qui y ont été commencés & de ceux qui ſont néceſſaires pour compléter leur défenſe; de donner proviſoirement des ordres pour les travaux qu'ils jugeront les plus preſſans; d'en rendre compte aux Commandans en chef des diviſions & au Miniſtre de la Guerre, qui communiquera à l'Aſſemblée les informations qu'ils lui auront fait parvenir.

Il ſera fait un fonds de quatre millions pour pourvoir aux dépenſes les plus inſtantes qu'exige la continuation des travaux commencés, & la réparation des Places. Le Miniſtre rendra compte de leur emploi, & préſentera l'état des dépenſes ultérieures qui pourroient être néceſſaires.

3°. Le nombre des chevaux d'équipages d'artillerie ſera porté à 3,000.

4°. Il ſera nommé, par l'Aſſemblée Nationale, des Commiſſaires pris dans ſon ſein, pour aller, dans les Départemens qui leur feront déſignés, ſurveiller & preſſer l'exécution, tant du préſent Décret, que de ceux qui ont été précédemment rendus pour le paiement des contributions publiques, pour la défenſe de l'Etat, pour le rétabliſſement de l'ordre & de la diſcipline dans l'armée, & rendre compte, ſur tous ces objets, à l'Aſſemblée Nationale: il leur ſera remis une inſtruction relative à ces objets.

Décrète, en outre, que le Ministre de la Guerre est autorisé à porter la surveillance & l'autorité de M. de Rochambeau jusqu'à Bitche.

Scellé le 29 du même mois.

Décret relatif aux droits à payer par les fers & autres objets qui passeront du village des Hayons dans l'enceinte des barrières, & par tout ce qui sortira du Royaume pour ledit village.
Du 23 Juillet 1791.

L'Assemblée Nationale, après avoir entendu le rapport de son Comité d'Agriculture & de Commerce, décrète que les fers & autres objets qui passeront du village des Hayons, situé à trois lieues des frontières de la ci-devant Principauté de Sedan, dans l'enceinte des barrières, & tout ce qui sortira du Royaume pour ledit village, seront soumis aux droits & aux prohibitions réglés par la Loi du 15 Mars dernier, sans rien préjuger relativement à la souveraineté sur ledit village ; permet cependant de faire sortir en exemption de droits, jusqu'au premier Janvier 1793, pour les fabriques dudit village, une quantité de vieux fers proportionnée à celle des fers platinés qui seront apportés desdites fabriques dans le Royaume.

Scellé le 28 du même mois.

Décret qui décharge le tréfor public des dépenfes munici-
pales de la ville de Paris.

Du 23 Juillet 1791.

L'Affemblée Nationale, fur le rapport du Comité des Contributions publiques, décrète :

Qu'à compter du premier Juillet préfent mois, les dépenfes municipales de la ville de Paris cefferont d'être à la charge du Tréfor public.

Se réferve de ftatuer inceffamment fur la dépenfe de la Garde nationale foldée de la ville de Paris , & fur le mode de paiement des rentes & dettes arriérées de la même ville.

Scellé le 28 du même mois.

Décret qui autorife le Directoire du Département de l'Orne à faire vendre quarante étalons du Haras du Pin.

Du 23 Juillet 1791.

L'Affemblée Nationale autorife le Directoire du Département de l'Orne à faire vendre , par eftimation , quarante étalons du Haras du Pin , à des cultivateurs de ce Département, aux conditions que le Directoire croira les plus avantageufes au bien public, & avec la claufe expreffe que ces étalons feront confervés dans l'étendue de ce Département, pour y fervir à la propagation de leur race.

Décret relatif à l'exécution de celui du 11 Juin dernier contre Louis-Joseph de Bourbon-Condé.

Du 23 Juillet 1791.

L'Assemblée Nationale décrète que le Ministre de l'Intérieur lui rendra compte, dans trois jours, de l'exécution du Décret rendu le 11 Juin dernier contre Louis-Joseph de Bourbon Condé.

Décret qui mande le Maire de Paris pour rendre compte à l'Assemblée des mesures prises pour le recensement des habitans.

Du 23 Juillet 1791.

L'Assemblée Nationale décrète que le Maire de Paris sera appelé ce matin à l'Assemblée, pour rendre compte des mesures prises par la Municipalité pour le recensement général des habitans & des étrangers qui se trouvent à Paris.

Scellé le même jour.

Décret qui ordonne au Ministre de la Justice de rendre compte de l'état des procédures contre les fabricateurs de faux Assignats.

Du 23 Juillet 1791.

L'Assemblée Nationale décrète que le Ministre de la Justice rendra compte, dans trois jours, des diligences qui ont dû être faites & de l'état des procédures du Tribunal de Paris , chargé du procès contre les prévenus du crime de falsification des Assignats.

Décret pour envoyer auprès de l'Evêque de Bâle un Ministre chargé de réclamer l'exécution du Traité de 1780.

Du 23 Juillet 1791.

L'Assemblée Nationale décrète que le Ministre des Affaires étrangères enverra auprès de l'Evêque de Bâle un Ministre chargé de réclamer l'exécution du traité de 1780.

L'Assemblée Nationale a renvoyé la partie de l'amendement (1) sur laquelle elle n'a point statué , au Ministre des Affaires étrangères , pour servir aux instructions à donner à l'Envoyé qui sera chargé de réclamer l'exécution du Traité de 1780 auprès de l'Evêque de Bâle.

Décret portant qu'un Bataillon complet de Gardes nationales du Département du Doubs sera mis en activité pour la garde des forts , ports & frontières du côté de Porentruy.

Du 23 Juillet 1791.

L'Assemblée Nationale décrète que sur les Gardes Nationales qui se sont déjà fait inscrire dans le Département du Doubs , il sera mis sur-le-champ ,

(1) La partie de cet amendement consistoit à ordonner au Ministre de la Guerre de faire ceinturer sur les limites françaises , le pays de Porentruy, au moment où le Commissaire français fera ouverture de la commission au Prince-Evêque à Porentruy , tant à l'effet d'en procurer le succès que pour avoir le monde nécessaire aux réparations du fort de Blamont.

& en attendant la formation générale décrétée par l'Affemblée, un Bataillon complet en activité, lequel fera deftiné à la garde des forts, poftes & frontières du côté du territoire de Porentruy, fous les ordres du Commandant militaire. Ordonne que le Miniftre de la guerre donnera des ordres en conféquence dans le plus court délai.

Scellé le même jour.

Décret qui mande l'Accufateur public du fixième Arron-diffement, pour rendre compte des diligences qu'il a dû faire à l'occafion des délits des 15, 16 & 17 du préfent mois, & qui autorife les Juges de ce Tribunal à fe faire aider pour l'inftruction des procédures relatives auxdits délits.

Du 23 Juillet 1791.

L'Affemblée Nationale décrète, 1°. que l'Accufateur public du Tribunal du fixième Arrondiffement fera mandé pour rendre compte des diligences qu'il a dû faire à l'occafion des délits des 15, 16 & 17 du préfent mois ; 2°. que les Juges du Tribunal du fixième Arrondiffement font autorifés à fe faire aider, foit pour l'inftruction, foit pour le jugement du procès commencé ou à commencer, relativement auxdits délits, tant par les Suppléans de leur Tribunal, que par des hommes de Loi, qu'ils pourront appeler en tel nombre qu'ils jugeront néceffaire.

Scellé le 23 du même mois.

Décret relatif aux troubles qui ont eu lieu dans le Pays de Caux, aux ci-devant fonctionnaires publics séculiers & réguliers, & aux ci-devant religieux même non fonctionnaires, du Département de la Seine-Inférieure, qui n'ont pas prêté le serment.

Du 23 Juillet 1791. *Séance du soir.*

L'Affemblée Nationale, après avoir entendu le compte qui lui a été rendu par fon Comité des Rapports, des événemens qui viennent d'avoir lieu dans le Pays ci-devant de Caux,

Déclare qu'elle approuve la conduite des Adminiftrateurs compofant le Directoire du Département de la Seine-Inférieure, & de ceux du Directoire du Diftrict de Dieppe ; leur enjoint d'ufer de tous les moyens que la Loi met à leur difpofition pour l'exécution des Décrets précédemment rendus fur la libre circulation des grains dans l'intérieur du Royaume.

Décrète, 1°. qu'il fera informé, à la diligence des Accufateurs publics, & fur leur refponfabilité, contre les auteurs des troubles qui ont eu lieu dans le Pays de Caux, leurs fauteurs, adhérens & complices, & que les Adminiftrateurs du Directoire du Département, du Diftrict de Dieppe, & les Officiers municipaux requeront, fi befoin eft, la force militaire pour faire exécuter les Décrets déjà prononcés contre quelques prévenus, par le Tribunal du Diftrict de Dieppe ;

2°. Que les Adminiftrateurs du Directoire du Département prendront toutes les informations néceffaires fur la conduite tenue par les Officiers municipaux des Paroiffes & Communautés dont les habitans ont participé à la rebellion à la Loi, & en rendront inceffamment compte à l'Affemblée Nationale , fauf auxdits Adminiftrateurs à prendre provifoirement, à l'egard defdits Officiers municipaux , toutes les mefures prefcrites par les Décrets pour le rétabliffement de la paix & le bien de l'Adminiftration ;

3°. Que les Troupes de ligne & Gardes nationales fe conformeront aux ordres & réquifitions des Corps adminiftratifs & des Municipalités , & que provifoirement aucune Garde nationale ne fortira de fon territoire fans une réquifition formelle des Corps adminiftratifs ou de leurs propres Municipalités , provoquée par la Municipalité qui a befoin d'affiftance.

4°. L'Affemblée Nationale autorife les Adminiftrateurs du Directoire du Département de la Seine-Inférieure à indiquer provifoirement aux ci-devant fonctionnaires publics eccléfiaftiques féculiers & réguliers, & aux ci-devant Religieux , même non fonctionnaires, qui n'ont pas prêté ferment, les lieux que le Département jugera convenables pour la réfidence defdits prêtres & Religieux , fauf à rendre compte à l'Affemblée Nationale des mefures qu'ils auront prifes à cet égard, & à être ftatué par elle ce qu'il appartiendra.

Scellé le 25 du même mois.

Décret concernant le remhourfement des droits fupprimés fans indemnité , acquis du Domaine de l'Etat , & des juftices feigneuriales.

Du 23 Juillet 1791. *Séance du foir.*

L'Affemblée Nationale , voulant déterminer les effets de l'article XXXVI du titre II de la Loi du 15 Mars 1790, & de fon Décret du 22 Février 1791 , concernant les répétitions accordées à ceux qui ont acquis,

du Domaine de l'État , des droits fupprimés fans indemnité , & des juftices feigneuriales , décrète ce qui
fuit :

§. PREMIER.

Des différentes répétitions à exercer par les aliénataires.

ARTICLE PREMIER.

Ceux qui ont acquis du Domaine de l'État , foit par
engagement , foit par vente pure & fimple , des droits
féodaux & autres , abolis fans indemnité , ainfi que des
juftices feigneuriales fans mélange d'autres biens ou droits
non fupprimés , feront remboutfés par la Caiffe de l'Extraordinaire , du montant des finances verfées par eux
ou leur auteurs au Tréfor public , fuivant la liquidation
qui en fera faite , avec intérêts , à compter de la publication des Lettres-patentes fur les Décrets du 4 Août
1789.

II. Ceux qui ont fait lefdites acquifitions par bail à
cens ou à rentes perpétuelles , pareillement fans mélange
d'autres biens ou droits non fupprimés , demeureront
déchargés , à compter de la même époque , des cens
ou rentes dont ils étoient tenus , & feront remboutfés de
même des finances ou deniers d'entrée qu'ils juftifieront
avoir été verfés au Tréfor public.

III. Si lefdites aliénations ont été faites par baux em-
phytéotiques , ou à longues années , les finances ou deniers d'entrée ne feront rembourfés qu'à proportion du
temps qui fera retranché de la jouiffance des aliénataires.

IV. En cas de bail à vie , il fera fait déduction fur
lefdites finances ou deniers d'entrée , d'un trentième
par année de jouiffance qu'auront eu les baillistes antérieurement à l'époque ci-deffus énoncée, fans néanmoins

que cette déduction puiffe réduire le rembourfement au-
deffous du tiers defdites finances ou deniers d'entrée.

Si le bail étoit à plufieurs vies, la déduction ne fera
que d'un quarantième par année de jouiffance ; mais cette
déduction pourra réduire jufqu'au quart le rembourfement des finances ou deniers d'entrée.

V. Les taxes repréfentatives d'impofitions ou de charges
affectées fur les biens, avant ou depuis les contrats d'aliénation, n'entreront point en liquidation, à l'exception
de celles qui auront été exigées pour rachat defdites charges, avec claufe fpéciale qu'elles tiendroient lieu d'un
fupplément de finance.

VI. Les droits de confirmation payés par les aliénataires n'entreront pareillement en liquidation qu'autant
qu'ils auront été formellement établis à titre d'augmentation ou fupplément de finance.

VII. Aucunes taxes ni aucuns droits de confirmation confiftant en rentes annuelles, portions
ou années du revenu des biens aliénés, n'entreront en
liquidation, en principal ni acceffoires.

VIII. Les fols pour livres acceffoires des finances, ou
fupplémens de finances rembourfables, entreront en
liquidation, lorfqu'ils auront été verfés au Tréfor public, ainfi que le principal.

IX. Ceux à qui les aliénations fus-énoncées ont été
faites à titre d'indemnité de créances ou répétitions légitimes contre l'État, feront rembourfés de ce à quoi
leurs créances ou répétitions devront être liquidées.

X. Les acquéreurs fur reventes recevront le montant
des rembourfemens qu'ils auront faits aux précédens
aliénataires, en conformité des liquidations régulières
qui auront eu lieu.

XI. Les autres liquidations faites avant l'établiffement
de la direction générale, dans les formes ufitées jufqu'alors, feront pareillement exécutées.

XII. Ceux qui ont fait lesdites acquisitions par voie d'échange, seront admis à rentrer dans les objets par eux cédés en contre - échange, sans qu'il y ait lieu à indemnité, dans le cas où ces objets consisteroient pareillement en droits abolis ou justices seigneuriales ; & les soultes respectives qui auront eu lieu, seront remboursées avec intérêt depuis l'époque ci-devant énoncée.

XIII. Si les aliénataires ont traité, transigé, ou autrement disposé d'aucuns objets supprimés sans indemnité, dépendans de leurs acquisitions, ils seront tenus de compter ou imputer les sommes principales qu'ils en auront reçues avec intérêts depuis la même époque.

XIV. Si les biens cédés à l'État en contre - échange, se trouvent hors de sa disposition actuelle en tout ou en partie, l'échangiste sera proportionnellement remboursé de la valeur des droits supprimés, & des produits utiles de la Justice, déduction faite des charges, avec semblables intérêts.

XV. Si lesdits biens sont appliqués à des usages publics, incorporés à un Domaine national dont ils ne pourroient être séparés sans le détériorer, dénaturés par des plantations en bois, des conversions de taillis en futaie, ou autrement, ou s'il y a été construit des bâtimens considérables, la Nation aura la faculté de les retenir au moyen du même remboursement.

XVI. La Nation aura la même faculté dans le cas où lesdits biens seroient diminués de valeur par des démolitions de bâtimens, des coupes de bois ou autrement, si mieux n'aime l'échangiste les recevoir en l'état auquel ils se trouveront.

XVII. Ceux qui ont acquis des droits supprimés sans indemnité, ou des justices seigneuriales, conjointement avec des droits rachetables, ou d'autres biens, ne pourront demander que l'entière résiliation des engagemens , achats , baux à rentes , échanges , & autres actes intervenus avec le Gouvernement , en remettant à l'Etat les biens & droits non supprimés qu'ils en auront reçus.

XVIII. Néanmoins ceux defdits acquéreurs qui poffé-doient à titre incommutable , & qui , par acte authentique avant la publication des Décrets du 4 Août 1789, auroient aliéné partie defdits biens ou droits non supprimés , feront reçus à les remplacer , en comptant du prix auquel ils les auront aliénés avec intérêts , comme il eft dit ci-deffus.

XIX. Les aliénataires rendront les biens qu'ils dé-laifferont , & particulièrement les bois , chauffées , ufi-nes & bâtimens , en auffi bon état qu'ils étoient lors des aliénations , & feront tenus de toutes détériorations & dégradations.

XX. Les impenfes & améliorations faites dans les mêmes biens , feront rembourfées jufqu'à concurrence de ce dont ils s'en trouveront augmentés de valeur au temps de la réfiliation ; néanmoins les engagiftes n'au-ront droit qu'aux impenfes qu'ils auront été duement autorifés à faire , foit par le contrat , foit poftérieure-ment , avec claufe expreffe de rembourfement ; & celles faites par les emphytéotes & baillistes à temps , ne feront rembourfées que dans les proportions fixées par l'article III pour les finances principales.

XXI. Les aliénataires feront tenus d'imputer les fruits ou produits des biens & droits non fupprimés , qu'ils feront dans le cas de rétrocéder , fur les intérêts des finances qui devront leur être rembourfées , à compter de la publication des Décrets du 4 Août 1789 , fans diftinction des produits qui n'auroient pas été perçus , fauf à eux de les recouvrer.

XXII. Les frais & loyaux-coûts des procès-verbaux qui
ont été faits pour la vérification ou réception des impenfes qui doivent être rembourfées aux engagiftes, entreront en liquidation ; les droits de marc d'or qui
pourroient avoir été exigés en exécution de l'Édit de
Décembre 1770 , pour des aliénations à titre onéreux,
feront pareillement liquidés & rembourfés : quant aux
frais d'aliénations, de vifite de lieux, évaluation, &
autres, ils demeureront à la charge des aliénataires, à
l'exception de ceux que le Gouvernement fe feroit expreffément obligé de fupporter.

XXIII. L'Affemblée Nationale fe réferve de prendre
en confidération les aliénations qui , par les claufes particulières des actes, fe trouveroient hors la difpofition du
préfent Décret.

XXIV. Les difpofitions du préfent Décret, de celui
du 22 Février 1791 , & de l'article XXXVI du titre II
de la Loi du 15 Mars 1790 , ne s'entendent que des
droits & juftices acquis du Domaine ci-devant dit de la
Couronne, & non point des acquifitions faites des ci-
devant bénéficiers, Corps ou Communautés eccléfiaftiques , ou autres dontles poffeffions ont été ou pourroient être réunies au Domaine national.

§. SECOND.

Exécution.

XXV. Les aliénataires qui voudront fe prévaloir des
difpofitions du préfent Décret, feront tenus de dreffer
un état détaillé & figné par eux ou un fondé de procuration, des droits fupprimés fans indemnité, & des
juftices feigneuriales qui leur ont été aliénés , en diftin-
guant les droits & juftices dont ils étoient en poffeffion

réelle au 4 Août 1789 , de ceux dont ils pourroient avoir difpofé. Cet état devra être certifié par la Municipalité du chef-lieu defdits droits ou juftices , & vifé par le Directoire du Diftrict.

Ils drefferont un fecond état contenant les titres , reconnoiffances , cueilloirs , baux à fermes , & autres pièces étant en leur pouvoir relativement à la propriété & l'adminiftration defdits droits ou juftices. Cet état fera pareillement figné , & ils en affirmeront ou feront affirmer la fincérité par-devant le même Directoire.

XXVI. Les aliénataires qui feront dans le cas de rétrocéder à la nation des droits rachetables ou d'autres biens, ou d'imputer le montant de ceux qu'ils auroient valablement aliénés, feront tenus d'en dreffer pareillement l'état particulier & circonftancié, ainfi que celui des titres & pièces relatives à la poffeffion & la geftion des mêmes biens, qu'ils auront en leur pouvoir. Ils donneront pareillement l'état des fruits ou produits dont ils pourroient être comptables , à la forme de l'article XXII, & figneront & affirmeront ces autres états comme il eft dit en l'article précédent.

XXVII. Si les aliénataires ont à répéter des impenfes & améliorations, ils en drefferont de même un état particulier , détaillé, figné & affirmé ; & foit qu'ils ayent ou non des impenfes à répéter , ils produiront les procès-verbaux de vifites de lieux qui auront été faits.

XXVIII. Ceux qui auront à répéter des biens cédés en contre-échange, feront tenus de les indiquer d'une manière fpéciale , & de produire les extraits des procès-verbaux de l'évaluation, jugés & arrêtés, qui auront eu lieu.

XXIX. La liquidation des fommes rembourfables aux aliénataires, ou qu'ils feront dans le cas d'imputer, fera faite par le commiffaire du roi, directeur-général

de la liquidation, fur les actes d'aliénation & fous-alié-
nation, quittances de finances, jugemens de liquidation,
titres de propriété, états, & autres actes & renfeignè-
mens qui lui feront repréfentés ; il prendra préalablement
l'avis, par écrit, de la régie des domaines ; & lor qu'il
l'eftimera néceffaire, il confultera les corps adminiftratifs.

XXX. La rétroceffion des biens cédés à l'état en
contre-échange, n'aura lieu qu'en vertu d'un décret du
corps légiflatif, fanctionné par le roi ; en conféquence,
les pièces & mémoires des échangiftes feront remis au
comité qui fera délégué à cet effet, & qui, après avoir
pareillement pris l'avis, par écrit, de la régie des domaines, en fera fon rapport.

XXXI. S'il y a lieu à rembourfer la valeur des droits
fupprimes dans les cas énoncés aux articles XV, XVI
& XVII, la liquidation en fera faite fur le pied dés
évaluations qui auront eu lieu lors des échanges.

XXXII. Les aliénataires qui, enfuite de la réfiliation
de leurs contrats, feront dans le cas de rétrocéder à
l'Etat des biens ou droits non fupprimés, remettront
leurs pièces à la régie des domaines, en la perfonne
de fon principal prépofé dans le Département où l.fdits
biens feront fitués, pour donner fon avis, tant fur les
demandes defdits aliénataires que fur les fruits dont ils
feroient comptables, & les détériorations, dégradations,
& autres objets dont ils pourroient être tenus : les pièces
feront enfuite communiquées au Directoire du Département, pour vifer & approuver, s'il y a lieu, l'avis
de la Régie. Les Directoires de Département confulteront préalablement ceux des Diftricts où les biens feront
fitués ; & ceux-ci, lorfqu'ils l'eftimeront convenable,
confulteront les Municipalités.

XXXIII. S'il n'y a lieu à aucune plus ample vérification

fication, les pièces & avis ci-deffus énoncés feront adreffés au Directeur-général de la liquidation, pour liquider les fommes à imputer & rembourfer ; & elles feront préfentées au Corps légiflatif, lorfqu'il y aura des biens contre-échangés à rétrocéder.

XXXIV. S'il échéoit des vérifications par Experts, ils feront convenus, l'un par l'aliénataire, l'autre par le Procureur-fyndic du Diftrict qui fera délégué par le Directoire du Département ; &, à défaut d'en convenir, ils feront nommés d'office par le Directoire du même Diftrict : les Experts prendront les renfeignemens néceffaires fur les faits qui auront befoin d'être conftatés, & en feront mention dans leur rapport qu'ils affirmeront pardevant le même Directoire. S'il eft befoin d'un tiers-Expert, il fera nommé par le Directoire du Département. L'aliénataire & les prépofés de la Régie pourront affifter aux opérations des Experts, & leur faire les obfervations qu'ils jugeront convenables.

XXXV. Le Directoire du Diftrict qui aura reçu le rapport des Experts, & fucceffivement le Directoire du Département, donneront leur avis fur le tout, après quoi les pièces feront adreffées au Directeur-général de la liquidation, ou préfentées au Corps légiflatif, comme il eft dit en l'article XXXIII.

XXXVI. Les aliénataires, qui, toute compenfation faite, feront reconnus débiteurs, feront tenus de verfer à la Caiffe de l'Extraordinaire le montant des fommes dont ils feront redevables, & d'en joindre la quittance à leurs pièces & mémoires pour obtenir la rétroceffion des biens par eux cédés en contre-échange.

XXXVII. Les aliénataires, avant d'obtenir la délivrance de leur reconnoiffance de liquidation, & d'être mis en poffeffion des biens par eux cédés en contre-échange, feront tenus de remettre les pièces comprifes dans les états mentionnés aux articles XXV & XXVI, au secrétariat du District où ils auront affirmé lesdits états, & d'en justifier au Directeur-général de la liquidation & à la Régie des Domaines.

Les titres & pièces relatives à la propriété & jouissance des biens rétrocédés aux aliénataires, leur seront remis, sur leur décharge, par tous dépositaires.

XXXVIII. Les formalités prescrites par le présent Décret ne seront point assujéties à l'enregistrement, & seront faites sur papier libre & sans frais, sauf les salaires des Experts, qui seront avancés par les aliénataires, sur la taxe du Directoire de District, & compris dans la liquidation des sommes qui devront leur être remboursées, lorsqu'ils n'y auront pas donné lieu par de faux exposés, ou que lesdits frais ne seront pas causés par des dégradations à leur charge.

XXXIX. Les aliénataires seront tenus de présenter leurs titres, états & mémoires, au plus tard dans les trois ans de la publication du présent Décret, &, passé ce terme, ils demeureront déchus de toute prétention.

Scellé le 12 Septembre.

Décret concernant les frais & marchés relatifs à la fabrication des assignats.

Du 24 Juillet 1791.

L'Assemblée Nationale décrète :

ARTICLE PREMIER.

Le Trésor public acquittera ce qui se trouvera rester

dû pour le papier & l'impreſſion des 800 millions d'aſſignats décrétés les 29 Septembre & 10 Octobre 1790, d'après la repréſentation des marchés & des quittances de paiemens faits à compte, juſqu'au premier Juillet préſent mois.

II. Il ſera nommé, par le Pouvoir exécutif, ſous la reſponſabilité du Miniſtre des contributions publiques, un Commiſſaire adjoint aux deux Commiſſaires du Roi, déjà en activité, pour remplir avec eux, ſeulement pendant trois mois, les mêmes fonctions dans tout ce qui a rapport à la confection des aſſignats de 5 livres, & de ceux de la création des 600 millions, portée dans le Décret du 19 Juin dernier.

III. Le Miniſtre des contributions publiques viſera toutes conventions arrêtées & ſignées par les Commiſſaires du Roi, avec les fabricans & artiſtes occupés pour les aſſignats de la création de ſix cents millions, de la même manière qu'il en a été uſé pour ceux de cinq livres, & copie deſdites conventions viſées ſera dépoſée aux Archives nationales.

Scellé le 29 du même mois.

Décret qui charge le Tréſor public d'acquitter, mois par mois, la dépenſe de l'indemnité accordée aux Membres des ſix Tribunaux criminels proviſoires de Paris, & du Tribunal criminel proviſoire établi à Orléans.

Du 24 Juillet 1791.

L'Aſſemblée Nationale décrète ce qui ſuit :

T 2

ARTICLE PREMIER.

La dépense de l'indemnité réglée par la loi du 14
Mars 1791, à chacun des Juges, Commissaires du Roi
& Greffiers des six Tribunaux criminels provisoires établis à Paris par la même loi, sera acquittée par mois sur
le Trésor public, à compter du 26 Mars dernier, ainsi
que le traitement de l'Accusateur public & des deux
Commis-Greffiers, à compter du jour de leur nomination, d'après l'état de cette dépense, qui sera arrêté par
le Ministre de l'intérieur, sans préjudice du traitement
ordinaire des Membres composant lesdits Tribunaux,
qui continuera d'être acquitté complétement, & en totalité, sur les Caisses de leurs districts respectifs.

II. La dépense de l'indemnité réglée par l'article VI
de la loi du 13 Mars 1791, à chacun des Juges du Tribunal criminel provisoire établi à Orléans, pour le jugement des crimes de lèse-nation, ainsi que le traitement
de l'Accusateur public & celui du Greffier, sera aussi acquittée par mois sur le Trésor public, à compter du jour
de leur installation, d'après l'état de cette dépense, qui
sera arrêté par le Ministre de l'intérieur, sans préjudice
du traitement ordinaire des Juges & Accusateur public,
composant ledit Tribunal, qui continuera d'être acquitté
complétement, & en totalité, sur les Caisses de leurs
Districts respectifs.

III. Le montant des sommes qui auront été acquittées
par le Trésor public pour la dépense mentionnée en l'article précédent, sera imputé par les Commissaires de la
Trésorerie nationale, sur le fonds qui a été décrété par
la loi du 25 Février 1791, pour les dépenses de la Haute-
Cour nationale. La dépense des six Tribunaux criminels
provisoires établis à Paris, sera remboursée particulière-

ment à la Tréforerie nationale par la Caiffe de l'extraordinaire.

Scellé le 29 du même mois.

Décret fur les Employés fupprimés des Fermes, Régies & autres adminiftrations.

Du 24 Juillet 1791.

Voyez au 31 du même mois.

Décret relatif aux Officiers qui ont abandonné, de gré ou de force, leur Corps ou leurs drapeaux, & à la pourfuite & punition des fautes & délits contre la difcipline militaire.

Des 24 & 25 Juillet 1791.

L'Affemblée Nationale, inftruite que plufieurs régimens de l'armée font dépourvus d'un grand nombre de leurs officiers, dont les uns ont été deftitués illégalement par les foldats, tandis que d'autres ont abandonné d'euxmêmes le pofte où l'honneur leur faifoit un devoir de mourir pour le maintien de la difcipline : fortement décidée à la rétablir dans toute fa vigueur ; confidérant que, par la nature de l'engagement que les militaires contractent envers la Nation, le facrifice de leur vie n'eft ni le feul, ni même le plus grand qu'elle foit en droit d'exiger d'eux, mais qu'ils lui doivent celui d'une portion confidérable de leur indépendance, à laquelle ils renoncent momentanément pour mieux affurer la liberté de leurs concitoyens ; qu'ainfi l'honneur d'un brave & loyal foldat ne peut pas être plus gravement compromis par une

T 2

lâcheté, qu'il ne le feroit par un acte d'infubordination
ou de licence; voulant que déformais de femblables
actes foient punis irrémiffiblement dans toutes les claffes
du militaire, & que pour ôter tout prétexte d'excufe,
les fautes & délits de ce genre qui feroient commis à
l'avenir, ne puiffent être confondus avec ceux dont il eft
poffible de rejeter le blâme fur les circonftances dont nous
fortons; après avoir entendu le rapport de fon Comité
militaire, décrète ce qui fuit :

ARTICLE PREMIER.

Les officiers qui depuis l'époque du premier mai dernier, ont abandonné volontairement leur corps ou leurs
drapeaux fans avoir donné leur démiffion, & qui font
enfuite paffés à l'étranger, feront inceffamment pourfuivis
comme transfuges par les commiffaires-auditeurs des
guerres, & jugés par les cours martiales. Il en fera de
même à l'égard des officiers qui ayant donné leur démiffion, font enfuite paffés à l'étranger, fi dans le délai de
fix femaines, à compter du jour de la publication du
préfent décret, ils ne font pas rentrés dans le royaume,
où les Corps adminiftratifs & les municipalités veilleront
à ce que les loix protectrices de la fûreté des perfonnes
& des biens foient fpécialement obfervées à leur égard.

II. Les officiers qui, fans être paffés à l'étranger, ont
abandonné volontairement leur corps ou leurs drapeaux
fans permiffion ni congé, feront cenfés avoir renoncé
pour toujours au fervice, & ne pourront prétendre à
aucun remplacement ni avancement.

III. A l'égard des officiers qui ont été forcés de quitter
leur corps en conféquence de foupçons élevés contr'eux,
mais non légalement vérifiés, ils reprendront leurs places
dans leurs régimens, ou, s'ils l'aiment mieux, ils feront

pourvus de places équivalentes dans d'autres corps, pourvu que ces officiers n'aient pas refusé le serment prescrit par le décret du 22 Juin dernier; & dans le cas où ils n'auroient pas été à portée de le prêter à leur régiment, qu'ils l'y fassent sous quinzaine.

IV. La disposition de l'article V du décret du 24 Juin dernier, par laquelle la moitié des emplois vacans dans les différens corps a été réservée aux sous-officiers des corps dans lesquels ils vaqueroient, n'aura pas lieu à l'égard des régimens qui se sont permis des destitutions; & dans ces mêmes régimens la nomination aux places d'officiers, spécialement affectée aux sous-officiers par la loi du 23 septembre 1790, demeurera suspendue jusqu'à ce qu'il en ait été autrement ordonné, d'après le compte qui pourra être rendu par les officiers généraux & supérieurs, de la bonne conduite de ces mêmes corps.

V. Toute faute ou délit militaire commis avant ce jour (autres néanmoins que les délits spécifiés dans les deux premiers articles du présent décret, & les crimes de désertion, d'embauchage ou de trahison) toutes plaintes portées en conséquence, mais non encore jugées, toutes condamnations intervenues à l'occasion de ces fautes ou délits, mais non encore exécutées, seront censées & réputées non-avenues. En conséquence la liberté sera rendue aux accusés ou condamnés qui se trouvent prisonniers, & il sera expédié à tous ceux qui sont dans les cas du présent article, des cartouches pures & simples.

VI. A l'avenir, & à compter de ce jour, tout acte d'insubordination & de désobéissance, toute contravention aux loix de la discipline militaire, seront punis suivant l'exigence des cas & la rigueur des ordonnances; les commissaires-auditeurs des guerres seront tenus de poursuivre les délinquans lorsqu'ils leur seront particu-

lièrement dénoncés ou indiqués par la notoriété publique , & demeureront personnellement responsables de
leur négligence à cet égard.

VII Du jour de la publication du présent décret, les
sous-officiers seront personnellement responsables des
mouvemens combinés qui se feront dans les régimens
contre la personne des officiers , lorsque les coupables
apparens de semblables désordres ne seront pas d'abord
désignés ou connus ; dans ce cas , les commissaires-auditeurs des guerres seront tenus de poursuivre & faire
juger par les cours martiales lesdits sous-officiers , qui
ne pourront encourir de moindre peine que celle d'être
cassés & déclarés indignes de porter les armes pour le
service de la patrie, à moins qu'ils ne prouvent qu'ils
n'ont point eu de part aux mouvemens , qu'ils ont pris
toutes les précautions qui dépendoient d'eux pour les
arrêter , & qu'ils en ont averti les chefs si-tôt qu'ils en ont
eu connoissance.

VIII. En cas de mouvemens combinés dans les régimens contre l'ordre & la discipline militaire en général, les
sous-officiers & soldats en seront graduellement responsables , suivant l'ordre de leur grade ou de leur ancienneté , lorsque les coupables apparens de semblables désordres ne seront pas d'abord désignés ou connus ; dans
ce cas , les commissaires-auditeurs seront tenus de rendre
plainte contre les sergens-majors ou maréchaux-des-logis
en chef, premiers sergens ou maréchaux-des-logis , premiers caporaux ou brigadiers , appointés & plus anciens
soldats , cavaliers , dragons , hussards , chasseurs , ou ca-
noniers , par rapport auxquels il en sera usé ainsi qu'il est
dit en l'article précédent.

IX. En cas de mouvemens combinés dans les régimens par les officiers , contre l'ordre & la discipline
militaire en général , les officiers en seront graduelle-

ment refponfables fuivant l'ordre de leur grade ou de leur ancienneté, lorfque les coupables apparens de femblables défordres ne feront pas d'abord défignés ou connus ; dans ce cas, les commiffaires-auditeurs feront tenus de rendre plainte contre les premiers capitaines, premiers lieutenans & premiers fous-lieutenans, par rapport auxquels il en fera ufé ainfi qu'il eft dit dans l'article VII.

X. Seront confidérés & punis comme mouvemens combinés contre l'ordre & la difcipline en général, toute réunion, foit de militaires de différens grades, foit d'officiers, foit de fous-officiers ou foldats, pour délibérer entre eux dans d'autres circonftances que celles permifes ou prefcrites par la Loi, à plus forte raifon, toute délibération formée & toute émiffion de vœu collectif.

XI. Auffi long-temps que fubfiftera l'autorité provifoire accordée aux généraux d'armée par le Décret du 24 Juin dernier, de fufpendre les officiers dont la conduite leur paroîtra fufpecte, les commandans en chef des divifions jouiront du même droit, chacun dans fa divifion, & les confeils de difcipline de chaque régiment auront auffi provifoirement le pouvoir d'ordonner, à la pluralité des cinq feptièmes des voix, le renvoi avec une cartouche pure & fimple des fous-officiers & foldats dont la conduite fera répréhenfible ; néanmoins le confeil de difcipline ne pourra jamais ufer de ce pouvoir que fur une demande expreffe & par écrit, qui devra être fignée, s'il eft queftion d'un fous-officier, par neuf de fes camarades du même grade & par un officier de fa compagnie ; & s'il eft queftion d'un foldat, par tous les fous-officiers de fa compagnie, ou par un fergent ou maréchal des-logis, un caporal ou brigadier, & par neuf foldats de fa compagnie.

Scellé le 29 du même mois.

Décret relatif au remboursement des dépenses d'impression
& confection des seconds cahiers des Vingtièmes de 1790,
& des loyers & frais de Bureaux relatifs à ladite opéra-
tion.

Du 25 Juillet 1791.

L'Assemblée Nationale décrète que le Ministre des
Contributions publiques fera payer sur le Trésor public,
d'après l'état par lui arrêté, la somme de 49,666 livres
13 sols 4 deniers aux anciens Directeurs des Vingtièmes,
pour remboursement des dépenses d'impression & confection des seconds cahiers des vingtièmes de 1790, &
pour les loyers & frais de bureaux relatifs à ladite opération.

Scellé le 29 du même mois.

Décret relatif à la circonscription des Paroisses d'Avran-
ches, de la Charité, de la Marche & d'Auray.

Du 25 Juillet 1791.

L'Assemblée Nationale, ouï le rapport qui lui a été
fait par son Comité Ecclésiastique,

1°. De l'arrêté du Directoire du Département de la
Manche, du 11 de ce mois, sur la délibération du Directoire du District d'Avranches, du 4 précédent, concernant la circonscription des Paroisses de la ville d'Avranches, & de l'avis de l'Evêque de ce Département;

2°. De l'arrêté du Directoire du Département de la
Nièvre, du 7 de ce mois, sur la délibération du Directoire du District de la Charité, du 15 Juin dernier, concernant la réduction des Paroisses de la Charité, & la
réunion de la Paroisse de Munot à celle de la Marche, &

de l'avis de Guillaume Toller, Evêque de ce Départe ment ;

3°. De l'arrêté du Directoire du Département du Morbihan, du 30 Juin dernier, fur la Délibération du Directoire du Diftrict & de la Municipalité d'Auray, du 9 du même mois, concernant la circonfcription des Paro ffes de cette Ville, & de l'avis de Charles le Mafle, Evêque de ce Département, décrète :

ARTICLE PREMIER.

Département de la Manche. Ville d'Avranches.

Les Paroiffes de Notre-Dame-des-Champs, de St.-Gervais, de Saint-Saturnin, de Saint-Martin-des-Champs, de Saint-Senier & de Ponts, ce la ville d'Avranches, font réunies en une feule, qui fera dans l'ancienne Eglife Cathédrale, fous le nom de Saint-André. La Paroiffe de Ponts eft confervée comme Succurfale avec fon ancien territoire. L'Eglife ci devant Paroiffiale de Saint-Gervais eft confervée comme Oratoire. Ladite Paroiffe fera circonfcrite ainfi qu'il eft expliqué dans la délibération fufdatée du Directoire du Diftrict d'Avranches.

Département de la Nièvre, Diftrict de la Charité. Ville de la Charité.

II. Les Paroiffes de Sainte-Croix, de Saint-Jacques & de Saint-Pierre, de la ville de la Charité, font réunies en une feule, qui fera deffervie fous l'invocation de Notre-Dame, dans l'Eglife du ci-devant Monaftère des Bénédictins de cette Ville.

La Marche.

III. La Paroiffe de Munot eft réunie à celle de la Marche.

IV. Les Paroiffes de la Charité & de la Marche feront circonfcrites ainfi qu'il eft expliqué dans l'arrêté fufdaté du Directoire du Département de la Nièvre.

Département du Morbihan. Ville d'Auray.

V. Les deux Paroiffes de Saint-Gildas & de St.-Gonftant, de la ville d'Auray, font réunies en une feule, qui fera deffervie dans l'Eglife de Saint-Gildas; celle de Saint-Gonftant fera confervée comme Oratoire.

VI. Il fera envoyé, les Dimanches & Fêtes, dans chacun des Oratoires mentionnés au préfent Décret, par les Curés refpectifs, un de leurs Vicaires, pour y célébrer la Meffe, & y faire les inftructions fpirituelles, fans pouvoir exercer les fonctions curiales.

Scellé le 29 du même mois.

Suite du Décret concernant les Employés fupprimés des Fermes, Régies & autres Adminiftrations.

Du 25 Juillet 1791.

Voyez au 31 de ce mois.

Suite des Décrets fur le Code Rural.

Du 25 Juillet 1791.

Voyez le Décret général fous la date du   1791.

Décret portant réfiliation du bail paffé par les ci-devant Etats de Languedoc à Pierre Bellocq, de la Ferme du droit connu fous le nom d'Equivalent.

Du 25 Juillet 1791.

L'Affemblée Nationale voulant affurer l'exécution pleine & entiere de fon Decret du 2 Mars, portant fuppreffion à l'avenir des droits établis tant à l'exercice qu'à la fabrication, & qui étoient perçus, foit par la Régie générale, foit par des Fermiers particuliers dans les ci-devant Pays-d'Etats, & en même temps affurer le recouvrement des droits qui étoient dûs & exigibles à l'époque de cette fuppreffion, décrete ce qui fuit :

ARTICLE PREMIER.

Le bail paffé par les ci-devant Etats de Languedoc, le ... Janvier 1788, à Pierre Bellocq, de la Ferme du droit connu fous le nom d'Equivalent, & perceptible à la vente en détail fur les vins, viandes & poiffons de mer frais & falés, pour en jouir par ledit Bellocq pendant le terme de fix années confecutives, à compter du premier Avril 1788 jufqu'au 31 Mars 1794, moyennant le prix de 1,376,000 liv. par chaque année, eft & demeure réfilié, à compter du premier Avril 1790 : en conféquence, & à dater de cette époque, ledit Bellocq rendra, d'ici au premier Janvier 1792, fon compte, de Clerc-à-Maître, du produit dudit bail, au Directoire du Département de la Haute-Garonne.

II. Tous les fous-baux paffés par ledit Bellocq, & les arrière-fous-baux paffés par les Ceffionnaires, font également réfiliés à compter dudit jour premier Avril 1790, à la charge, par les fous Fermiers qui fe font plaints légalement de leur non jouiffance, de rendre audit Bellocq leur compte de Clerc-à-Maître, pour la troifième année de leur bail échu le 31 Mars 1791, dans le délai de trois mois, lefquels compte de Clerc à Maître ne feront reçus qu'après avoir été vérifiés & vifés par les Municipalités & Directoires de Diftrict, pour faire partie du compte général de Clerc-à-Maître à rendre par ledit Bellocq devant le Directoire du Departement de la Haute-Garonne; & les fommes à recouvrer aujourd'hui pour le compte de la Nation, feront imputées fur les indemnités qui pourroient lui être dues après la reddition & apurement de fon compte.

III. Sur les obfervations du Directoire du Département de la Haute-Garonne, qui feront tranfmifes au Corps légiflatif, il fera pourvu au traitement dudit Bellocq depuis le premier Avril 1790 jufqu'à la préfentation de fon compte de Clerc-à-Maître, ainfi qu'à l'indemnité, s'il y a lieu, pour la non-jouiffance des trois dernières années de fon bail.

IV. L'Affemblée Nationale autorife ledit Bellocq, ainfi que fes fous-Fermiers, à continuer la perception des reftes à recouvrer jufqu'au premier Janvier 1792, terme dans lequel le dit Bellocq fera tenu de rendre fon compte de Clerc-a-Maître.

V. Toutes les procédures commencées pour demandes en indemnités & réfiliement de baux, font & demeurent fupprimées; mais les pourfuites néceffaires à l'acquittement des droits dûs, tant par les redevables que par les fous Fermiers & arrière-sous-Fermiers, feront faites & continuées jufqu'à parfait paiement.

VI. Tous les baux des Bureaux paffés par ledit Bellocq & les fous-Fermiers, pour raifon de leur exploitation, feront réfiliés à compter du premier Octobre pro-

chain, & le prix en fera payé aux Propriétaires jufqu'à
ladite époque, pour leur tenir lieu d'indemnité, attendu
qu'ils ont ceffé d'être occupés depuis la ceffation du bail.

VII. Dans le compte de Clerc-à-Maître que rendra
ledit Bellocq, il portera en recette le prix des meubles
& uftenfiles de fon exploitation, dont la vente fera faite
par l'ordre des Corps adminiftratifs, fous l'infpection
des Municipalités; & diftraction faite du tiers pour les
deux années de la jouiffance, il portera en dépenfe le
prix de leur acquifition, comme aufli les frais faits, tant
pour monter les Régies, que pour opérer les fous-Fermes
& autres objets y relatifs : il lui fera également alloué en
dépenfe, ainfi qu'à fes Fermiers & arrière-fous-Fermiers
comptables, les frais des procédures ci-deffus anéanties
par l'article V.

VIII. Ledit Bellocq fe pourvoira pardevant le Comité
de Liquidation, pour le rembourfement des 600,000 l.
dont il a fait l'avance à la Province, en exécution de fon
bail.

Scellé le 29 du même mois.

*Décret relatif au Commerce de Marfeille avec les Colo-
nies, l'Etranger, & le Royaume.*

Du 26 Juillet 1791.

(Voyez au 28 du même mois).

Décret qui défend, sous peine d'amende, aux Compagnons & Ouvriers Papetiers de quitter leurs Maîtres, & ceux ci de les renvoyer, sans avoir été avertis de part & d'autre six semaines auparavant, en présence de deux témoins.

Du 26 Juillet 1791.

L'Assemblée Nationale, sur le rapport qui lui a été fait par ses Comités des Finances & des Assignats, décrète provisoirement ce qui suit:

Les Compagnons & Ouvriers Papetiers ne pourront quitter leurs Maîtres pour aller chez d'autres, qu'ils ne les ayent avertis six semaines auparavant, en présence de deux témoins, à peine de cent livres d'amende, payables par corps, contre les Compagnons & Ouvriers, & de trois cents livres également payables par corps, contre les Maîtres Fabricans qui recevroient à leur service, & engageroient aucuns Compagnons & Ouvriers, sans qu'ils leur ayent représenté le congé par écrit du dernier Maître chez lequel ils auront travaillé; ou du Juge des lieux, en cas de refus mal fondé de la part du Maître.

Seront aussi tenus les Maîtres d'avertir lesdits Compagnons & Ouvriers, en présence de deux témoins, six semaines avant de les renvoyer, à peine de leur payer, & même par corps, leurs gages & nourriture, ou le prix de leurs journées pendant lesdites six semaines.

L'Assemblée Nationale charge le Pouvoir exécutif de faire exécuter le présent Décret par les Corps administratifs, & autorise les Commissaires dans les Manufactures de Courtalin & du Marais, où se fabrique le papier des Assignats, de veiller à son exécution, même de requérir, au besoin, la force publique.

Scellé le même jour.

Décret

Décret relatif aux fonctions légalement établies dans les Colonies par le Pouvoir exécutif, & portant que les Gouverneurs desdites Colonies conserveront le droit d'accorder ou de refuser leur approbation aux Arrêtés des Assemblées Coloniales.

Du 25 Juillet 1791.

L'Assemblée Nationale déclare qu'elle n'a entendu apporter, par ses Décrets des 21 & 25 Juin dernier, & 10 de ce mois, aucun changement à la nature des fonctions légalement établies dans les Colonies par le Pouvoir exécutif, ni suspendre la faculté attribuée aux Gouverneurs, d'accorder ou de refuser l'approbation nécessaire aux Arrêtés des Assemblées Coloniales, pour être provisoirement exécutés.

Scellé le premier Août.

Décret portant qu'il n'y a lieu à aucune inculpation contre le sieur Possel, Commissaire-Ordonnateur de la Marine à Toulon.

Du 26 Juillet 1791, *Séance du soir.*

L'Assemblée Nationale, après s'être fait rendre compte par son Comité des Rapports, des faits concernant le sieur Possel, Commissaire-Ordonnateur de la Marine à Toulon, décrète qu'il n'y a lieu à aucune inculpation contre lui; ordonne, en conséquence, que le Décret du 5 de ce mois, portant que ledit sieur Possel sera mis en état d'arrestation, sera considéré comme non-avenu.

Décret sur la réquisition & l'action de la force publique dans l'intérieur du Royaume.

Des 26 & 27 Juillet 1791.

L'Affemblée Nationale confidérant que la liberté confifte uniquement à pouvoir faire ce qui ne nuit pas aux droits d'autrui , & à fe foumettre à la loi ; que tout citoyen appelé ou faifi en vertu de la loi , doit obéir à l'inftant , & fe rend coupable par la réfiftance ; que les propriétés donnent un droit inviolable & facré ; qu'enfin la garantie des droits de l'homme & du citoyen néceffite une force publique ; décrète ce qui fuit touchant l'emploi & l'action de cette force dans l'intérieur du Royaume.

ARTICLE PREMIER.

Toutes perfonnes furprifes en flagrant délit , ou pourfuivies par la clameur publique , feront faifies & conduites devant l'officier de police.

Tous les citoyens infcrits ou non fur le rôle de la garde nationale , feront tenus , par leur ferment civique , de prêter fecours à la gendarmerie nationale , à la garde foldée des villes , & à tout fonctionnaire public , auffitôt que les mots , *force à la loi* , auront été prononcés , & fans qu'il foit befoin d'aucune autre réquifition.

II. Les fonctions mentionnées en l'article premier de la fection deuxième du décret du 16 janvier dernier , que la gendarmerie nationale doit exercer fans réquifition particulière , feront remplies pareillement par les gardes foldées dans les villes où il y en aura , non-feulement en ce qui concerne les flagrans délits & la clameur publique , mais auffi contre les porteurs d'effets volés, ou d'armes enfanglantées, les brigands, voleurs & affaffins, les auteurs de voies de faits & violences contre la fûreté des perfonnes & des propriétés, les mendians & vagabonds, les révoltes & attroupemens féditieux.

III. Si des voleurs ou des brigands fe portent en troupe fur un territoire quelconque, ils feront repouffés, faifis & livrés aux officiers de police par la gendarmerie nationale & la garde foldée des villes, fans qu'il foit befoin de réquifition.

Ceux des citoyens qui fe trouveront en activité de fervice de garde nationale, prêteront main-forte au befoin; & fi un fupplément de force eft néceffaire, les troupes de ligne, ainfi que tous les citoyens infcrits, feront tenus d'agir fur la réquifition du procureur de la commune, ou à fon défaut, de la municipalité.

IV. Alors la réquifition des communes limitrophes continuera d'être autorifée; celles qui n'auront pas agi d'après la réquifition, demeureront refponfables du dommage envers les perfonnes léfées, & feront pourfuivies, fur la réquifition du procureur général fyndic du Département, à la diligence du procureur-fyndic du diftrict, devant le tribunal du diftrict le plus voifin.

V. Les dépofitaires de la force publique qui, pour faifir lefdits brigands ou voleurs, fe trouveront réduits à la néceffité de déployer la force des armes, ne feront point refponfables des événemens.

VI. Si le nombre des brigands ou voleurs rendoit néceffaire une plus grande force, avis en fera donné fur-le-champ par la municipalité ou le procureur de la commune au juge de paix du canton & au procureur-fyndic du diftrict; ceux-ci, & toujours le procureur-fyndic, à défaut, ou en cas de negligence du juge de paix, feront tenus de requérir foit la gendarmerie nationale, foit la garde foldée des villes qui peuvent fe trouver dans le canton du lieu du délit, ou même dans les autres cantons du district, subsidiairement les troupes de ligne qui seront à douze milles du lieu de l'incursion, & enfin dans le cas de nécessité, les citoyens inscrits dans le canton & dans le district pour le service de la garde nationale.

VII. Quiconque s'opposera par violence ou voie de fait à l'exécution des contraintes légales, des saisies, des jugemens, ou mandats de justice ou de police, des condamnations par corps, des ordonnances de prise de corps, sera contraint à l'obéissance par les forces attachées au service des tribunaux, par la gendarmerie nationale, par la garde soldée des villes, & au besoin par les troupes de ligne.

VIII. Si la résistance est appuyée par plusieurs personnes ou par un attroupement, les forces seront augmentées en proportion, & à ce cri, *force à la loi*, tous les citoyens seront tenus de prêter secours, de manière que force demeure toujours à justice. Les rebelles seront saisis, livrés à la police, jugés & punis selon la loi.

IX. Sera réputé attroupement séditieux, & puni comme tel, tout rassemblement de plus de quinze personnes s'opposant à l'exécution d'une loi, d'une contrainte ou d'un jugement.

X. Les attroupemens séditieux contre la perception des cens, redevances, agriers & champarts, contre celle des contributions publiques, contre la liberté absolue de la circulation des subsistances, des espèces d'or & d'argent, ou toutes autres espèces monnoyées, contre celle du travail & de l'industrie, ainsi que des conventions relatives au prix des salaires, seront dissipés par la gendarmerie nationale, les gardes soldées des villes & les citoyens qui se trouveront de service en qualité de gardes nationales ; les coupables feront faifis pour être jugés & punis felon la loi.

XI. Si ces forces fe trouvent infuffifantes ; le procureur de la commune fera tenu d'en donner avis fur-le-champ au juge de paix du canton & au procureur-fyndic du diftrict.

XII. Ceux-ci, & toujours le procureur fyndic, à défaut ou en cas de négligence du juge de paix, feront tenus de requérir à l'inftant le nombre néceffaire de troupes de ligne qui fe trouveroient à douze milles ; & fubfidiairement les citoyens infcrits dans la garde nationale, foit du canton où le trouble fe manifefte, foit des autres cantons du diftrict. Les citoyens actifs des communes troublées par ces défordres, feront en même temps fommés de prêter fecours pour diffiper l'attroupement, faifir les chefs & principaux coupables ; & pour rétablir la tranquillité publique & l'exécution de la loi.

XIII. La même forme de réquifition & d'action énoncée aux trois articles précédens, aura lieu dans le cas d'attroupement féditieux & d'émeute populaire contre la fureté des perfonnes, quelles qu'elles puiffent être ; contre les propriétés, contre les autorités, foit municipales, foit adminiftratives, foit judiciaires, contre les tribunaux civils, criminels & de police ; contre l'exécution des jugemens, ou pour la délivrance des prifonniers ou condamnés ; enfin contre la liberté ou la tranquillité des affemblées conftitutionnelles.

XIV. Tout citoyen eft tenu de prêter main-forte pour faifir fur-le-champ & livrer aux officiers de police quiconque violera le refpect dû aux fonctionnaires publics en exercice de leurs fonctions, & particulièrement aux juges ou aux jurés.

XV. Les procureurs fyndics des diftricts, auffitôt qu'ils auront été dans le cas de requérir des troupes de ligne,

V 3

feront tenus, fous leur refponfabilité, d'en inftruire les directoires de diftrict & les procureurs-généraux-fyndics de département; ceux-ci, fous la même refponfabilité, en donneront avis fur-le-champ au roi, & lui tranfmettront la connaiffance des évènemens à mefure qu'ils furviendront.

XVI. Si la fédition parvenoit à s'étendre dans une partie confidérable d'un diftrict, le procureur-général-fyndic du département fera tenu de faire les réquifitions néceffaires aux gendarmes nationaux & gardes foldées, même, en cas de befoin, aux troupes de ligne, & fubfidiairement aux citoyens infcrits comme gardes nationales dans des diftricts autres que celui où le défordre a éclaté; d'inviter en même temps tous les citoyens actifs du diftrict troublé par ce défordre, à fe réunir pour opérer le rétabliffement de la tranquillité, & l'exécution de la loi. Les procureurs-généraux-fyndics, auffitôt qu'ils prendront cette mefure, feront tenus, fous leur refponfabilité, d'en donner avis au roi & à la légiflature, fi elle eft affemblée.

XVII. Les réquifitions des juges de paix ceffront à l'inftant où les procureurs-fyndics en auront faites, & ceux-ci s'abftiendront pareillement de toute réquifition, auffitôt après l'intervention des procureurs-généraux fyndics.

XVIII. Les citoyens infcrits fur le rôle des gardes nationales & non en activité de fervice, ne feront requis qu'à défaut & en cas d'infuffifance de la gendarmerie nationale, des gardes foldées & des troupes de ligne.

XIX. A l'exception de la réquifition de la force des communes limitrophes, il ne pourra en aucun cas être fait de réquifition aux gardes nationales par un département à l'égard d'un autre département, fi ce n'eft en vertu d'un décret du Corps légiflatif, fanctionné par le roi.

XX. Aucun corps ou détachement de troupes de ligne ne pourra agir dans l'intérieur du royaume sans une réquisition légale, sous les peines établies par les loix.

XXI. Les réquisitions seront faites aux chefs-commandans en chaque lieu, & lues à la troupe assemblée.

XXII. Les réquisitions adressées aux commandans, soit des troupes de ligne, soit des gardes nationales, soit de la gendarmerie nationale, seront faites par écrit, & dans la forme suivante.

Nous .... requérons en vertu *de la loi*, N........ commandant, &c. de prêter le secours des troupes de ligne ou de la gendarmerie nationale, ou de la garde nationale nécessaire pour repousser les brigands, &c. prévenir ou dissiper les attroupemens, &c. ou pour assurer le paiement de . &c. ou pour procurer l'exécution de tel jugement ou telle ordonnance de police, &c.

Pour la garantie dudit ou desdits commandans, nous apposons notre signature.

XXIII. L'exécution des dispositions militaires appartiendra ensuite aux commandans des troupes de ligne, conformément à ce qui est réglé par l'article XVII du titre III du décret sur le service des troupes dans les places, & sur les rapports des pouvoirs civils & de l'autorité militaire, & par la loi qui détermine le mode du service simultané des gardes nationales & des troupes de ligne; s'il s'agit de faire sortir les troupes de ligne du lieu où elles se trouvent, la détermination du nombre est abandonnée à l'officier-Commandant, sous sa responsabilité.

XXIV. En temps de guerre, les troupes de ligne ne pourront être requises, que dans les lieux où elles se trouveront, soit en garnison, soit en quartier, soit

V 4

en cantonnement, néanmoins, sur la notification du
besoin de secours, elles prêteront main-forte à l'exécution des loix civiles & politiques, des jugemens &
des ordonnances de police & de justice, autant qu'elles
le pourront, sans nuire au service militaire.

XXV. Les dépositaires des forces publiques appelés,
soit pour assurer l'exécution de la loi, des jugemens
& ordonnances ou mandemens de justice ou de police,
soit pour dissiper les émeutes populaires & attroupemens séditieux, & saisir les chefs, auteurs & instiga-
teurs de l'émeute ou de la sédition, ne pourront
déployer la force des armes que dans trois cas.

Le premier, si des violences ou voies de fait étoient
exercées contre eux-mêmes.

Le second, s'ils ne pouvoient défendre autrement le
terrain qu'ils occuperoient, ou les postes dont ils seroient
chargés.

Le troisième, s'ils y étoient expressément autorisés par
un officier civil, & dans ce troisième cas, après les
formalités prescrites par les deux articles suivans.

XXVI. Si, par les progrès d'un attroupement ou d'émeute
populaire, ou par toute autre cause, l'usage rigoureux
de la force devient nécessaire, un officier civil, soit
juge de paix, soit officier municipal, procureur de la
commune ou commissaire de police, soit administrateur
de district ou de département, soit procureur-syndic
ou procureur-général-syndic, se présentera sur le lieu
de l'attroupement ou du délit, prononcera à haute voix
ces mots : *obéissance à la loi ! on va faire usage de la
force, que les bons citoyens se retirent.* Le tambour
battra un ban avant chaque sommation.

XXVII. Après cette sommation trois fois réitérée,
& même dans le cas où après une première ou seconde
sommation il ne seroit pas possible de faire la seconde
ou la troisième, si les personnes attroupées ne se retirent

pas paisiblement, & même s'il en reste plus de quinze rassemblés en état de résistance, la force des armes sera à l'instant déployée contre les séditieux, sans aucune responsabilité des exécutans, & ceux qui pourront être saisis ensuite, seront livrés aux officiers de police pour être jugés & punis selon la rigueur de la loi.

XXVIII. Pour l'exécution des deux articles précédens, l'obligation de se présenter au lieu de l'attroupement remontera dans l'ordre qui suit : d'abord le procureur de la commune & les commissaires de police, dans les lieux où il y en aura, à leur défaut, tous les officiers municipaux individuellement, ensuite le juge de paix du canton ; si c'est dans une ville, le juge de paix de la ville, & si elle en a plusieurs, tous les juges de paix individuellement ; enfin le procureur-syndic du district, & à son défaut tous les membres du directoire du district individuellement ; le procureur-général-syndic, & à son défaut, tous les membres du directoire du département, individuellement, si l'attroupement ou l'émeute populaire se passe dans le chef-lieu d'une administration de district ou de département.

Les officiers publics dénommés ci-dessus, chacun selon l'ordre de leur élection ; & s'il s'agit des juges de paix, dans l'ordre de l'âge, en commençant par les anciens.

XXIX. Si aucun officier civil ne se présente pour faire les sommations, le commandant, soit des troupes de ligne, soit de la garde nationale, sera tenu d'avertir à son choix l'un ou l'autre des officiers civils désignés aux articles XXVII & XXVIII.

XXX. Si des troubles agitent tout un Département, le roi donnera, sous la responsabilité de ses ministres, les ordres nécessaires pour l'exécution des loix & le rétablissement de l'ordre, mais à la charge d'en instruire au même instant le Corps législatif, s'il est assemblé.

XXXI. Si des troubles agitent tout un Département durant les vacances de la législature, & s'ils ne peuvent être réprimés, tant par la gendarmerie nationale & les troupes de ligne qui pourront s'y trouver, que par les gardes nationales, le roi donnera les ordres nécessaires, mais à la charge de les consigner dans une proclamation qui convoquera en même temps la législature à jour fixe; il pourra, s'il y a lieu, suspendre les procureurs-généraux-syndics & les procureurs-syndics, lesquels seront remplacés de la manière déterminée dans la loi du 27 mars 1791 : le tout sous la responsabilité des ministres.

XXXII. Les officiers municipaux de chaque commune, aussitôt qu'ils remarqueront des mouvemens séditieux prêts à éclater, seront tenus, sous leur responsabilité, d'en donner avis tant au procureur de la commune qu'au juge de paix du canton & au procureur-syndic dudit district, lesquels requerront un service de vigilance de leur part, soit des troupes de ligne, soit de la gendarmerie nationale, soit des citoyens inscrits dans le canton ou le district, selon l'importance des faits. Dans ce cas, & toutes les fois que le procureur-syndic fera une réquisition, il sera tenu d'en avertir le procureur général-syndic.

XXXIII. Les conseils ou directoires de département seront chargés, sous leur responsabilité, d'examiner les circonstances où une augmentation de force est nécessaire à la conservation ou au rétablissement de l'ordre public; ils seront tenus alors d'en avertir le Pouvoir exécutif, & de lui demander un renfort de troupes de ligne.

Ce renfort pourra leur être refusé, si la sûreté &

le maintien de l'ordre dans le reste du royaume ne
permettent pas de l'accorder.

XXXIV. Les Corps municipaux, les directoires de
district & de département seront chargés, aussi sous
leur responsabilité, de prendre toutes les mesures de
police & de prudence les plus capables de prévenir &
calmer les désordres; ils sont chargés en outre d'avertir
les procureurs des communes, les juges de paix, les
procureurs-syndics & les procureurs-généraux-syndics
dans toutes les circonstances où, soit la réquisition,
soit l'action de la force publique, deviendra nécessaire.

Ils sont chargés enfin de transmettre à la législature & au roi leurs observations sur la négligence de
ces officiers, & sur l'abus de pouvoir qu'ils se per-
mettroient.

XXXV. Les officiers municipaux auront toujours,
sous leur responsabilité, le droit de suspendre la réquisition, ou d'arrêter l'action de la force publique
faite ou provoquée par les procureurs des communes.

Les directoires de district auront le même droit à
l'égard des procureurs-syndics, des procureurs des communes, des officiers municipaux & des juges de paix
de tout le district.

Les directoires de département auront aussi le même
droit à l'égard des procureurs-généraux-syndics.

XXXVI. En l'absence ou au défaut du procureur de
la commune, du juge de paix, du procureur-syndic du
district ou du procureur-général-syndic du département,
les Corps municipaux, les directoires de district ou de
département, & subsidiairement les conseils de district
& de département, lorsqu'ils se trouveront assemblés,
seront, sous leur responsabilité, tenus de faire les réquisitions nécessaires, respectivement & dans l'ordre
désigné en l'article précédent.

XXXVII. En cas de négligence très-grave ou d'abus du pouvoir touchant la réquisition & l'action de la force publique, les procureurs des communes, les commissaires de police, les juges de paix, les procureurs-syndics, & les procureurs-généraux-syndics seront jugés par les tribunaux criminels, destitués de leurs emplois, & privés pendant deux ans de l'exercice du droit de citoyen actif, sans préjudice des peines plus fortes portées par le code pénal contre les crimes attentatoires à la tranquillité publique.

XXXVIII. Dans le cas où, soit les officiers municipaux, soit les membres des directoires ou des conseils de district ou de département, contreviendroient aux dispositions du présent Décret, la Législature, sur le compte qui lui en sera rendu, pourra dissoudre le Corps municipal ou administratif, & renvoyer la totalité ou quelques-uns de ses membres, soit aux tribunaux criminels du département, soit à la haute-cour nationale.

Sans préjudice de l'annullation des actes irréguliers, & de la suspension des membres des municipalités & des Corps administratifs autorisées par la loi.

XXXIX. La responsabilité sera poursuivie à la diligence des directoires de départemens à l'égard des procureurs de la commune, des commissaires de police, des juges de paix & des procureurs-syndics de district.

XL. En ce qui concerne les procureurs-généraux-syndics, le ministre de l'intérieur donnera connoissance de leur conduite à la Législature, qui statuera ce qu'elle jugera convenable, &, s'il y a lieu, les renverra pour être jugés au tribunal criminel du département.

XLI. Les chefs des troupes de ligne, de la gendarmerie nationale, de la garde soldée des villes, ou des gardes nationales, qui refuseroient d'exécuter les réquisitions qui leur seroient faites, seront poursuivis sur la requête de l'accusateur public, à la diligence du procureur-général-syndic; & punis des peines portées au code pénal; sans préjudice des peines plus graves prononcées par la loi contre les crimes attentatoires à la tranquillité publique.

XLII. Les citoyens en activité de service de garde nationale, ou même simplement inscrits sur le rôle, qui, hors le cas de la loi martiale, refuseroient après une réquisition légale, soit de marcher ou de se faire remplacer, soit d'obéir à un ordre conforme aux loix, seront privés de l'exercice de leurs droits de citoyen actif durant un intervalle de temps qui n'excédera pas quatre années. Ils pourront même, selon la gravité des circonstances, être condamnés à un emprisonnement qui ne pourra excéder un an.

XLIII. Les délits mentionnés en l'article précédent seront poursuivis par la voie de police correctionnelle.

XLIV. Indépendamment des réquisitions particulières qui pourront être adressées, selon les règles ci-dessus prescrites, aux citoyens inscrits pour le service des gardes nationales, lorsque leur secours momentané deviendra nécessaire, ils seront mis en état de réquisition permanente, soit par les Officiers municipaux dans les villes au-dessus de dix mille ames, soit par-tout ailleurs par le directoire de département, sur l'avis de celui de district, lorsque la liberté ou la sûreté publique sera menacée.

XLV. Cette réquisition permanente obligera les citoyens inscrits à un service habituel de vigilance; les patrouilles seront alors établies ou renforcées & multipliées.

XLVI. Tous les citoyens inscrits sur le rôle des gardes nationales, sont mis par le présent Décret en état de réquisition permanente, jusqu'à ce que l'exécution des Loix constitutionnelles ne rencontrant point d'obstacles, le Corps légiflatif ait expreffément déterminé la ceffation de cet état.

ARTICLE ADDITIONNEL

à ajouter à la Loi Martiale du mois de Novembre 1789.

La Loi martiale continuera à être proclamée, lorfque la tranquillité publique fera habituellement menacée par des émeutes populaires ou attroupemens féditieux qui fe fuccéderoient l'un à l'autre : pendant le temps que la loi martiale fera en vigueur, toute réunion d'hommes au-deffus du nombre de quinze, dans les rues ou places publiques, avec ou fans armes, fera réputée attroupement.

Scellé le 3 *Août.*

Décret contenant liquidation de plufieurs parties de la dette publique.

Du 27 Juillet 1791.

Voyez ce Décret à la fin du volume.

Décret relatif à la déclaration à faire par les Habitans de Paris, des noms & qualités des François & Etrangers qui feront logés dans leurs maifons.

Du 27 Juillet 1791.

L'Affemblée Nationale, fur la demande du Directoire & de la Municipalité de Paris, contenue dans l'Arrêté de ladite Municipalité du 22 Juillet préfent mois, décrète ce qui fuit :

ARTICLE PREMIER.

Les Citoyens habitans de Paris feront tenus de déclarer au Comité de leur Section les noms & qualités des François non-domiciliés à Paris, & des Étrangers qui feront logés dans les maifons defdits Citoyens, à peine d'une amende égale au quart de la valeur de leur loyer d'habitation, pour chaque individu qu'ils n'auront pas déclaré.

II. Tout Portier, Concierge ou Dépofitaire des clefs de maifons dont les propriétaires & principaux locataires feront abfens, feront tenus de faire la même déclaration, à peine d'être condamnés, par voie de police correctionnelle, à une amende qui ne pourra excéder la fomme de cinquante livres, & à une détention qui ne pourra excéder deux mois.

Scellé le premier Août.

Décret fur l'organifation de la Garde nationale.

Du 27 Juillet 1791.

Voyez au 28 du même mois.

Décret qui révoque le Contrat d'échange du ci-devant Comté de Sancerre.

Du 27 Juillet 1791. *Séance du foir.*

L'Affemblée Nationale, confidérant que rien ne juftifie que le Gouvernement ait excité en 1777 le fieur d'Efpagnac à faire l'acquifition de la terre de Sancerre;

Qu'aucun motif réel de justice ou de convenance n'a déterminé l'échange de cette terre en 1784 ;

Que le consentement donné par le Roi à cet échange a été surpris par un exposé infidèle du sieur de Calonne, alors son Ministre, devenu partie intéressée dans ce même échange ;

Que dans le choix des domaines échangés, on a compris des forêts considérables, contre l'intention que le Roi avoit expressément manifestée ;

Que la masse des domaines donnés en échange a été progressivement augmentée, au préjudice de l'Etat, par des distractions & des remplacemens combinés ;

Et qu'enfin l'intérêt national, blessé par la disproportion énorme qui existe entre le domaine de Sancerre & ceux qui ont été cédés en échange, ne permet pas de consommer un pareil contrat,

Décrète ce qui suit.

ARTICLE PREMIER.

L'Assemblée Nationale révoque le contrat d'échange, passé le 30 Mars 1785, entre les Commissaires du Roi d'une part, & le sieur Jean-Frédéric-Guillaume Sahuguet d'Espagnac de l'autre, & tout ce qui a précédé & suivi ; décrète en conséquence que tous les domaines compris audit contrat & aux lettres-patentes des mois de Mars & d'Août 1786, sont réunis au domaine national, pour être administrés par les Préposés à la régie des Domaines nationaux, à compter de la publication du présent Décret : délaisse audit sieur d'Espagnac le ci-devant comté de Sancerre, pour s'en remettre en possession actuelle, & en jouir comme si ledit échange n'avoit pas eu lieu.

II. L'agent du pouvoir public se pourvoira par les voies de droit en paiement de la somme de 500,000 l.,

dont

dont il a été donné quittance audit sieur d'Espagnac par le contrat d'échange.

III. Il se pourvoira également en répétition de pareille somme de 500,000 liv., payée en vertu de l'ordonnance de comptant, du 9 Janvier, pour soulte provisoire dudit échange, & ce, solidairement tant contre ledit sieur d'Espagnac que contre le sieur de Calonne, qui a fait délivrer cette somme contre la décision du Roi, du 26 Septembre 1784, sans en assurer l'emploi en paiement des dettes hypothéquées sur le ci-devant Comté de Sancerre.

IV. L'agent du Trésor public poursuivra en outre le remboursement de la somme de 160,753 l. 4 s., payée en vertu des ordonnances de comptant, des 28 Mars 1784, 10 Septembre & 11 Novembre 1786, sur laquelle somme il sera fait déduction au sieur d'Espagnac des frais relatifs audit échange.

Scellé le 12 Septembre.

Décret sur l'organisation des Gardes nationales (1).

Des 27 & 28 Juillet 1791.

SECTION PREMIÈRE.

De la composition de la liste des Citoyens.

ARTICLE PREMIER.

Les citoyens actifs s'inscriront, pour le service de la garde nationale, sur des registres qui seront ouverts à cet effet dans les municipalités de leur domicile ou de leur résidence continuée depuis un an.

_____

(1) Ce Décret a été modifié dans quelques dispositions au 29 Septembre ; nous ferons mention, à cette date, des changemens décrétés.

II. A défaut de cette inscription, ils demeureront suspendus de l'exercice des droits que la Constitution attache à la qualité de citoyen actif, ainsi que de celui de porter les armes.

III. Ceux qui, sans être citoyens actifs, ont servi depuis l'époque de la révolution, & qui sont actuellement en état de service habituel, seront maintenus dans les droits de leur service. Les gens déclarés suspects, sans aveu & mal intentionnés, aux termes des décrets sur la police municipale, en seront exceptés.

IV. Aucune raison d'état, de profession, d'âge, d'infirmités, ou autres, ne dispensera de l'inscription les citoyens actifs qui voudront conserver l'exercice de leurs droits; plusieurs d'entre eux seront néanmoins dispensés du service, ou l'exercice en demeurera suspendu, ainsi qu'il sera dit ci - après.

V. Tous fils de citoyens actifs seront tenus de s'inscrire sur lesdits registres, lorsqu'ils seront parvenus à l'âge de dix-huit ans accomplis.

VI. Ceux qui, à l'âge de dix-huit ans, n'auront pas satisfait aux dispositions de l'article précédent, ne pourront prendre à vingt-un ans l'inscription civique; ils ne seront admis à celle-ci que trois ans révolus après l'inscription ci - dessus ordonnée.

VII. Les citoyens actifs, ou fils de citoyens actifs, qui sont maintenant âgés de plus de dix-huit ans, seront admis, à l'âge de vingt-un ans, à prendre l'inscription civique, s'ils se font inscrire dans le délai de trois mois au plus tard après la publication du présent décret.

VIII. Les étrangers qui auront rempli les conditions prescrites pour devenir citoyens françois, & leurs enfans, seront traités à cet égard comme les François naturels.

IX. Nul ne sera reçu à s'inscrire par procuration, mais

tens feront tenus de prendre leur infcription en per-
fonne. Les pères., mères & tuteurs pourront cependant faire infcrire leurs enfans abfens, fi la fuite de leur éducation eft la caufe de leur abfence.

X. Les fils de citoyens actifs, qui auront fatisfait à ce devoir, jouiront, après dix ans révolus de fervice, de tous les droits de citoyens actifs, quand ils ne paieroient pas la contribution exigée, pourvu que d'ailleurs ils rempliffent les conditions prefcrites par la conftitution.

XI. Les regiftres d'infcription des municipalités feront doubles ; & l'un d'eux fera envoyé tous les ans, & confervé dans le directoire du diftrict.

XII. Les fils de citoyens actifs, qui fe feront infcrits dans l'année, feront reçus au ferment de la garde nationale, qui fe prètera à la fête civique du 14 Juillet fuivant, dans le chef-lieu du diftrict.

XIII. Les citoyens infcrits & diftribués dans les compagnies, lorfqu'ils feront commandés pour le fervice, pourront, en cas d'empêchement légitime, fe faire remplacer, mais feulement par des citoyens infcrits fur les regiftres, & fervant dans la même compagnie ; les pères pourront fe faire remplacer par leurs fils âgés de 18 ans & les frères par leurs frères ayant l'âge requis.

XIV. A l'égard de ceux qui, ayant d'ailleurs les qualités requifes, ne fe feront pas fait infcrire, & qui auront perdu le droit d'activité, ils feront foumis, comme les autres, à un tour de fervice à la décharge des citoyens infcrits ; mais ils ne feront jamais leur fervice en perfonne, & ils feront, fur mandement du directoire de diftrict, taxés par chaque municipalité pour le paiement de ceux des citoyens infcrits qui les remplaceront dans le fervice qu'ils auroient dû faire : cette taxe fera égale à deux journées de travail.

X 2

XV. Ceux des citoyens inscrits qui ne serviront pas volontairement, ou ne fourniront pas volontairement leur service, seront pareillement taxés par la municipalité; & à la troisième fois qu'ils auront été contraints à payer cette taxe dans la même année, ils seront suspendus, pendant un an, de l'honneur de servir en personne, & de l'exercice du droit de citoyens actifs ou éligibles.

Les femmes, les veuves & les filles seront exemptes de toute contribution.

XVI. Les fonctions de la garde nationale & celles des fonctionnaires publics qui ont droit de requérir la force publique sont incompatibles. En conséquence, les membres du Corps législatif, les ministres du Roi, les citoyens qui exercent les fonctions de juges ou de commissaires du Roi près les tribunaux, les juges des tribunaux de commerce, les juges de paix, les présidens des administrations, vice-présidens & membres des directoires, les procureurs-syndics de département & de district, les officiers municipaux, les procureurs de la commune & leurs substituts, pourront, nonobstant leur inscription, ne faire aucun service personnel dans la garde nationale, mais ceux d'entre eux qui seront salariés par la Nation, seront soumis au remplacement ou à la taxe.

Les évêques, curés & vicaires, & tous citoyens qui sont dans les ordres sacrés, ne pourront également faire aucun service personnel, mais ils seront soumis au remplacement & à la taxe.

XVII. Seront dispensés du service de la garde nationale les officiers, sous officiers, cavaliers & soldats des troupes de ligne & de la marine étant actuellement en activité de service, les officiers, sous-officiers & cavaliers de la gendarmerie nationale & des gardes soldées, & les sexagénaires, les infirmes, les impotens & les invalides.

XVIII. En cas de changement de domicile ou de résidence habituelle, le citoyen actif inscrit fera rayer son
nom sur le registre de l'ancienne municipalité, s'inscrira
sur celui de la nouvelle, & sera distribué dans une compagnie ; faute de quoi, il demeurera sujet au service
ou au remplacement dans l'une & dans l'autre municipalité.

SECTION II.

*De l'organisation des Citoyens pour le service de la garde
nationale.*

ARTICLE PREMIER.

La garde nationale sera organisée par district & par
canton ; sous aucun prétexte elle ne pourra l'être par
commune, si ce n'est dans les villes considérables, ni
par département.

II. Les sections dans les villes seront, à cet égard,
considérées comme cantons, & les villes au-dessus de
cinquante mille ames, comme districts.

III. Il y aura un ou plusieurs bataillons ou demi-
bataillons par canton, à raison de la population.

IV. Les bataillons seront composés de six jusqu'à dix
compagnies, qui, au taux commun, seront de cinquante-
trois hommes chacune, compris les officiers & les sous-
officiers ; le tambour compté en dehors, sous la modification ci-après par rapport aux grandes villes.

V. Chaque compagnie sera divisée en deux pelotons,
quatre sections & huit escouades.

VI. Il y aura dans chaque compagnie un capitaine,
un lieutenant, deux sous-lieutenans, deux sergens &
quatre caporaux.

X 3

VII. Le lieutenant & l'un des sous-lieutenans commanderont chacun un peloton, & auront chacun un sergent sous leurs ordres.

VIII. A la tête de chacune des quatre sections il y aura un caporal qui commandera la première escouade, & la seconde sera commandée par le plus âgé des soldats de l'escouade.

IX. Chaque bataillon aura un commandant en chef, un commandant en second, un adjudant, un porte-drapeau, & un maître armurier.

X. La réunion des bataillons du même district jusqu'au nombre de huit à dix, formera une légion.

XI. Chaque légion sera sous les ordres d'un chef de légion, d'un adjudant-général, & d'un sous-adjudant-général. Les légions réunies auront pour chef un commandant de légion, qui exercera le commandement à tour de rôle pendant trois mois, si ce n'est dans les villes au-dessus de cent milles ames, où il y aura un commandant-général des légions, nommé par les citoyens actifs de chaque section, inscrits & distribués par compagnies.

XII. On tirera tous les ans au sort savoir:

Dans le chef-lieu de district, le rang des légions & des bataillons;

Dans le chef-lieu de canton, le rang des compagnies.

A la tête des compagnies, le rang des pelotons, des sections & des escouades.

XIII. La formation des compagnies se fera de la manière suivante:

Dans les villes, cinquante-trois citoyens, & fils de citoyens inscrits, & du même quartier, composeront une compagnie.

Dans les communes qui ne pourroient pas former une compagnie, il sera formé des pelotons de vingt-quatre hommes, des sections de douze, des escouades de six; de manière que plusieurs communes forment une compagnie, en se réunissant de proche en proche, selon les ordres qui seront donnés par les directoires de District.

XIV. S'il arrivoit que le nombre des citoyens inscrits, soit dans une commune de campagne, soit dans plusieurs communes réunies à cet effet, ne s'accordât pas avec le nombre de cinquante-trois, dont chaque compagnie doit être formée, la compagnie pourra se réduire à quarante-cinq.

XV. Il en sera de même dans le cas où le nombre des citoyens inscrits viendroit à varier, soit en augmentation, soit en diminution, jusqu'à ce qu'il y ait lieu de former ou de supprimer une compagnie.

XVI. Dans les villes au-dessus de cinquante mille âmes, les compagnies pourront être formées de cent deux hommes, compris le capitaine, le lieutenant, deux sous-lieutenans, quatre sergens & huit caporaux.

XVII. En ce cas, les compagnies se partageront en deux divisions, commandées, l'une par le capitaine & un sous-lieutenant, l'autre par le lieutenant & le second sous-lieutenant; les quatre pelotons auront chacun un sergent à leur tête; chacune des huit sections aura un caporal qui commandera la première escouade; le second aura à sa tête le plus âgé des soldats.

XVIII. Pour former dans les cantons la première composition des compagnies, les maires ou premiers officiers municipaux des communes, accompagnés chacun d'un des notables, se réuniront au chef-lieu de leur canton, apportant avec eux la liste des citoyens actifs & de leurs enfans inscrits. Ils conviendront ensemble du nombre & de la formation des compagnies; ils adreſſeront le réſultat au directoire de diſtrict; & ce dernier réglera ces diſtributions & en inſtruira le directoire de département.

XIX. Les citoyens actifs deſtinés à former une compagnie ſe réuniront, tant pour eux que pour leurs enfans, & ſans uniforme, avec les maires de leurs communes, dont le plus ancien préſidera. Ceux-ci & les citoyens ainſi réunis éliront enſemble, au ſcrutin individuel & à la pluralité abſolue des ſuffrages, ceux qui devront remplir, pendant le temps qui ſera déterminé dans les articles ſuivans, les fonctions de capitaine, celles de lieutenant & celles des deux ſous-lieutenans. Enſuite ils procéderont par ſcrutin individuel, mais à la ſimple pluralité relative, à l'élection pour les places de ſergens & pour celles de caporaux.

XX. Après l'élection des officiers & ſous-officiers, les citoyens élus pour les places de capitaine, lieutenans & ſous-lieutenans de chaque compagnie, formeront les deux pelotons pour les deux ſergens, & les quatre ſections pour les quatre caporaux; ils auront ſoin de réunir dans cette formation les citoyens des mêmes communes dans les campagnes, & des mêmes quartiers dans les villes.

XXI. Les citoyens élus aux places de capitaines, lieutenans, ſous-lieutenans & ſergens des différentes compagnies du même canton, ſe réuniront au chef-lieu du canton; & là, ſous la préſidence du plus âgé des capitaines, ils formeront la diſtribution des bataillons, à raiſon d'un demi-bataillon depuis trois compagnies juſqu'à cinq, & d'un bataillon depuis ſix compagnies juſqu'à dix.

Ils auront ſoin de placer dans le même bataillon les compagnies des communes voiſines.

XXII. Cette diſtribution faite, les capitaines, lieutenans, ſous-lieutenans & ſergens des compagnies dont chaque bataillon fera compofé, en éliront, au fcrutin individuel & à la pluralité abfolue des fuffrages, le commandant en chef, le commandant en fecond & l'adjudant.

XXIII. Les commandans en chef, commandans en fecond & adjudans des bataillons, les capitaines & lieutenans des compagnies dont ces bataillons feront compofés, fe réuniront au chef-lieu du diftrict; & tous enfemble, fous la préfidence d'un commiffaire du directoire, ils éliront, au fcrutin individuel & à la pluralité abfolue des fuffrages, le chef, l'adjudant & le fous-adjudant-général de la légion, s'il n'y en a qu'une; &, ceux de chaque légion, s'il y en a plufieurs, après avoir déterminé les bataillons dont chacune fera compofée.

XXIV. Les élections des officiers des légions, de ceux des bataillons, des officiers & fous-officiers des compagnies dans les villes, fe feront de la même manière que dans les campagnes, mais en obfervant que les fections étant réputées cantons, dix commiffaires choifis par chaque fection au fcrutin de lifte & à la pluralité relative, formeront la diftribution des compagnies, aux termes de l'article XV.

XXV. Aucun officier des troupes de ligne ni de gendarmerie nationale, ne pourra être nommé officier des gardes nationales.

XXVI. Les officiers & fous-officiers de tout grade ne feront élus que pour un an, & ne pourront être réélus qu'après avoir été foldats pendant une année. Les élections feront faites par les compagnies, les bataillons & les légions, le fecond dimanche de chaque année. En cas de fervice contre l'ennemi de l'Etat, il ne fera fait aucune réélection d'officiers & de fous-officiers tant que durera ce fervice.

XXVII. L'uniforme national fera le même pour

tous les François en état de service; les signes de distinction seront les mêmes que dans les troupes de ligne.

XXVIII. L'uniforme est définitivement réglé ainsi qu'il suit:

Habit bleu de roi, doublure blanche, paremens & collet écarlate, & passe-poil blanc, revers blancs & passe-poil écarlate, manche ouverte à trois petits boutons, poche en dehors à trois pointes, & trois boutons avec passe-poil rouge, le bouton tel qu'il est prescrit par le décret du 25 décembre dernier, l'agraffe du retroussis écarlate, veste & culotte blanches.

XXIX. Néanmoins, dans les campagnes, l'uniforme ne pourra être exigé; le service des citoyens actifs & de leurs enfans âgés de dix-huit ans, inscrits, sera reçu, sous quelque vêtement qu'il se présentent; mais, à dater du 14 juillet prochain, ceux qui porteront l'uniforme seront tenus de s'y conformer, sans aucun changement à celui qui est prescrit.

XXX. Les drapeaux des Gardes nationales seront aux trois couleurs, & porteront ces mots: Le Peuple François; & ces autres mots: la liberté ou la mort.

XXXI. Les anciennes milices bourgeoises, compagnies d'arquebusiers, fusiliers, chevaliers de l'arc ou de l'arbalète, compagnies de volontaires, & toutes autres sous quelque forme & dénomination que ce soit, sont supprimées.

XXXII. Les citoyens qui font actuellement le service des Gardes nationales continueront le service dont elles feront requises, jusqu'à ce que la nouvelle composition soit établie.

XXXIII. L'Assemblée Nationale voulant rendre honneur à la vieillesse des bons citoyens, permet que,

dans chaque canton, il se forme une compagnie de
vétérans, de gens âgés de plus de soixante ans, orga-
nisés comme les autres, & vêtus du même uniforme ;
& ils seront distingués par un chapeau à la Henri
IV & une écharpe blanche ; leur arme sera un esponton.

XXXIV. Ces vétérans ne seront employés que dans
les événemens publics. Ils assisteront assis aux exercices des Gardes nationales, distribueront les prix, &
seront appelés les premiers, dans chaque District, au
renouvellement de la Fédération générale du 14 Juillet.

XXXV. L'Assemblée Nationale permet également
qu'il s'établisse dans chaque canton, sous la même forme
d'organisation, une compagnie composée de jeunes citoyens au-dessous de l'âge de dix-huit ans. Cette compagnie, commandée par des officiers de la même classe,
sera soumise à l'inspection de trois vétérans nommés à
cet effet par leurs compagnies, ou, à défaut de vétérans, d'inspecteurs désignés par les Municipalités.

XXXVI. Il pourra y avoir dans chaque District
deux compagnies de cavalerie ; ce qui sera déterminé
par le Directoire du Département, sur l'avis du Directoire du District. On suivra, pour leur formation & la
nomination des officiers, les mêmes règles que pour celles
des autres compagnies de Gardes nationales.

Les officiers & cavaliers de ces compagnies seront tenus
d'avoir chacun leur cheval.

SECTION III.

*Des fonctions des Citoyens servant en qualité de gardes
nationales.*

Art. I. Les fonctions des citoyens servant en qualité de gardes nationales, sont de rétablir l'ordre, &

de maintenir l'obéissance aux loix, conformément aux Décrets.

II. Les citoyens & leurs chefs, requis au nom de la loi, ne se permettront pas de juger si les réquisitions ont dû être faites, & seront tenus de les exécuter provisoirement, sans délibération; mais les chefs pourront exiger la remise d'une réquisition par écrit, pour assurer la responsabilité des requérans.

III. Dans l'intérieur des villes, pour le rétablissement de l'ordre public, les troupes de ligne n'agiront qu'en cas d'insuffisance de la garde soldée, s'il y en a, & de la garde nationale. Dans les campagnes, les gardes nationales n'agiront que pour soutenir ou pour suppléer la gendarmerie nationale & les troupes de ligne.

IV. Toute délibération prise par les gardes nationales sur les affaires de l'État, du département, du district, de la commune, même de la garde nationale, à l'exception des affaires expressément renvoyées au conseil de discipline qui sera établi ci-après, est une atteinte à la liberté publique, & un délit contre la Constitution, dont la responsabilité sera encourue par ceux qui auront provoqué l'assemblée, & par ceux qui l'auront présidée.

V. Les citoyens ne pourront, ni prendre les armes, ni se rassembler en état de gardes nationales, sans l'ordre des chefs médiats ou immédiats, ni ceux-ci l'ordonner sans une réquisition légale à la tête de la troupe.

VI. Pourront cependant les chefs, sans réquisition particulière, faire toutes les dispositions, & donner tous les ordres relatifs au service ordinaire & journalier, aux patrouilles de sûreté & aux exercices.

VII. En cas de flagrant délit ou de clameur publique, tous François, sans exception, doivent secours à ceux qui sont attaqués dans leurs personnes ou dans leurs propriétés. Les coupables feront faifis fans qu'il foit befoin de réquifition.

VIII. Dans le cas de la réquifition permanente, qui aura lieu aux époques d'alarmes & de troubles, les chefs donneront les ordres néceffaires pour que les citoyens fe tiennent prêts à un fervice effectif. Les patrouilles feront renforcées & multipliées.

IX. Dans les cas de réquifitions particulières ayant pour objet de réprimer les incurfions extraordinaires du brigandage, ou les attroupemens féditieux contre la fûreté des perfonnes & des propriétés, la perception des contributions ou la circulation des fubfiftances, les chefs pourront ordonner, felon les occafions, ou des détachemens tirés des compagnies, ou le mouvement & l'action des compagnies entières.

X. Les gardes nationales, légalement requis, diffiperont toutes émeutes populaires & attroupemens féditieux; ils faifiront & livreront à la juftice les coupables d'excès & violences, pris en flagrant-délit ou à la clameur publique; ils emploieront la force des armes dans les cas exprimés par la loi martiale, fi elle eft proclamée, dans ceux où ils ne pourroient pas foutenir autrement le pofte de la défenfe duquel ils font chargés, & lorfque des violences & voies de fait feront employées contre eux, conformément aux difpofitions de la loi martiale, & aux articles XXV, XXVI, XXVII, XXVIII & XXIX de la loi fur la réquifition & l'action de la force publique.

XI. Les corps de la garde nationale auront, en tous lieux, le pas fur la gendarmerie nationale & la troupe de ligne, lorfqu'ils fe trouveront en concurrence de fervice avec elles. Le commandement dans les fêtes ou cérémonies civiles appartiendra à celui des officiers des

trois corps qui aura la supériorité du grade , ou , dans
le même grade , la supériorité de l'âge. Mais lorsqu'il
s'agira d'action militaire , les corps réunis seront commandés par l'officier supérieur de la troupe de ligne ou
de la gendarmerie nationale.

XII. S'il n'y a point d'invasion du territoire françois,
les citoyens actifs & leurs enfans en état de garde nationale , ne pourront être contraints de marcher à la
guerre , que sur un décret émané du Corps légiflatif.

XIII. Lorsque les gardes nationales légalement requifes
fortiront de leurs foyers pour aller contre l'ennemi extérieur , elles seront payées par le tréfor public , & pafferont fous les ordres du roi.

XIV. Les gardes nationales marchant en corps , ne
feront point individuellement incorporées dans les troupes
de ligne , mais elles marcheront toujours avec leur drapeau , ayant à leur tête les officiers de leur choix, fous
le commandement du chef supérieur.

XV. Aucun officier des gardes nationales ne pourra,
dans le fervice ordinaire , faire diftribuer des cartouches
aux citoyens armés , fi ce n'eft en cas de réquifition
précife , à peine de demeurer refponfable des événemens.

XVI. Tous les dimanches , pendant les mois d'avril ,
mai , juin , feptembre & octobre , ou pendant les cinq
mois de l'année qui feront déterminés par les adminiftrations ou directoires de département , les citoyens fe
raffembleront par communes , ou , dans les villes au-
deffus de quatre mille ames , par fections , pour être
exercés fuivant l'inftruction arrêtée à cet effet, & qui a
été diftribuée dans les départemens.

Tous les premiers dimanches des mêmes mois , ils
fe raffemb'eront par bataillon dans le chef-lieu du canton , pour y prendre l'enfemble des marches & évolu-

tions militaires, & tirer à la cible. Les administrations de département détermineront, avec économie, la dépense de ces raffemblemens & exercices. Il fera donné, chaque fois, au meilleur tireur, un prix d'honneur dont la valeur n'excédera pas 6 livres, & dont les fonds feront faits par compagnie, pour l'année entière.

XVII. Les citoyens actifs qui fe préfenteront à une affemblée de commune, affemblée primaire, affemblée électorale, ou tout autre affemblée politique, avec des armes de quelque efpèce qu'elles foient, feront avertis de fe retirer par-devers le préfident & autres officiers, & toute délibération fera à l'inftant interrompue, jufqu'à ce qu'ils foient fortis.

XVIII. Les fufils & moufquets de fervice, & le furplus de l'armement, délivrés des arfenaux de la nation, étant une propriété publique, le nombre en fera conftaté par chaque municipalité; & les citoyens qui en feront dépofitaires, feront tenus d'en faire la repréfentation tous les trois mois, en bon état, & toutes les fois que la municipalité le requerra, ou d'en payer la valeur.

XIX. Les drapeaux de bataillons demeureront dépofés chez le commandant en chef.

XX. Le ferment fédératif fera renouvelé chaque année dans le chef-lieu du diftrict, le 14 juillet, jour anniverfaire de la fédération générale.

XXI. Il ne fera fait à l'avenir aucune fédération particulière : tout acte de ce genre eft déclaré un attentat à l'unité du royaume & à la fédération conftitutionnelle de tous les François.

SECTION IV.

De l'ordre du service.

ARTICLE PREMIER.

L'ordre & le rang des bataillons, des compagnies de chaque bataillon, des pelotons, sections & escouades de chaque compagnie étant réglés par le sort tous les ans, ainsi qu'il est dit en l'article XIV de la section II, l'ordre du service sera déterminé sur cette base, toutes les fois qu'il faudra rassembler & mettre en marche des bataillons de garde nationale.

II. Les bataillons seront formés d'un nombre égal d'escouades tirées de chacune des compagnies.

III. Le tour commencera toujours par la première escouade de la première compagnie du premier bataillon, & continuera par la première escouade de la deuxième compagnie, jusqu'à la première escouade de la dernière compagnie du dernier bataillon; & toutes ces escouades composeront huit compagnies, qui formeront un bataillon.

IV. S'il faut un second bataillon, le tour de service sera repris dans le même ordre, à l'escouade où le précédent tour du service se sera arrêté.

V. Chaque bataillon ainsi formé sera divisé de la même manière que les bataillons primitifs des gardes nationales, & sur le pied du taux moyen quant au nombre des hommes : il en sera de même des compagnies.

VI. Il y aura parmi les officiers de chaque grade, un rang de piques réglé par le sort, & l'adjudant-général en tiendra note.

VII. Les officiers de chaque grade seront appelés au
commandement

commandement des compagnies, bataillons & détachemens, suivant le rang dont il vient d'être parlé.

VIII. Il y aura dans le détachement, par compagnies
& bataillons, le même nombre d'officiers que dans l'organisation primitive.

IX. Les mêmes règles seront suivies dans chaque canton, pour les petits détachemens ; les escouades seront
prises à tour de rôle de chaque compagnie du bataillon, de
la manière qui vient d'être expliquée.

X. S'il est nécessaire de rassembler deux ou trois compagnies, elles seront formées par d'autres escouades
commandées pareillement à tour de rôle, en commençant au point où le précédent tour de service se
sera arrêté.

XI. Les compagnies ainsi formées seront commandées
par le même nombre d'officiers déterminé pour l'organisation primitive, & pris à tour de rôle, aux termes
de l'art. VI.

XII. En cas d'invasion ou d'alarme subite dans une
commune, les citoyens marcheront par compagnies,
pelotons, sections ou escouades, tels qu'ils ont été primitivement formés, sous les ordres de leurs capitaines,
lieutenans, sous-lieutenans, sergens, caporaux ou anciens, sur la première réquisition qui leur en sera faite
par le corps municipal.

XIII. Les patrouilles, soit ordinaires, soit extraordinaires, se feront dans les villes, selon le même tour de
rôle, par demi-escouades ou par escouades tirées des diverses compagnies, en reprenant toujours le rang de service
au point où le précédent s'est arrêté.

SECTION V.

De la discipline des citoyens servant en qualité de gardes nationales.

ARTICLE PREMIER.

Ceux qui feront élus pour commander dans quelque grade que ce soit, se comporteront comme des citoyens qui commandent à des citoyens.

II. Chacun de ceux qui font le service de la garde nationale, rentrant à l'instant où chaque service est fini, dans la classe générale des citoyens, ne sera sujet aux loix de la discipline, que pendant la durée de son activité.

III. Le chef médiat ou immédiat, quel que soit son grade, n'ordonnera de rassemblement que lorsqu'il aura été requis légalement ; mais les citoyens se réuniront, à l'ordre de leur chef, sans aucun retard, sauf la responsabilité de celui-ci.

IV. S'il arrivoit néanmoins que quelques-uns des citoyens inscrits, distribués par compagnie, ne se présentassent ni par eux-mêmes, ni par des soldats-citoyens de la même compagnie, aux ordres donnés par les chefs médiats ou immédiats, ceux-ci ne pourront user d'aucun moyen de force, mais seulement les déférer aux Officiers municipaux qui les soumettront à la taxe de remplacement, comme il est dit ci-dessus.

V. Tant que les citoyens sont en état de service, ils sont tenus d'obéir aux ordres de leurs chefs.

VI. Ceux qui manqueroient, soit à l'obéissance, soit au respect dû à la personne des chefs, soit aux règles du service, seront punis des peines de discipline.

339

VII. Les peines de discipline seront les mêmes pour les officiers, sous-officiers & soldats, sans aucune distinction.

VIII. La simple désobéissance sera punie des arrêts qui ne pourront excéder deux jours.

IX. Si elle est accompagnée d'un manque de respect ou d'une injure envers les officiers ou sous-officiers, la peine sera des arrêts pendant trois jours, ou de la prison pendant vingt-quatre heures.

X. Si l'injure est grave, le coupable sera puni de huit jours d'arrêt ou de quatre jours de prison.

XI. Celui qui troublera le service par des conseils d'insubordination, sera condamné à sept jours de prison.

XII. Ceux qui ne se soumettront pas à la peine prononcée, seront notés sur le tableau des gardes nationales, & par suite suspendus de l'exercice des droits de citoyen actif, jusqu'à ce qu'ils viennent exprimer leur repentir & subir la peine imposée, & néanmoins ceux qui seront soumis à la taxe seront tenus de la payer.

XIII. Il sera créé, pour chaque bataillon, un conseil de discipline, lequel sera composé du commandant en chef, des deux capitaines les plus âgés, du plus âgé des lieutenans, des deux plus âgés des sous-lieutenans, du plus âgé des sergens, des deux plus âgés des caporaux, & des quatre fusiliers les plus âgés dans chacune des compagnies, lesquelles, par tour de quatre, les fourniront alternativement de six mois en six mois. Ce conseil s'assemblera par ordre du commandant en chef, toutes les fois qu'il sera nécessaire. Le commandant le présidera.

XIV. Ce conseil est la seule assemblée dans laquelle les gardes nationales pourront exercer, en cette qualité, le droit de délibérer, & elles ne pourront y délibérer que sur les objets de la discipline intérieure.

Y 2

XV. Ceux qui croiront avoir à se plaindre d'une punition de discipline, pourront, après avoir obéi, porter leur plainte à ce conseil, qui ne pourra, en aucun cas, prononcer contre ceux qui auront tort, aucune peine plus forte que celles qui sont établies dans la présente section. Il faut déterminer la peine à infliger à un supérieur, qui en aura mal-à-propos infligé une à son inférieur.

XVI. Tout délit, tant militaire que civil, qui méciteroit de plus grandes peines, ne sera plus réprimé par les lois de la discipline, mais rentrera sous la loi générale des citoyens, & sera déféré au juge-de-paix, soit pour être soumis, sauf l'appel, aux peines de police, soit pour être renvoyé au tribunal criminel, s'il y a lieu.

XVII. Lorsqu'il y aura rassemblement de gardes nationales pour marcher hors de leurs districts respectifs, elles seront soumises aux lois décrétées pour le militaire.

ARTICLES GÉNÉRAUX.

ARTICLE PREMIER.

Les chefs & officiers de légion, commandans de bataillon, capitaines & officiers des compagnies, seront responsables à la Nation de l'abus qu'ils pourront faire de la force publique, & de toute violation des articles du présent décret, qu'ils auront commise, autorisée ou tolérée.

II. Les administrations & directoires de département veilleront par eux-mêmes & par les administrations & directoires de district, sur l'exécution du présent décret, & seront tenus, sous leur responsabilité, de donner connoissance au Corps législatif de tous les faits de contra-

vention qui feroient de nature à compromettre la sûreté
ou la tranquillité des citoyens, fans préjudice de l'emploi provifoire de la force publique, dans tous les
cas où cette mefure feroit néceffaire au rétabliffement de
l'ordre.

Scellé le 12 Août.

Décret concernant les Relations du commerce de Mar-
feille dans l'intérieur du Royaume, dans les Colonies
& avec l'Étranger.

Des 26 & 28 Juillet 1791.

L'Affemblée Nationale, après avoir entendu le rapport de fon Comité d'Agriculture & de Commerce,
décrète ce qui fuit.

TITRE PREMIER.

Des relations de Marfeille avec l'étranger.

ARTICLE PREMIER.

Les maîtres, capitaines & patrons de bâtimens entrant dans le port de Marfeille, ou en fortant, continueront de faire à la douane nationale de ladite ville,
dans les vingt-quatre heures de leur arrivée pour les
navires entrant, & avant le départ pour ceux fortant,
la déclaration de leur chargement, en obfervant pour
l'entrée, de diftinguer par ladite déclaration les marchandifes qui feront deftinées à la confommation de
Marfeille, de celles que l'on voudra y mettre en
entrepôt.

Si les bâtimens entrant dans le port de Marfeille font

chargés de marchandises dont les unes soient destinées
pour Marseille, & les autres pour l'étranger, il sera
fait des déclarations particulières relativement à chaque
destination ; & par rapport aux marchandises destinées
pour l'étranger, il suffira, si l'entrée en est permise,
d'indiquer le nombre des caisses, balles ou ballots, leurs
marques & numéros : mais si elles sont prohibées, les
espèces & quantités seront énoncées dans la déclaration ;
le tout à peine de confiscation desdites marchandises &
de cent livres d'amende.

II. La déclaration des bâtimens devra être faite,
quand même ils seroient sur leur lest. Les patrons des
barques & autres bateaux pêcheurs en sont cependant
dispensés, dans ce cas, & dans celui où ils seroient
seulement chargés du produit de leur pêche ; mais à
condition qu'après avoir fait leur débarquement de
poisson frais sur les quais ordinaires voisins des marchés publics, ils se placeront dans le port à l'endroit
particulier qui leur est destiné.

III. Toutes les prohibitions à l'entrée du royaume,
ordonnées par la Loi du 15 mars dernier sur le tarif
général, auront lieu à l'entrée du port & territoire
de Marseille. Tant cependant que les marchandises prohibées, chargées sur des bâtimens de cent tonneaux &
au-dessus, & ayant une destination ultérieure pour l'étranger, puissent être saisies.

IV. Le sucre, le café, le cacao, l'indigo, le thé,
le savon, l'amidon, la poudre à poudrer, l'eau-de-vie
de vin, la bierre, les chairs salées, le poisson autre
que le thon mariné, les huiles de poisson & les tabacs dont l'importation est permise par la Loi du 15
mars dernier, les cuirs nuds & corroyés, les ouvrages
de cuirs, les chapeaux, les tissus de laine, de fil de
chèvre, de soie, de coton, de chanvre, de lin, les

coton filés , autres que du Levant , les laines filées , les bourres de soie cardées & filées , les filofelles , les fleuzets , les soies ouvrées , les plombs & étains laminés ou autrement ouvrés , le cuivre de toute sorte, le laiton, le bronze , l'airain & tous autres métaux avec alliage , le soufre , les papiers , la verroterie , la cire blanche, la porcelaine , le liège ouvré , la mercerie , la quincaillerie , la bijouterie , tous autres ouvrages en or , en argent & en cuivre , ainsi que ceux de fer & d'acier (à l'exception des canons & des ancres) venant de l'étranger à Marseille, seront sujets aux droits d'entrée du nouveau tarif ; & les marchandises d'Angleterre , nommément comprises dans le traité conclu avec cette puissance, aux droits fixés par ledit traité.

V. Les droits du nouveau tarif seront réduits à soixante livres le quintal , sur les toiles de coton blanches & étrangères , & à vingt livres aussi le quintal , sur celles provenant du commerce françois dans l'Inde , lorsqu'elles auront la destination de Marseille.

VI. Seront exemptes de tous droits les marchandises & denrées , autres que celles dénommées dans les articles III , IV & V du présent titre, importées par mer de l'étranger à Marseille. La déclaration devra néanmoins en être faite dans la forme prescrite par l'article premier du présent titre. Le droit de poids & casse qui étoit perçu à Marseille, tant sur lesdites marchandises & denrées que sur toutes autres , demeure supprimé, ainsi que les droits additionnels audit poids & celui de manifeste.

VII. Seront pareillement exemptes de tous droits , celles des marchandises comprises dans l'article IV du présent titre & ci - après désignées, lorsque venant de l'étranger à Marseille par mer , elles devront être réexportées aussi par mer ; savoir, les tissus de laine , de poil de chèvre, de foie, de coton, de chanvre ou de lin, les fils retorts, la verroterie, la quincaillerie, la mercerie, la bijouterie, & tous autres ouvrages en or, argent, cuivre, fer & acier, & les objets portés au traité de commerce avec l'Angleterre : lesdites marchandises feront mises en entrepôt.

VIII. Pourront également être mis en entrepôt, tant pour la réexportation à l'étranger par mer, que pour la confommation du royaume, les toiles de chanvre fervant à des emballages, & venant du nord en rouleaux, les foies ouvrées, les papiers, l'indigo, le cacao, le thé, les chairs falées & les poissons falés, autres que la morue sèche, importés de l'étranger à Marseille.

IX. Les magasins deftinés aux entrepôts des marchandises qui ne pourront être entrepofées qu'à la charge de la réexportation, & de celles qui jouiront de la même faveur pour la confommation du royaume, feront diftinés, & cependant dans la même enceinte. Lefdits magasins feront aux frais du commerce, & sous la clé d'un de fes prépofés & de ceux de la régie.

X. La durée de l'entrepôt fera de dix-huit mois. Les marchandises deftinées à la réexportation & énoncées dans l'article VII du préfent titre pourront y être divifées en telle quantité que ce foit, pour former des affortimans, & pour être embarquées fur un ou fur plufieurs bâtimens.

Celles mentionnées dans l'article VIII ne pourront être retirées de l'entrepôt que par caiffe, tonneau, balle ou ballot.

XI. Les marchandises qui, pendant les dix-huit mois de la durée de l'entrepôt, en feront retirées pour l'étranger, n'acquitteront aucun droit; celles qui en fortiront pour la confommation de Marfeille & de tout autre lieu du royaume, ou qui fe trouveront en entrepôt après l'expiration du délai de dix-huit mois, payeront, savoir, les toiles d'emballage, dix livres par quintal, & les autres espèces de marchandises, les droits d'entrée du nouveau tarif.

XII. Il ne pourra être retiré de l'entrepôt aucunes marchandises que sur un permis délivré au bureau de la régie, visé par les proposés à la garde des magasins, &, après la visite desdites marchandises; celles expédiées pour l'étranger, pourront être accompagnées jusqu'à bord des bâtimens par les préposés de la régie, & les objets destinés à la consommation du royaume, seront transportés au bureau, à l'effet d'y acquitter les droits.

XIII. Les bestiaux, les vins, les bois feuillards, l'amurca, le marc d'olive ou grignon, seront assujétis aux droits du nouveau tarif à la sortie de Marseille pour l'étranger, à l'exception de ceux destinés à l'approvisionnement des équipages des navires françois. Toutes autres denrées ou marchandises seront exportées de Marseille en franchise.

XIV. Les marchandises exemptes de droits à l'entrée de Marseille, pourront être visitées sur les quais au débarquement ou au bureau de la régie, au choix du propriétaire ou consignataire; il en sera de même de celles qui seront expédiées par mer de ce port, soit pour le royaume, soit pour l'étranger. Les objets soumis aux droits d'entrées, seront visités dans le bureau de la régie, & ceux qui devront être entreposés, lors de leur mise en entrepôt.

XV. Les préposés de la régie ne pourront, dans aucun cas, faire à bord des bâtimens l'ouverture d'aucune balle, caisse ou futaille, pour en vérifier le contenu, ni aucune autre recherche dans l'intérieur desdits bâtimens; mais si, après la déclaration & pendant le cours du déchargement, ils appercevoient parmi les objets déclarés pour une destination ultérieure & sans entrepôt, quelque balle, caisse ou futaille à l'égard desquelles ils soupçonneroient la fausseté de la déclaration, ils auroient la faculté de les faire transporter, à leurs frais, au bureau de la douane, pour y être visitées en présence du capitaine de navire ou de l'un de ses officiers. Dans le cas où, après la visite, la déclaration seroit reconnue sincère & véritable, lesdites marchandises seroient remises en bon état & reportées à bord également aux frais desdits préposés. Si, au contraire, la fausseté est reconnue, les marchandises seront saisies & soumises aux peines portées par l'article final.

XVI. Les capitaines de navires ne pourront commencer leur embarquement ou débarquement qu'après avoir pris un permis des préposés de la régie ; les marchandises sujettes à des droits ou destinées à l'entrepôt, ne pourront être embarquées ou débarquées que sur des permis particuliers des mêmes préposés.

Les marchandises étrangères transportées à Marseille par mer, & celles expédiées à la destination de l'étranger, pourront être versées de bord à bord en exemption de tous droits, à la charge de prendre également un permis ; & les préposés pourront surveiller les versemens de bord à bord.

TITRE II.

Des relations de Marseille avec le Royaume.

ARTICLE PREMIER.

Les marchandises qui passeront de la ville & du territoire de Marseille dans le royaume, sans justifier de l'acquit des droits du nouveau tarif, payés à l'entrée de cette ville, ou du certificat de leur fabrication dans ladite ville & territoire, délivré par les officiers municipaux de la ville & visé par les préposés de la douane, acquitteront ces droits aux bureaux de la régie établis sur les limites du territoire, ou aux entrées du royaume.

II. Les huiles d'olives expédiées de ladite ville & territoire pour les autres parties du royaume, continueront d'être accompagnées d'une expédition de la douane de ladite ville pour constater leur origine, & les droits en seront payés, suivant leur espèce, conformément au tarif général.

III. Pour éviter que des huiles de la côte d'Italie soient présentées aux bureaux d'entrée comme huiles du Levant ou d'autres qualités inférieures, afin d'acquitter un moindre droit, la municipalité de Marseille arrêtera tous les mois un état du prix des huiles communes & des frais de transport aux divers ports du royaume, à raison du quintal, poids de marc : un double dudit état, signé par les officiers municipaux, sera remis au bureau de la régie à Marseille, & le prix des huiles, conformément au même état, sera porté sur les expéditions. Lorsque les préposés de la régie aux lieux de destination, soupçonneront que les huiles qui leur seront présentées comme étant de qualité inférieure, sont de la côte d'Italie, ils pourront les retenir en payant leur valeur ainsi qu'elle sera portée aux expéditions, & le dixième en sus.

IV. Les productions des fabriques de Marseille & de son territoire, accompagnées des certificats de la municipalité, visés par les préposés de la douane nationale de ladite ville, ne paieront, à leur passage aux bureaux situés sur les limites du territoire ou aux autres entrées du royaume, d'autres droits que ceux fixés par le tarif qui sera annexé au présent décret, lesquels sont réglés proportionnellement à la franchise dont lesdites producmes jouissent sur les matières entrées dans leur fabrication ; lesdits certificats n'auront cependant leur effet, pour ce qui sera expédié par mer, qu'autant que l'embarquement aura été certifié par les employés de la régie sur le port.

Celles destinées pour la Corse, seront expédiées en franchise de droits.

V. Les objets manufacturés dans le royaume, & qui auront été expédiés pour Marseille, pourront être reportés par terre dans l'intérieur du royaume pour sa consommation, en acquittant aux bureaux placés sur les limites du territoire, les droits énoncés dans l'article IV ci-dessus.

VI. Seront cependant exemptes desdits droits les mêmes marchandises venues des fabriques de l'intérieur à Marseille, que l'on enverra au lieu de la fabrique pour les y faire réparer, à la charge de prendre l'acquit à caution sur la soumission de faire rentrer à Marseille lesdites marchandises dans le délai de six mois.

VII. Les fabricans de la ville & territoire de Marseille pourront faire passer par terre, dans l'intérieur du royaume, les matières premières qui ont besoin de recevoir quelques apprêts avant d'être mises en œuvre, & les y faire reporter après qu'elles auront été apprêtées ; le tout en exemption de droits, & en donnant par lesdits fabricans les soumissions nécessaires au bureau de la régie pour assurer le retour, dans le délai de six mois, desdites matières apprêtées, ou le paiement du droit d'entrée s'il en est dû.

VIII. Les fabricans de l'intérieur du royaume, qui ayant blanchi ou fabriqué des cires étrangères destinées à la réexportation, les feront ressortir par Marseille, continueront à recevoir le remboursement des droits acquittés à l'entrée sur ces cires venues en jaune, à la

charge de juſtifier du paſſage deſdites cires ouvrées à l'un
des bureaux ſitués ſur les limites du territoire de leur entrepôt à Marſeille, ſi elles y ont ſéjourné, & de leur
embarquement en ce port ; comme encore de rapporter
l'acquit des droits d'entrée délivré dans les deux années
antérieures.

Le même rembourſement continuera à avoir lieu, &
ſans aucune déduction, ſur toutes les cires blanchies ou
autrement ouvrées qui ſeront renvoyées du royaume à
l'étranger, quel que ſoit le bureau d'importation &
d'exportation, en juſtifiant de la quittance du droit
d'entrée.

IX. Les matières premières néceſſaires à l'aliment des
manufactures de Marſeille, pourront paſſer de l'intérieur
du royaume à Marſeille en exemption de tous droits,
mais ſeulement juſqu'à la concurrence des quantités qui
ſeront déterminées chaque année par la légiſlature, d'a-
près les états fournis par la municipalité, viſés par les
directoires du diſtrict & du département, ſur les obſervations de la régie nationale des douanes ; ces objets
devront être accompagnés de paſſavants, délivrés pour
chaque expédition par les prépoſés du bureau de ladite
ville.

X. Les beſtiaux, les vins, les charbons, les bois de
chauffage, de conſtruction & feuillards, l'amurca, le
marc d'olive ou grignon, pourront paſſer du royaume
à Marſeille & dans ſon territoire en exemption de droits,
en telle quantité que ce ſoit.

XI. Les marchandiſes & denrées non compriſes dans
les articles IX & X ci deſſus, ſeront ſujettes au paſſage
de tel lieu du royaume que ce ſoit, dans la ville & territoire de Marſeille, aux droits & prohibions qui ont lieu
à toutes les ſorties du royaume.

XII. Les marchandiſes & denrées qui devront paſſer

d'un lieu à un autre du royaume, par emprunt de la ville
& territoire de Marseille, seront exemptes de tous droits,
à la charge, si elles sont transportées par mer, de ne
pouvoir être chargées que sur bâtimens françois, d'être
expédiées par acquit à caution pris au lieu de chargement d'être mises en entrepôt, comme il est réglé par
l'article VII du titre premier du présent décret ; & si
c'est par terre, d'être pareillement expédiées par acquit
à caution délivré au plus prochain bureau des lieux d'enlèvement avec destination pour l'entrepôt. Le délai dudit
entrepôt sera de six mois ; & ce terme expiré, les droits
de sortie, s'il en etoit dû à la destination de Marseille,
seront acquittés.

XIII. Les marchandises & denrées qui seront retirées
de l'entrepôt pour être transportées par mer dans un
autre port de France, ne pourront également être chargées que sur bâtimens françois ; elles seront accompagnées d'un acquit à caution, si elles sont sujettes aux
droits de sortie du nouveau tarif, ou si la sortie du
royaume en est prohibée, & d'un simple passavant si
elles sont exemptes des droits de sortie. Celles qui devront rentrer dans l'intérieur du royaume par le territoire
de Marseille, seront expédiées par acquit à caution pour
le premier bureau d'entrée.

TITRE III.

*Du commerce de Marseille au-delà du Cap de Bonne-
Espérance & des Colonies françoises d'Amérique.*

ARTICLE PREMIER.

Le port de Marseille continuera d'être ouvert, pour
le départ seulement, aux armemens pour le commerce

françois au-delà du Cap de Bonne-Efpérance , aux termes du décret du 28 août 1790 , & au commerce des colonies françoifes d'Amérique , foit pour le départ , foit pour le retour , en obfervant les formalités qui feront ci-après prefcrites.

II. Les marchandifes fujettes à des droits à l'entrée du Royaume , & que l'on voudra charger dans la ville & territoire de Marfeille , à la deftination des commerces énoncés en l'article ci-deffus , feront conduites au bureau des denrées coloniales établi en ladite ville ; elles y acquitteront , après déclaration & vifite , les droits d'entrée du nouveau tarif , & feront enfuite embarquées fur un permis des prépofés de la régie audit bureau.

Les chairs , lards , beurres , faumons falés & chandelles , feront feuls exempts dudit droit , quoique chargés à Marfeille.

III. Jouiront également de l'exemption de tous droits pour lefdites deftinations , les marchandifes des manufactures de Marfeille , fur la repréfentation des certificats de fabrication délivrés par les officiers municipaux ; mais lefdites marchandifes ne pourront être embarquées qu'avec le permis du prépofé du bureau des denrées coloniales , qui fera délivré après la déclaration & la vifite. Les favons & les cires blanches defdites fabriques , feront feuls affujétis , à la deftination defdites colonies , au droit de trois livres par quintal.

IV. Les denrées & marchandifes expédiées du royaume pour Marfeille , à la deftination de l'Inde & defdites Colonies , feront pareillement exemptes de tous droits , mais à la charge d'être expédiées par acquit à caution , délivré , fi c'eft par mer , au bureau du port de l'embarquement , & fi c'eft par terre , à l'un des bureaux fitués fur les limites du territoire de Marfeille , à l'effet d'affurer leur entrepôt réel à leur arrivée à Marseille, leur embarquement & leur destination.

V. Les capitaines de navires venant des Isles & Colonies françoises à Marseille, seront assujétis aux mêmes déclarations & droits que dans les autres ports ouverts à ce commerce.

VI. Les cotons en graine & en laine desdites colonies, seront mis, à leur arrivée à Marseille, en entrepôt, dont la durée pourra être de dix-huit mois; & s'ils en sont retirés autrement que pour entrer dans le royaume ou dans la ville de Marseille pour l'usage de ses fabriques, dans les proportions qui seront déterminées, comme il est prescrit par l'article IX du titre II : ils seront en ce cas sujets au droit de douze livres par quintal.

VII. Au moyen des dispositions portées par l'article V du présent titre, & de celles énoncées en l'article IV du titre premier, les sucres, mêmes rafinés, le cacao, le café & l'indigo, passeront de Marseille dans les autres parties du royaume, en exemption de droits, pourvu qu'ils soient accompagnés de passavants. Les autres marchandises des colonies françoises seront, à la même destination, sujettes aux droits du nouveau tarif, à moins qu'à leur arrivée elles n'ayent été mises en entrepôt; dans ce dernier cas, elles seront aussi expédiées par passavant pour le premier bureau d'entrée.

VIII. Pour éviter que l'on applique aux cafés du Levant l'exemption de droits dont jouiront les cafés des Colonies françoises importés de Marseille dans le royaume, la franchise accordée à ceux-ci ne pourra avoir lieu qu'autant qu'ils passeront par l'un des bureaux de Septeme, la Penne, la Gavotte, ou par les ports de Toulon, de la Ciotat, Arles, Cette, Agde & Portvendres; & les préposés auxdits bureaux, lorsqu'ils soupçonneront que des cafés qui leur seront présentés comme café des Isles, sont

du

du Levant, pourront les retenir en payant le prix defdits cafés, & le dixième en fus fur l'évaluation des cafés des Ifles, qui fera arrêtée tous les mois entre la municipalité de Marfeille & les prépofés de la régie. Le prix de cette évaluation fera porté fur les expéditions.

Article général & commun.

L'inexécution des formalités prefcrites par les trois titres ci-deffus, affujétira les contrevenans aux peines portées par les Loix générales, dans tous les cas auxquels il n'y aura pas été dérogé par le préfent Décret.

Tarif des droits à percevoir fur quelques matières premières ouvrées, & fur les marchandifes manufacturées à Marfeille, à leur paffage de cette ville & de fon territoire dans le royaume.

Matières premières qui ont reçu quelque main-d'œuvre.

Soies ouvrées de toutes fortes non teintes, la livre payera douze fous, ci . . . . . .   l. 12 f.

Idem. Teintes, la livre payera quinze fous, ci . . . .   l. 15 f.

Fil fimple ou retors, le cent pefant payera cinq fous, ci . . . .   l. 5 f.

Objets fabriqués.

Ouvrages en foie fans mélange, la livre, payera quinze fous, ci . . . .   l. 15 f.

Ouvrages en foie mêlés de coton, bourre de foie, filofelle, & autres matières femblables, la livre payera fept fous, ci . .   l. 7 f.

Ouvrages de coton, le cent pefant payera vingt livres, ci . . . .   20 l.

Ouvrages mélangés en fil & coton, ... ?
cent pesant payera dix livres, ci . . . . l.

Ouvrages de fil de chanvre & de lin, ...
le cent pesant payera dix sous, ci . . . . f.

Toiles peintes ou teintes, le cent pesant ...
payera vingt livres, ci . . . . 20. ll. //

Ouvrages en bourre de soie, filoselle, ...
fleuret, laine & poil de chèvre, ...

Chapeaux, la douzaine payera dix sous, ...
ci . . . . l. 10

Cires jaunes, ouvrées ou en quet plat chan, ...
le cent pesant payera trois livres, ci . . . .

Plomb ouvré, le quintal payera trois . . . .
livres dix sous, ci . . . . 3. l. //

Étain ouvré, le quintal payera quarante . . . .
cinq sous, ci . . . .

Ouvrages en cuivre, laiton, bronze . . . .
& airain . . . .

Ouvrages en fer ou acier, le quintal . . . .
payera . . . .

Ouvrages en tôle ou fer noir, le quintal . . . .
payera quatre livres, ci . . . . 4. l. //

Ouvrages en fer blanc, le quintal payera . . . .
sept livres, ci . . . .

Ouvrages en sparterie, le quintal payera . . . .
dix sous, ci . . . . l. 10

Ouvrages en pelleterie payeront en raison
de cinq pour cent de . . . .

Pierres & poterie de grès, le quintal
payera quinze sous, ci . . . . l. 15. //

Liège ouvré, le quintal payera trente
sous, ci . . . . l. 10 //

Pommades & parfumeries, le quintal
payera quarante sous, ci . . . . l. 3

Savonnettes ... le quintal payera quatre
livres dix sous, ci .... 4 l. 10

Poissons salés & marinés .... néant.

Fruits en saumure ou consits au vinaigre,
le quintal payera vingt sous, ci ...... 1 l.

Marbre en cheminée scié ou travaillé,
le pied cube payera vingt-cinq sous ci. 1 l. 5

Ouvrages de bois en menuiserie, eta-
bletterie, marqueterie, &c. .... néant.

Compositions & préparations chimiques, autres que
les médicamens composés, payeront la moitié des droits
imposés par le tarif général sur les objets de même nature
venant de l'étranger.

Tous les autres produits des fabriques de Marseille,
composés de matières premières dont l'importation de l'é-
tranger dans le royaume est exempte de droits, ou qui sont
soumises aux prohibitions ou aux droits du nouveau
tarif à leur entrée à Marseille, passeront de Marseille
& de son territoire dans le royaume, en franchise de
droits.

Nota. Le droit imposé par le présent Tarif sur les ouvrages de fer & d'acier, comprend en même temps le
droit de traite, & celui de marque des fers.

Scellé le premier Août.

Décret pour l'Exécution du nouveau Tarif des droits
d'entrée & de sortie,

Du 28 Juillet 1791.

(Voyez au 6 Août.)

Z 2

Décret qui ordonne au Comité des Assignats de rendre compte des procédures ordonnées & commencées contre les fabricateurs de faux Assignats.

Du 28 Juillet 1791.

L'Assemblée Nationale décrète que demain le Comité des Assignats lui rendra compte des diligences qu'ont dû faire les Accusateurs publics relativement aux procédures ordonnées & commencées contre les faussaires fabricateurs d'Assignats.

Décret relatif à la vente de tabac de cantine.

Du 29 Juillet 1791.

L'Assemblée Nationale décrète que le tabac ci-devant fabriqué pour être distribué aux troupes sous le nom de tabac de cantine, ne pourra être vendu à un prix moindre que vingt sols la livre.

Décret qui suspend de ses fonctions l'Accusateur public au Tribunal du premier Arrondissement de Paris.

Du 29 Juillet 1791.

L'Assemblée Nationale décrète que l'accusateur public du Tribunal du premier arrondissement de Paris sera provisoirement suspendu de ses fonctions, & que les juges du premier Tribunal seront tenus de nommer dans le jour un homme de loi, pour remplir provisoirement les fonctions de l'accusateur public ; charge fon Comité de Conflitution de lui préfenter inceffamment fes vues fur la manière de pourfuivre les accufateurs publics qui fe rendroient coupables de négligence dans l'exercice de leurs fonctions.

Décret relatif aux Affignats fufpects de faux qui feront

Du 25 Juillet 1791.

L'Affemblée Nationale, ouï le rapport de fes Comités des Rapports, des Finances & de l'Extraordinaire, décrète:

ARTICLE PREMIER.

Toute perfonne à qui l'on préfentera en paiement un affignat fufpect de faux, notamment un des affignats de 2000 liv., fufpects d'après les caractères qui ont été rendus publics, fera tenue d'aller auffitôt en faire fa déclaration à Paris au Comité de Police de fa Section; hors Paris, à la Municipalité du lieu dans lequel on lui aura offert ledit affignat.

II. Le porteur de l'affignat fufpect de faux qui l'aura offert en paiement, fera tenu d'accompagner la perfonne à qui il aura offert ledit affignat, de faire fa déclaration de la perfonne de laquelle il a reçu l'affignat fufpect, s'il la connoît, & de remettre l'affignat fufpect, après l'avoir paraphé, pour qu'il foit envoyé à la Caiffe de l'Extraordinaire, où il fera vérifié. Il y reftera en dépôt, s'il eft reconnu faux; fi l'affignat eft reconnu bon, il fera remis au propriétaire.

III. Lorfque des affignats fufpects feront préfentés en paiement dans les Caiffes publiques, les Tréfories

387

ou Caissiers feront conduire sur-le-champ les personnes qui les présenteront, soit au Comité de Police de la Section, soit à la Municipalité, ainsi qu'il est dit en l'article précédent, pour que leur déclaration y soit reçue, l'assignat paraphé & déposé.

IV. Dans le cas où celui qui aura présenté un assignat suspect de faux refuseront de se rendre au Comité de Police de la Section ou à la Municipalité, & d'y représenter l'assignat qu'il avoit offert en paiement, le Commissaire de Police, ou l'un des Officiers municipaux chargés de la police, seront autorisés à se transporter au domicile du porteur de l'assignat suspect, à faire dans ses papiers telle perquisition qu'ils croiront nécessaires, & à saisir, soit les assignats suspects qu'ils y trouveront, soit tous autres papiers qui pourroient être relatifs à une fabrication d'assignats.

Le présent Décret sera imprimé & envoyé à tous les Départements.

Scellé le premier Août.

Décret relatif à la fabrication du papier pour l'impression des Assignats de 500 liv.

Du 29 Juillet 1791.

L'Assemblée Nationale décrète qu'il sera fabriqué du papier pour l'impression des assignats de 500 liv., pour produire en assignats de ladite qualité la somme de 10 millions de livres, lesquels seront destinés & uniquement employés à retirer, par la voie de l'échange, à la Caisse d'Escompte, des assignats de 2,000 liv.

Scellé le premier Août.

Décret relatif aux formalités à observer par les Créanciers de Monsieur, M. d'Artois, Mesdames, & autres personnes absentes du Royaume, pour recevoir le paiement de leurs créances, & aux justifications à faire par les créanciers de l'Etat pour obtenir le paiement des sommes qui leur sont dues.

Du 29 Juillet 1791.

L'Assemblée Nationale, ouï le rapport du Comité central de Liquidation, décrete :

ARTICLE PREMIER.

Les créanciers porteurs de titres ayant une date certaine antérieure au 24 Juin dernier, & rendus exécutoires, suivant les formes légales, contre les personnes absentes du Royaume, ainsi que les ouvriers & fournisseurs qui justifieront de travaux & fournitures faites pour les absens avant la même époque, & qui auront fait prononcer par jugement sur leurs demandes, seront payés de leurs créances sur les sommes dues par l'Etat à leurs débiteurs, & échues avant ladite époque du 24 Juin 1791, pour cause autre que pour pensions ou traitemens postérieurs au premier Janvier 1790.

II. Les créanciers mentionnés en l'artice précédent ne pourront être payés que sous les conditions suivantes :

1°. Ils seront tenus d'affirmer leur créance sincère & véritable devant le Tribunal du District du lieu où ils se trouveront.

2°. Ils justifieront que les impositions & la contribution patriotique à la charge de leur débiteur, ont été acquittées, & dans le cas où cette justification ne seroit pas faite, il demeurera, par forme de nantissement, entre les mains des Tréforiers & payeurs de l'Etat, un dixième des sommes échues & à payer. Le dixième réservé sera remis lorsqu'on justifiera du paiement des impositions & contributions.

II. Les créanciers qui voudront être payés, justifieront individuellement qu'ils ont satisfait aux conditions requises par les Décrets des 24 & 27 Juin dernier.

III. Le Tréforier de la Maison de Mesdames, Tantes du Roi, est autorisé à toucher l'arriéré liquidé ou à liquider pour les différentes parties dues à la Maison de Mesdames, échues avant le 24 Juin dernier, & à distribuer lesdites sommes aux ouvriers fournisseurs, & aux diverses personnes employées dans les états de la maison de Mesdames, lesdites personnes étant actuellement en France.

IV. A l'égard des créanciers de Monsieur & de M. d'Artois, les Tréforiers desdites Maisons continueront à recevoir à la Tréforerie nationale les sommes ordonnées par le Décret des 20 & 21 Décembre dernier, & l'emploi desdites sommes sera fait de la manière suivante :

La somme de 500,000 liv. par année, attribuée aux créanciers de Monsieur, & le fonds annuel des rentes viagères, accordé aux créanciers desdites rentes sur M. d'Artois, seront employés au paiement desdits créanciers, aux termes dudit Décret. La somme d'un million, attribuée à chacun de Monsieur & de M. d'Artois, à titre de traitement annuel, sera employée spécialement au paiement des officiers & domestiques desdites maisons étant actuellement dans le Royaume, tant que leurs charges ne feront pas supprimées.

La somme d'un million, attribuée à chacun de Monsieur & de M. d'Artois à titre de rente apanagère, sera employée à payer les créanciers de Monsieur & de M. d'Artois, qui seroient porteurs de titres de la nature mentionnée dans l'article premier, ainsi que les ouvriers & fournisseurs, lesdits créanciers, ouvriers & fournisseurs étant dans le Royaume. Elle sera aussi employée à payer les objets de dépense courante & d'entretien des maisons de Monsieur & de M. d'Artois dans le Royaume.

V. Les Tréforiers desdites maisons, & les séquestres établis par le Décret des 20 & 21 Décembre être établis pour le paiement des créanciers de Monsieur & de M. d'Artois, justifieront chaque mois aux Commissaires de la Tréforerie nationale & aux Commissaires du Comité des Finances chargés de la surveillance de la Tréforerie, des paiemens qu'ils auront faits en conformité de l'article précédent; ils seront responsables des paiemens qu'ils auroient faits en contravention audit Article, & chaque mois ils rapporteront à la Tréforerie nationale les sommes qu'ils y auroient reçues pendant le mois, & qui n'auroient pas pû être payées conformément aux dispositions du présent article.

VI. Les oppositions que les créanciers de Mesdames, de Monsieur & de M. d'Artois auroient formées ou formeroient entre les mains des conservateurs des hypothèques & finances, & des payeurs des rentes, tiendront entre les mains des Tréforiers, séquestres & agens desdites maisons. Tous créanciers pourront également former les oppositions pour la conservation de leurs droits, entre les mains desdits Tréforiers, séquestres & agens; la signification desdites oppositions ne sera valable qu'autant qu'elle aura été visée de ceux entre les mains de qui elles auront été faites; mais lesdits Tréforiers, séquestres & agens seront tenus de les recevoir & de les viſer, à peine d'en demeurer reſponſables en leur nom.

VII. L'Aſſemblée, interprétant en tant que de beſoin ſes Décrets des 24 & 27 Juin ſur les juſtifications à faire par les créanciers de l'État, pour obtenir le paiement des ſommes qui leur ſont dues, décrète:

1°. Que les impoſitions, dont elle entend que le paiement ſoit juſtifié, ſont les impoſitions perſonnelles, deſquelles le paiement ſera juſtifié ou par les certificats des Municipalités, portant que les impoſitions ont été payées, ou par des quittances viſées, ſoit par les Municipalités, ſoit par les Diſtricts des lieux, à l'exception des quittances qui ſeront délivrées par les receveurs des impoſitions de Paris, leſquelles ne ſeront point ſujettes au viſa. À défaut de repréſentation deſdits certificats ou quittances, il faudra juſtifier qu'il ne ſe paye aucune impoſition perſonnelle dans le lieu où l'on a ſon domicile.

2°. Que la juſtification requiſe par leſdits Décrets du paiement des impoſitions de l'année 1790 & années antérieures, ſera regardée comme faite complétement par la production de la quittance des deux dernières années.

3°. Que leſdits certificats & quittances de paiement d'impoſitions ſeront expédiés en papier non timbré.

VIII. Les perſonnes qui, en juſtifiant d'ailleurs de leur domicile actuel & habituel dans le Royaume, ne pourroient pas juſtifier à l'inſtant du paiement de leurs impoſitions & contributions, pourront obtenir le paiement de ce qui leur eſt dû, en laiſſant par forme de nantiſſement, entre les mains des Tréſoriers & payeurs, un dixième de ce qu'elles auroient à recevoir pour chacune des années pour leſquelles elles ne juſtifieroient pas du paiement de leurs impoſitions & contributions. Ce

dixième retenu leur fera remis en rapportant les quittances des impofitions & contributions qui étoient duel.

IX. Les tréforiers & payeurs auxquels les certificats
de domicile & les quittances d'impofitions & contributions auront été exhibés, les remettront aux parties, à
la charge qu'il fera fait état, dans la quittance donnée
par les parties prenantes, de chacune defdites pieces,
de leur date, & des perfonnes par lefquelles elles auront été expédiées, pour y recourir au befoin.

Les perfonnes habituellement domiciliées dans les
Colonies Françoifes qui fe trouvent actuellement à Paris,
& les fondés de procuration defdites perfonnes qui font
actuellement dans les Colonies, juftifieront de leur
domicile par la déclaration de deux colons propriétaires
connus & domiciliés à Paris: à l'égard des impofitions
& contributions, on n'exigera d'eux d'autre juftification
que celle du paiement de la contribution patriotique;
& à défaut de cette juftification, il fera retenu par
forme de nantiffement, comme il eft dit ci-deffus,
le dixième des fommes qui devroient leur être payées.

X. Lorfqu'une créance fera établie par un titre collectif, mais en faveur de plufieurs individus perfonnellement dénommés, les juftifications requifes fe feront
par chacun defdits individus diftinctement, fauf aux
parties qui fe trouveront en état de faire lefdites juftifications à faire divifer le titre, & à s'en faire dé livrer une ampliation pour ce qui les concerne : à l'é-
gard des créances qui appartiennent, foit à des fociétés, foit à des créanciers unis en dir ction avec établiffement de féqueftre, il fuffira auxdites fociétés de
juftifier qu'elles ont payé collectivement leurs impofitions
& contributions, & aux créanciers unis, de juftifier
du paiement des impofitions & contributions de leur
débiteur.

XI. Après le premier Octobre prochain, les créanciers de l'État & autres personnes dénommées dans le Décret du 24 Juin dernier, seront tenues de justifier qu'elles ont satisfait au Décret du 28 Juin pareillement dernier pour l'acquit des impositions de la présente année 1791.

Sera le présent Décret imprimé & envoyé à tous les Départemens.

Scellé le 6 Août.

Décret qui ordonne la levée des scellés apposés, après le départ de Monsieur, dans les maisons occupées par lui ou par les personnes de sa maison.

Du 29 Juillet 1791.

L'Assemblée Nationale autorise la Municipalité de Paris & autres, chacune dans leur territoire, à procéder à la reconnoissance des scellés apposés, après l'absence de Monsieur, dans les maisons occupées par lui ou par les personnes de sa maison, & à lever lesdits scellés après description sommaire, à l'exception de ceux qui sont apposés sur les armoires, coffres & papiers appartenans particulièrement à la personne de Monsieur.

Scellé le 3 Août.

Décret relatif à la répartition & au payement de la Contribution foncière.

Du 29 Juillet 1791.

(*Voyez au 4 Août.*)

Décret relatif à la Liquidation des Offices de substituts des Procureurs du Roi, des jurés Crieurs, des certificateurs des Criées, des tiers-référendaires, taxateurs-calculateurs des dépens, & des sollicuteurs des causes du Roi.

Du 29 Juillet 1791.

L'Assemblée Nationale, après avoir entendu le rapport de son Comité de Judicature, décrète ce qui suit :

ARTICLE PREMIER.

Les Offices de substituts des Procureurs du Roi près les Présidiaux, bailliages & autres Justices Royales ordinaires & extraordinaires, seront liquidés d'après les bases décrétées pour la liquidation des offices de Judicature des 2 & 6 Septembre 1790.

II. Les Titulaires desdits offices qui exerçoient la postulation à l'époque de leur suppression, & qui justifieront, par un acte authentique, de l'acquisition d'une pratique ou clientelle, obtiendront, outre le prix de leur évaluation, une indemnité.

III. Cette indemnité sera la même que celle accordée aux Procureurs par les articles VI & suivans des Décrets des 11 & 24 Décembre 1790.

IV. Les sommes payées pour droit de mutation, marc d'or, & frais de provision, seront remboursées aux titulaires, conformément à l'article X du titre premier des Décrets des 2 & 6 Septembre dernier, & à la charge des retenues qui s'y trouvent énoncées.

V. A l'égard des substituts qui n'étoient pourvus de

eur office qu'à vie, il sera procédé à la liquidation des indemnités qui leur sont dues, de la manière ci-après déterminée.

VI. Il sera fait masse du montant de l'évaluation, ou, à défaut d'évaluation, du montant de la finance de l'office, ensemble des sommes payées, tant pour droit de mutation & marc d'or, que pour sceau des provisions & honoraires.

VII. Sur cette masse il sera fait déduction d'un trentième par année de jouissance ; le surplus sera payé à l'Officier, par forme d'indemnité.

VIII. Néanmoins cette déduction ne pourra s'étendre au-delà des deux tiers de la masse totale ; il en sera payé le tiers à ceux qui jouissoient depuis 20 ans & plus.

IX. Les offices de Jurés crieurs seront remboursés sur le pied de l'évaluation faite en exécution de l'Edit de Février 1771.

X. Les intérêts de leur liquidation seront comptés à partir du jour de la publication du présent Décret, pour ceux qui auront remis leurs titres au Bureau général de liquidation, dans un mois ; & pour tous les autres, à partir du jour de la remise des titres.

XI. Les sommes payées par les Jurés-crieurs pour droits de mutation, marc d'or, & frais de provisions, leur seront remboursées conformément à l'article IV ci-dessus.

XII. Les dettes contractées en nom collectif par les Jurés-crieurs ne seront supportées par la Nation qu'après vérification, & suivant les règles établies pour les Officiers ministériels, par les Décrets des 21 & 24 Décembre dernier.

XIII. Les certificateurs des criées, & les Tiers référendaires, Taxateurs-calculateurs des dépens, qui exerçoient la postulation à l'époque de leur suppression, seront liquidés d'après les dispositions des Décrets rendus pour les Procureurs des Tribunaux près lesquels ils exerçoient.

Pourront, néanmoins, les titulaires desdits offices, opter entre leur évaluation particulière & celle des Procureurs de leur Siège.

XIV. Les solliciteurs des causes du Roi, près les Cours, qui exerçoient la postulation à l'époque de leur suppression, seront liquidés d'après les dispositions des Décrets rendus pour les Procureurs des Cours près lesquelles ils exerçoient.

Ceux de ces Officiers qui postuloient dans plusieurs Cours, opteront entre les Communautés de Procureurs près lesdits Tribunaux, celle avec laquelle ils préféreront d'être liquidés.

Scellé le 6 Août.

Décret sur les Ecoles de Mathématiques & d'Hydrographie de la Marine.

Des 21 & 30 Juillet 1791.

L'Assemblée Nationale décrète ce qui suit :

TITRE PREMIER.

Des Examinateurs & des Professeurs.

ARTICLE PREMIER.

Il y aura un Examinateur des Aspirans de la Marine, dont les fonctions seront d'être juge des concours qui seront ouverts, chaque année, dans les principales villes maritimes, tant pour les places d'Aspirans de la Marine, que pour celles d'Enseignes entretenus ; son traitement sera de 6,000 livres, & il sera remboursé en sus de ses frais de voyages, qui ne pourront excéder 4,800 liv. (d'après le Decret du 30 Juillet.)

II. Il y aura deux Examinateurs Hydrographes, dont les fonctions seront d'examiner les Navigateurs qui se présenteront pour le grade d'Enseigne non entretenu, & les examens pour ce grade auront lieu deux fois chaque année, & à des époques fixes, dans tous les ports où seront établies les Ecoles. Le traitement de chacun des Examinateurs Hydrographes sera de 4,500 liv.

Les frais de voyage de l'Examinateur des Aspirans & de ceux des Examinateurs Hydrographes, seront évalués à 4,800 liv. par année.

III. La place d'Examinateur des Aspirans de la Marine, & celles des deux Examinateurs Hydrographes, seront à la nomination du Roi, & elles ne pourront être remplies que par ceux qui auront professé les Mathématiques, au moins pendant cinq ans, dans quelqu'une des Ecoles nationales.

IV. Il sera créé des Ecoles gratuites & publiques de Mathématiques & d'Hydrographie dans les villes suivantes, & chaque Ecole aura un Professeur dont le traitement sera fixé comme il suit :

APPOINTEMENS

	APPONTÉMÈNS du PROFESSEUR.
Toulon	3,600 l.
Marfeille	3,600
Cette	3,000
Baïonne	3,000
Bordeaux	3,600
Rochefort	3,600
Nantes	3,600
I. Orient	3,000
Breft (il y aura un fecond Profeffeur à 3,000 l.	6 600
Saint-Malo	3,000
Le Havre	3,000
Dunkerque	3,000
TOTAL	42,600 l.

V. Il fera créé des Ecoles gratuites & publiques d'Hydrographie dans les villes fuivantes :

Antibes.
Saint-Tropez.
La Ciotat.
Narbonne.
Portvendre.
Libourne.
La Rochelle.
Les Sables-d'Olonne.
Audierne.
Saint-Paul-de-Léon.
Saint-Brieuc.

Granville.
Cherbourg.
Honfleur.
Fécamp.
Dieppe.
Paimbœuf.
Le Croific.
Vannes.
Saint-Valery-fur-Somme.
Boulogne.
Calais.

Dans chacune de ces villes les appointemens du Professeur seront de 1,500 à 2,000 liv.

VI. La police des Ecoles publiques de Mathématiques
& d'Hydrographie appartiendra à la Municipalité du
lieu.

VII. Les places de Professeurs de toutes ces Ecoles seront données au Concours.

VIII. Lorsqu'une place de Professeur viendra à vaquer,
la Municipalité du lieu en informera le Ministre de la
Marine, qui y pourvoira provisoirement, & fera annoncer, par des avis envoyés dans les quatre-vingt-trois
Départemens, l'époque & le lieu du Concours.

IX. Le lieu du Concours pour la place de Professeur
sera toujours la ville où la place sera vacante, & l'époque
sera celle de la tournée la plus prochaine de l'Examinateur;
de manière cependant qu'il y ait au moins un mois d'intervalle entre l'annonce & l'ouverture du concours.

X. Ceux qui se présenteront au concours se feront
inscrire au Greffe de la municipalité, & auront la faculté
de le faire jusqu'à la clôture du concours.

XI. Le concours sera ouvert & présidé par la Municipalité, qui invitera à y assister tous les autres Corps administratifs, & toutes les personnes chargées de quelque
fonction dans l'institution publique.

XII. Le Juge du concours pour les places de Professeurs de Mathématiques & d'Hydrographie sera l'Examinateur des Aspirans de la Marine; & celui du concours
pour les places de Professeurs d'Hydrographie, sera l'Examinateur Hydrographe alors en tournée.

XIII. Le concours sera public.

XIV. Lorsque tous les concurrens auront été appelés
& interrogés, l'Examinateur déclarera publiquement
celui qu'il aura jugé le plus digne de remplir la place,

& le Préfident prononcera la clôture du concours. Il en fera dreffé procès-verbal figné par les Membres préfens de la Municipalité, par le Juge du concours, & par tous ceux qui ayant été invités, auront affifté, & copies en feront envoyées au Miniftre de la Marine.

XV. A la réception du procès-verbal du concours, le Miniftre enverra le brevet au nouveau Profeffeur, & donnera tous les ordres néceffaires pour fon inftallation.

XVI. Dans chacune des villes où feront établies les Ecoles de Mathématiques ou d'Hydrographie, il fera fourni pour les leçons publiques une falle garnie des meubles indifpenfables.

XVII. Les frais d'entretien des meubles & inftrumens, ceux du chauffage, &c. feront fixés à 10,000 livres, qui feront réparties par le Miniftre entre les différentes Ecoles, fuivant leur importance.

XVIII. Tous les jours, excepté les Dimanches & Fêtes, le Profeffeur donnera cinq heures de leçon en deux féances, deftinées l'une aux élèves qui commenceront, l'autre à ceux dont l'inftruction fera plus avancée, & les heures de chacune de ces féances feront réglées par la Municipalité, fur la demande du Profeffeur.

XIX. Lorfque, pour caufe de maladie, ou pour tout autre empêchement, le Profeffeur ne pourra tenir l'école, il fera tenu de fe faire remplacer par une perfonne de confiance, d'après l'agrément de la Municipalité.

XX. Tous les ans, le Profeffeur aura deux mois de vacances qui pourront être prifes de fuite ou en deux parties, felon que la Municipalité le trouvera plus convenable au bien de l'inftruction.

XXI. Le Profeffeur aura la police intérieure de l'Ecole; il y entretiendra l'ordre & la décence, & il pourra faire

A a 2

fortir de la Salle ceux des Elèves qui manqueroient à l'un ou à l'autre.

XXII. Les Examinateurs furveilleront l'inftruction, & la dirigeront d'une manière uniforme dans tous les ports : ils feront part aux Municipalités dans les ports de commerce , de leurs obfervations fur la manière dont les Ecoles feront tenues , & ils en rendront compte au Miniftre de la Marine ; & dans les ports militaires, le Commandant de la Marine aura l'infpection habituelle des études , auquel , en ce cas, l'Examinateur communiquera fes obfervations.

XXIII. Tout Citoyen âgé au moins de treize ans, fachant lire & écrire, & les quatre premières règles d'arithmétique, muni d'un certificat de la Municipalité du liéu de fa naiffance , fera admis de droit à l'Ecole , d'après un ordre de la Municipalité du lieu où l'Ecole fera établie ; & cet ordre ne pourra lui être refufé, à moins de caufes graves , dont le Diftrict & le Département feront informés.

XXIV. Lorfque les Etudians admis à ces Ecoles auront atteint l'âge de dix-huit ans, ils feront tenus, pour continuer à y être reçus , de fe faire claffer en rapportant un certificat du Profeffeur.

TITRE II.

Concours pour les places d'Afpirans de la Marine.

ARTICLE PREMIER.

Les concours pour les places d'Afpirans de la Marine feront ouverts tous les ans , & auront lieu fucceffivement dans chacune des villes défignées dans l'article IV du premier titre.

Chacun fubira le concours dans le lieu le plus voifin de fon domicile où il fe fera fait infcrire.

II. Pour la ville de Toulon, où fe fera le premier concours, l'époque de l'ouverture fera toujours fixée au premier Février. Pour les autres villes, l'époque du concours fera annoncée chaque année, de manière que la tournée de l'Examinateur fe fafe avec le plus de rapidité poffible.

III. Ceux qui fe propoferont de concourir pour des places d'Afpirans de la Marine, écriront, avant le premier Janvier, au Miniftre de la Marine, pour lui en faire part, & pour lui déclarer celle des douze villes dans laquelle ils fe préfenteront au concours.

D'après toutes ces demandes, le Miniftre fera la répartition des cent places d'Afpirans entre les villes de concours, proportionnellement au nombre des concurrens qui fe feront annoncés pour chacune d'elles.

Et néanmoins feront admis ceux que des voyages à la mer auroient empêché de fe conformer à cette difpofition.

IV. Les concurrens, à leur arrivée dans la ville du concours, fe préfenteront au Greffe de la Municipalité pour s'y faire infcrire, & y apprendre le lieu & le jour précis de l'ouverture du concours.

V. Le concours des Afpirans de la Marine fera public; il fera préfidé par la Municipalité du lieu. Le Profeffeur de Mathématiques fera préfent; & toutes les perfonnes chargées de quelque fonction dans l'inftruction publique, feront invitées à y affifter.

VI. Les objets fur lefquels feront examinés les concurrens, feront :

L'arithmétique,

La Géométrie,

Les élémens de la navigation,

A a 3

Les élémens de la statique

VII. Le Juge du concours fera l'Examinateur des Aspirans de la Marine.

VIII. Les concurrens seront interrogés par l'Examinateur, suivant l'ordre de leur Inscription au Greffe de la Municipalité, & lui présenteront leur extrait de baptême, pour justifier que leur âge est compris entre 15 & 16 ans accomplis.

IX. Lorsque tous les concurrens auront été appelés & interrogés, l'Examinateur déclarera publiquement les noms de ceux qu'il aura jugé mériter de préférence le nombre des places d'Aspirans de la Marine, déterminées par le concours.

Nul n'obtiendra une de ces places qu'il n'ait répondu, d'une manière satisfaisante, sur les quatre objets du concours indiqués par l'article VI, qui sont rigoureusement nécessaires.

X. Le Président prononcera la clôture du concours, & en fera dresser procès-verbal qui sera signé par les Membres présens de la Municipalité, par l'Examinateur, par le Professeur, & par tous ceux qui, ayant été invités, auront assisté.

Copie de ce procès-verbal sera envoyée, par la Municipalité, au Ministre de la Marine, avec les extraits de baptême de ceux que l'Examinateur aura déclaré mériter les places vacantes d'Aspirans.

XI. Le Ministre de la Marine enverra une lettre d'admission à chacun des nouveaux Aspirans; il leur indiquera le Port dans lequel ils devront se rendre, & il donnera les ordres nécessaires pour les faire comprendre sur les états.

TITRE III.

Concours pour le grade d'Enseigne entretenu.

ARTICLE PREMIER.

Le concours pour le grade d'Enseigne entretenu aura lieu tous les ans dans chacun des Ports de Brest, Toulon & Rochefort, immédiatement après celui pour les places d'Aspirans.

Le Ministre, en annonçant tous les ans l'époque de celui-ci, indiquera le nombre des places vacantes dans chaque Département de la Marine, proposé au concours d'Enseigne entretenu.

II. Les concurrens, à leur arrivée dans le Port, se présenteront au Commandant de la Marine, qui ne pourra les inscrire qu'après qu'ils auront justifié qu'ils auront les quatre années de navigation prescrites par l'article XIX, & que pour l'âge ils sont compris dans les limites fixées par les articles XXII & XXX de la Loi du 15 Mai 1791, sur le mode d'admission & d'avancement dans la Marine.

III. Nul, s'il n'est Enseigne, ne sera admis à concourir pour une place d'Enseigne entretenu, sans avoir auparavant satisfait à un examen préliminaire, dont les objets seront :

Le gréement,

La manœuvre,

Le canonage,

Les évolutions navales.

IV. L'examen préliminaire sera public; il commencera huit jours avant l'ouverture du concours, & il sera fait en présence de l'Etat-major du Port, par un Officier

A a 4

du Département, un Maître d'Equipage & un Maître Canonnier, que le Ministre de la Marine nommera à chaque concours pour cet objet.

Le Commandant du Port nommera deux Officiers de chaque grade, & deux Enseignes non entretenus pour y assister.

V. Lorsque chaque Concurrent, soumis à cet examen, aura répondu sur tous les objets, l'Officier Examinateur prendra l'avis de ses deux collègues, & déclarera publiquement s'il le juge suffisamment instruit sur la pratique, pour être admis à concourir.

VI. Le concours sera fait publiquement ; il sera présidé par le Commandant du Port, en présence de l'Etat-major du Port & du Professeur.

Le Commandant nommera deux Officiers de chaque grade & deux enseignes non-entretenus, pour y assister.

VII. Les objets sur lesquels les concurrens seront examinés, seront :

L'Arithmétique,

La Géométrie,

L'algèbre,

La Mécanique des solides & des fluides.

La Théorie & la pratique de la navigation.

VIII. Le Juge du concours sera l'Examinateur des Aspirans de la Marine.

IX. Lorsque tous les concurrens auront été appelés & interrogés, l'Examinateur déclarera publiquement les noms de ceux qu'il aura jugés dignes d'obtenir de préférence le nombre des places d'Enseignes entretenus, proposées à ce concours ; & nul ne pourra être jugé digne d'obtenir une de ces places, s'il n'a satisfait sur tous les objets indiqués par l'article VII, qui seront de rigueur. Ils seront classés sur la liste dans l'ordre des degrés de connoissance dont ils auront fait preuve à l'examen.

X Le Commandant du Port prononcera la clôture du concours, & en fera dresser un procès-verbal qui sera signé par les Membres présens de l'état major, par l'Examinateur, par le Professeur & par les Officiers de tout grade qui, ayant été appelés, auront assisté.

Copie de ce procès-verbal sera envoyée par le Commandant du Port au Ministre de la Marine, avec les certificats de navigation & les extraits de baptême de ceux qui auront été jugés les plus dignes des places vacantes.

Le ministre enverra à chacun d'eux le brevet d'Enseigne entretenu, & expédiera les ordres nécessaires pour leur admission.

TITRE IV.

Examen pour le grade d'Enseigne non-entretenu.

ARTICLE PREMIER.

Les examens pour le grade d'Enseigne non-entretenu, auront lieu deux fois par an, dans chacune des Villes maritimes où seront établies des Ecoles publiques, soit de Mathématiques, soit d'Hydrographie.

II. Les examens seront faits par deux examinateurs hydrographes, entre lesquels les Ecoles seront partagées, pour l'un, depuis la ville du Croisic inclusivement jusqu'à Dunkerque, & pour l'autre, depuis Nantes inclusivement jusqu'à Antibes. Ces examinateurs alterneront entr'eux, de manière que chacun d'eux fera dans la même année, & la tournée du Midi & la tournée du Nord.

III. Les Navigateurs qui aspireront au grade d'Enseigne

non entretenu, se présenteront au Greffe de la Municipalité du lieu de l'examen, & ne pourront y être inscrits sur la liste de ceux qui seront admis à subir l'examen, qu'après avoir prouvé (conformément à l'article XXIII de la Loi sur le mode d'admission & d'avancement) leurs services & navigation par des états certifiés & signés par le Chef des classes, lequel ne pourra, sous quelque prétexte que ce soit, refuser de délivrer lesdits états de service & de navigation.

IV. L'examen sera fait publiquement dans la Maison commune. Il sera présidé par la Municipalité du lieu en présence du Professeur & de trois Enseignes nommés d'office par la Municipalité; & toutes les personnes chargées de quelque fonction dans l'instruction publique, seront invitées à y assister.

V. Les objets sur lesquels seront examinés ceux qui aspireront au grade d'Enseigne non entretenu, seront :
Les élémens de mathématiques;
La théorie & la pratique complète de la navigation.

VI. Le juge de l'examen sera l'Examinateur hydrographe.

VII. Lorsque tous les navigateurs inscrits pour l'examen auront été appelés & interrogés, l'Examinateur déclarera publiquement les noms de ceux qu'il aura jugés être suffisamment instruits.

VIII. Les navigateurs jugés suffisamment instruits par l'Examinateur hydrographe, seront ensuite interrogés sur les objets indiqués par l'article III du titre précédent, par un Enseigne, un Maître d'Equipage & un canonnier des classes, nommés à cet effet, sur la demande de la Municipalité, par le Chef des classes du quartier; & l'Enseigne, après avoir pris l'avis de ses collègues, déclarera publiquement les noms de ceux qu'ils auront jugé avoir satisfait à l'examen pratique.

IX. Le Préfident prononcera la clôture de l'examen & en fera dreffer procès-verbal, qui fera figné par les Membres préfens de la Municipalité, par l'Examinateur hydrographe, par le Profeffeur, par les trois Enfeignes non entretenus, par les trois examinateurs-pratiques, & par tous ceux qui, ayant été invités, auront affifté.

Copie de ce procès-verbal fera envoyée au Miniftre de la Marine, avec les états de fervices & de navigation de ceux des Navigateurs qui auront fatisfait aux deux examens.

Le Miniftre enverra à chacun d'eux le brevet d'Enfeigne non entretenu.

TITRE V.

Examen pour être fait maître au petit cabotage, pilote-côtier, pilote-lamaneur, ou locman.

ARTICLE PREMIER.

Pour être fait Maître au petit cabotage, il faudra avoir au moins cinq ans de navigation, être âgé de 24 ans, & avoir fatisfait à un examen fur la manœuvre, fur les fondes, la connoiffance des fonds, le giffement des terres & écueils, le courant & les marées, fur l'ufage de la bouffole & de la carte réduite.

II. Cet examen aura lieu deux fois chaque année, à la fuite de celui des enfeignes non entretenus, en préfence des mêmes perfonnes ; les Prétendans feront interrogés par un Enfeigne & deux anciens Maîtres au petit cabotage, nommés par les Chefs des claffes fur la demande de la Municipalité, qui déclareront publiquement les noms de ceux qu'ils auront jugés fuffifamment inftruits.

Ces examens pourront être plus multipliés, si le Ministre le juge néceffaire d'après la demande des Ports.

L'Examinateur ne fera pas tenu de refter à affister aux examens-pratiques.

III. L'examen pour être pilote-côtier portera fur toutes les parties indiquées pour l'examen du maître au petit cabotage, & principalement fur la connoiffance des entrées des principaux Ports du Royaume.

IV. Il fera fait dans la forme prefcrite pour celui des maîtres au petit cabotage, & les Examinateurs feront un Enfeigne & deux anciens pilotes-côtiers.

V. L'examen pour être Pilote-Lamaneur ou Locman, fera fait de même par un Enfeigne & deux anciens lamaneurs fur la manœuvre, la connoiffance des cours & marées, des bancs courans, écueils & autres empêchemens qui peuvent rendre difficiles l'entrée & fortie des rivières, ports & havres, du lieu de fon établiffement. On ne pourra être reçu Pilote Lamaneur ou Locman avant l'âge de 24 ans.

Le Ministre fera expédier une lettre d'admiffion à chacun de ceux qui auront été admis maîtres au petit cabotage, Pilotes côtiers ou Pilotes lamaneurs, & ils la feront enregiftrer au bureau du quartier de leur réfidence.

TITRE VI.

De l'application.

ARTICLE PREMIER.

L'ancien Examinateur des Élèves de la Marine fera l'Examinateur des Afpirans.

II. Les anciens Examinateurs hydrographes feront

également conservés pour remplir les fonctions qui leur sont attribuées par le présent Décret.

III. Les places de Professeurs des Élèves dans les départemens de la Marine, dans les Collèges de Vannes & d'Allais & dans le Port de l'Orient, sont supprimées, & celles de Mathématiques & d'Hydrographie leur seront données sans concours, pour cette fois seulement.

IV. Les places de Professeurs d'Hydographie pourront aussi être données aux anciens Professeurs d'Hydrographie sans concours.

V. Le premier concours pour les places d'Aspirans & d'Enseignes entretenus, sera ouvert à Dunkerque pour cette fois au premier Septembre prochain, & sans préjudice de la tournée fixée au premier Février, & successivement dans les autres villes indiquées.

En conséquence, aussitôt la publication du présent Décret, & avant le 15 Août, ceux qui voudront concourir écriront au Ministre de la Marine la lettre prescrite par l'article III du titre II.

VI. Le premier examen pour le grade d'Enseigne non-entretenu, & pour être fait Maître au petit Cabotage, sera annoncé par le Ministre dans tous les ports, aussitôt que le présent Décret sera publié.

Scellé le 10 Août.

Décret qui lève la suspension prononcée contre l'Accusateur public du Tribunal du premier arrondissement de Paris.

Du 30 Juillet 1791.

L'Assemblée Nationale, après avoir entendu l'Accusateur public du Tribunal du premier arrondissement, & sur le compte qu'il lui a rendu de l'emploi de son temps , des diligences qu'il a faites dans l'affaire des faux affignats , & dans plufieurs autres qui ont occupé fes momens , notamment dans la recherche des faits relatifs au départ du Roi , décrète que la fufpenfion prononcée contre l'Accufateur public du premier arron-diffement eft levée , d'après les nouveaux éclairciffemens qui opèrent fa juftification.

Décret qui ordonne un projet fur la manière de forcer l'accufateur public , & fur les moyens de faire ceffer les lenteurs & les négligences dont les accufés & les parties intéreffées auroient à fe plaindre contre les, accufateurs publics & contre les juges.

Du 30 Juillet 1791.

L'Affemblée Nationale décrète que dans le projet de Loi que le Comité de Conftitution préfentera fur la ma-nière de forcer l'Accufateur public, le Comité préfentera également les moyens qui feront ouverts aux Accufés & aux parties intéreffées , pour faire ceffer les lenteurs & les négligences dont ils auroient à fe plaindre con-tre les Accufateurs publics & contre les Juges.

Décret qui furfoit à l'organifation des troupes coloniales actuellement en France.

Du 30 Juillet 1791.

L'Affemblée Nationale , ouï le rapport de fes Comités Militaire , des Colonies & de Marine , décrète ce qui fuit :

ARTICLE PREMIER.

Il fera furfis à l'organifation des Troupes Coloniales actuellement en France, & toute promotion fera fufpendue parmi elles, dans quelque grade que ce foit.

II. Les Soldats de ces Troupes feront tenus en état de fubfiftance & affujétis au fervice ordinaire des Places dans les lieux où ils feront cantonnés.

III. Les Officiers de ces Corps qui en font féparés pourront être autorifés à ne pas les rejoindre, en confervant leurs appointemens.

IV. Le Miniftre de la Guerre pourvoira, par les moyens convenables, au maintien de la police & de la difcipline parmi les Troupes coloniales actuellement en France.

Scellé le 6 août.

Décret relatif au paffe-port demandé par André Dubuc de Ferret, pour aller à Londres célébrer fon Mariage.

Du 30 Juillet 1791.

L'Affemblée Nationale, fur le compte qui lui a été rendu d'une lettre écrite à fon Préfident par André Dubuc de Ferret, qui demande un paffe-port pour aller à Londres célébrer fon mariage avec une Demoifelle Angloife, dont il a figné le contrat le 5 Mai dernier, devant Gibbé, Notaire, & pour lequel il a payé 1,500 liv. de droit d'enregiftrement, décrète:

Que la lettre d'André Dubuc de Ferret fera renvoyée au Miniftre des Affaires Étrangères, pour, fur la vérification du fait, être accordé le paffe-port demandé.

Scellé le 6 août.

Décret qui autorise le Ministre des Affaires Étrangères à signer tous passe-ports nécessaires pour le service de son Département.

Du 30 Juillet 1791.

L'Assemblée Nationale, ayant entendu son Comité Diplomatique, autorise le Ministre des Affaires Étrangères à signer tous passe-ports nécessaires pour le bien du service dans les affaires de son département, & pour tous autres objets d'utilité évidente ou de nécessité indisputable, en se conformant aux précautions indiquées par le Décret du 28 Juin, & notamment à la charge de faire enregistrer & numéroter lesdits passe ports; desquels numéros & enregistrement mention expresse sera faite, en vertu du présent Décret, sur chacun d'eux : charge les Municipalités des villes frontières de tenir note de l'exhibition à elles faite desdits passeports, sous leurs numéros. & d'en faire mention sur un registre à ce destiné, pour y recourir au besoin.

Scellé le 6 Août.

Décret relatif à l'arrestation faite à Bar-sur-Aube, d'une somme de 480,000 liv. appartenante à l'Etat de Soleure.

Du 30 Juillet 1791.

L'Assemblée Nationale ayant entendu le rapport à elle fait de la lettre de l'Etat de Soleure, du 19 Juillet, adressée au Ministre des Affaires Etrangères, relative à la main-levée réclamée par ledit Etat, d'une somme de 480,000 livres & intérêts; ladite somme prêtée par le conseil des finances de Soleure aux sieurs Rougemont & Lottinger & Compagnie, le 25 Novembre 1788, & remboursée au Fondé de pouvoir dudit Etat

le

le 17 Juin dernier, & des pièces justificatives desdits
prêt & remboursement ; ensemble des procès - verbaux d'arrestation desdits deniers, faits de l'autorité du District de
Bar-sur-Aube les 22, 23 Juin & jours suivans, en vertu du
Décret du 21 dudit mois ; charge le Ministre de l'Intérieur
de donner les ordres nécessaires pour l'expédition & départ
des espèces monnoyées appartenantes audit Etat de Soleure, & retenues à Bar-sur-Aube, à l'effet qu'elles
soient conduites sûrement à leur destination.

Ordonne qu'il sera tenu compte des intérêts de ladite
somme de 480,000 livres pendant le temps de son arrestation, & autres frais accessoires, sur les états &
procès verbaux qui seront arrêtés par les Commissaires
de la Trésorerie Nationale.

Scellé le premier Août.

*Décret qui supprime les Ordres de Chevalerie & toute dé-
coration qui suppose des distinctions de naissance.*

Du 30 Juillet 1791.

L'Assemblée Nationale décrète ce qui suit :

ARTICLE PREMIER.

Tout Ordre de Chevalerie ou autre, toute Corporation, toute décoration, tout signe extérieur qui suppose des distinctions de naissance, sont supprimés en
France ; il ne pourra en être établi de semblables à
l'avenir.

II. L'Assemblée Nationale se réserve de statuer s'il y
aura une décoration nationale unique qui pourra être
accordée aux vertus, aux talens & aux services rendus
à l'Etat ; & néanmoins, en attendant qu'elle ait statué
sur cet objet, les Militaires pourront continuer de por-

ter & de recevoir la décoration militaire actuellement existante.

III. Aucun François ne pourra prendre aucune des qualités supprimées, soit par le Décret du 19 Juin 1790, soit par le présent Décret, pas même avec les expressions de ci-devant, ou autres équivalentes. Il est défendu à tout Officier public de donner lesdites qualités à aucun François dans les actes. Il est pareillement défendu à tout Officier public de faire aucun acte tendant à la preuve des qualités supprimées par le Décret du 19 Juin 1790, & par le présent Décret. Les Comités de Constitution & de Jurisprudence criminelle présenteront incessamment un projet de Décret sur les peines à porter contre ceux qui contreviendront à la présente disposition.

IV. Tout François qui demanderoit ou obtiendroit l'admission, ou qui conserveroit l'affiliation à un Ordre de Chevalerie ou autre, ou Corporation établie en Pays étrangers, fondée sur des distinctions de naissance, perdra la qualité & les droits de Citoyen François; (1) mais il pourra être employé au service de France comme tout étranger.

Scellé le 6 Août.

Décret qui ajourne la nomination du Gouverneur de M. le Dauphin.

Du 30 Juillet 1791.

L'Assemblée Nationale décrète que la nomination du Gouverneur de M. le Dauphin est ajournée jusqu'à l'époque où les fonctions de ce Gouverneur auront été définies par la Loi; décrète, de plus, que son Comité

___

(1) Cette dernière disposition, omise dans l'édition de l'Imprimerie royale, a été rétablie par un Décret du 17 Septembre.

de Constitution lui préfentera le projet de cette Loi dans la huitaine.

Décret & inſtruction pour la liquidation des dîmes inféodées.

Du 30 Juillet 1791. Séance du Soir.

L'Affemblée Nationale, après avoir entendu la lecture de l'inſtruction propoſée par le Comité central de liquidation, pour la liquidation des dîmes dont elle a ordonné le rembourſement, approuve ladite Inſtruction, & décrete qu'elle ſera ſuivie par les Corps adminiſtratifs & par le Directeur-général de la liquidation, pour l'évaluation de l'indemnité des dîmes ſupprimées avec indemnité. L'Inſtruction & le préſent Décret ſeront imprimés & adreſſés à tous les Départemens.

INSTRUCTION.

L'Affemblée Nationale, après avoir ſupprimé par ſes Décrets des 14, 20 avril, 4 août & 20 ſeptembre 1790, toutes les dîmes, ainſi que les droits, redevances & rentes qui en tenoient lieu, a déclaré, par le Décret des 14 & 20 avril 1790, qu'il étoit dû ſur le tréſor public une indemnité aux propriétaires de dîmes inféodées.

Les adminiſtrateurs des diſtricts dans le territoire deſquels les dîmes inféodées ſe percevoient, ont été chargés par le Décret du 23 Octobre 1790, de la liquidation de l'indemnité due aux propriétaires de ces dîmes. Les diſtricts doivent prendre les obſervations des municipalités ſur la valeur de la dîme, donner un avis, l'envoyer au département qui prononce (Décret du 23 octobre).

Les départemens doivent adreſſer l'état des indemnités qu'ils ont eſtimé devoir être accordées pour la

B 2

suppression des dîmes inféodées, à la direction générale
de liquidation (Décret du 16 Décembre 1790); les propriétaires des dîmes inféodées doivent eux-mêmes y remettre les actes nécessaires, pour établir leur propriété
ou la valeur (ibid.). Aux termes d'un Décret du 18
janvier 1791, toute demande en liquidation de dîmes
inféodées, doit être communiquée par les corps administratifs à l'administration des domaines, pour avoir
leur avis & s'assurer si ces dîmes étoient possédées à
titre d'engagement ou à titre de propriété incommutable.

Les bases de l'évaluation des dîmes inféodées font
les titres de propriété, les baux, & des estimations
d'experts.

Dans l'évaluation des dîmes & dans les procès-verbaux des experts pour parvenir à cette évaluation, il
faut faire déduction du capital de la portion congrue,
& même de celle qui en est payable pour les six premiers mois
1791, sur le pied de 1200 livres pour les curés, 900
livres pour les vicaires actuels, plus, du capital des autres charges, tant actuelles qu'éventuelles, à raison de
l'insuffisance possible des dîmes ecclésiastiques. (Décret
du 23 octobre 1790.)

Le capital doit être réglé sur le pied du denier 25
du produit net, lorsque la dîme se percevoit en nature;
sur le pied du denier 20, si elle est réduite en argent
par des abonnemens irrévocables (Décret du 23 octobre). Dans le cas où les dîmes auroient été tenues à
titre d'engagement, elles ne seront remboursées que sur
le pied de la finance de l'engagement. (Décret du 18
janvier 1791).

Telle est l'analyse sommaire des Décrets prononcés
par l'Assemblée Nationale & sanctionnés par le Roi,
sur le remboursement ou l'indemnité due aux propriétaires de dîmes inféodées. Il s'agit actuellement de mettre

ces loix à exécution. Les questions qui ont été adressées au comité central de liquidation, soit par les administrations de districts, soit par le commissaire du Roi pour la direction de la liquidation, font connoître la nécessité d'entrer dans quelque détail sur la manière d'exécuter la loi & de remplir complètement le vœu de l'Assemblée Nationale. Il est important 1°. de bien connoître les objets pour la suppression desquels la Loi accorde indemnité ou remboursement; 2°. de discerner les titres capables d'établir la preuve légitime de l'existence du droit qu'on réclame, de ceux qui seroient insuffisans pour cette preuve; 3°. de n'omettre aucune des charges qui doivent opérer des retranchemens sur la valeur de la dîme à estimer; 4°. enfin, de ne prendre pour base de la valeur, les charges déduites, que les titres adoptés par la Loi.

ARTICLE PREMIER.

Dîmes pour la suppression desquelles l'Assemblée Nationale a accordé une indemnité.

Les objets à la suppression desquels l'Assemblée Nationale a attaché une indemnité, sont:

1°. Les dîmes inféodées,

2°. Les rentes en argent ou en denrées, moyennant lesquelles les propriétaires de dîmes inféodées les auroient abandonnées à l'église.

3°. Les dîmes ecclésiastiques acquises par des laïcs propriétaires actuels, ou par leurs auteurs, à titre onéreux, & dont le prix a tourné au profit de l'église.

Les objets pour lesquels il n'est pas dû d'indemnité, sont:

1°. Les dîmes qu'un propriétaire avoit droit de lever

sur lui-même. L'exemption personnelle de la dîme n'est pas non plus un sujet d'indemnité.

2°. Les dîmes insolites à l'égard desquelles on ne seroit pas en état d'établir une possession quarantenaire.

3°. Les dîmes dont il seroit prouvé que l'établissement a été une des clauses du bail de l'héritage, fait à perpétuité ou à titre d'emphytéose. L'Assemblée n'entend rien préjuger par cette disposition, sur les dîmes du Calaisis & autres semblables.

4°. Les droits casuels qui pourroient être dûs aux propriétaires des dîmes inféodées lors des mutations des héritages chargés de la dîme inféodée.

Ces droits casuels, ainsi que les dîmes stipulées par le bail de l'héritage, sont seulement susceptibles du rachat par les débiteurs, de la même manière que les droits féodaux.

Tels sont les résultats des Décrets des 14 & 20 avril, 23 octobre, 7 novembre 1790.

La conséquence de ces Décrets rapprochés les uns des autres, est que l'Assemblée Nationale ne s'est pas attachée littéralement au mot *dîme inféodée*; puisque, d'une part, un Décret ordonne le remboursement de *dîmes ecclésiastiques*, lorsqu'elles auront été acquises à titre onéreux; & que, d'une autre part, l'Assemblée a déclaré les *dîmes inféodées* non remboursables, quand il seroit prouvé qu'elles avoient été établies au moment de la tradition du fonds.

Qu'est-ce donc que l'Assemblée a entendu par la dénomination de *dîmes inféodées*? Elle a entendu les dîmes possédées par les laïcs, & que des titres vrais ou faux, mais généralement répandus, faisoient regarder comme ayant été ecclésiastiques dans leur origine. C'est parce que son Décret s'appliquoit à des dîmes présumées ecclésiastiques dans leur origine, qu'elle a ordonné, à plus forte raison, le remboursement de dîmes certainement ecclésiastiques qui ont passé dans la main de laïcs, non pas à titre de fief, mais seulement à titre onéreux. C'est par le même motif que, ne s'arrêtant pas à la dénomination de dîmes inféodées, l'Assemblée a déclaré non remboursables les droits qu'on avoit appelés dîmes, mais qui, ayant été établis au moment de la tradition du fonds, par une stipulation entre le bailleur & le preneur, sont réellement des droits de la classe des ci-devant droits seigneuriaux. C'est encore par la même raison que, dans le Décret du 12 Juin dernier, sur le cumul de la dîme avec le champart, il est dit (art. VI) que les redevances en qualité de fruits, appartenantes à des ci-devant seigneurs de fiefs, encore qu'elles soient qualifiées *dîmes*, ne seront point réputées dîmes inféodées, s'il existe dans la paroisse ou dans le canton un décimateur ecclésiastique ou laïc, en possession de percevoir la dîme des gros fruits. Dans ce cas donc, l'indemnité du droit dénommé *dîme* n'est pas due par la Nation : c'est aux redevables à le racheter, s'ils le jugent à propos.

Lorsque les décimateurs ont contribué à l'acquit des charges affectées sur les dîmes, réparations, portions congrues, il n'y a pas à hésiter sur la nature de la redevance qui a supporté des charges de cette nature : c'est une dîme proprement dite. À défaut de cette circonstance décisive & caractéristique, on rassemblera les divers attributs qui accompagnent la redevance dont on aura à déterminer la nature. Les dîmes sont ordinairement *quérables & non portables*, hors le cas de transactions ou d'usages particuliers dont il est ordinairement possible de découvrir l'origine. Elles se payent par la seule conséquence d'un droit commun, sans reconnoissance écrite des débiteurs, comme sans quittance du créancier. Les dîmes qui sont un droit purement féodal établi lors du bail d'héritage, ne suivent d'autres limites que celles

de l'ancien fief ; les dîmes proprement dites s'étendent
indistinctement dans le fief ou hors du fief. Les premières
ne se partagent jamais avec des ecclésiastiques ; les secon-
des étoient souvent communes avec eux. Voilà les principaux attributs sur lesquels on doit fixer son attention,
non pas pour décider d'après l'existence d'un seul attri-
but, que tel droit est ou n'est pas supprimé avec indemnité ; mais pour conclure de la réunion de ceux qui
peuvent concourir dans chaque espèce particulière, que
le droit de percevoir la redevance est anéanti, ou qu'il
ne l'est pas, qu'il est ou qu'il n'est pas susceptible d'indemnité.

ARTICLE III.

Titres & preuves par lesquels on doit établir la pro-
priété d'une dîme inféodée.

Le droit qui est supprimé & pour lequel une indemnité est promise, n'étant pas un droit quelconque
de percevoir une portion des fruits que la terre nourrit,
mais un droit particulier, qualifié, soit *dîme inféodée*,
soit *dîme ecclésiastique acquise à titre onéreux*, & dont le
prix a tourné au profit de l'Eglise, il s'ensuit que ce
n'est pas assez au propriétaire qui réclame une indemnité de la Nation, de justifier qu'il percevoit sur les
héritages de tel canton une redevance en nature ou une
redevance abonnée ; il ne prouve en même temps qu'à
cette redevance appartient le nom de *dîme*, soit inféodée, soit ecclésiastique ; & que, dans ce dernier cas,
elle a été acquise, aux termes de la Loi, à titre onéreux pour l'acquéreur & avec profit pour l'église. Cette
dernière hypothèse, lorsqu'on la présente, doit être
plus facile à établir ; car dès que la Loi demande qu'il
soit justifié d'une acquisition à titre onéreux, dont le

profit ait été pour l'église ; & comme, d'un autre côté ,
un pareil fait ne peut s'établir que par la production
de l'acte d'acquisition où la nature de l'objet acquis doit
être exprimée, il s'ensuit 1°. que, dans ce cas, il faut
ou produire l'acte d'acquisition, ou renoncer à toute demande ; 2°. que l'acte d'acquisition une fois produit,
tout est dit, soit en faveur du propriétaire, si l'acte établit
une acquisition qualifiée telle qu'elle est desirée par la
Loi ; soit contre le propriétaire, si l'acte n'établit pas
une acquisition qualifiée telle que la Loi l'exige.

Le cas où il s'agit d'une dîme inféodée, n'est pas aussi
facile à décider, parce qu'il n'est pas également facile de
montrer qu'une dîme est inféodée, La différence
des temps a introduit une diversité dans les conditions
qui ont été requises pour qu'une dîme fût regardée comme inféodée ; la diversité des usages des lieux nécessite
pareillement des différences relativement aux conditions
que l'on doit exiger pour mettre une dîme dans la classe
des dîmes inféodées.

Lorsqu'après le troisième concile de Latran, célébré
en 1179, on eut posé pour règle générale que les laïcs
ne pourroient posséder de dîmes qu'à titre d'inféodation
on exigea de ceux qui revendiquoient l'exécution de
cette règle, qu'ils justifiassent du titre par lequel la dîme
leur avoit été inféodée. Le temps auquel la règle venoit
d'être établie, n'étant pas extrêmement éloigné de celui
où les inféodations avoient été consenties, il y avoit
possibilité de rapporter les actes d'inféodation ; & dès
que la possibilité de les produire existoit, on devoit en
demander la production effective : rien n'étant plus
naturel & plus juste que d'exiger de celui qui articule
un fait, qu'il l'établisse par les preuves directes qui sont
en sa puissance.

Telle fut donc la première jurisprudence ; on n'étoit reconnu pour propriétaire d'une dîme inféodée, qu'autant
qu'on justifioit de l'acte par lequel on en avoit reçu l'inféodation.

A mesure que l'on s'éloignoit du temps des inféodations, les guerres, les ravages, cette consomption
générale de tous les monumens humains que le temps
traîne à sa suite, anéantissoient les actes primitifs d'inféodation. Il auroit été injuste d'exiger, après un laps
de deux, trois ou quatre siècles, les mêmes actes qu'il
avoit été précédemment facile de produire.

L'impossibilité de rapporter les actes primitifs d'inféodation, étoit plus certaine encore, si le fait que l'on
raconte est vrai, que tous les titres relatifs à l'établissement des dîmes inféodées, ayant été rassemblés par ordre d'un de nos Rois, le lieu où ils étoient réunis fut
incendié, & que les titres devinrent la proie des
flammes.

Les règles subirent donc un changement par la force
même des choses. On cessa d'exiger les actes constitutifs
de l'inféodation, mais on voulut des actes translatifs;
on demanda la production d'actes de féodalité, c'est-à-
dire, des aveux & dénombremens, des actes de foi
& hommage où la dîme fut énoncée comme possédée en
fief. On tenoit toujours fermement au principe que les
dîmes ne pouvoient être possédées légitimement par les
laïcs qu'à titre de fief; on ne se contentoit donc pas
de la seule possession; elle devoit être qualifiée féodale,
& prouvée telle par des actes féodaux relatifs à la dîme
qu'on réclamoit.

Cette jurisprudence fut celle du second âge; elle
débutoit avant le temps où le célèbre Dumoulin écri-
voit, c'est-à-dire, avant le milieu du seizième siècle,
& elle subsistoit encore dans le siècle où nous sommes,
vers 1740.

Néanmoins, au commencement de ce même siècle,
il avoit été promulgué une Loi qui attaquoit la règle
de la nécessité des actes féodaux pour obtenir d'être
maintenu en possession d'une dîme sous la qualité de

dîme inféodée. L'édit du mois de juillet 1708 avoit établi que les possesseurs de dîmes inféodées seroient maintenus sur la seule preuve d'une possession centenaire, *quand même ils n'auroient autre titre que les preuves de leur possession.* Cette Loi ne fit pas, au moment où elle fut promulguée, toute l'impression qu'elle pouvoit causer relativement aux titres à produire pour conserver une dîme en qualité d'inféodée, parce que la condition écrite dans la Loi, que les possesseurs paieroient une somme pour conserver leurs dîmes, donnoit à l'édit une apparence de loi bursale, & que les loix bursales ont généralement peu d'influence sur la décision des questions de droit. Cependant on étoit arrivé à une époque où l'on devoit considérer aussi, que les actes de féodalité commençoient à être rares à l'égard de certains domaines. Ces deux causes, la disposition de l'édit de 1708, & la diminution du nombre des actes féodaux, se combinèrent de manière qu'il s'établît, il y a plus de 60 ans, une jurisprudence nouvelle qui n'exigea d'autre preuve, pour maintenir un laïc dans la possession de la dîme, que celle d'une possession centenaire. On jugea depuis lors, qu'il suffisoit qu'une dîme fût prouvée avoir été librement dans le commerce entre des laïcs pendant cent ans, pour qu'elle dût être réputée & déclarée dîme inféodée.

Ces premières observations sont relatives aux variations de la jurisprudence à raison de la succession des temps ; voici d'autres observations relatives à la variété des lieux.

Les reconnoissances féodales, dans le temps que le système féodal régnoit, ne s'exigeoient pas avec la même exactitude dans toutes les parties du royaume. La France coutumière tenoit beaucoup plus à la féodalité, que le pays de droit écrit, parce que, dans la France coutumière, presque toutes les dispositions de la Loi se rapportoient à la féodalité ; au lieu que dans le pays de droit écrit, la Loi romaine étoit au moins étrangère au fystème féodal. Les actes de féodalité font beaucoup moins fréquens dans la partie méridionale de la France, qu'ils ne le font dans la partie septentrionale.

Ces actes n'existent point du tout dans certains cantons. Les pays de franc-aleu n'admettoient ni foi & hommage, ni aveux & dénombremens, sur-tout pour les grandes terres qui n'auroient pu être reportées à la couronne, à titre de fief, qu'en anéantissant le franc-aleu que ces provinces étoient, & avec raison, jalouses de conserver. Néanmoins, dans ces provinces, les seigneurs laïcs possédoient un grand nombre de dîmes. Il est peu de cantons dans le royaume, où les dîmes fussent en plus grande quantité entre les mains des laïcs, que dans ce qu'on appeloit la Soule, la Navarre, & toute cette lisière de France qui borde l'Espagne. Jamais la possession des dîmes n'y a été contestée aux laïcs. Ils ne les possèdent cependant pas à titre d'inféodation ; & cependant encore tout annonce que ces dîmes appartiennent originairement à l'église. Le nom d'abbés ou d'abbaïs-laïcs qu'on donne à ceux qui les perçoivent (1) ; les possessions qui sont ordinairement annexées à celle de la dîme, attestent qu'elles furent primitivement perçues, soit par les curés, soit par des religieux. Voilà donc des dîmes qui sont certainement de la nature de celles que nous connoissons en général sous le nom de dîmes inféodées, & à l'égard desquelles on ne pourroit justifier ni d'actes constitutifs, ni d'actes énonciatifs de féodalité.

(1) Voyez l'histoire de Béarn par de Marca, livre I, page 28, numéro 5, & suivans.

La conséquence de ces observations est que l'on auroit tort de vouloir rappeler la reconnoissance de toutes les dîmes inféodées à une seule & unique règle; & de n'accorder l'indemnité prononcée par la Loi, qu'au décimateur qui seroit en état de justifier que sa possession relevoit d'un seigneur suzerain. En général, la possession de cent années avant l'époque du 14 avril 1790, date de la suppression des dîmes inféodées, doit suffire pour avoir droit aux indemnités accordées par la Nation. Il faut ensuite, dans chaque département du royaume, avoir égard aux loix particulières qui le régissoient, aux usages qui y avoient interprété la loi; & dans le centre où toutes les liquidations doivent être rapportées, il faut connoître ces loix particulières & ces usages, pour y déférer lorsqu'ils seront suffisamment établis.

Lors donc que l'on présentera aux administrateurs d'un district les titres d'une dîme inféodée, ils ne doivent pas rejeter tout ce qui n'est point acte de féodalité; ils doivent au contraire avoir égard aux titres d'une autre nature; mais, quelques titres qu'ils admettent, ils doivent expliquer nettement les motifs de leur détermination, afin que le directeur général de la liquidation puisse reconnoître le principe qui a fait recevoir ces titres, & s'assurer de la solidité des bases sur lesquelles le principe est fondé.

Passons au troisième objet, la considération des charges dont il doit être fait déduction dans l'estimation de l'indemnité des dîmes.

ARTICLE PREMIER.

Déductions à faire sur la valeur des dîmes supprimées avec indemnité, pour raison des charges dont elles sont tenues.

Les déductions à faire sur la valeur des dîmes pour la suppression desquelles il est accordé une indemnité, sont la représentation des charges auxquelles elles sont sujettes, & que les objets par lesquels elles seront rempla-

cées ne supporteront pas. Les charges propres des dîmes
sont la portion congrue des curés & vicaires; les réparations du chœur & cancel; quelquefois celles de toute
l'église, comme dans la Flandre maritime; quelquefois
celles d'une partie du presbytère, comme en Provence;
plus, dans certains lieux, en Dauphiné, par exemple,
la vingt-quatrième des pauvres; dans la même ci-devant
province & dans les ressorts des anciens parlemens de
Toulouse & d'Aix, une somme fixée pour ce qu'on appeloit clerc & matière.

Les impositions que les dîmes supportoient, ne font
pas à déduire, parce que les acquisitions auxquelles le
prix de l'indemnité des dîmes sera employé, suppor-
ront également les impositions. La dîme doit être estimée à raison de sa valeur, sans aucun égard à ce dont
cette valeur étoit diminuée par les impositions; que ces
impositions fussent payables par le propriétaire ou par le
fermier; qu'elles fussent plus considérables, moins considérables, ou même nulles, eu égard à la qualité du
propriétaire.

Il est plusieurs cas dans lesquels, d'après la nature
même de l'espèce d'indemnité qui est due, il n'y a lieu
à aucune opération particulière pour évaluer les déductions. Ainsi lorsque la dîme a été donnée à titre d'engagement, l'Assemblée Nationale ayant décrété que l'indemnité consisteroit dans la restitution de la finance de
l'engagement, tout autre calcul seroit superflu. Il en est
de même d'une dîme qui auroit été acquise de l'église,
moyennant une rente payable à l'église; toute l'indemnité consiste dans l'extinction & la décharge de la rente.

Une troisième observation générale est que, pour estimer la déduction des charges, il faut prendre les choses
en l'état où elles étoient au premier janvier 1790; la
portion congrue des curés, évaluée à 1200 liv.; celle
des vicaires, à 700 liv.; les paroisses, le nombre des

curés, & celui des vicaires, tels qu'ils existoient alors, sans égard aux suppressions qui ont eu lieu postérieurement.

Après ces observations générales, entrons dans les détails.

Les dîmes pour lesquelles la nation a accordé une indemnité aux propriétaires qui les perdent en ce moment, sont les dîmes ecclésiastiques acquises à titre onéreux pour l'acquéreur, profitable pour l'église; & les dîmes inféodées. Les dîmes ecclésiastiques qui, dans des temps modernes, sont entrées dans les mains des laïcs, y sont arrivées ou par l'effet de l'option de la portion congrue, que le curé n'a pu faire sans abandonner les dîmes dont il jouissoit, ou par l'effet d'acquisitions.

Si la dîme est entrée dans la main d'un laïc par l'effet de l'option de la portion congrue, le propriétaire actuel n'a aucune indemnité à réclamer. La dîme ne lui avoit été abandonnée que sous la condition de payer la portion congrue. Cette charge n'existe plus; & par conséquent il n'y a rien à prétendre pour en être indemnisé.

Au cas d'acquisition de la dîme, il faut se faire représenter les actes de l'acquisition pour vérifier les deux conditions que le Décret de l'Assemblée exige; savoir, que l'acquisition a été à titre onéreux, & que les engagemens pris par l'acquéreur ont tourné au profit de l'église. Cette seconde condition portera à faire, dans ce cas particulier, une grande attention au prix de l'acquisition: parce que, quelle que soit aujourd'hui la valeur de la dîme, les sommes stipulées payables lors de l'acquisition, ou de toute autre convention faite à cette époque, peuvent seules donner la mesure de l'utilité que l'église a retirée de l'aliénation de la dîme.

Mais ce n'est pas encore le moment de déterminer les actes qui doivent servir au réglement de l'indemnité. Il s'agit des charges qui peuvent influer sur l'estimation de la dîme, & d'abord des charges générales, savoir, la possibilité congrue, tant du curé que du vicaire ; les séparations du chœur & du chancel ; la fourniture des ornements, linges, livres, vases sacrés ; cette dernière charge seulement à défaut de revenu suffisant de la fabrique. L'assujétissement à ces charges n'est pas ici subsidiaire, comme il l'est, en général, à l'égard des dîmes inféodées : c'est un assujétissement direct, propre à toutes les dîmes ecclésiastiques. Des dîmes de cette nature, abandonnées anciennement par l'église, & que les laïcs ne possèdent pas à titre de fief, conservant toujours leur qualité de dîmes ecclésiastiques, demeurent assujéties à toutes les charges des dîmes sur la même ligne que les dîmes ecclésiastiques.

Il faut néanmoins distinguer le cas où la dîme ecclésiastique dont on estime la valeur, se trouve actuellement même affectée à des charges, du cas où, à raison des circonstances, la contribution aux charges légales n'est pas actuelle, mais possible. Il arrivoit, par exemple, souvent, que la cure étoit tellement dotée, soit en fonds, soit en dîmes, soit en rentes, que le curé ne pourroit pas être dans le cas de solliciter la portion congrue. À l'égard des réparations même, il n'étoit pas sans exemple, que l'église étant à la charge d'un chapitre qui y étoit établi, ou ayant une fabrique riche, les décimateurs fussent à l'abri de demandes à cet égard ; à plus forte raison, qu'ils fussent à l'abri de toute demande pour les ornemens, livres, & vases sacrés. On doit rectifier ces différentes circonstances. On ne sauroit perdre de vue que les dîmes ecclésiastiques sont essentiellement affectées aux réparations, portions congrues, &c. mais, en même temps, la justice exige que, dans l'évaluation d'une charge, on distingue celle qui est actuelle de celle qui n'est que possible ; & lorsqu'on est contraint d'entrer dans l'évaluation du possible, il devient indispensable de calculer les degrés plus ou moins nombreux de possibilité.

bilité. On proposera quelques règles à cet égard, en par-
lant de l'évaluation des charges des dîmes inféodées. Le
résultat de ce qui sera dit plus tôt, appliqué à l'espèce présente, est qu'il faut réduire au vingtième de l'évaluation des charges, l'estimation de celles que les dîmes
ecclésiastiques, possédées par des laïcs, ne supportoient
pas actuellement, mais qu'elles pouvoient supporter un
jour aussi, en général, à l'égard des dîmes inféodées

On a la même chose relatif aux dîmes ecclésiastiques
que des laïcs ont acquises aux conditions portées par
la loi, pour obtenir une indemnité. L'acquéreur peut
être convenu, soit au moyen d'une augmentation de
prix, soit au moyen de tout autre avantage qu'il a fait
à l'église, ou quoi qu'il en soit, que la dîme seroit exempte des charges
ordinaires. Cette stipulation privée n'anéantit pas l'obligation aux charges, parce que des conventions particulières ne détruisent pas le droit public, & il est
bien ne pas, nonobstant une telle stipulation, la charge
des réparations & autres semblables auroit été réalisée
tôt ou tard, si les circonstances en eussent amené le
nécessité. La stipulation n'a donc d'autre effet que de
réduire le moment où la charge se réalisera. C'est dans
l'ordre des degrés de possibilité de l'assujettissement qu'il
faut placer le résultat de ces conventions. L'assujettissement étoit toujours réel, mais le moment où il devoit
s'effectuer étoit éloigné par les conventions qui autori-
soient le détenteur de la dîme à exiger que telles ou
autres valeurs fussent discutées & épuisées avant de l'as-
sujettir à la charge personnelle. On pourra réduire alors
l'estimation des charges, au vingtième de leur valeur
au quarantième.

Passons aux charges dont l'appréciation doit diminuer
la valeur des dîmes inféodées, en considérant ces charges
dans le droit qu'on appelle commun, puisqu'il régit la
plus grande partie de l'empire.

C c

Le droit commun affujétit les dîmes inféodées aux
charges que les dîmes ecclésiastiques supportent, mais
subsidiairement seulement, c'est-à-dire, après que les
revenus ecclésiastiques qui peuvent former la dotation
propre de la cure, & le produit de la dîme ecclésiastique
sont épuisés. L'incertitude que les recherches des histo-
riens & les systêmes opposés des jurisconsultes ont laissée
sur la nature & l'origine des dîmes inféodées, a porté
à un parti mitoyen entre l'exemption des charges de la
dîme ecclésiastique & l'affujétissement à ces charges.
On n'en a pas affranchi les dîmes inféodées, mais on
a voulu qu'elles n'y fussent sujettes qu'après l'épuisement
des dîmes ecclésiastiques : elles sont en seconde ligne
seulement pour subvenir aux réparations, portions
congrues, &c.

Il n'est pas rare de trouver des paroisses où l'insuffisance
des dîmes ecclésiastiques avoit forcé les décimateurs inféodés à contribuer actuellement aux portions congrues,
&c. Cette charge n'auroit pas tardé à se réaliser sur un
grand nombre de décimateurs inféodés, si la portion
congrue des curés ayant été fixée à 1200 liv., & celle
des vicaires à 700 liv., l'une & l'autre fussent de-
meurées à la charge des décimateurs.

Mais il reste d'autres paroisses aussi, dans lesquelles
la charge des portions congrues, &c., ne devoit être
considérée comme susceptible de tomber sur les décimateurs inféodés que dans un avenir plus ou moins
éloigné.

Séparons d'abord de tous les autres cas, celui où le
décimateur inféodé supportoit dès-à-présent la charge
de la portion congrue & autres du même genre. Ce cas
est susceptible de peu de difficultés : il est facile d'estimer
des charges qui existent actuellement & de fait. On re-
marquera seulement que, d'après le décret du 23 Octobre 1790, tit. V, art. 10, la portion congrue doit

être calculée, non pas sur l'ancien pied, mais sur celui de 1200 liv., pour les curés ; de 700 liv. pour les vicaires : de manière qu'il seroit fort possible qu'un décimateur inféodé qui n'auroit rien payé sur la portion congrue en 1789, fût regardé néanmoins comme y étant assujéti aujourd'hui de fait, parce que les revenus de la cure & les dîmes ecclésiastiques n'auroient pas pu fournir 1200 liv. au curé, & 700 liv. à chacun des vicaires.

Le cas qui est réellement difficile est celui où le décimateur inféodé n'étoit encore assujéti de fait à aucune charge ; mais où il étoit seulement possible qu'il y fût assujéti : & la difficulté vient des divers degrés de possibilité qu'il faut calculer alors.

La charge de la portion congrue est celle qui dépend d'un moindre nombre de circonstances. On conçoit qu'en supposant dans une paroisse un curé & un vicaire dont les portions congrues réunies montent à 1,900 liv., la contribution du décimateur inféodé devient possible, dès que le revenu de la cure & le produit des dîmes ecclésiastiques n'excèdent pas 1,900 livres ; mais cette possibilité s'éloigne d'autant plus que le produit des dîmes ecclésiastiques excède davantage la somme de 1900 livres. Il ne faut pas beaucoup de réflexion pour sentir que dans une paroisse où il y a un curé & un vicaire, 1,900 livres de portions congrues à payer, où la dîme ecclésiastique étoit du produit de 6,000 livres, & où il existoit un trait de dîme inféodée du revenu de 300 liv., il étoit infiniment moins vraisemblable que le décimateur inféodé fût sujet à une contribution pour la portion congrue, que cela n'étoit vraisemblable dans une paroisse où les dîmes ecclésiastiques auroient été seulement de 2,000 livres de valeur, & où la dîme inféodée auroit été du produit de 3,000 livres.

Le calcul des possibilités relativement à la charge des

C c 2

réparations, est beaucoup plus compliqué. Son premier
élément est l'examen du produit de la dîme ecclésiastique, ou plutôt de ce qui en reste après les portions
congrues acquittées. Un second élément est l'état de
l'église paroissiale. Suivant que le chœur de l'église étoit
d'une construction plus ou moins riche, plus ou moins
solide, la charge du décimateur inféodé devoit être plus
ou moins considérable, plus ou moins prochaine. Mais
il faut faire entrer ici l'examen d'une autre question extrêmement délicate, savoir comment on devoit entendre
la disposition des lois qui n'assujétissoient les dîmes inféodées aux réparations des églises qu'après l'épuisement
des dîmes ecclésiastiques. On convenoit assez généralement que la condition de l'épuisement n'étoit pas remplie par le seul fait de l'absorption du revenu d'une
année; mais les jurisconsultes étoient divisés sur la
manière dont on devoit procéder pour opérer l'épuisement de la dîme ecclésiastique; & il n'existoit ni loi,
ni reglement, ni même d'arrêt bien positif qui pût rallier
leurs sentimens.

La charge de la fourniture des ornemens & vases
sacrés dépend aussi de plusieurs élémens; 1°. ce qui
reste de la dîme ecclésiastique après l'acquit des charges
annuelles. 2°. le plus ou le moins de revenus de la fabrique, parce que ce n'est que l'épuisement de ces revenus qui ouvre l'obligation des décimateurs; 3°. l'état
des ornemens.

Le premier résultat de ces réflexions doit être de déterminer les experts qui procéderont à l'évaluation des
dîmes, à ne pas fixer leur attention seulement sur le
produit de la dîme inféodée qu'ils voudront évaluer,
mais à l'étendre sur tous les objets de comparaison qui
doivent servir à régler l'évaluation. Il faudra qu'ils connoissent les divers objets dont on vient de parler, valeur
de la dîme ecclésiastique, état des bâtimens, valeur de

revenus de la fabrique. Il faudra que tous ces détails
soient consignés dans leur procès-verbal, afin qu'on
puisse juger ce qu'ils ont fait, & rectifier leur marche,
s'il étoit nécessaire.

Supposant donc les faits établis d'une manière claire
& positive, il reste maintenant à déterminer ce que
l'on retranchera du produit annuel de la dîme inféodée
pour les charges, non pas pour celles qu'elle supporte
actuellement, l'évaluation de ces premières charges n'est
pas sujette à difficultés, mais pour les charges dont la
dîme inféodée est susceptible. L'Assemblée nationale
n'ayant encore rien prononcé à cet égard, il faut
chercher ce qui semblera le plus convenable.

Appliquons-nous d'abord à ce qui regarde la portion
congrue, & considérons les deux extrêmes, c'est-à-dire,
le cas où les dîmes ecclésiastiques étant épuisées par les
portions congrues, la dîme inféodée étoit sujette à être
entamée au premier changement que le revenu de la
dîme ecclésiastique ou la fixation de la portion congrue
auroient éprouvé ; & le cas où le revenu des dîmes ecclésiastiques étoit tel que la possibilité d'une contribution,
à la charge de la dîme inféodée, étoit le moins vraisemblable. Dans le premier cas, on pourroit évaluer la diminution que le revenu de la dîme inféodée devroit
subir, à un vingtième du montant de la charge, parce
que, dans le cas proposé, il y a lieu de croire que la
dîme inféodée pourroit supporter, dans l'espace de vingt
ans, une fois la charge des portions congrues. Supposant donc toujours ces portions congrues à 1900 liv.,
on déduiroit sur le revenu de la dîme inféodée, 95 liv.
Cette réduction du vingtième seroit la plus forte possible.

La déduction la plus foible, celle qui auroit lieu
dans le cas le moins apparent de la possibilité d'une
contribution, seroit du centième, parce que, dès
qu'une chose est possible, quelque rare qu'elle soit,

on peut raisonnablement supposer qu'elle se réalisera dans l'espace d'un siècle. Ainsi, en conservant l'hypothèse proposée, la déduction sur le revenu, la dîme seroit de 19 liv.

Si l'on demande ensuite quand on doit être supposé arrivé au point où la contribution est la moins vraisemblable possible, nous répondrons que la contribution la plus vraisemblable, celle qui a eu lieu quand les dîmes ecclésiastiques sont déjà épuisées, étant évaluée à une année de vingt, le cas le plus éloigné d'une contribution possible doit être lorsque ce qui reste de la dîme ecclésiastique, après les portions congrues acquittées, excède vingt fois la dîme inféodée.

En admettant ces deux extrêmes, celui où la dîme ecclésiastique est zéro, & celui où elle est de vingt fois la valeur de la dîme inféodée, en prenant pour base de déduction le vingtième dans le premier cas, le centième dans le second, il est aisé d'établir une échelle de proportion pour la déduction, graduée sur la valeur comparée de la dîme ecclésiastique & de la dîme inféodée. Par exemple, si la dîme ecclésiastique vaut dix fois la dîme inféodée, la déduction sera d'un cinquantième.

Mais voici une autre observation importante. La déduction à faire sur les dîmes inféodées, à cause de l'insuffisance possible des dîmes ecclésiastiques, doit se régler sur la valeur comparée des dîmes ecclésiastiques aux dîmes inféodées de la paroisse. Conséquemment il ne faut pas déduire, sur chaque trait de dîme inféodée, le total de la partie qu'on jugera être à retrancher ; cette déduction doit porter sur le total des dîmes inféodées de la paroisse, & chaque décimateur particulier ne doit supporter que sa portion personnelle de la déduction. Y a-t-il 50 liv. à déduire, & la dîme inféodée est-elle divisée entre trois propriétaires, dans la proportion d'une moitié & de deux quarts ? Le premier propriétaire supportera une déduction de 25 livres; chacun des deux autres, une déduction de 12 livres 10 fols.

Tout ce qui vient d'être dit, eft relatif à la déduction pour la portion congrue. Dans celle qui aura lieu pour les réparations, on doit faire entrer la néceffité de l'épuifement du fonds de la dîme eccléfiaftique ; & la manière la plus convenable de la calculer, eft d'eftimer le montant du capital à épuifer au denier vingt du produit. Cette évaluation doit diminuer, dans la même proportion la déduction à fubir par la dîme inféodée. La déduction, réduite fur ce pied, fera, d'un vingtième au lieu d'un entier, d'un fol au lieu d'une livre ; ainfi, la déduction pour la portion congrue étant de 50 livres, on y ajouteroit le fol pour livre, ou 2 livres 10 fols de déduction pour les réparations.

A l'égard des déductions à faire pour la charge des ornemens, il n'y a, ce femble, d'autre obfervation à faire, que celle-ci. Les revenus de la fabrique doivent être employés, auffi bien que ceux de la dîme eccléfiaftique, avant que le décimateur inféodé contribue à la fourniture des ornemens. Il faut donc cumuler ces deux revenus, & les comparer enfemble au revenu de la dîme inféodée, pour régler la déduction que cette dîme éprouvera, en opérant d'ailleurs fur les mêmes bafes qui ont été admifes pour la contribution à la portion congrue.

Nous avons dit qu'il étoit à-propos de conftater, relativement aux réparations qui peuvent tomber à la charge des dîmes inféodées, l'état plus ou moins ruineux, plus ou moins difpendieux des églifes paroiffiales; qu'il étoit également à propos de conftater l'état des ornemens. Il pourroit fe trouver des cas où l'état de ces objets forceroit à une déduction plus forte fur le revenu des dîmes inféodées; mais, dans les cas ordinaires & peu marqués, cet état ne doit pas influer fur l'eftimation;

C c 4

autrement il n'exiſteroit plus de règle générale , & chaque eſtimation particulière , devenant ſuſceptible de contra-diction dans une multitude de détails , formeroit un procès à juger.

Les déductions étant une fois établies d'après les règles qui viennent d'être poſées , on prendra ce qui reſtera net pour former la baſe du capital , ſoit au denier 25 , ſoit au denier 20 , ſelon les différentes hypothèſes établies par les Décrets de l'Aſſemblée.

Nous ne ſommes pas ſortis , juſqu'à préſent , de ce qui appartient au droit commun : en paſſant du droit commun au droit particulier des ci-devant provinces , il y a peu d'obſervations à faire ſur le réſultat de ce droit particulier. En Flandre & en Artois , les dîmes inféodées ſont ſujettes aux charges décimales , concurremment avec les dîmes eccléſiaſtiques. Il s'enſuit qu'il faut opérer , ſur leur revenu , la même déduction que ſur les dîmes eccléſiaſtiques , & non pas ſeulement celle qui a lieu ſur les dîmes inféodées.

Dans la Flandre maritime , les décimateurs eccléſiaſtiques ne ſont pas ſeulement chargés du chœur de l'égliſe paroiſſiale , ils ſont chargés de toute l'égliſe (1). C'eſt une ſomme plus forte à prendre pour baſe de la déduction qui doit être évaluée , ainſi que la déduction pour la por-tion congrue , comme réſultat d'une obligation actuelle , & non pas ſeulement comme réſultat d'une obligation ſubſidiaire.

Ces obſervations ſuffiſent , par les inductions qu'on peut en tirer , pour tous les cas où il exiſteroit , ſoit loix , ſoit uſages particuliers. Il eſt facile d'opérer la ré-duction pour la vingt-quatrième des prévées , pour la charge du clerc & marlier , pour les presbytères : ce ſont autant de ſommes à ajouter , ſoit à la charge annuelle de la portion congrue, soit à la charge casuelle des réparations. Une dernière remarque particulière est relative au cas qui se rencontre dans quelques lieux, où par le résultat, soit des titres, soit d'un usage ancien, que les dîmes, quoiqu'on les regarde comme inféodées, se trouvent chargées de la portion congrue, des réparations, &c. en première ligne, & comme des dîmes ecclésiastiques pourroient l'être; les autres dîmes inféodées du même canton ne supportant les mêmes charges que subsidiairement. Il faut, en ce cas, se conformer aux titres & à l'usage établi; faire sur les dîmes inféodées qui sont sujettes aux charges en première ligne, & non subsidiairement, les mêmes déductions qu'on feroit sur les dîmes ecclésiastiques.

Il ne s'agit plus maintenant que de voir d'après quels titres ou quelles opérations on doit évaluer la masse du revenu des dîmes, masse qui donne le revenu net, base de l'indemnité, lorsqu'on a fait la déduction des charges qui viennent de nous occuper.

ARTICLE IV.

Titre & opérations qui doivent servir à estimer le revenu des dîmes à la suppression desquelles l'Assemblée Nationale a accordé une indemnité.

Il y a un moyen sûr de connoître le produit d'une dîme; c'est de savoir, 1°. sur quelle étendue de terre elle se perçoit; 2°. quel est le genre de fruits que cette terre donne; 3°. à quelle quotité la dîme se lève; 4°. quels sont les frais à faire pour percevoir la dîme, engranger les grains, &c. en un mot, pour réduire la dîme, soit en argent, soit en toute autre valeur commerciale.

Les connoissances dont on vient de parler, s'acquièrent

par la remise d'états relatifs à la perception, & par des visites d'Experts. L'Assemblée a ordonné ces opérations par ses Décrets du 23 Octobre 1790 & du 5 Mars 1791; mais, en même temps, elle a considéré qu'elles étoient longues & coûteuses; & pensant qu'on pouvoit y suppléer par des baux, quand ils ne seroient pas suspects, elle a voulu (Décret du 23 Octobre, tit. V, art. 5) que l'évaluation fût faite d'après les baux, lorsqu'on seroit en état d'en rapporter un ou plusieurs, qui réuniroient les trois conditions suivantes : être actuellement subsistans en 1790; avoir une date certaine, antérieure au 4 Août 1789; remonter à quinze années au-delà de l'époque du 4 Août 1789.

Les estimations ou les baux sont les seuls actes d'après lesquels on puisse estimer en masse les revenus des dîmes à la suppression desquelles l'Assemblée Nationale a accordé une indemnité. Si les Décrets ordonnent la production des titres d'acquisition & de propriété, ce n'est que pour renseigner la consistance de la dîme dont on demande l'indemnité. On seroit souvent injuste ou envers l'État ou envers les décimateurs, si l'on prenoit pour base de leur liquidation, les actes d'acquisition de la dîme. Lorsque l'acte d'acquisition seroit ancien, ou que l'acquéreur auroit, par une circonstance quelconque, fait un bon marché, le propriétaire dépossédé ne trouveroit pas, dans le dédommagement réglé sur le pied de cet acte, la juste indemnité de ce qu'il perd. Dans le cas, au contraire, où l'acquéreur auroit acheté trop cher, l'indemnité fixée sur le prix de l'acquisition lui donneroit plus qu'il n'avoit réellement.

Le Décret du 5 Mars 1791, art. 3, a autorisé les possesseurs des dîmes inféodées à produire, à défaut de baux ayant les conditions requises par les Décrets, des contrats d'acquisition postérieurs à l'année 1785, & antérieurs au 4 Août 1789; mais cette disposition n'est applicable qu'au cas de la demande d'une reconnoissance provisoire. Le temps nécessaire pour procéder à une estimation, à défaut de baux, auroit rendu à peu-près inutile aux propriétaires l'avantage que l'Assemblée a voulu leur procurer par les reconnoissances provisoires; il falloit trouver un expédient pour suppléer aux baux dans ce cas particulier: l'Assemblée a adopté celui de la production d'un contrat d'acquisition. On doit se conformer à son Décret, & sur la seule vue du contrat d'acquisition, on doit délivrer la moitié du prix en reconnoissance provisoire; mais on ne doit pas étendre ce Décret à un cas pour lequel il n'a point prononcé. Le cas particulier de l'acquisition moderne d'une dîme ecclésiastique, celui d'une dîme prise à titre d'engagement, font exception aux règles générales; pour le premier cas, selon ce qui a été observé dans l'article second (page 5); pour le second cas, selon ce qui est porté par le Décret du 18 Janvier 1791.

Le Décret du 23 Octobre 1790, article VI, autorise les propriétaires de dîmes dont les archives & les titres auroient été brûlés ou pillés à l'occasion des troubles survenus depuis 1789, à faire preuve, soit par actes, soit par témoins, d'une possession de 30 ans, antérieure à l'incendie ou pillage, de l'existence, de la nature & de la quotité de leurs droits de dîmes. On a paru appréhender que cette disposition ne contrariât en quelque point les principes sur la nature des preuves qui doivent établir le droit de lever une dîme inféodée. Le Décret n'a rien d'opposé aux principes. Quand les archives sont brûlées, on ne peut plus prouver directement par les titres qui y étoient conservés, le fait ou de l'inféodation d'une dîme, ou des reconnoissances féodales, ou de la possession centenaire; il faut alors avoir recours soit à des titres étrangers, mais énonciatifs, soit à des dépositions de témoins. Ces titres énonciatifs ou ces témoins doivent établir différens faits qui sont bien distingués dans le Décret. Ils doivent justifier, 1°. de l'existence du droit, déposer que telle personne jouissoit d'une dîme ; 2°. de la nature du droit, déposer que la dîme étoit connue pour dîme inféodée, levée comme telle ; 3°. de la quotité & de la possession depuis 30 ans. Une pareille enquête ne sauroit porter atteinte aux principes, au contraire elle les confirme ; car, si des témoins, par exemple, déposoient qu'ils ont connoissance que depuis telle époque, un tel jouissoit d'une dîme qui passoit pour inféodée, mais qu'avant cette époque la dîme appartenoit à un corps ecclésiastique & étoit réputée ecclésiastique, on jugeroit que la possession de la dîme comme inféodée, n'est pas légitime, & on refuseroit l'indemnité. Si les témoins en attestant la possession centenaire, n'indiquent pas l'époque à laquelle elle a commencé, il résulte de leur déposition la preuve d'une possession immémoriale, c'est-à-dire, telle qu'on ne connoît aucune possession contraire ; & cette possession immémoriale doit suppléer à la possession centenaire, dans le cas où les actes qui auroient établi la possession de cent ans se trouvent détruits par une force majeure.

Quant au surplus des questions qui peuvent se présenter, on doit se conformer aux Décrets rendus spécialement pour la liquidation des dîmes inféodées ; aux Décrets qui contiennent des règles générales sur les liquidations ; aux Loix anciennes que l'Assemblée Nationale n'a point abrogées sur les conditions requises pour que les actes dont on prétend induire des conséquences, soient reconnus en forme probante.

Décret relatif aux troubles de l'Orient.

Du 30 Juillet 1791. Séance du soir.

L'Assemblée Nationale, après avoir entendu le rapport de ses Comités des Colonies, de la Marine & Militaire, sur les faits arrivés à l'Orient les 24 & 25 du préfent mois ; confidérant que les Miniftres , les Corps adminiftratifs & les Commiffaires civils font inftitués pour veiller au maintien de l'ordre public , à la fûreté des perfonnes & des propriétés ; qu'ils font revêtus par la Conftitution de l'autorité néceffaire pour remplir ces divers objets ; qu'enfin , ils font chacun refpectivement & perfonnellement refponfables de leur inexécution ; rendant ; d'ailleurs , juftice à la conduite de la Garde Nationale & de la Municipalité de l'Orient, & comptant fur l'activité & la continuité de leur zèle, déclare qu'elle renvoie au Pouvoir exécutif pour maintenir l'exécution des Lois.

Décret relatif aux Employés des fermes, régies & adminiftrations fupprimées.

Du 31 Juillet 1791.

L'Affemblée Nationale , après avoir entendu le rapport de fes Comités des Finances , des Penfions , des Domaines , des Impofitions , d'Agriculture & de Commerce , réunis , décrète ce qui fuit :

ARTICLE PREMIER.

Tous Employés commiffionnés dans les Fermes & Régies générales , à la Caiffe des Recettes générales des Finances , à la Recette générale du Clergé , dans les Devoirs de Bretagne , l'Équivalent de Languedoc , les quatre Membres Belgiques , les Poftes , la Police de Paris , dans les Bureaux de l'Economat , les Adminiftrations des Pays d'États , à la perception des Octrois & autres droits qui fe levoient principalement au profit de l'État ; les Directeurs , Contrôleurs & Vérificateurs des Vingtièmes ; les commis attachés aux Intendances , ou qui étoient paffés defdites Intendances aux Adminiftrations Provinciales , tous lefquels fe trouvent précédemment supprimés par les Décrets rendus, auront droit aux pensions, secours & gratifications qui seront déterminés ci-après, suivant la durée & l'état de leurs services.

II. Lesdits Employés seront divisés en trois classes. La première comprendra ceux qui ont vingt ans de service révolus, & au-dessus; la seconde, ceux qui ont de dix ans de service révolus jusqu'à vingt; & la troisième, ceux qui ont moins de dix ans de service.

III. Les Employés n'auront droit aux pensions, secours & gratifications mentionnés en l'article premier du présent Décret, que dans le cas où l'emploi supprimé formoit l'état unique de celui qui l'occupoit, qu'il en étoit pourvu lors de la suppression dudit emploi, & qu'il n'ait pas été replacé depuis, ou n'ait pas refusé de l'être, ainsi qu'il sera dit par l'article XI ci-après.

IV. La suppression des Fermes, Régies & autres Administrations dénommées dans l'article premier, n'ayant pas permis à ceux qui y étoient employés, d'atteindre l'époque de service fixée par la Loi du 23 Août 1790 pour l'obtention des pensions, les dispositions de ladite Loi seront modifiées quant auxdits Employés seulement : en conséquence, ceux compris dans les articles précédens, & qui, par leurs dispositions, se trouvent avoir droit aux pensions, secours & gratifications dont il y est fait mention, jouiront, après vingt ans de service révolus, du quart de leurs appointemens; & il sera en outre accordé un vingtième des trois quarts restans par chaque année de service; de manière qu'après quarante ans de service effectif, ils obtiendront la totalité de leurs appointemens, qui ne pourra néanmoins excéder le *maximum* fixé par l'article suivant.

V. Les traitemens qui seront accordés aux Employés supprimés, conformément aux dispositions précédentes, ne pourront excéder la somme de 2000 livres, à quel-

ques fommes qu'aient pû monter les appointemens de
leurs grades, & ils ne pourront être moindres de 150
livres.

VI. Après dix ans de fervice révolus, lefdits Employés recevront pour retraite le huitième de leurs appointemens, & il leur fera en outre accordé un dixième d'un femblable huitième pour chaque année de
fervice au-delà de ces dix ans; le *maximum* de ces
penfions fera de 800 livres, & le *minimum* de ces
livres.

VII. Tout fervice public que l'Employé aura fait
avant d'entrer dans les Régies, Fermes & Adminiftrations fupprimées, fera compté pour former fon traitement, en juftifiant de ce fervice, & qu'il l'a fait
& quitté fans reproche.

VIII. La Loi du 23 Août fera au furplus applicable
à tous ceux des Employés fupprimés qui en réclameront les difpofitions.

IX. Tout Employé fupprimé ayant moins de dix ans
de fervice, recevra un fecours en argent, dans la proportion ci-après;

S A V O I R :

Ceux qui avoient 1200 livres d'appointemens & au-
deffus, 120 livres par chaque année de fervice;

Ceux qui avoient de 8 à 1200 livres d'appointemens,
90 livres par chacun an.

Il fera payé 60 livres par année de fervice à ceux
qui ont moins de 800 livres d'appointemens, & néanmoins le fecours ne pourra être, pour aucun d'eux,
moindre de 100 livres.

X. Les Employés qui juftifieront que les emplois ou
les diftributions de fel ou de tabac, dont ils jouiffoient
au moment de leur fuppreffion, leur ont été accordés
comme retraite à raifon d'ancienneté de leurs fervices,

ou pour cause d'infirmités constatées résultantes du même
service, ou de blessures reçues dans l'exercice de leurs
fonctions, jouiront du même traitement auquel ils auroient droit s'ils avoient continué d'être en activité de
service dans leurs premières places; & le temps qu'ils
ont occupé ces nouveaux emplois ou géré lesdites places; leur sera en outre compté pour former le montant de leur retraite.

XI. Les pensions & secours accordés par le présent
Décret ne seront pas payés à ceux des Employés qui,
depuis leur suppression, auroient obtenu une place qui
produit égal aux deux tiers de la première; il en sera
de même à l'égard de ceux qui en obtiendroient par
la suite, ou qui refuseroient de l'accepter; & dans chacun de ces cas, ils n'auront droit à une pension qu'autant qu'ils pourront présenter un service public d'au
moins trente ans; aux termes du Titre premier de la
Loi du 22 Août 1790.

XII. Pour établir les bases du traitement auquel chaque Employé commissionné supprimé aura droit à raison
du produit de sa place, on ne calculera que les appointemens fixes, les gratifications ordinaires & annuelles,
& le montant des remises fixes seulement, sans pouvoir
y comprendre, sous aucun pré-exte, les bénéfices ou
gratifications casuelles, le logement, les excédans de
remises, les intérêts des cautionnemens, les bénéfices
d'usance sur la négociation du papier, ou tous autres
émolumens de cette espèce.

XIII. Ceux des Employés qui prétendront des indemnités pour raison de dégâts faits dans leurs maisons
& meubles par l'effet des mouvemens qui ont eu lieu
depuis le 12 Juillet 1789, remettront leurs mémoires
au Commissaire-liquidateur, lequel les réglera d'après les
certificats des Municipalités visés & approuvés par les
Directoires des Districts & des Départemens, & sans

moins

moins lesdites indemnités ne pourront excéder le montant de trois années de leurs traitemens, calculés conformément aux dispositions du précédent article.

XIV. A l'égard des Employés qui avoient des commissions directes des Compagnies, & dont les émolumens consistoient, en tout ou en partie, en remises fixes sur les débits, tels que les Entreposeurs, les Débitans principaux, les Receveurs de gabelles & sel, & les Minotiers; il leur sera accordé des pensions ou indemnités dans les proportions établies par les articles IV, V, VI & XII du présent Décret; le montant des remises qui leur étoient accordées sur leur débit, sera déterminé d'après la fixation de la vente à laquelle ils étoient assujétis.

XV. Les pensions de retraite qui existoient sur les Régies, Fermes, Administrations & Compagnies supprimées, seront rétablies si elles sont conformes, soit aux réglemens desdites Régies, Fermes, Administrations & Compagnies, soit aux dispositions de la Loi du 23 Août dernier; & cependant, par provision, lesdites pensions seront payées conformément au Décret du 2 Juillet présent mois.

XVI. Les pensions & indemnités qui seront accordées en exécution du présent Décret, commenceront à avoir cours à compter du premier Juillet 1791; & en attendant que le montant desdites pensions, secours ou indemnités, soit déterminé, les Employés dénommés au présent Décret jouiront, pendant trois mois, des secours fixés par le Décret du 8 Mars dernier; mais il leur sera fait déduction de ce qu'ils auront reçu à titre de secours, lors du paiement des pensions & indemnités qui leur seront accordées.

XVII. Toute personne se prétendant attachée aux Régies, Fermes, Administrations ou Compagnies supprimées, ne pourra prétendre ni pension ni indemnité, qu'autant qu'elle se trouvera dans le cas prévu par l'article III. du présent Décret, & qu'elle aura prêté serment en Justice, ou qu'elle justifiera d'une commission en nomination émanée directement de la Compagnie ou Administration, à laquelle elle étoit attachée, antérieure d'un an au moins à la suppression desdites Régies, Fermes, Administrations & Compagnies.

XVIII. La présente Loi n'aura pas d'effet à l'égard de ceux qui, depuis cinq ans, ont joui de places ou emplois dont les produits, calculés d'après les bases de l'article XII. du présent Décret, s'élevoient au-dessus de 4,000 liv. & ils ne pourront obtenir de pensions que dans les cas prévus & d'après les conditions exigées par la Loi.

L'Assemblée Nationale ordonne, au surplus, que le présent Décret sera imprimé & envoyé dans tous les Départemens.

Décret concernant l'Evaluation de la valeur locative des Edifices dans lesquels les Corps administratifs ont formé leurs établissemens provisoires.

Du 31 Juillet 1791.

L'Assemblée Nationale décrète ce qui suit:

Les Préposés aux administrations des Domaines nationaux procéderont contradictoirement avec les corps administratifs, à un état estimatif de la valeur locative des édifices dans lesquels ces derniers ont formé leurs établissemens provisoires.

La base du loyer sera, pour le passé, fixée selon la valeur locative, & pour l'avenir au denier

D d

valeur estimative des lieux où les Corps administratifs
& judiciaires tiennent leurs séances, & le montant en
sera payé par les administrés & Justiciables, à partir de
la date du délai fixé par le Décret du 7 Février dernier, qui sera au surplus exécuté en tout son contenu.

XVIII. Les Corps administratifs sont responsables, en
leurs propres & privés noms, de l'exécution du présent
Décret, les communes tenues de toutes indemnités
envers la Nation, & en conséquence obligés d'en payer
le montant aux Receveurs des Domaines Nationaux
ou à tous autres qu'il appartiendra, sauf leur pouvoir
d'en réclamer contre les Administrés & Justiciables.

*Décret portant que les Ministres se rendront aux séances
de l'Assemblée Nationale de deux jours l'un, & qui
ordonne un rapport sur les moyens de correspondance
active, entre les Ministres & les Départemens pour
la levée des Gardes nationales, & sur le mode de
remplacement aux places vacantes dans l'armée.*

Du 31 Juillet 1791.

L'Assemblée Nationale décrète que les Ministres seront
tenus de se rendre dorénavant à ses Séances de deux
jours l'un, à deux heures, à l'effet de l'informer des
progrès des mesures tendantes à assurer la défense du
Royaume, & de donner les éclaircissemens qui leur
seront demandés, ou qu'ils croiront devoir communi-
quer, sur les obstacles qui peuvent traverser l'exécution
des Décrets, & les moyens les plus convenables pour
accélérer le rassemblement de la force nationale, sa
meilleure organisation, le rétablissement de la discipline

& des exercices militaires, & autres objets d'un intérêt
preſſant.

Le Comité Militaire propoſera un projet de Décret
qui fixera les moyens de correſpondance active entre
le Miniſtre & les Départemens au ſujet de la levée
des Gardes nationales qui doivent marcher, & ſur la
nature des ordres que les Départemens devront recevoir
des Miniſtres ; il préſentera demain un projet de Décret qui fixe le mode de remplacement aux places vacantes dans l'Armée.

Scellé le premier Août.

*Décret qui renvoie pardevant le Miniſtre de la juſtice, pour
indiquer un Tribunal pour la continuation de la procédure commencée ſur les délits commis à Haguenau.*
Du 31 juillet 1791.

L'Aſſemblée Nationale, inſtruite, d'après le compte
qui lui a été rendu par ſes Commiſſaires envoyés dans
les Départemens du Rhin & des Voſges, que la procédure pourſuivie actuellement dans le Tribunal du
Diſtrict de Haguenau, ſéant à Saverne, ſur les émeutes
& ſur les délits commis à Haguenau dans les jours du
15 au 20 Juin, & le 14 Juillet 1790, ne peut plus
avoir de ſuite dans ce Tribunal, attendu que tous les
Juges & les Suppléans, ſe ſont récuſés, ou ont été ou
ſont dans le cas de l'être, renvoie pardevant le Miniſtre
de la Juſtice pour faire indiquer un autre Tribunal,
conformément aux Décrets.

Scellé le 5 Août.

*Décret ſur la réclamation du Sieur Barbier, premier Huiſſier
audit Parlement de Metz,* relativement à la liquidation
de ſon Office.

L'Aſſemblée Nationale, après avoir entendu le rapport

Scellé le 28 du même mois.

de fes Comités de Judicature & central de Liquidation,
qui ont rendu compte de la réclamation du fieur
Barbier, premier Huiffier du Parlement de Metz, décrète que la finance de l'Office dont il étoit revêtu,
fera liquidée à la fomme de 18,000 livres ; prix porté
dans fon contrat authentique d'acquifition du 7 Janvier
1781 & fur la furtaxe de la fomme de 6,000 liv. que
le Sieur Barbier prétend avoir payée au deffus de celle
de 18,000 livres, l'Affemblée Nationale décrète qu'il
n'y a pas lieu à délibérer.

Scellé le 6 Août.

**Décret contenant liquidation de plusieurs parties de la
dette publique.**

Du 1 Juillet 1791.

qui lui a été rendu, (*Voyez ce Décret à la fin du Volume*)

Décret omis fous la date du 1er Juillet.

**Décret concernant les Lieutenans-Colonels de bataillons
de garnifon de Troupes provinciales, fufceptibles d'être
faits Maréchaux-de-Camp.**

Du 2 Juillet 1791.

L'Affemblée Nationale décrète ce qui fuit :
Les Lieutenans-Colonels qui commandoient depuis
dix ans des bataillons de garnifon de Troupes provinciales, réformés par les précédens Décrets, feront fufceptibles d'être faits Maréchaux-de-Camp, & d'obtenir
ce grade, conformément aux Décrets des 15 Février
& 3 Mars derniers.

Scellé le 28 du même mois.

Juillet 1791.   **Dd 3**

LISTE DES DÉPUTÉS ABSENS,

Lors de l'appel nominal du 12 Juillet 1791.

Décret du 18 Juillet 1791.

DÉPARTEMENS.	NOMS DE MM. LES DÉPUTÉS. MM.	MOTIFS DE LEUR ABSENCE.
L'Ain.	Cardon-Sandrans.	A demandé une prolongation de congé pour cause de maladie.
	Clermont-Mont-S.-Jean.	M. Plapicelli a écrit qu'il étoit malade à Chambery.
L'Aisne.	Royer.	Malade à la Ferré; a envoyé un certificat de Médecin; son serment par écrit.
	Egmont.	
	Sabran.	
Ardèche.	Antraigues.	Malade; sa maladie attestée par un certificat de Médecin.
	Elpic.	
Ardennes.	Dubois-Crancé.	Malade à Paris; sa maladie certifiée par les Collègues.
Arriége.	Pannetier-Bres...	
	Viochot, Curé.	Malade dans la Paroisse; sa maladie est attestée par les Collègues.
Aveyron.	Pannat.	
	Montcalm, le jeune.	
	Pons-Soulanges.	Malade; sa maladie attestée par les Collègues.

DÉPARTEMENS.	MM. LES DÉPUTÉS. MM.	MOTIFS DE LEUR ABSENCE.
Bouches - du - Rhône.	Causans. Cypierres. Sollier.	Malade ; sa maladie attestée par un certificat de médecin & par la municipalité d'Apt.
Calvados.	Coigny. Leffrançois. Lévêque, *Curé.*	En Portugal.
Cantal.	Caylus.	
Charente.	Albignac - Castel-nau. Marchais.	Malade à Paris; sa maladie certifiée par les Collègues.
	S.-Simon.	
Charente-Infé-rieure.	Beauchamp.	Absent pour affaire grave.
Cher.	Richier. La Châtre.	A donné sa démission.
Correze.	Poissac.	
Côte-d'Or.	Lemullier-Bressey.	
Côtes-du-Nord.	Lucas, *Curé.*	A donné sa démission.
La Creuze.	S.-Maixans.	
Dordogne.	Peyruchaud.	
Doubs.	Grosbois.	A donné sa démission.
L'Eure.	Chambray. Moncalm, le jeune. Pons-Soulanges.	
Eure-&-Loire.	Lubersac.	

DÉPARTEMENS.	NOMS DE MM. LES DÉPUTÉS. MM.	MOTIFS DE LEUR ABSENCE.
Le Gard.	Fournès.	
	Guichard - la - Linière.	Malade ; sa maladie attestée par ses Collègues, par un certificat de Médecin : a envoyé son serment par écrit.
Haute-Garonne.	Cazalès.	A donné sa démission.
	Escouloubres.	
	Fontanges.	
	Latour.	Devenu sourd ; sa surdité attestée par ses Collègues.
	Maureins.	
	Pannat.	
	Rabi St.-Médard.	Malade ; sa maladie attestée par un certificat de Médecin, & par la Municipalité de Chastel-Sarrazin.
	Viguier.	
Gers.	Delauque.	
La Gironde.	Champion-Cicé.	
	Héral.	
	Lavie.	
	Le Breton.	
	Piis.	
	Le Suppléant de M. St.-Sauveur.	

NOMS		
DÉPARTEMENS.	DE MM. LES DÉPUTÉS. MM.	MOTIFS DE LEUR ABSENCE.
L'Hérault.	Gleises Lablanque.	Malade à Paris ; sa maladie certifiée par ses Collègues.
	Roque.	
	Saint-Maurice.	
Ille & Vilaine.	Fournier.	
Indre & Loire.	Conzié.	A donné sa démission.
L'Isère.	D'Agoult.	A donné sa démission.
Des Landes.	Barbotan.	A donné sa démission.
Loir & Cher.	La Roche-Négli.	
La Haute-Loire.	Latour-Maubourg.	Employé à la défense des Frontières.
Loiret.	Moutié.	
Lot.	Nicolaï.	N'a jamais paru.
Lot & Garonne.	Fumel-Montségur.	Absent depuis onze mois.
	Millet Belle-Isle.	Absent depuis vingt mois.
	Malateste Beauxit.	Absent depuis le mois d'Octobre 1789.
La Lozère.	Rivière.	
La Meurthe.	Alençon.	
	Lafare.	
La Nièvre.	Bonnay.	
	Serent.	
Du Nord.	Harchies.	
	Montmorency-Robecq.	
	Saint-Aldegonde.	
L'Orne.	Le Carpentier-Chailloue.	S'est retiré le premier Mai 1790.

DÉPARTEMENS.	NOMS DE MM. les DÉPUTÉS. MM.	MOTIFS DE LEUR ABSENCE.
	Vrigni.	S'est retiré le premier Mai 1790.
Paris.	Bonneval.	
	Barmont.	
	Leclerc-Juigné.	
Pas-de-Calais.	Hodicq.	Malade ; sa maladie certifiée par ses Collègues.
Puy-de-Dome.	Laqueuille.	
	Montboissier.	A donné sa démission.
Basses-Pyrénées.	Escouret Laborde.	
	Saint-Esteven.	
	Macaye.	
Pyrénées-Orientales.	Contasserra.	
	Montferré.	
Bas-Rhin.	Andlau Hombourg.	
	Bernard.	
	L'Abbé d'Eymar.	
	Pinelle.	
	Rathsamhausen.	
	Rohan Guémenée.	
Haut-Rhin.	Andlau.	
	Flachslanden.	
	Landenberg.	
	Montjoye Vaufrey.	
	Rozé, Curé.	
Rhône & Loire.	Bergasse.	
	Boisse.	A écrit qu'il étoit malade.
	Charrier.	
	Deschamps.	A donné sa démission.

Départemens.	NOMS DE MM. LES DÉPUTÉS.	MOTIFS DE LEUR ABSENCE.
	MM.	
	Flachat.	
	Grezolles.	
	Monspey.	A donné sa démission.
	Montdor.	A obtenu prolongation de congé pour cause de maladie.
Haute-Saone.	Rully.	
Saone & Loire.	Digoine.	
La Sarthe.	Vaffé.	Absent depuis vingt mois.
Seine & Oife.	Caftries.	
	Gaillon.	
Seine-Inférieure.	Eudes.	Malade.
	Trie	Retenu pour maladie de fa Femme & de fa Fille.
Seine & Marne.	Dubua.	Malade ; fa maladie certifiée par fes Collègues.
Somme.	Crecy.	
	Havré.	
	Machault.	
Tarn.	Adveffens Saint-Rome.	
	Gaufferand.	
	Toulouze-Lautrec.	
Var.	Rigouard.	
La Vienne.	Beaupoil-Saint-Aulaire.	
	Efcars.	
Haute-Vienne.	Des Roys.	

DÉPARTEMENS	NOMS DE MM. LES DÉPUTÉS.	MOTIFS DE LEUR ABSENCE.
	MM. Riquetti.	
Vofges.	Galland.	
L'Yonne.	Champion-Cicé.	Abfent depuis quatorze mois.
Saint-Domingue.	Cocherel.	

Certifié véritable ; † THIBAULT, *Evêque du Département du Cantal, Préfident du Comité de Vérification des Pouvoirs.*

DÉCRET

DÉCRET

CONCERNANT

LA LIQUIDATION ET LE REMBOURSEMENT

DE LA DETTE DE L'ÉTAT,

Du 2 Juillet 1791.

L'ASSEMBLÉE NATIONALE, ouï le rapport de son Comité central de Liquidation, qui lui a rendu compte des vérifications & rapports faits par le Commissaire du Roi, Directeur général de la liquidation, décrète, en conformité de ses précédens Décrets sur la liquidation de la dette de l'État, qu'il sera payé, sur les fonds destinés à l'acquit de ladite dette, aux personnes ci-après nommées, & pour les causes qui vont être pareillement exprimées, les sommes suivantes :

SAVOIR;

PREMIER ÉTAT.

1°. Arriéré du Département de la Maison du Roi.

Gages du Conseil à différens Magistrats, Conseillers d'Etat, ou Maîtres des Requêtes, pour les années 1788 & 1789.

Brochet de Saint-Prest, ci-devant maître des requêtes.	10,400ᵗᵗ
Courtois de Minut, ancien maître des requêtes.	2,000ᵗᵗ
Gravier de Vergennes, ancien maître des requêtes.	8,000

3 parties prenantes. Total. . . 20,400

Bâtimens du Roi.

Entrepreneurs, Ouvriers & Fournisseurs, pour les années 1777 & 1789.

Lebœuf, épinglier. . . . 3,617ᵗᵗ 2ſ 10ᵈ

Juillet 1791.   A

Gentz, pompier.   2,884 13 6   9

Les héritiers de Hirsch, destructeur des rats.   3,636

La veuve de Lespart, épicier.   23,298 14 6

Grincourt, tapissier.   5,395   8   8

Houdin, treillageur.   15   9

Montigny fils, vitrier.   918 13   3

La veuve de Montigny, vitrier.   16,895   6   5

Courtois, marchand de bois.   1,528   5

Fréminceau, marchand de bois.   3,797 10   3

Bosse, fumiste.   929 15

Anceau, terrassier.   4,022   4

Bertrand, fondeur.   2,490

Padelain, ramonneur.   16,328 19

Doisteau, tourneur.   1,305 12

Les héritiers de Dropsy, marbrier.   3,585   9

Guillard, vannier.   167   2

Manufacture des Gobelins.

Cozette fils, bas-lissier.   5,152 14   4

Cozette père, haut-lissier.   5,711 10   8

Vavoque, rentrayeur.   8,920   2 11

Clément-Louis-Marie Belle, peintre du Roi, sur-inspecteur de la manufacture des Gobelins.   3,770 17   6

Curmer Neilson, héritier de Jacques Neilson, entrepreneur de la manufacture des Gobelins.   53,563 16

La veuve de Gibert, inspecteur de la manufacture des Gobelins.   2,695

Nicolas-Cyprien du Vivier, entrepreneur de la manufacture des Gobelins.   73,036 14

Laurent Malaine, peintre.   840

Moret, commis au département de l'intérieur, pour les nourritures des personnes détenues par ordre du roi au château de la Bastille, pendant les mois de mai & juin, & les quatorze premiers jours de juillet 1789, & pour indemnité à différentes personnes, à cause de la perte de leurs effets lors de l'événement du 14 juillet, la somme de 22,664 l. 19 s. 8 d., faisant partie

dé celle de 31,477 l. 13 f., montant
de trois ordonnances expédiées en fon
nom, déduction faite des à-comptes
qu'il a reçus, ci 22,664ᵗᵗ 19ß 88

26 parties prenantes. Total. . . 249,319 15 2

2°. Arriéré du Département de la Guerre.

Entrepreneurs, ouvriers & fournisseurs, pour les années 1787,
1788 & 1789.

Les entrepreneurs, ouvriers & fourniffeurs, au nombre de vingt-neuf, qui ont
été chargés de la construction & de
l'ameublement de l'hôpital militaire de
Lille, & ceux qui ont été chargés de
l'entretien de ce même hôpital pendant
les années 1787 & 1788, ci . . . 63,175 17 11
Sauf déduction des 4 den. pour liv.
Jean Minet, entrepreneur de la fourniture du pain, gîte, geolage & paille
aux militaires dans les prifons de Vitry-
le-Français, ci 100 13
Sauf la déduction à faire des 4 den.
pour l.
La veuve la Gace d'Etrée, entrepreneur des fortifications de Maubeuge,
pour l'entretien & les réparations, des
uftenfiles des chambres & écuries des cafernes de Maubeuge, ci 760
Sauf la déduction des 4 den. pour liv.
Capel, imprimeur à Dijon, pour frais
d'impreffions faites pour le fervice du
roi 27
Sauf la déduction des 4 den. pour liv.

Hôtel des Invalides.

Fréminville, tréforier de l'hôtel des Invalides, pour fubfiftance dudit hôtel
la fomme de 250,000 liv., montant de
deux ordres expédiés le 9 juillet 1790,
par le miniftre de la guerre, qui,

A 2

dans une lettre écrite a M. le préfident
de l'Affemblée nationale, le 7 août
1790, explique les motifs qui l'ont déterminé à expédier ces ordres , & demande à l'Affemblée nationale d'en ordonner le paiement, en obfervant que
ces ordres n'épuifent pas encore ce qui
revenoit à l'hôtel, fur la retenue des
trois deniers pour livre , des exercices
de 1787 & 1788 , ci. . . . . 250,000^{lt} ß   9

5 parties prenantes. Total. . . 316,792 10 11.

3o. Arriéré du Département de la Marine.

Quefnel , commiffaire des claffes à Rouen,
pour fupplément d'appointemens pour
trois ans & demi , à raifon de 1,500 l.
par an, ci.   5,250
    Sauf la retenue des 4 den. pour liv.
Boiffet, ci - devant agent de la nation
françaife à Batavia, la fomme de
45,664 l., reftant de plus forte fomme
à lui due pour fa commiffion , fur les
munitions & denrées procurées par lui
aux vaiffeaux & établiffemens français
pendant la dernière guerre, ci . . . 45,664
    Sauf la retenue des 4 den. pour liv.

2 parties prenantes. Total. . . 50,914

4º. Arriéré du Département des Finances.

Rembourfemens de Charges & Offices. Brevets de retenue.

Jean - Louis Dumanoir , pour le rembourfement d'un brevet de retenue
à lui accordé fur la charge de colonel
du régiment des chaffeurs du Languedoc, au moyen de ce qu'il eft paffé du
grade de colonel à celui de maréchal-
de-camp, le 20 mai 1791, ci.   .   . 50,000
    Avec les intérêts de ladite fomme,
à raifon de cinq pour cent, à compter

du 6 juin 1791, jufqu'à la quinzaine qui fuivra la fanction du décret à intervenir fur la préfente liquidation.

Ambroife-Augufte Joffaud, pour le rembourfement d'un brevet de retenue à lui accordé le 20 mai 1786, fur la charge de commiffaire des guerres, dont il avoit été pourvu d'après la démiffion de Claude Antoine Prat Defprés, ci. . 70,000tt

Avec les intérêts à 5 pour cent, à compter du 9 mars 1791.

Jofeph-François Gau, pour le rembourfement d'un brevet de retenue à lui accordé fur une des charges de commiffaires des guerres, créées par l'édit du mois d'avril 1788, ci . . . 120,000

Avec les intérêts à 5 pour cent, à compter du 8 janvier 1791.

Villemanzy, pour le rembourfement d'un brevet de retenue à lui accordé le 29 mai 1784, fur une charge de commiffaire des guerres, ci. 70,000

Avec les intérêts à 5 pour cent, à compter de l'expiration de la quinzaine qui a fuivi la fanction du décret du 28 mai dernier.

Pierre Chefnel, pour le rembourfement d'un brevet de retenue à lui accordé fur une charge de commiffaire des guerres créée par l'édit d'avril 1788, ci. 120,000

Avec les intérêts à 5 pour cent, à compter du 9 janvier 1791.

Charles-François-Cafimir Saulx-Tavannes, pour le rembourfement d'un brevet de retenue, fur la charge de lieutenant-général en Bourgogne, & bailliage de Dijon, comté d'Auxonne, Châtillon & Bar-fur-Seine, à lui accordée le 24 avril 1784, ci. . . . 30,000

Avec les intérêts à 5 pour cent, à compter du 18 mars 1791.

Frédéric-Séraphin la Tour-du-Pin-Paulin-Gouvernet, pour le rembourfement

d'un brevet de retenue à lui accordé
le 14 juin 1788, sur la charge de colonel du regiment Royal - Vaisseau,
dont il a donné sa démission le premier avril 1791, ayant été nommé ministre du Roi à la Haye, ci 22,500

    Avec les intérêts à 5 pour cent, à
compter du 23 avril 1791.
A l'égard de la dame de Hauteclair, fille
du sieur Danville, premier géographe
du roi, membre de l'académie royale
des sciences, l'Assemblée nationale décrète qu'elle sera placée dans la classe
des créanciers de l'état, pour continuer
à toucher le traitement annuel de 1500
l'v, dont jouit ladite dame de Hauteclair, comme faisant partie du prix de
la vente faite au roi par le sieur Danville, de son cabinet géographique.

    8 parties prenantes. Total . . 482,500

5°. Jurandes & Maîtrises.

René-Antoine Filleau, tailleur.
Henri-François Lefevre, chandelier.
Hilarion-Camille Robiquet, idem.
Bruneau-Constant Letellier, idem.
Jean-Henri Beaujean, peintre.
François Diverneresse, idem.
Armand Amable Trinqué, tailleur.
Pierre-Antoine Gérardot, idem.
Pierre-Joseph Brillon, idem.
Jean-Matthieu Hourlier, idem.
Jean-François Barjon, idem.
Jean-Daniel Frick, idem.
Joseph Limousin, coiffeur.
François Bernard, idem.
Jean Hazur, idem.
Joseph Lejeune, idem.
Joseph Nourri Lebrun, idem.
Brice-Antoine Geledé, idem.
Remi Labl, idem.
Claude Prieux, idem.

Nicolas Deffaux, *idem.*	214tt	88	49
Louis Leroux, *idem.*	162	6	3
Nicolas Corroyer, tailleur.	392	1	1
Joseph Thomints, *idem.*	389	15	7
Guery-Joseph Durand, *idem.*	206	11	8
Pierre-Jean Tiron, orfèvre.	37t	11	2
Joseph-Simon Huguet, menuisier.	263	8	1
Denis Feuillet, maçon.	91	4	
Sébastien Remi, coiffeur.	209	12	11
Jacques Bellon, couvreur.	94	17	10
Henri-Jérôme Duteil, tailleur.	391	4	5
Jean Gasce, *idem.*	189	17	9
François Roux, *idem.*	398	7	9
Dlle. Oudinet, veuve Pipon, tailleur.	109	7	9
Joseph Chaudesolle, coiffeur.	141	9	2
Louis Poilleux, tailleur.	186	11	1
Guillaume Lachaud, *idem.*	340	2	6
Claude Benard, *idem.*	368	4	5
François-Joseph Martin, *idem.*	351	1	1
Charles Lescarmoutier, pelletier.	324	10	
Sébastien Brignon, bonnetier.	115	7	6
Philippe Germain, pelletier.	309	5	
Jacques-Nicolas Lherbette, bonnetier.	259	4	2
François Jouette, *idem.*	259	4	2
Lazare Morlet, pelletier.	115	4	9
Louis Girard, coiffeur.	143	3	4
Claude-François Reuillon, *idem.*	191	2	6
Jean-Baptiste Lassaigne, *idem.*	161	5	9
Dlle. Marie-Françoise Mery, chandelière.	283	4	7
Georges Vincent, peintre.	389	12	2
André-Sébastien Thuillier, *idem.*	57	13	8
François Delalande, *idem.*	472	8	1
Pierre Huvé, *idem.*	464	6	10
Jacques Alexandre, *idem.*	455	14	7
François Lebé, *idem.*	452	7	2
Nicolas Arnoult, *idem.*	227	8	5
Jean Menoux, *idem.*	464	6	10
Nicolas-François Grenot, *idem.*	414	17	3
Jean-Antoine Vatripon, *idem.*	452	7	3
Denis-Marie Chenu, *idem.*	276	7	16
Thomas Buisson, *idem.*	276	17	6
Charles Habert, *idem.*	302	1	
Jean-Antoine Margaritis, *idem.*	239	9	7
Sébastien-Antoine Chevalier, *idem.*	284	7	6

Louis Gation , *idem.*	207^{lt}	8ß	7ß
Jean-Nicolas Rouen , *idem.*	414	17	2
Gilles-François Lamy , *idem.*	264	11	8
Nicolas-Gervais Touffetant , *idem.*	412		3
Joachim Michel Buffet, *idem.*	439	16	6
François Hognon , *idem.*	400	13	3
Michel-Laurent , *idem.*	452	7	3
Nicolas Serclerat , *idem.*	285	13	2
Pierre-Marie Royer , *idem.*	275		2
Jean-Baptiste-Nicolas Langlais , *idem.*	436	4	4
François le Roy , maçon.	294	3	3
Nicolas-Paul, frippier.	100		
Laurent Lecaillon , tailleur.	100	3	3
Pierre Guerin , Layetier.	100		
Pierre Janson , ferrurier.	200		
Adrien-Jourdain , chandelier.	125		
Jean-Théophile Kirsch , tailleur.	606	5	10
Antoine-François Chevalier, *idem.*	57	8	9
Georges-Antoine Baudouin , tabletier.	356	3	4
François Damour , menuisier.	286	19	7
Raimond Astier , bonnetier.	583	14	2
Antoine le Landes , peintre.	358	12	3
Jean Drumel , tailleur.	337	4	5
Jean-Ferdinand Fleurent-Krubert , bon-			
netier.	285	15	
Médène Porteley-Barbichon , peintre.	439	6	10
99 Parties prenantes. Total.	**25,973**	**12**	**4**

SECOND ÉTAT.

1°. Arriéré du Département de la maison du Roi.

ÉCURIES DU ROI.

*Différens entrepreneurs , ouvriers , fournisseurs & autres employés
dans les écuries du Roi, pour les années 1788 & 1789.*

Le Mire , plombier.	11,596^{lt}
De Ville-Paille , ancien écuyer du Roi.	2,000
La succession & créanciers Bidot , cou-	
vreur.	71
De Briges père , premier écuyer du Roi,	
déduction faite du dixième & de sa	

contribution patriotique.   .   .   . 28,002^{tt} ß   9
De Briges fils, premier écuyer du Roi,
  déduction faite de fa contribution
  patriotique. 8,916 13   4
Rouffeau, maître des exercices des Pages
  du Roi, toutes déductions faites. . . 1,560 10
Traverfe, chirurgien des écuries du Roi,
  toutes déductions faites.   930   5
Vernon, écuyer-cavalcadour du Roi. . 11,000
Le Blond, maître de mathématiques
  des Pages du Roi, toutes déductions
  faites. 1,191 12   6
Veuve de Sarcuffe, pour indemnité de
  chevaux, déduction faite de la fomme
  de 600 livres pour contribution patrio-
  tique.   400
Saint-Suir, grand hautbois de la cham-
  bre & grande écurie du Roi, toutes
  déductions faites.   .   .   .   453
Bereau fils, grand hautbois des écuries
  du Roi, toutes déductions faites.   .   453
Pillet, grand hautbois des écuries du
  Roi, toutes déductions faites.   .   .   453
Salentin, grand hautbois des écuries du
  Roi, toutes déductions faites.   .   .   453
Vaillant, cocher, toutes déductions
  faites. 765 11   6
Boubert, cocher, toutes déductions
  faites. 765 11   6
Veuve Carette, concierge.   .   . 1,200
Muller, fecrétaire des écuries du Roi. . 11,400
Le Prince fils, concierge.   .   .   . 1,350
Salentin, grand haut bois des écuries du
  roi, toutes déductions faites.   .   453
Gereau, maître de langues.   .   . 1,600
Pérard, vitrier.   1,843
Jofeph-Auguftin-Louis, écuyer-courtier
  des écuries du Roi, déduction faite de
  la fomme de 366 liv. 13 f. 4 d. pour
  contribution patriotique.   .   . 4,044 18   8
Garre, chirurgien ordinaire de l'écurie
  du Roi, toutes retenues faites.   . . 6,603   2   6
Klier, trompette des écuries du Roi,

toutes retenues faites.   2,404 10

Gauthier, trompette des écuries du Roi,
toutes retenues faites.   2,224 10

Rochet, suisse portier des écuries du
Roi, toutes retenues faites.   804 6

Duplessis, concierge des écuries du Roi,
déduction faite de 640 livres pour
contribution patriotique.   723 5

Dumas, écuyer ordinaire du Roi, toutes
retenues faites & déduction de 2,600
liv. pour contribution patriotique.   9,952

La veuve & héritiers Péméja, pour indemnité de chevaux.   1,308

Lambert, serrurier.   311

Beaurin, premier valet-de-chambre des
Pages, toutes retenues faites.   839

Cubières, écuyer-cavalcadour du Roi.   8,060

Marquis, chirurgien des écuries du Roi,
toutes retenues faites.   930

La Chapelle, commissaire général de
la maison du Roi, pour indemnité de
chevaux.   6,000

Kramer, amasseur de gibier.   900

La succession de la Judie, écuyer.   9,000

Durwin, sellier.   5,208 6

Guillemard, principal commis du secrétariat de l'exercice.   2,400

Goursac, commandant de la grande
écurie du Roi, toutes retenues faites
& déduction de la somme de 5,600 l.
pour contribution patriotique.   14,052

Gervais, boisselier.   139

Ribert, *idem.*   196 17 8

Morel, pelletier.   870

Bizos, aide de sommellerie, toutes retenues faites.   2,362 12

Willeman, inspecteur.   1,200

Coquet, maître à écrire, toutes retenues
faites.   3,211 18

Dessales, bottier.   3,770

La Bigne, commandant le manège du
Roi, toutes retenues faites.   10,552

Perſon, piqueur des écuries du Roi, pour entretien de ſa voiture. 400ᵗ

49 Parties prenantes, En total. . . 185,552ᵗ 2ſ 8ᵈ

BATIMENS DU ROI.

Différens entrepreneurs, ouvriers & fourniſſeurs des bâtimens du Roi.

Parcs de Verſailles.

Renaud, couvreur.	638	18	3
Lucas, plombier.	1,880	9	11
La veuve de Débord, maçon.	3,338	11	4
Broſſier, *idem.*	18,766	17	7
Le Pelletier, terraſſier.	7,281	6	8

5 Parties prenantes. Total. . . 31,906 3 9

Service des Enfans de France.

Différens employés & fourniſſeurs.

Croï-d'Hayré-de-Tourzel, gouvernante des enfans de France, pour ſupplément de traitement & indemnité.	9,065	13	4
Guinaud, marchand de bois.	22,556	10	
Laulanhier, argentier des enfans de France, pour avances par lui faites relatives aux aumônes, gratifications, &c.	27,180	1	10
Bizard, marchand cirier.	30,451	16	
Bazau, marchand papetier.	2,903	14	
Femme Vanot, marchande de dentelles.	10,450	4	
Femme Lévêque, marchande de blondes.	5,473	8	
Femme Augier, marchande de modes.	5,143	16	
Barbier, marchand de ſoieries.	9,798	15	
Boſquet, maître tailleur.	3,176	14	
Wolf, maître cordonnier.	1,344		
Desjardins, ouvrière en bonnets.	374	8	
Garnier, ouvrière en robes.	4,033	6	
Peret, marchand chapelier.	563		
Fargeon, marchand parfumeur.	359	7	

Bataille , *idem.*   .   .   .   .   385ᵗᵗ 18ß ₰
Ducis, marchand faïancier.   .   .   1,811
Le Fèvre-Desnoettes , marchand de
  draps.   1,643   3
Pascal, facteur de clavecins.   .   816
Gallanty , marchand bijoutier   .   300
Vaillant , chargé des illuminations du
  Roi.   5,961   16
Pujol, maître tailleur.   .   .   140   15
Dessain , marchand de galons.   .   4.0
Egenolffe, ouvrière en robes.   .   476
Hervet , marchande de rubans   .   292
La veuve Loupia, marchande mercière.   104   14
Clouet , ouvrière en dentelles.   .   171   8
Hermann , maître de clavecin.   .   4,000
Femme Lemoine , pour fournitures d'ar-
  bustes & fleurs.   .   .   .   161   12
Sanson , marchand pelletier.   .   162
                                    ―――――――
30 Parties prenantes. En total.   .   149|801   9   2

Maison de la Reine.

Différens employés & fournisseurs.

Lheureux, officier de la fruiterie, toutes
  retenues faites.   .   .   .   35,204   19   7
Valois, officier de la fruiterie , toutes
  retenues faites.   .   .   .   28,512   7   3
Malherbes , maître-d'hôtel , toutes retenues faites.   .   .   .   3,490   8
Bracquemane-Heyduc , pour frais de
  maladie.   150
Boucher , brodeur.   .   .   .   7,570
Gendron, écuyer ordinaire de la bouche,
  pour supplément de remboursement &
  indemnité.   6,000
Berthier , fille d'un ancien postillon, pour
  subsistance.   300
La veuve de Chevalier , officier porteur
  de la bouche, toutes retenues faites.   .   3,364   12   6
Chimay, dame d'honneur de la Reine,
  toutes retenues faites & déduction de

7,253 livres 10 fous pour contribution
patriotique. . . . . 7,512ᵗ 10ſ a

Diſſ, valet-de-chambre, toutes retenues
faites. 763 19

Marchand, potier d'étain. . . 1,139

Gallerand, capitaine des charrois, toutes
retenues faites. . . . . 24,596 ſ 6

Foliez, garçon de garde-robe, déduction
faite de 150 livres pour fa contribution
patriotique 3,120

Marc, officier de fourrière, toutes retenues faites. 22,992 11 2

Valdajou, rebouteur. . . . 1,560

Malzy, premier garçon du gobelet-pain,
toutes retenues faites. . . . 1,677 12

Princay, valet-de-chambre ordinaire,
toutes retenues faites. . . . 6,467 ſ

Les héritiers de Georget, lavandier de
pannetterie, toutes retenues faites. . 3,832 10

L'abbé Raimond, aumônier des Pages,
toutes retenues faites & déduction de
la fomme de 140 livres employée en
contribution patriotique. . . 2,414 10

Damefine, huiſſier du cabinet, toutes
retenues faites. 7,633 2 6

Cabaille, ancien aide d'échanſonnerie
commun, pour remboursement & indemnité. 2,500

Saulnier & Richard, gardes de la Prévôté
de l'hôtel, pour gratifications. . . 900

Dict, huiſſier & garçon de la chambre,
toutes retenues faites & déduction de
la fomme de 600 livres employée en
contribution patriotique. . . 7,743 18

Dumignaux, officier chargé de la préfentation de la gazette, pour gratifications. 600

La Marlière, valet-de-chambre, toutes
retenues faites. 2,306 17

Tourangeau, aide-maréchal de forge. . 3,600

Traincourt, fecrétaire de la chambre. . 4,500

Damin l'aîné, tailleur. . . 19,409

Damin le jeune, *idem.* . . 17,618 10

Maillat, menuisier de la chambre, toutes
retenues faites.   621ᵗᵗ 12ſ

30 Parties prenantes. En total 228,098   9   6

2°. Arriéré du Département de la Marine.

Fournitures de poudres.

Lavoisier, le Faucheux, Clouet & Dé-
ſaunois, régiſſeurs des poudres &
ſalpêtres, à Paris.   220,952   6   10

Fonderies de Montcénis & Indret.

Les adminiſtrateurs des établiſſemens de
Montcénis & Indret, déduction faite
des 4 deniers pour livre.   104,611   11   5

2 Parties prenantes. En total 325,563   18   3

3°. Arriéré du Département de la Guerre.

Indemnités accordées à quarante-huit habitans de la ville de Fou-
gères, pour les pertes qu'ils ont éprouvées au mois d'octobre 1781,
dans un incendie cauſé par la négligence d'un détachement du
régiment d'Orléans dragons.

Feutier.	20,000
Veuve Dupleſſis.	20,000
Hubert.	380
Cauzet.	5,576
Jamault.	1,827 10
Rouſtiant.	1,568
Aux mineurs Germerais & le Lièvre.	700
Patard.	150
Mongodin.	4,068
Ribon.	650
Goupy.	160
Demaree.	24
Foſſet.	60
Blanchet.	3,000
Samſon.	996ᵗ

Villette.	2,937ª	10ß
Lesieur.	625	
Parin.	51	
Le Jay.	102	
Lange.	250	
Le Roy.	100	
Coffetier.	24	
Loris.	262	
Métayer.	264	
Femme le Breton.	120	
Fille Julienne l'aînée.	67	10
Bret.	49	10
Gauffet.	48	
Feuillet.	80	
Mercier.	80	
Boitte.	80	
Paris.	24	
Fille Paris.	12	
Duval.	30	
Dupont.	350	
Campion.	60	
Labbé.	40	
Triffan.	90	
Alix.	40	
Quentin.	42	
Meslin.	180	6
Les demoiselles Gougis.	322	15
Pierre.	27	
Guay & Jullen.	66	
Briffault.	18	
Perrin-Guillart.	36	
Jourdin.	6	
Tourbon.	40	

48 Parties prenantes. En total. 65,588

4°. Arriéré du Département des Finances.

Chaulin & compagnie, marchands papetiers, pour fournitures faites dans les bureaux du trésor public, pendant le quartier d'octobre 1789. 5,000ª

La ci-devant comtesse de Béthune,

comme ayant droit pour un tiers dans
la succession de feu Antoine Crozat
de Thiers, pour les intérêts sur le
pied du denier vingt-cinq à elle appartenans, & à prendre dans les 60,000
livres qui sont dues annuellement aux
cohéritiers dudit Crozat, pour intérêts
de 1,500,000 livres qui leur reviennent
dans les trois millions; à quoi, par
arrêt du conseil du 24 août 1767, &
suivant les lettres-patentes du 27 desdits mois & an, ont été liquidés les
droits de propriété & autres qui appartenoient à la succession dudit Crozat,
sur le canal de Picardie, réuni au domaine du Roi, par un autre arrêt du
23 août 1787, ci . . . . 60,000^{tt}

La ci-devant marquise de Béthune & la
maréchale de Broglie, comme ayant
droit à la succession de feu Antoine
Crozat de Thiers, chacune pour les
intérêts au denier vingt-cinq des sommes provenantes de ladite succession,
comme il est dit à l'article ci-dessus,
pendant les années 1787, 1788 &
1789, ci 120,000

3 Parties prenantes. En total. . . 185,000

TOTAL général . . . . 2,317,408^{tt} 1ß 9^d

A la charge par les parties ci-dessus nommées de se
conformer aux lois de l'Etat, pour obtenir leur reconnoissance définitive de liquidation & leur paiement à la
caisse de l'extraordinaire.

Scellé le 12 du même mois.

Décret

Décret concernant les penſions à la charge des Meſſageries.

Du 2 Juillet 1791.

L'Aſſemblée Nationale décrète que les penſions portées aux deux états annexés au préſent décret , & miſes à la charge du fermier des meſſageries , par le bail du 4 février dernier, feront acquittées par ledit fermier , conformément aux clauſes de ſon bail.

Suivent les deux états.

État des Pensions à la charge de la Ferme générale des Messageries.

PENSIONS *qui , aux termes du bail , paſſé à Bazile Durdant ; doivent être à la charge du roi au premier janvier* 1792.

NOMS DES PENSIONNAIRES.	l.	ſ.	d.	OBSERVATIONS.
Veuve Charles Bois.	340			{ Son mari a été tué au ſervice des Meſſageries.
Barret	200			{ Ancien Directeur à Boulogne , fort âgé & retiré.
Marlot.	100			{ Ancien Cocher , vieux, retiré.
Menard	120			{ Garçon d'écurie, très-vieux & infirme.
Lebis.	133	6	8	Cocher très-vieux , retiré.
Normand.	133	6	8	*Idem*
Veuve Petit	400			{ Son mari Contrôleur-Ambulant , mort fort pauvre.
Vimeux , ſupplément	200			Ancien Directeur à Calais; il lui a été accordé 700 l. de penſion de retraite, dont 500l. au compte du Roi, & 200 l. à payer par les Fermiers juſqu'au premier Janvier 1792 qu'elle devoit être au compte du Roi. *Nota.* Il y a 200 l. réverſibles à ſa femme.
De cette part	986	13	4	

Du 2 Juillet 1791.

NOMS DES PENSIONNAIRES.	l.	f.	d.	OBSERVATIONS.
De l'autre part	986	13	4	
Gafque, fupplément.	334			Ancien Directeur à Moulins. Il lui a été accordé 800 l. de penfion, dont 466 l. au compte du Roi, & 334 l. à payer par les Fermiers jufqu'au premier Janvier 1792 qu'elle devoit être au compte du Roi.
Bourdelin	400			Receveur à Lyon: retraite accordée après une maladie dont les fuites l'ont mis hors d'état de travailler.
Orry.	150			Un des plus anciens Cochers, hors d'état de monter à cheval à caufe d'une defcente.
Bonneau. . . -	150			Ancien Cocher, trop âgé pour monter à cheval.
Claude Bernard	150			*Idem.*
Veuve Perronnelle	180			Veuve d'un Garçon d'écurie, mort au fervice.
Dame Geoffroy	400			Ancienne Directrice à Clermont-Ferrand. Sa penfion eft de 1200 l., dont 800 l. au compte du Roi, & 400 l. à payer par les Fermiers ju. qu'au premier Janvier 1792 qu'elle devoit être au compte du Roi. Elle a fept enfans à fa charge.
Ducrot.	400			Ancien Directeur à Mâcon.
Trinquet	120			Ancien facteur, âgé de 80 ans.
De cette part	2,950	13	4	

NOMS
DES PENSIONNAIRES.

OBSERVATIONS.

l. f. d.

Ci-contre 2,950 13 4

Pensions que Durdant devoit payer jusqu'à la fin de son bail au premier Janvier 1797.

l. f.

Houblin	150	. . . . . .	{ Conducteur très-âgé, retiré.
Meot.	150	. . . . . .	Palfrenier très-âgé, retiré.
Olivier.	210 16	. . . . . .	{ Cocher de la diligence de Lyon, très-âgé, hors de service.
Mercier	200	. . . . . .	*Idem.*
Fanon	500	. . . . . .	{ Ancien Directeur à Sens, pour la retraite.
Mangeot.	208	. . . . . .	{ Ancien Cocher, hors d'état de servir.
Sébastien Bloxelle, dit Breton. . . .	150	. . . . . .	Ancien Maréchal retiré.
Bastien.	300	. . . . . .	{ Ancien Chef de l'atelier des Maréchaux-grossiers.
Veuve Barandon . .	100	. . . . . .	{ Factrice à Poitiers, très-âgée & infirme, & pour les services de son mari.
Bonenfant	400	. . . . . .	Contrôleur âgé, retiré.
Colin.	72	. . . . . .	{ Ancien Serrurier infirme, retiré à Bicêtre.
L'Etaudi.	150	. . . . . .	{ Ancien garçon d'écurie à Auxerre, très-âgé, pour sa retraite.

De cette part . . . 1,318 16 3,870 13 4

N O M S

DES PENSIONNAIRES.

OBSERVATIONS.

	l. f.	l. f. d.	
De l'autre part . .	1,318 16	3,870 13 4	
Richard	100	. . . .	Idem. A Châlons-fur-Marne.
Bernard	230	. . . .	Idem. A Moulins.
Baudry.	230	. . . .	Idem.
Teilhot.	500	. . . .	Ancien receveur à Lyon. Cette pension a été accordée par les fous-Fermiers de la Saone ; elle doit cesser au 31 Décembre 1791.
TOTAL. . . .	3550 16		
		3550 16	
TOTAL.	7441 9 4		

ET AT des pensions dont les fermiers des voitures de la cour s'étoient chargés envers les veuves de leurs co-intéressés & les anciens cochers, à la forme de leurs délibérations, qui, sur les représentations de la compagnie, lors de la conversion de la ferme en régie, ont été confirmées par le ministre des finances, avec autorisation à continuer le paiement de ces pensions. La décision du ministre est du 4 mars 1790, & l'acquittement des pensions a été rendu obligatoire au nouveau fermier-général des messageries.

N O M S

DES PENSIONNAIRES.

AGE. Sommes. **OBSERVATIONS.**

	AGE.	Sommes.	OBSERVATIONS.
Mme de Besombes . .	61 ans.	1200 l.	M. de Besombes, mort en 1781. M. de la Chenaye en 1784. L'un & l'autre Fermiers des Voitures de la Cour, avoient éprouvé des pertes considérables dans cette entreprise ; morts insolvables, leurs veuves n'ont d'autre ressource pour subsister, que les pensions accordées
Mme de la Chenaye . .	66 ans.	1200	& continuées par les Compagnies qui ont succédé à leurs maris.
De cette part		2,950	

NOMS DES PENSIONNAIRES.	AGE.	Sommes.	OBSERVATIONS.
De l'autre part.		2,950 l.	
M. Laurent Gautier . .	66 ans.	400	Sous-Receveur au Bureau de Versailles depuis 1771 , & précédemment employé dans la Régie générale depuis 1758 , fut compris , en Octobre 1790 , dans la réforme de partie des Employés des Voitures de la Cour, ordonnée par le Ministre des Finances ; & cependant, par égard pour l'ancienneté de ses services , & n'ayant pas de quoi vivre sans son emploi qui lui rendoit 1200 l., le Ministre , par sa décision du 15 Octobre 1790 , a bien voulu lui accorder un traitement annuel de 400 l.
Anciens Cochers.			
Champagne		150	Cocher pendant quinze ans ; un accident le mit hors de service. Décision du premier Septembre 1776.
Huette.		100	Après six ans eut l'épaule cassée en faisant son service. Décision du premier Septembre 1776.
Adam		200	Pension accordée en 1776 , après vingt-cinq ans de service.
Lamiral		250	Pension accordée en 1778 , après vingt-trois ans de service.
Chassey		300	Pension accordée en 1777 , après trente - trois ans de service.
Leroy		150	Pension accordée en 1778 , après seize ans de service.
De cette part		5,050	

NOMS DES PENSIONNAIRES.	AGE.	Sommes,	OBSERVATIONS.
De l'autre part.		5,050 l.	
Chavegrand, dit Silvain		100	Grièvement blessé au service de la Compagnie. La pension lui fut accordée en 1777.
Bance , dit Pierrot.		300	Trente ans de service. Décision de la Compagnie , du 6 Juin 1787.
Orléans		100	Vingt-deux ans de service. Décision de la Compagnie du 9 Mai 1788.
Ledur		100	Vingt-trois ans de service, infirme. Décision du 9 Mai 1788.
Poissonnier.		300	Indépendamment de son service, comme Cocher. pendant dix-huit ans , il s'est toujours rendu très-utile à la Compagnie par des services extraordinaires & de confiance. Décision du 12 Janvier 1788.
Lesage.		100	Vingt ans de service , infirme. Décision du 16 Juin 1787.
Bidault.		100	Vingt-un ans de service. Décision du 9 Février 1788.
Legrand		100	Trente-cinq ans de service qu'il continue pour l'avoir préféré à la retraite de 300 l.
Aubert.		100	Trente-cinq ans de service; il a également préféré de la continuer.
TOTAL.		5650 l.	

Scellé le 20 du même mois.

Du 2 Juillet 1791.

Décret relatif à la répartition d'une somme de 273,677 liv. 2 f. 2 d., accordée pour secours, dans chacune des années 1790 & 1791, aux ci-devant pensionnaires âgés de 70 ans & au-dessous, & portant qu'il sera remis 3,000 liv. au sieur Pingré pour l'impression des annales célestes du dix-septième siècle.

Du 2 Juillet 1791.

L'Assemblée Nationale, ouï le rapport de son comité des pensions, décrète que sur les fonds affectés au paiement des pensions, le trésor public payera provisoirement, à titre de secours, pour chacune des années 1790 & 1791, la somme de 273,677 liv 2 f. 2 d., laquelle somme sera répartie entre les personnes comprises en l'état annexé au présent décret, & suivant la proportion portée audit état ; & en outre il sera remis entre les mains de M. Pingré, de l'académie des sciences, la somme de 3,000 liv. pour l'impression des annales célestes du dix-septième siècle, laquelle somme sera prise sur le fonds de deux millions, destiné aux gratifications.

Le paiement sera fait dans les termes & aux conditions exprimées au décret du premier février dernier, & en outre aux conditions suivantes.

1°. Les personnes comprises audit état, ne seront payées qu'en justifiant, aux termes du décret du 24 juin dernier, de leur domicile actuel dans le royaume, ainsi que de la quittance de leurs impositions & du paiement des deux premiers termes de leur contribution patriotique, ou de la déclaration qu'elles n'ont pas été dans le cas de faire une contribution patriotique.

2°. Lesdites personnes seront tenues de déclarer expressément, dans la quittance, qu'elles donneront du secours qui leur sera payé, si elles se présentent en personne pour le recevoir, ou dans la procuration qu'elles donneront à cet effet, qu'elles n'ont aucune autre pension dont elles touchent les arrérages en tout ou en partie, à quelque titre que ce soit, ni aucun traitement d'activité.

3°. Il sera fait déduction sur les sommes qui reviendront aux personnes comprises dans l'état annexé au présent décret, de ce qui leur auroit été payé sur les secours déjà accordés par l'Assemblée Nationale pour l'année 1790, aux personnes qui n'étoient pas, à l'époque de ses décrets, comprises dans des états nominatifs.

SUPPLÉMENT aux deux premiers états de répartition de la somme de 273,677 liv. 2 f. 2 d., accordée pour secours dans chacune des années 1790 & 1791, aux ci-devant Pensionnaires âgés de soixante-dix ans & au-dessus.

VIEILH, (Antoine) âgé de 91 ans, ancien garde-magasin des vivres de la marine, à Agde, retiré en 1783 : appointemens de 1800 livres ; 50 ans de services.

Report	32,921 lt	13 ſ	4 ♉

Penſion de 400 liv. net; ſecours de 1,800 liv. (art. 19 & 20, tit. 1.) ci . . . .   **1,800 lt   ſ**

Niquet, (Antoine Joſeph) né le 30 décembre 1700; ancien premier préſident au parlement de Touloufe, retiré en 1787 : 67 ans de ſervices.

Penſion de 17,000 livres net; ſecours de pareille ſomme. (art. 10, tit. 3.) ci **17,000**

Garreault, (François) né le 27 janvier 1701; ancien principal commis au bureau de la marine : 75 ans de ſervices ſans interruption ; ſes appointemens étoient de 5,000 liv., y compris 100 piſtoles ſur les invalides de la marine ; ſecours de pareille ſomme. (art. 19 & 20, tit 1.) ci **5,000**

Defrobert, (François) né le 23 novembre 1702; ancien capitaine au régiment de Champagne, & commandant le bataillon de milice de Mazarin, retiré en 1760 : 42 ans de ſervices : plus de 12 campagnes

Penſion de 620 liv. net; ſecours de 1,920 liv. (art. 19 & 20, tit. 1.) ci **1,920**

Ferroul de Laurens, (Barthelemi) né le premier février 1703; ancien capitaine au régiment Royal, dragons, retiré en 1759 : 36 ans de ſervices; 11 campagnes.

Penſion de 450 liv. net; ſecours de 1,065 liv. (art. 19 & 20, tit. 1.) ci **1,065**

Devins, (François) né le 4 décembre 1703; doyen des ſubſtituts du procureur-général de la ci-devant cour des aides de Paris : 57 ans de ſervices.

Penſion de 600 liv. net; ſecours de pareille ſomme. (art. 10, tit. 3.) ci **600**

Carpot, (Charles-André) né le 10 novembre 1703; ancien ſous-chef à l'hôtel des fermes : 44 ans de ſervices.

Penſion de 1,800 liv. net; ſecours de pareille ſomme. (art. 10, tit. 3.) ci **1,800**

Taurines, (Louis-François de) né le 18 janvier 1704; ancien lieutenant-colonel du régiment de Royal-Artillerie, retiré en 1759 : 39 ans de ſervices ; 6 campagnes.

Penſion de 3,736 l. 13 ſ. 4 d. net ; ſecours de pareille ſomme. (art. 10, tit. 3.) ci **3,736   13   4**

Ardibus du Rama, (François-Silvain) né le 11 août 1704; ancien commiſſaire & contrôleur de la marine à l'iſle de France, retiré en 1772 : plus de 50 ans de ſervices.

Penſion de 2,180 liv. net; ſecours de 6,000 liv. (art. 19 & 20, tit. 1.) ci **6,000**

Defenelier de Beaulieu, (François-Louis) né le 3 octobre 1704; ancien major du régiment de Foix, retiré en 1756 : 13 ans de ſervices; 10 campagnes.

Penſion de 500 liv. net; ſecours de pareille ſomme. (art. 6, tit. 3.) ci **500**

Picche, (Joſeph-Henri) né le 20 avril 1706; ancien

De cette part	53,194	6	4

　　　　Report 53,194ᵈ 6ſ 4ᵈ

fous-commiſſaire de la marine & dés claſſes , retiré en
1765 : 43 ans de ſervices , dont 4 ans & demi de navigation : appointemens de 720 livres.
　　Penſion de 530 liv. net ; ſecours de 720 liv. (art. 19
& 20. tit 1.) ci 720

Le Cellier, (François-Louis) né le 9 feptembre 1706 ;
ancien employé dans la partie des vivres, & garde-
magaſin à Valenciennes ; retiré en 1788 : 45 ans de
ſervices , aux appointemens de 2,400 livres.
　　Penſion de 800 liv. net ; ſecours de 1,950 liv. (art.
19 & 20 , tit. 1.) ci 1,950

Dupuy de Briacé , (Emery) né le 17 novembre 1706 ;
ancien capitaine au corps royal d'artillerie , retiré en
1750 : 33 ans de ſervices ; pluſieurs campagnes.
　　Penſion de 1,180 liv. net ; ſecours de pareille ſomme.
(art. 10 , tit. 3.) ci 1,180

Banne, (Jean de) né le 8 mars 1707 ; maréchal-de-camp ,
ci-devant premier aide-major des mouſquetaires , &
gouverneur d'Ardres , retiré des mouſquetaires en
1758 : 35 ans de ſervices ; 10 campagnes.
　　Penſion de 5,723 l. 13 ſ. net ; ſecours de pareille
ſomme. (art. 5 , tit. 3.) ci 5,723 13

Vaillac , (Pierre-Joſeph-Raymond de) né le 18 mai
1707 ; ancien maréchal-des-logis de la gendarmerie ,
retiré en 1759 : 34 ans de ſervices ; 16 campagnes.
　　Penſion de 670 liv. 15 ſ. net ; ſecours de 1,200 liv.
(art. 19 & 20 , tit 1.) ci 1,200

Gigault de Bellefont, (Armand-Louis-François de) né le
19 décembre 1707 ; lieutenant-général des armées ,
ci-devant meſtre-de-camp d'un régiment de cavalerie
de ſon nom : pluſieurs campagnes.
　　Penſion de 3,000 liv. net ; ſecours de pareille ſomme.
(art. 6 , tit. 3.) ci 3,000

Georgi , (Maurice-Gottlob Théophile de) né le 13
juin 1708 ; ancien capitaine-commandant des volontaires d'Auſtraſie , infanterie , réformé en 1763 ; 30 ans
de ſervices ; 18 campagnes ; grand nombre de bleſſures.
　　Penſion de 708 liv. net ; ſecours de 1,387 l. 10 ſ.
(art. 19 & 20 , tit. 1.) ci 1,387 10

Cameron de Kenloch , (Alexandre) né le 25 juillet
1708 ; ancien ſous lieutenant au régiment d'Ogilvy ,
réformé en 1763 , & attaché à la ſuite de la place de
Landrecy : 15 ans de ſervices ; 2 campagnes.
　　Penſion de 330 liv net ; ſecours de 600 liv. (Décret
du 9 janvier 1791.) ci 600

Félix d'Ollières, (Louis) né le 9 feptembre 1708 ; ancien procureur du pays de Provence.
　　Penſion de 2,062 liv. 10 ſ. net , accordée en conſidération de ſes ſervices , par brevet du 14 octobre 1757 ,

　　　　De cette part 61,670 11 4

Report . . . .   62,670^l 11ſ 4^d

& arrêt du conſeil, du 15 novembre ſuivant; ſecours
de pareille ſomme. (art. 10, tit 3.) ci   2,062   10

Lamare Robert, (Jean-Baptiſte de) né le premier novembre 1708; ancien conſeiller au conſeil ſupérieur,
ci-devant établi à Rouen : 2 ans de ſervices en ladite
qualité.

Penſion de 500 liv. net; ſecours de pareille ſomme.
(art. 10, tit. 3.) ci   500

Pavin, (Jacques) né le . . . 1708; ancien garde-magaſin
du port de Toulon, retiré en 1783 , aux appointemens
de 1,500 liv. : 43 ans de ſervices.

Penſion de 1,000 liv. net; ſecours de 1,106 l. 5 ſ.
(art. 19 & 20, tit. 1.) ci   1,106   5

Berbudeau, (Jean-Gabriel) né le 17 octobre 1709; ancien chirurgien de la marine, à l'Iſle-Royale, retiré
en 1771 : 30 ans de ſervices.

Penſion de 354 liv. net; ſecours de pareille ſomme.
(art. 10, tit. 3.) ci   354

Uriado d'Amezaga, (Baltazard Joſeph-François-Nic-las-
Antoine Michel) né le 30 juillet 1710: lieutenant-
général des armées, & ci-devant major de dragons.

Deux penſions de 3,500 l. net; ſecours de 3,000 l.
(art. 10, tit. 3.) ci   3,000

De ces deux penſions, l'une de 2,000 liv. lui avoit été
accordée par déciſion du 13 mars 1766, à titre d'appointemens conſervés en qualité de premier gentilhomme de la chambre du feu roi de Pologne.

Rathier, (Michel-Yves-Claude) né le 25 août 1710;
ancien commis des vivres de la marine, à Breſt, retiré
en 1786: 32 ans de ſervices; 12 campagnes; appointemens de 600 livres.

Penſion de 324 liv. net; ſecours de 465 liv. (art 19
& 20, tit. 1.) ci   465

Chriſtophe, (Jean) né le 28 ſeptembre 1710; entré en
1740 dans la prévôté à l'armée; enſuite ſubdélégué de
l'intendance de Paris juſqu'en 1789 ; en tout 49 ans de
ſervices.

Penſion de 2,000 liv. net; ſecours de pareille ſomme.
(art. 10, tit. 3.) ci   2,000

Leroux, (Jean-François) né le 23 octobre 1710; ancien
premier commis dans les bureaux de M. le prévôt des
marchands, retiré en 1787, après plus de 50 ans de
ſervices, tant en cette qualité qu'en celle de ſecrétaire
des intendances de Metz & de Lille.

Penſion de 3,000 liv. net; ſecours de pareille ſomme.
(art. 10, tit. 3.) ci   3,000

il de Crevecœur, (Charles-Alexandre) né le 18 décembre 1710; ancien capitaine en ſecond au régiment
de Royal Barrois , retiré en 1758 : 26 ans de ſervices;
pluſieurs campagnes.

De cette part 70,904 14 10

Report. 70,904ˡ 14ſ 10ꝺ

Penſion de 614 l. 3 ſ. 6 d. net : ſecours de pareille ſomme. (art. 6, tit. 3.) ci   614   3   6

Rebuffel, (Antoine) né le 31 décembre 1710; ancien premier commis de la loterie royale de France, retiré en 1788 : 12 ans de ſervices.

Penſion de 1,100 l. net; ſecours de pareille ſomme. (art. 10, tit. 3.) ci   1,100

Beauſſet, (Antoine) né en 1710; ancien commis à la diſtribution des vivres ſur les vaiſſeaux, retiré en 1781 : 54 ans de ſervices; 40 embarquemens.

Penſion de 250 liv.; ſecours de 720 liv., totalité de ſes appointemens. (art. 19 & 20, tit. 1.)   720

Pingré, (Alexandre Guy) âgé de 80 ans; religieux de Sainte-Geneviève, ſavant diſtingué, auteur de pluſieurs ouvrages ſur l'aſtronomie, la géographie & la navigation; a parcouru vingt mille lieues ſur mer, en quatre voyages, dont le but étoit de perfectionner les connoiſſances ſur l'aſtronomie & la navigation.

Secours de 1,800 liv. (art. 7 & 10, tit. 2.) ci . . .   1,800

Le comité eſt en même temps d'avis que, ſur le fonds de 2 millions, deſtiné aux gratifications, il ſoit accordé à M. Pingré la ſomme de 3,000 liv., conformément à l'avis du comité des finances, du 16 mars 1791, pour faciliter l'impreſſion d'un nouvel ouvrage de ſa compoſition, intitulé : *Annales Céleſtes du XVIIe. Siècle*, ouvrage dont l'Académie des ſciences a atteſté les avantages par un rapport du 12 février 1791.

Huſſon, (Nicolas) né le 25 mai 1712; ancien lieutenant au régiment d'Orléans, cavalerie, réformé en 1764 : 21 ans de ſervices; 17 campagnes.

Penſion de 442 liv. 10 ſ. net; ſecours de pareille ſomme. (art. 6, tit. 3.) ci   442   10

Sarraſin de Bellecombe, (Joſeph-Etienne) né le 3 août 1712; ancien capitaine de grenadiers au régiment de Médoc, retiré en 1766 : 33 ans de ſervices; 11 campagnes.

Penſion de 708 liv. net; ſecours de 1,162 l. 10 ſ. (art. 19 & 20, tit. 1.) ci   1,162   10

Foucauld Lardimalie, (Philibert de) né le 10 ſeptembre 1712; ancien capitaine de vaiſſeau, retiré en 1762 : 34 ans de ſervices; 23 campagnes de mer.

Penſion de 1,020 liv. net; ſecours de 2,400 liv. (art. 19 & 20, tit. 1.) ci   2,400

Perrin de la Beſſière, (Louis) né le 5 décembre 1712; ancien lieutenant-colonel du régiment de Rouergue, retiré en 1763 : 35 ans de ſervices; 21 campagnes.

Penſion de 1,507 liv. 10 ſ. net; ſecours de 4,000 liv. (art. 19 & 20, tit. 1.) ci   4,000

Sanglier de la Noblaye, (François) né le premier janvier

De cette part. 90,902 14 10

Report . . . .   90,909ᵗᵗ 14ſ 1⍟

1713, ancien lieutenant-colonel du régiment d'Artois,
infanterie, retiré en 1771 : 39 ans de fervices, dont 6
en qualité de lieutenant-colonel ; 11 campagnes.

    Penfion de 2 105 liv. net, y compris 600 livres fur
l'ordre de Saint-Louis ; fecours de 4,000 liv., totalité
des appointemens de fon grade. (art. 19 & 20, tit.
1.) ci   4,000

Bertier, (Jean Gafpard) né le 8 janvier 1713 ; retiré en
1779, lieutenant colonel du régiment du comte de la
Marche, infanterie : 39 ans de fervices ; 21 campagnes.

    Penfion de 1,947 liv. net ; fecours de 4,000 livres,
totalité des appointemens de fon grade. (art. 19 & 20,
tit. 1) ci   4,000

Cot, (Pierre) né le 8 janvier 1713, retiré en 1777 ; inf-
pecteur-contrôleur-général de l'Ecole-militaire, 24 ans
de fervices ; traitement de 4,000 livres.

    Penfion de 7,000 liv. net ; fecours de 3,000 liv.
(art. 10, tit. 3.) ci   3,000

Buiffon de la Vigne, (Jacques-Pierre-Guillaume) né
le 15 janvier 1713 ; capitaine de vaiffeau, & directeur
des armemens de la Compagnie des Indes, employé
pour la liquidation jufqu'en 1778 : 45 ans de fervices ;
7 voyages des Indes ; a reçu 20,000 livres de gratification, & a joui, depuis la fuppreffion de la Compagnie
des Indes jufqu'en 1789, époque du décès de fon
époufe, d'une penfion de 1,500 liv. fur la tête de cette
dernière, en outre de celle de 4,500 l. dont il eft demeuré
pourvu : fecours de 4,500 liv. (art 10, tit. 3.) ci . .   4,500

Keller, (Henri-Chriftian de) né le 19 janvier 1713 ;
ancien chirurgien-major des régimens Royal-Allemand
& Alface, retiré en 1786 : 42 ans de fervices.

    Penfion de 800 livres net ; fecours de 940 liv. (art.
19 & 20, tit. 1.) ci   940

Mouginot de Noncourt, (Henri-Nicolas-François-An-
toine) né le 22 janvier 1713 ; ancien capitaine au régiment de Limofin, retiré en 1756 : 27 ans de fervices ;
plufieurs campagnes.

    Penfion de 355 liv. net ; fecours de pareille fomme.
(art. 6, tit. 3.) ci   355

Montangon, (Claude-Nicolas de) né le 26 janvier 1713 ;
ancien capitaine au régiment de Bourbon, infanterie,
retiré en 1744 : 11 ans de fervices ; plufieurs campagnes.

    Penfion de 355 liv. net ; fecours de pareille fomme.
(art. 6, tit. 3.) ci   355

Duban de la Feuillée, (François-Henri) né le 28 janvier
1713 ; ancien capitaine au régiment d'Harcourt, dragons, retiré en 1757 : 29 ans de fervices ; 10 campagnes.

    Penfion de 1,231 liv. 12 f. 6 d : fecours de pareille
fomme. (art. 6, tit. 3.) ci 1,231 12 6

De cette part 199,768 3 4

Report 99,768ℓ 3ſ 4d

Boutier de Catus, (Pons) né le 29 janvier 1713 ; ancien premier lieutenant au régiment d'Aubigné, dragons, retiré en 1756 : 28 ans de ſervices effectifs : 12 campagnes ; deux bleſſures, à l'occaſion deſquelles il a reçu 600 liv. de gratification

Penſion de 443 liv. 10 ſ. net ; ſecours de pareille ſomme. (art. 6, tit. 3,) ci   443   10

Vanderghinſt, (Ferdinand-Joſeph) né le 30 janvier 1713 ; ancien chirurgien aide-major de l'hôpital militaire de Belle-Iſle, retiré en 1781 : 31 ans de ſervices, tant dans ledit hôpital que dans celui de Bergue-Saint-Vinox, & dans le régiment du Perche.

Penſion de 240 livres net, ſecours de 720 livres, totalité des appointemens de ſon emploi. (art 19 & 20, tit. 1.) ci   720

Coclée, dit Bellegarde, (Martin-Joſeph) né le 6 février 1713 ; ancien ſergent de grenadiers au régiment de Bourgogne, retiré en 1763 : 33 ans de ſervices ; 11 campagnes.

Penſion de 200 liv., réduite depuis à 146 livres ; ſecours de 303 liv. 6 ſ. (Loi du 25 décembre 1790.) ci   303   6

Bayvel, (Claude de) né le 18 février 1713 ; ancien lieutenant au régiment de la Reine, cavalerie, retiré en 1768 : 38 ans de ſervices ; 16 campagnes.

Penſion de 354 liv. net ; ſecours de 600 liv., totalité des appointemens de ſon grade. (art. 19 & 20, tit. 1.) ci   600

Stuart, (Pierre) né le 20 février 1713 ; ancien capitaine au régiment d'Ogilvi, écoſſois, retiré en 1763 : 16 ans de ſervices : 3 campagnes.

Penſion de 900 liv. net ; ſecours de pareille ſomme. (art. 10, tit. 3.) ci   900

Bonamour de Vigouroux, (Henri-Laurent) né le premier mars 1713 ; ancien maréchal-des-logis dans le corps de la Gendarmerie, retiré en 1770 : 37 ans de ſervices ; 17 campagnes.

Penſion de 670 livres net ; ſecours de 1,500 livres, totalité des appointemens de ſon grade (art. 19 & 20, tit. 1.) ci   1,500

Boudon de la Combe, (Jean-Joſeph) né le 4 mars 1713 ; ancien capitaine au régiment de Mailly ; 23 ans de ſervices ; 10 campagnes.

Penſion de 355 liv. net ; ſecours de pareille ſomme. (art. 6, tit. 3.) ci   355

Durand de Linois, (Charles) né le 14 mars 1713 ; ancien écrivain principal de la Marine, & commiſſaire à la ſuite des eſcadres, retiré en 1762 : 29 ans de ſervices ; 10 campagnes de mer.

De cette part   109,128   3   4

Report . . . .   109,128ᵘ ;ſ 4ᵈ

Penſion de 618 l. 6 ſ. 8 d. net; ſecours de 697 liv. 10 l. (art. 19 & 20, tit. 1.) ci . . . .

Des Eſcotais de Chantilly, (Louis-Joſeph) né le 30 mars 1713; maréchal-de-camp, & ci-devant gouverneur de l'Iſle de Ré : 32 ans de ſervices ; 17 campagnes.

Penſion de 4,717 liv. 10 ſ.; ſecours de pareille ſomme. (art. 10, tit. 3.) ci 4,717 10

Allon, (Jean-Georges) né le premier avril 1713; ancien ſous-lieutenant du régiment de Roſe, cavalerie, retiré de ce corps en 1768 : 36 ans de ſervices en ladite qualité ; 18 campagnes; plus, 14 ans de ſervices comme directeur de l'école des trompettes, établie à Straſbourg.

Penſion de 400 livres net; ſecours de 600 livres, totalité de ſon traitement de directeur. (art. 19 & 20, tit. 1.) ci   60

Raynal, (Guillaume-Thomas) né le 12 avril 1713; demande la recréation d'une penſion de 2,000 livres accordée ſur le Mercure, dont il avoit été rédacteur, & qui lui avoit été retirée en 1781, par M. Amelot, alors miniſtre de la maiſon du Roi, lorſqu'il fut décrété par le parlement. Plus, la conſervation d'une autre penſion de 887 liv. 10 ſ., accordée, par brevet, en récompenſe de différens mémoires fournis aux miniſtres des affaires étrangères.

Secours de 2,887 liv. 10 ſ (art. 6, tit. 2.) ci . . .   2,887 10

Conſtance de la Celle, (Amauri-Chriſtophe-Urſule) né le 4 juin 1713; ancien capitaine de vaiſſeau, retiré en 1762 : 32 ans de ſervice ; 18 embarquemens, parmi leſquels pluſieurs campagnes de guerre.

Penſion de 1,060 livres net, ſecours de 3,600 livres, totalité des appointemens de ſon grade. (art. 19 & 20, tit. 1.) ci   3,600

Bertels, (Nicolas-François) né le 4 octobre 1713, ancien juge conſul à Paris.

Penſion de 532 liv. 10 ſ. net, accordée en conſidération de ſes ſervices en ladite qualité ; ſecours de pareille ſomme. (art. 10, tit. 3.) ci 532 10

Bayeux, (Dlle. Anne-Marie-Catherine Piquet, veuve du ſieur) née le 31 octobre 1713.

Penſion de 1,780 liv. net, accordée en conſidération des ſervices de ſon mari, inſpecteur-général des ponts & chauſſées, par réverſion de partie de celle de 4,000 liv. dont jouiſſoit ledit feu ſieur ſon mari, aux termes de l'arrêt du conſeil du 2 août 1767, & lettres-patentes ſur icelui, du 31 du même mois, regiſtrées à la chambre des comptes le — juin 1768 ; ſecours de pareille ſomme. (art. 8, tit 3.) ci   1,780

Thoynard de Joui, (Barthelemi-François) né le pre-

De cette part 124,526 3 4

Report 124,526ˡ 3ſ 4ᴅ

mier novembre 1713 ; ancien maître des requêtes, retiré en 1772 : 32 ans de ſervices.

Penſion de 2,268 l. 15 ſ. net ; ſecours de pareille ſomme. (art. 10, tit 3) ci 2,268 15

Louſtaier, dit Blordin, (Jean) né le 23 novembre 1713 ; ſergent au régiment de la Marine, retiré en 1763 : 30 ans de ſervices effectifs ; 17 campagnes.

Penſion de retraite réduite à 11 livres 5 ſous par mois ; ſecours de 329 liv. 5 ſ. (Loi du 23 décembre 1790.) ci 329 5

Carriere, (Claude) âgé de 77 ans ; ancien ſecrétaire-greffier des états de Larguedoc : vingt-un ans de ſervices.

Penſion de 2,000 livres net ; ſecours de pareille ſomme. (art. 10, tit. 3.) ci 2,000

Chapman, (Matthieu de) né le 3 février 1714 ; ancien capitaine de grenadiers au régiment de Berwick, retiré en 1777 : 36 ans de ſervices ; 14 campagnes ; a perdu un œil au ſiege de Tournay.

Penſion de 2,200 livres, payée à la ſuite de la place de Saint-Mihel ; ſecours de 2,000 liv. (art. 19 & 20, tit. 1.) ci 2,000

Noblat, (François-Bernardin) né le 20 mai 1714 ; l'un des vingt plus anciens commiſſaires des guerres : 33 ans de ſervices.

Penſion de 720 liv. net ; ſecours de 1,450 liv. (art. 19 & 20, tit. 1.) ci 1,450

Martin, dit Dumont, (Gabriel-Pierre) né le 16 juillet 1714 ; ancien profeſſeur d'architecture des ponts & chauſſées : 40 ans de ſervices.

Penſion de 600 liv. net ; ſecours de pareille ſomme. (art. 10, tit. 3.) ci 600

Gourbillon, (Etienne) né le 9 août 1714 ; ci-devant premier commis de la loterie royale de France ; retiré en 1788.

Penſion de 1,100 liv. net ; ſecours de pareille ſomme. (art. 10, tit. 3.) ci 1,100

Charpentier de Belcourt, (Pierre-François) né le 16 octobre 1714 ; ancien directeur des vingtiemes de la généralité de Limoges ; retiré en 1778 : 40 ans de ſervices.

Penſion de 3,000 l. net ; ſecours de pareille ſomme. (art. 10, tit. 3.) ci 3,000

La Haye d'Anglemont, (Jean-Baptiſte-Henri de) né le 9 mars 1715 ; ancien commiſſaire-général de la marine, ordonnateur du port de Dunkerque ; retiré en 1785 : cinquante-quatre ans de ſervices ; pluſieurs campagnes.

Penſion de 5,850 liv. net ; ſecours de 9,000 l., totalité des appointemens de ſon grade. (articles 19 & 20, tit. 1.) ci 9,000

De cette part 142,676 3 4

Report 42,675ᵗ 3ſ 4ꝺ

Jeunet-Ducal, (François-Joseph) né le 24 mars 1715 ; ancien capitaine de grenadiers, retiré en 1776 : 40 ans de fervices, 16 campagnes.

Penſion de 535 liv. 8 fous 6 den. net ; fecours de 2,0 .o livres, totalité des appointemens de fon grade. (art. 19 & 20, tit. 1.) ci   2,000

Deau, (Dominique-Nicolas) né le 12 mai 1715 ; ancien fecretaire de l'intendance de Tours, retiré en 1784.

Penſion de 1,000 l. net ; fecours de pareille fomme. (art. 10, tit 3) ci   1,000

Gautier, (Balthafar Etienne) né le 27 mai 1715 ; ancien tréſorier de la caiſſe civile de Corſe, & ci-devant employé à Conſtantinople auprès des ambaſ-fadeurs de France, mis à la Baſtille fous le miniſtere de M. de Loverdy, detention injuſte qui a cauſé fa ruine.

Penſion de 2,100 l. net ; fecours de pareille fomme. (art. 10, tit. 3.) ci   2,100

Seguin, (Pierre-Martin) né le 13 juillet 1715 : ancien greffier en chef du conſeil fupérieur de Corſe, où il avoit été envoyé pour la formation de cette place, lors de fon premier établiſſement.

Penſion de 1,500 l. net ; fecours de pareille fomme. (art. 10, tit. 3.) ci   1,500

Cheval de Fontenay de Marange, (Charles-Lazare) né le 2 août 1715 ; ancien commandant du fort des Bains, reformé en 1762 : 32 ans de fervices ; 13 campagnes.

Penſion de 2,120 l. net ; fecours de pareille fomme. (art. 10, tit. 3.) ci   2,120

Bonnel, (Jean de) né le 29 novembre 1715, ancien lieutenant de cavalerie au régiment de la Reine, avec rang de capitaine depuis 1779, retiré en 1789 : 51 ans de fervices, 12 campagnes.

Penſion de 800 liv. net ; fecours de 2,000 livres, totalité des appointemens de fon grade. (art. 19 & 20, tit. 1.) ci   2,000

Duflos, (Charles Antoine) né en 1715 ; brigadier de maréchauſſée, ci-devant ſergent-major du régiment de Saint-Maurs, retiré en 1785 : 55 ans de fervices, pluſieurs campagnes.

Penſion de 300 liv. net ; fecours de 432 liv. 3 ſ 4 d. (Loi du 25 decembre 1790.) ci 432 3 4

ADDITION.

Amariton-Duboſt, (Pierre) né le 2 octobre 1702.
Penſion de 300 liv. net, accordée en conſidération

De cette part 151,118 6 4

des

₁   *Report* 151.118ᴸᴵ 6ſ 4ᵈ

des ſervices de ſa famille, notamment de ceux de
trois de ſes fils; ſecours de pareille ſomme. (art. 10,
tit. ₃.) ci   300

Landrin, (Pierre) né le 20 janvier 1703; ſous-chef
au bureau des approviſionnemens du tabac.
    Penſion de 2,400 liv. net ſur les fermes, accordée
par délibération de la ferme-générale, du 29 avril
1779, à raiſon du grand âge du ſieur Landrin & de
ſes infirmités, qui le mettent dans un état d'enfance :
ſecours de pareille ſomme. (art. 7 & 10, tit. ₃.) ci.   2,400

    Ledit ſieur Landrin a été payé de cette penſion
juſqu'au dernier décembre 1790 incluſivement, ainſi
qu'il eſt juſtifié par le certificat de M. Foacier, caiſſier-
général des fermes,

Legall, (Jules-François) né le 5 avril 1705; ancien
capitaine réformé du régiment Dauphin, dragons.
    Penſion de 817 liv. 5 ſous net; ſecours de pareille
ſomme. (art. 10, tit. ₃.) ci   817   5

Latour, (Pierre-Nicolas) né le 8 février 1705; ancien
capitaine au régiment d'Anjou, infanterie; retiré en
1747 : 17 ans de ſervices; pluſieurs campagnes.
    Penſion de 355 liv. net; ſecours de pareille ſomme.
(art. 6, tit. ₃.) ci   355

Genuin, (Ignace-Mathieu) né le premier ſeptembre
1705; ancien premier ſecrétaire & ſubdélégué-général
de la ci-devant intendance de la Rochelle; retiré en
1774 : 41 ans de ſervices.
    Penſion de 3,000 l. net ; ſecours de pareille ſomme.
(art. 10, tit. ₃.) ci   3,000

Compagnon, (Jean) né le 3 ſeptembre 1705; ancien
commis de la régie du droit ſur les carroſſes des places
de Paris.
    Penſion de 300 liv. net, accordée par arrêt du con-
ſeil, du 19 août 1779; ſecours de pareille ſomme.
(art. 7 & 10, tit. ₃.) ci   300

Lachaiſe du Rénaud, (Jean-François de) né le 7 décembre 1706; ancien capitaine de grenadiers au régiment de Talaru, retiré en 1761 : 27 ans de ſervices;
pluſieurs campagnes.
    Penſion de 341 liv. 10 ſ. net; ſecours de pareille
ſomme. (art. 10, tit. ₃.) ci   341   10

Riquet de Bonrepos, (Jean-Gabriel-Amable) né le 30
janvier 1709; ancien procureur-général au parlement
de Toulouſe, retiré en 1771.
    Penſion de 6,187 liv. 10 ſ. net; ſecours de pareille
ſomme. (art. 10, tit. ₃.) ci   6,187   10

Hallot, (Charles-Philippe-Louis de) né le 10 février
1709; lieutenant-général des armées en 1784; réformé
en 1777, en qualité de commandant de bataillon au
régiment des Gardes-Françoiſes; entré au ſervice en

    De cette part 164,519 11   8

Report 164,519ᵘ 11ʃ

1728 : 49 ans de fervices effectifs ; plus de dix campagnes.

Penfion de 9,321 liv. net, dont 1,454 liv. 15 fous en confidération de fes fervices, & 8,000 liv. réduites à 7,866 liv. 13 f. 4 deniers, qui lui ent été réglées pour fa reforme en vertu de l'ordonnance du Roi, du 17 juillet 1777 ; fecours de 6,000 liv. par provifion, en attendant de plus amples éclairciffemens. (art. 5, tit. 3.) ci   6,000

Ligier, (Jean-Nicolas) né le 19 août 1709.

Penfion de 360 liv. net, accordée, par décifion du 3 feptembre 1779, en confidération d'un fecret qu'il a donné pour la guérifon radicale des hernies de toute efpèce ; fecours de pareille fomme. (art. 6 & 7 du tit. 2 ; & art. 10, tit. 3.) ci . . . .   [360

Chaignant, dit Duté, (Jacques) âgé de 82 ans ; ancien employé des fermes vétéran, retiré en 1782 : 36 ans de fervices.

Penfion de 175 liv. net ; fecours de pareille fomme. (art. 10, tit. 3.) ci   175

Guillouet d'Orvilliers, (Louis) né le 26 mars 1710 ; lieutenant-général des armées navales, ci-devant commandant la marine à Breft, retiré en 1779 : 51 ans de fervices ; 18 campagnes.

Penfion de 18,346 liv. 18 f. net ; fecours de pareille fomme. (art. 10, tit. 3.) ci 18,346 18

Blanchebarbe de Grandbourg, (Germain-Pierre) né le 15 avril 1710 ; ancien maître-ordinaire en la chambre des comptes, ci-devant fecrétaire-général de la marine.

Penfion de 2,362 liv. 10 f. net ; fecours de pareille fomme. (art. 10, tit. 3.) ci 2,362 10

Faget du Monbert, (Robert-François) né le 17 mai 1710 ; foldat au régiment de Champagne en 1733, où il a fervi, tant en cette qualité, qu'en celles de fous-lieutenant, de lieutenant & de capitaine jufqu'en 1758, qu'il fut nommé major des ville & citadelle du Havre ; retiré en 1788, à caufe de fa mauvaife fanté, fuite de maladies graves : 55 ans de fervices ; un très-grand nombre de campagnes.

Penfion de 400 liv. fur l'ordre de Saint-Louis ; fecours de 2,000 livres, totalité des appointemens de capitaine. (art. 19 & 20, tit. 1.) ci   2,000

David, (Pierre-Félix-Barthelemi) né le 29 juin 1710 ; ancien gouverneur à l'Ifle-de-France, retiré en 1754 : vingt-cinq ans de fervices dans les Ifles & dans l'Inde.

Penfion de 6,000 l. net ; fecours de pareille fomme. (art. 10, tit. 3.) ci   6,000

Lefevre d'Autrèche, (Pierre-Alexandre-François de

De cette part 393,763 19

Sales) né le 25 juillet 1710 ; ancien capitaine, réformé
en 1756, à la suite du régiment de l'Isle-de France :
24 ans de services ; 12 campagnes.

Pension de 398 livres 5 sous net ; secours de pareille
somme. (art. 10 , tit. 3.) ci 398 5

Saint-Martin-Dumas , (Pierre) né le 10 août 1710 ;
ancien capitaine au régiment de l'Isle-de-France,
retiré en 1757 : 23 ans de services ; 7 campagnes, des
blessures.

Pension de 355 liv. net ; secours de pareille somme.
(art. 6 , tit. 3.) ci 355

Combet de la Rêne, (Jean) né le 9 octobre 1710 ;
ancien receveur général des aides à Epernay, retiré en
1782 : 55 ans de services.

Pension de 700 liv. accordée sur la régie-générale,
par décision du 5 février 1782 ; secours de 800 livres,
totalité de ses appointemens. (articles 19 & 20 ,
tit. 1.) ci 800

Marchant de Lesveur , (Marie-Françoise-Gabrielle de
Belleville, veuve du sieur Jacques) née le 16 janvier 1711.

Pension de 200 liv. net, à elle accordée en considération des services de son mari, en qualité de lieutenant de vaisseau de la Compagnie des Indes, aux
termes des articles 3 & 5 des lettres-patentes du
22 avril 1770 ; secours de pareille somme. (art. 10 ,
tit. 3.) ci 200

Croce, (Pierre-Marie) né le 17 juin 1711 ; ancien
syndic de matelots à Calvi en Corse , & ci-devant
vice-consul de ladite ville, retiré en 1782, après 22
ans de services.

Pension de 376 liv. 14 sous net ; secours de pareille
somme. (art. 10, tit 3.) ci 376 14

Goulet de Montlibert, (Godefroi-Maximilien-Fran-
çois) né le 18 juin 1711 ; ancien capitaine du régiment Royal-Wallon, réformé en 1748 : 22 ans de
services ; plusieurs campagnes.

Pension de 265 liv. 10 sous net ; secours de pareille
somme. (art. 6 , tit. 3.) ci 265 10

Eberhard, (Christian) âgé de 79 ans ; ancien contrôleur & garde-magasin de la manufacture d'armes
blanches d'Alsace, retiré en 1783 : vingt-sept ans de
services.

Pension de 800 liv. net sur les fonds de l'artillerie ;
secours de pareille somme. (art. 10, tit. 3.) ci 800

Saporta, (François de) né le 29 mars 1712 ; ancien
major du régiment de Rouergue, retiré en 1764, après
30 ans de services & 12 campagnes.

Report 202,958ᴸᵗ 18ſ 8ſ

Penſion de 885 livres net; ſecours de 2,100 livres.
(art. 19 & 20, tit. 1.) ci   2,108

Le Boulanger, (Auguste-Jean) né le 15 mai 1712;
doyen des conſeillers-maîtres en la chambre des comptes de Paris.
     Penſion de 1,687 liv. 10 ſ. employée ſur l'état du
Roi de ladite chambre des comptes, arrêté au conſeil
royal des finances, le 15 Janvier 1790; ſecours de pareille ſomme. (art. 10, tit. 3) ci 1,687 10

Dubrac, (René) né le 17 mai 1712; ancien ſubdélégué
de la ci-devant intendance de Bourges, au département de Saint-Benoît-du-Sault, retiré après 50 ans
de ſervices.
     Penſion de 600 livres net; ſecours de pareille ſomme.
(art. 10, tit. 3.) ci   600

Badger, (Jean) né le 29 juin 1712; moëreur anglois
établi à Lyon, attiré par le miniſtère françois, ſous la
promeſſe d'un ſort honnête, a obtenu trois penſions,
montant enſemble à 2,300 livres, à raiſon de l'utilité
de ſon établiſſement; ſecours de pareille ſomme. (art.
6, tit. 2.) ci   2,300

Viller de Rogeville, (Chriſtophe-Thomas) né le 25
juillet 1712; entré ſoldat, retiré capitaine au régiment
de Languedoc, en 1755, pour cauſe d'infirmités : 27
ans de ſervices; 10 campagnes.
     Penſion de 300 livres; ſecours de 600 liv. (Décret
du 9 janvier 1791.) ci   600

Ponyvet de la Blinière, (René) né le 14 ſeptembre
1712; ancien capitaine de dragons, retiré en 1758,
après 29 ans de ſervices; quelques campagnes.
     Penſion de 443 liv. 15 ſous net; ſecours de pareille
ſomme. (art. 6, tit. 3.) ci 443 15

Gayault de Vic, (Etiénne-Henri) né le 17 octobre
1712; ancien inſpecteur-général de la maréchauſſée,
retiré en 1782, après 49 ans de ſervices; 3 campagnes.
     Penſion de 3,500 liv. net; ſecours de 5,000 livres,
totalité de ſes appointemens. (articles 19 & 20,
tit. 1.) ci   5,000

Deſlaires, (Charles-Jean-Baptiſte-Alexandre) né le 10
décembre 1712; ancien capitaine au régiment de Tou-
raine : 29 ans de ſervices; pluſieurs campagnes.
     Penſion de 500 liv. net; ſecours de pareille ſomme.
(art. 6, tit. 3.) ci   500

Le Berthon, (André-Jacques-Hyacinthe) né le 7 janvier 1713; ancien premier préſident du ci-devant parlement de Bordeaux.

De cette part 216,190 13 8

Report . . . . 216,160^{lt} 13ſ 8ᵈ

Penſion de 4,200 liv. net, accordée en conſidération de ſes ſervices, par déciſion du 4 octobre 1767 ; ſecours de pareille ſomme. (article 10, tit. 3.) ci 4,200

Ecuges d'Evenos, (Charles-Victor d') né le 13 mars 1713 ; ancien écrivain principal & garde-magaſin de la marine, retiré en 1777 : 46 ans de ſervices ; 12 embarquemens.
Penſion de 1,770 liv. net ; ſecours de 1,800 livres, totalité de ſon traitement. (articles 19 & 20, tit. 1.) ci 1,800

Garnier de la Boiſſière, (François) né le 3 juillet 1713 ; ancien capitaine de grenadiers au régiment de Navarre, retiré en 1761 : 27 ans de ſervices ; 15 campagnes.
Penſion de 866 liv. 5 ſous net ; ſecours de pareille ſomme. (art. 6, tit. 3.) ci 866 5

Lécuyer, (Louis-Alexandre) né le 19 octobre 1713 ; entré au Corps-Royal d'artillerie en 1740 ; paſſé dragon dans le régiment de Meſtre de-Camp en 1748 ; retiré porte-guidon en 1772 : 32 ans de ſervices ; 6 campagnes.
Penſion de 200 livres à la ſuite de la place de Bar-le-Duc ; ſecours de 600 liv. (Décret du 9 janvier 1791.) 600

Deschamps, (Louis) né le 7 février 1714 ; ancien commis de la régie du droit ſur les carroſſes de places de Paris, retiré en 1779.
Penſion de 400 liv. net, accordée en exécution de l'arrêt du conſeil du 19 août 1779 ; ſecours de pareille ſomme. (art. 10, tit. 3.) ci 400

Belot de Ferreux, (Claude-Joſeph) né le 4 mars 1714 ; ancien capitaine au Corps-Royal d'artillerie, retiré en 1766 ; après 32 ans de ſervices : 14 campagnes.
Penſion de 960 liv. net ; ſecours de 2,040 liv. (art. 19 & 20, tit. 1.) ci 2,040

Lartigue-d'Arné, (Pierre) né le 19 mars 1714 ; ancien capitaine de grenadiers au régiment de Vexin, retiré en 1780 : 36 ans de ſervices ; 14 campagnes.
Penſion de 655 liv. net ; ſecours de 2,000 livres, totalité des appointemens de ſon grade. (art. 19 & 20, tit. 1.) ci 2,000

Godinot, (Pierre) né le 6 avril 1714 ; ci-devant inſpecteur-principal des manufactures, retiré en 1779 : 37 ans de ſervices.
Penſion de 3,000 livres net, accordée par arrêt du

De cette part 228,096 18 8

Report 228,096ˡⁱᵛ 18ˢ 8ᵈ

conseil du 30 juin 1779, tant sur les fonds du commerce, que sur la caisse des octrois de la ville de Rouen ; secours de pareille somme. (article 10, tit. 3.) ci   3,000

Boin, (Guy) né le premier juillet 1714 ; ancien premier secrétaire & subdélégué-général de l'intendance de Lyon, retiré en 1785 : 48 ans de services.
Pension de 3,000 l. net ; secours de pareille somme. (art. 10, tit. 3.) ci   3,000

La Devaize d'Arteil, (Jean-Baptiste) né le 30 août 1714 ; ancien capitaine réformé des arquebusiers de Grassin : 19 ans de services ; plusieurs campagnes.
Pension de 354 liv. net ; secours de pareille somme. (art. 10, tit. 3.) ci   354

Piot, (Jean-Paulin-Hippolyte) né le 25 septembre 1714 ; ancien commis principal de l'intendance de Champagne, retiré le premier janvier 1788, jour où sa place a été supprimée à l'occasion des assemblées provinciales.
Pension de 830 liv. net ; secours de pareille somme. (art. 10, tit. 3.) ci   830

Meserge de Beaurepaire, (Joseph-Antoine) né le 11 novembre 1714 ; ancien lieutenant-colonel du régiment des Grenadiers-Royaux de Bretagne, réformé en 1775 ; après 42 ans de services & 14 campagnes.
Pension de 1,461 liv. 5 s. net ; secours de 3,600 liv. (art. 19 & 20, tit. 1.) ci   3,600

Frisch, (Urbain) né le 22 novembre 1714 ; entré soldat en 1735, au régiment actuellement Royal-Suédois, réformé capitaine en second en 1763, après 28 ans de services ; 15 campagnes : aux appointemens de 500 l. à la suite de la place de Verdun ; secours de 600 livres. (Décret du 9 janvier 1791.) ci   600

On observe que ce secours de 600 liv. ne doit avoir lieu que du jour où ses appointemens auront cessé de lui être payés.

Gouley, (Edme) né le 28 janvier 1715 ; soldat au régiment des Carabiniers, en 1734 ; retiré en 1767, avec un brevet de lieutenant, pour entrer exempt de maréchaussée, place qu'il a exercée jusqu'en 1778, qu'elle a été réformée : 44 ans de services ; 16 campagnes ; des blessures.
Pension de 350 livres net ; secours de 900 livres, totalité des appointemens de son grade. (art. 19 & 20, tit. 1.) ci   900

De cette part   240,380   18   8

Report 240,380ᴸ 18ˢ 8ᵈ

La Marche, (Christian-Louis de) né le 22 février 1715 ; retiré en 1773, contrôleur-ambulant des vingtièmes de la généralité de Montauban : 31 ans de services.

Pension de 800 liv. net ; secours de pareille somme. (art. 10, tit. 3.) ci   800

La Roze, (Joseph-Sébastien de) né le 6 mars 1715 ; doyen des conseillers de la première chambre des enquêtes du ci-devant parlement de Bordeaux, ancien président au présidial , & lieutenant-général de la sénéchaussée de la même ville : quarante-un ans de services.

Pension de 1,100 liv. net, accordée par arrêt du conseil du 13 janvier 1778 , en considération de la suppression dudit office de président au présidial de Bordeaux ; secours de pareille somme. (article 10, tit. 3.) ci   1,100

Cette somme de 1,100 livres sera payée à M. de la Roze, à compter du jour où sa pension a été retranchée de l'état des pensions, en vertu d'une lettre de M. de Lamoignon, garde-des-sceaux, à cause de la résistance de M. de la Roze, à l'exécution des édits de la cour-plénière & autres dont l'enregistrement fut demandé en mai 1788.

Carpentier, (Joseph) né le 25 mars 1715 ; ancien conducteur de charrois à l'école d'artillerie d'Auxonne, retiré en 1784 : 50 ans de services ; plusieurs campagnes.

Pension de 573 liv. 2 s. net ; secours de 600 livres , totalité de son traitement. (articles 19 & 20 , tit. 2.) ci   600

Le Jallot de Saint-Just, (Gabriel) né le 24 avril 1715 ; ancien major du Fort-Louis du Rhin , retiré en 1773, après 40 ans de services : 8 campagnes ; des blessures graves.

Pension de 2,600 livres , y compris 800 liv. sur l'ordre de Saint-Louis ; secours de pareille somme. (art. 10 , tit. 3.) ci   2,600

Hélie de Saint-André , (Jean-Henri) né le 23 mai 1715 ; ancien capitaine d'infanterie au régiment de Belsunce , retiré en 1756 : 27 ans de services ; plusieurs campagnes.

Pension de 355 liv. net ; secours de pareille somme. (art. 6 , tit. 3.) ci   355

Froissard de Bersaillin , (Claude François-Xavier de) né le 24 mai 1715 ; ancien capitaine au régiment de Béarn , retiré en 1757 : 26 ans de services ; 12 campagnes.

De cette part 245,935 18 8

Report	245,935ᴴ 18ſ	8ᵈ
Pension de 355 liv. net; secours de pareille somme. (art. 6, tit. 3.) ci	355	

Vergé, (Elie-Paul) né le 3 juin 1715; ancien chirurgien-major au Corps-Royal d'artillerie, retiré en 1784, après 50 ans de services.

Pension de 1,000 livres net; secours de 1,200 livres, totalité de ses appointemens. (articles 19 & 20, tit. 1.) ci 1,200

Cardon de Vidampierre, (Jean Joseph-Antoine de) né le 13 septembre 1715; ancien officier au régiment du Roi.

Pension de 1,653 liv. 13 sous 6 den. net, faisant partie de celle de 4,000 livres, argent de Lorraine, ci-devant employée sur les états de la recette générale des finances de cette province, aux termes de l'arrêt du conseil du 15 janvier 1766; & qui en a été retranchée, à compter du premier janvier 1779, pour être reportée sur le trésor royal, par autre arrêt du conseil de ce jour; secours de pareille somme. (art. 10, tit 3.) ci 1,653 13 6

Gardanne, (Gabriel) né le 29 novembre 1715; ancien écrivain de la marine & des classes, retiré en 1776; après 27 ans de services.

Pension de 590 liv. net; secours de pareille somme. (art. 6 & 7, tit. 3.) ci 590

Le Roy du Cardonnois, (Louis) âgé de 75 ans; entré soldat au régiment de Biron, en 1732; exempt de maréchaussée en 1743; retiré en 1778: 46 ans de services; 4 campagnes.

Pension de 350 liv. net; secours de 700 livres, totalité de son traitement. (articles 19 & 20, titre 1.) ci 700

Ramond, (   ) âgé de 75 ans; ancien employé aux vivres; retiré en 1788: 34 ans de services.

Pension de 1,000 l. net; secours de pareille somme. (art. 10, tit 3.) ci 1,000

L'Escalopier, (Gaspard-César-Charles) né le 19 mai 1706; conseiller d'Etat, ci-devant intendant de Montauban & de Tours; retiré en 1765: 33 ans de services.

Pension de 4,200 l. net; secours de pareille somme. (art. 10, tit. 3.) ci 4,200

Benoît de la Mothe, (Charles-Alain) né le 28 juillet 1709; ancien directeur de la régie des cartes à Marseille, retiré en 1779.

Pension de 600 liv. net; secours de pareille somme. (art. 10, tit. 3.) ci 600

De cette part 256,234 12 2

Report 256,234ᴸ 12ſ 2ᵈ

On obſerve que cette ſomme de 600 livres n'eſt que proviſoire, en attendant que le penſionnaire, dont le Comité ignore la demeure, ait fourni de plus amples renſeignemens, tant ſur les différens emplois qu'il a occupés, que ſur le traitement dont il jouiſſoit en activité.

Benoît, (Joſeph) né le 23 février 1699; ancien directeur des aides à Mayenne; retiré en 1780, après 62 ans de ſervices.

Penſion de 1,500 l. net; ſecours de pareille ſomme. (art. 19 & 20 du tit. 1.) ci 1,500

Maſſo de la Ferrière, (Charles) né le 20 juillet 1705; lieutenant-général des armées; retiré en 1762, après 40 ans de ſervice & 9 campagnes.

Penſion de 1,500 liv. ſur l'ordre de Saint-Louis, & 3,892 liv. 16 ſous 7 deniers net ſur le tréſor-royal; ſecours de 5,500 liv. (art. 5, tit 3.) ci 5,500

Boutin, (Thomas) né le 9 mars 1708; ancien directeur des fermes à Beſançon, retiré en 1785 après 46 ans de ſervices.

Penſion de 5,000 liv. net, accordée ſur la ferme générale, par délibération du 16 mars 1785; ſecours de pareille ſomme. (art. 10, tit. 3.) ci 5,000

Mottin, (René) né le 18 août 1709; ancien contrôleur des barrières aux entrées de Paris; retiré en 1785, après 31 ans de ſervices.

Penſion de 700 liv. net, accordée par délibération de la ferme générale; ſecours de pareille ſomme. (art. 10, tit. 3.) ci 700

Dagoret des Robinières, (Pierre) né le 4 mai 1710; ancien receveur à la diſtribution du tabac; retiré en 1773, par la ſuppreſſion de ſa place, après 40 ans de ſervices.

Penſion de 1,500 liv. net, accordée ſur la ferme générale, par délibération du 12 mars 1773; ſecours de pareille ſomme. (art. 10, tit. 3.) ci 1,500

Delfau de Roquefort, (Jean-Joſeph) né le 15 février 1713; ancien capitaine au régiment de Picardie; retiré du ſervice en 1762, à cauſe des ſuites de ſes bleſſures, qui l'ont mis hors d'état de le continuer: 20 ans de ſervices; 8 campagnes.

Penſion de 355 liv. net; ſecours de 825 liv. (art. 17, 19 & 20, tit. 1.) ci 825

Nouel de Tourville, (Pierre) né le 14 février 1714, ancien lieutenant de cavalerie au régiment Royal-Pologne; retiré en 1763, après 31 ans de ſervices & 12 campagnes.

Penſion de 355 liv. net; ſecours de 442 liv. 10 ſous. (art. 19 & 20, tit. 1.) ci 442 10

De cette part 271,259 12 2

Report . . . .   272,250ᵗᵗ 12ſ 2₰

Thiollière, (Pierre) né le 6 mars 1715 ; entré cavalier au régiment des Cuiraſſiers, en 1739 ; cornette au régiment d'Artois en 1761 , juſqu'en 1763 que ce régiment fut réformé : 24 ans de ſervices ; 11 campagnes ; des bleſſures.

     Penſion de 265 liv. 10 ſ. net ; ſecours de 600 livres. (Décret du 9 janvier 1791.) ci   600

Alexandre, (Nicolas-François) né le 13 août 1715 ; ancien lieutenant au régiment de Dragons de la Reine, avec commiſſion de capitaine depuis 1774, retiré en 1777, après 36 ans de ſervices, & 3 campagnes.

     Penſion de 442 liv. 10 ſ. net ; ſecours de 1,175 liv. (art. 19 & 20, tit. 1.) ci   1,175

Huet, (Marie-Gabrielle le Beſcond , veuve du ſieur Barthelemi-Mathieu) née le 19 octobre 1715.

     Penſion de 200 liv. ſur le fonds des Invalides de la marine, accordée en 1779, en conſidération des ſervices de ſon mari , aide-chirurgien, & prévôt de l'hôpital de la marine, à Breſt, mort des ſuites d'une maladie putride qui régnoit alors audit hôpital ; ſecours de pareille ſomme. (art. 8 , tit. 3.) ci   200

         T O T A L . . . .   273,677ᵗᵗ 2ſ 2₰

Scellé le 20 du même mois.

DÉCRET *contenant liquidation de plusieurs parties de la dette de l'état.*

Du 9 Juillet 1791.

L'ASSEMBLÉE NATIONALE , ouï le rapport de ſon comité central de liquidation, qui lui a rendu compte des rapports & vérifications faites par le commiſſaire du Roi , directeur général de la liquidation, décrète qu'en conformité de ſes précédens Décrets ſur la liquidation de la dette publique & ſur les fonds deſtinés à l'acquit de ladite dette , il ſera payé aux ci-après nommés & pour les cauſes qui ſeront pareillement exprimées , les ſommes ſuivantes ;

S A V O I R :

ARRIÉRÉ DU DÉPARTEMENT DE LA MAISON DU ROI.

Appointemens , gages & traitemens à différens employés dans la maiſon du Roi pour différentes années.

Jacques-François-Iſidore Decle, l'un

des valets-de-chambre Tapissiers du Roi, pour lui & ses confrères, 2,400 l., ci . . . .   2,400 l.

Bourdeille, ci-devant évêque de Soissons, pour l'entretien de deux vicaires & de deux chantres dans la paroisse de Saint-Jacques à Compiègne, pendant l'année 1789, 1,350 l. ci   1,350

Caqueray, gentilhomme surnuméraire de la Vénerie, pour son traitement de l'année 1789, déduction faite de la somme de 750 l. employée au paiement de sa contribution patriotique, ci   2,250

Latache de Fay, autorisé à toucher les revenus échus & à échoir de la succession du feu Maréchal de Soubise, pour les appointemens dont ce dernier jouissoit en qualité de gouverneur du château de la Muette, & ce à compter du premier Janvier 1786, jusques & y compris le 2 Juillet 1787, déduction faite du dixième, 4,065 l. ci   4,065

Latache de Fay, autorisé à toucher les revenus échus & à échoir, des biens de la succession du feu Maréchal de Soubise.

1°. Pour paiement des intérêts de la somme de 100,000 l. d'un brevet de retenue sur la charge de Capitaine des Chasses de la Varenne des Tuileries, & ce à compter du 3 Juillet 1787, jusqu'à la fin de la même année, à raison de 5,000 l. par an, ci . . . .   2,472 l. 4 s. 5 d.

2°. Pour pareil paiement des intérêts ci-dessus désignés, pendant l'année 1788 5,000 l., ci . . . .   5,000 l.

3°. Pour pareil paiement des mêmes intérêts ci-dessus désignés pendant l'année 1789, 5,000 l., ci   5,000

4°. Pour paiement des intérêts de la somme de 50,000 l. d'un brevet de retenue sur la charge de Gouverneur de la Muette, & ce, à compter du 3 Juillet 1787, jusqu'à la fin de la même année, à raison de 2,500 l. par an, 1,236 l. 2 f. 2 d., ci   1,236   2 f.   2 d.

5°. Pour pareil paiement des mêmes intérêts pendant l'année 1788, 2,500 l. ci   2,500

6°. Pour pareil paiement des mêmes intérêts pendant l'année 1789, 2,500 l., ci   2,500

—————————

TOTAL . . .   18,708   6   7   18,708 l. 8 f. 7 d.

—————————

Hombron, receveur de l'Hôpital des enfans trouvés à Paris, pour aumône audit hôpital, pour les années 1788 & 1789, 1,152 liv., ci . . .   1,152 l.

Veuve Dufomentel, concierge du Roi, au petit château de Compiégne, pour ses appointemens, retenue faite du dixième, 2,160 l., ci   2,160

Terrasse de Mareilles, garçon de la chambre de la Reine, en survivance, pour son traitement pendant les six derniers mois 1789, déduction faite de la somme de 500 l., employée au paiement de sa contribution patriotique, 1,000 l., ci   1,000

Lucet, Secrétaire général & greffier de la capitainerie de la Varenne des Tuileries, & secrétaire des chasses de Mesdames, pour le paiement des gages, habillement & logement des gardes-chasses de Mesdames, pendant les six premiers mois 1789, & les dépenses de la capitainerie de la Varenne des Tuileries, pendant l'année 1789, 5,005 l. 16 s. 1 d., ci . .   5,00 l. 516 s. 1 d.

Bonnefoi, concierge, garde-meubles de la Reine, à Trianon, 6,333 l. ci.   6,333

Les trois huissiers de l'antichambre du Roi, pour indemnité des bougies supprimées, déduction faite de la contribution patriotique que Luthier & Brossier, deux de ces huissiers, ont payée, 2,400 l., ci   2,400

D'Aguesseau, major des gardes du Corps, pour service extraordinaire des gardes-du-corps du 16 Août au 30 Septembre, & du 26 Juin au 15 Octobre 1789, 79,688 l. 10, ci . .   79,688   10

Douay, maîtresse de pension, pour la nourriture de la Dame de Guise détenue par ordre du Roi, 218 l. 15 s. ci.   218   15

Les hautbois de la chambre & des

écuries du Roi, pour étrennes, 88 l.,
ci . . . .   88 l,

Les quinze cochers des écuries de
la Reine, pour étrennes, 210 l.,
ci   210

Chabrillan & Levis, Capitaines des
Gardes du corps de Monfieur, pour
les dépenfes des maladies defdits
Gardes, 872 l. 6 f., ci   872   6 f.

Clément de Malleran, Profeffeur
en Droit français, de l'Univerfité
de Paris, toutes déductions faites,
3,600 l., ci   3,600

Facquet, coiffeur de Madame Victoire, retenue faite du dixième,
1,260 l., ci   1,260

Dame Hériffant, Imprimeur ordinaire du cabinet du Roi, toutes déductions faites, 6,33 l. 17 f., ci . . . 6,313   17.

Leroy, bibliothécaire des cabinets
du Roi, 1,800 l., ci   1,800

Marx, Apothicaire du commun de
la Reine, 1,525 l., ci   1,525

Pallas & Peíchepoix, Huiffiers de
la chambre du Roi, pour fervice
extraordinaire près feu M. le Dauphin,
retenue faite du dixième, 1,185 l.
11 f., ci   1,185   11

Dijon, maître tourneur, pour fournitures à l'hôtel des gardes de la Prévôté à Verfailles, 63 l., ci . . .   63

Les héritiers de l'Abbé Blot, chapelain de la chapelle de la Reine, au
Louvre, 600 l., ci   600

Les nouvelles catholiques de Blois
pour fubfistance, déduction faite de
la fomme de 400 l., pour contri-
bution patriotique, 2,000 l., ci . .   2,000

Léonard, coiffeur de Madame
Elifabeth, 1,000 l., ci . . . . . .   1,000 l.

Ballan, aide-apothicaire du Roi, pour dons, à caufe du fervice fait près du roi, 400 l., ci . . . . . . 400 l.

Les porteurs de chaife de la Reine, (Chevalier, Joly, Souef, Piel, Vionnal & Verdun,) pour étrennes, 24 l., ci 24

Avelin, infpecteur des travaux des écuries d'Artois, 1,800 l., ci . . 1,800

Poupart, curé de Saint-Euftache, confeffeur du Roi, pour nourriture & entretennement, 16,500 l. ci . . 16,500

Guyot, apothicaire du commun de la Reine, ou fes héritiers, 1,355 l. 11 f. 1 d., ci 1,355   11 f. d.

Les Médecins du Roi (de Varennes, Raulin & Retz), 400 l., ci. 400

Longrois, garde-meuble du château de la Muette, toutes retenues faites, 2,134 l., 16 f., ci 2,134   16

Chavignat, premier Chirurgien de la Reine, 4,000 l., ci 4,000

Bizard, Marchand cirier, pour fournitures, 9,260 l. 14 f. 6 d., ci. 9,260   14   6

Fallet, Tailleur de pierres, pour ouvrages faits pour la clôture du parc de Villeneuve-le-Roi, 18,411 l. 16 f. 5 d., ci 18,411   16   5

Bracony dit Beaulieu, entrepreneur de maçonnerie, pour ouvrages faits pour la clôture du parc de Villeneuve-le-Roi, 10,290 l. 8 f. 3 d., ci. 10,290   8   3

Rochechouart, Gouverneur de la ville de Verneuil, toutes retenues faites, 6,390 l., ci 6,390

Veuve de Bourdet, dentifte du Roi & de la famille royale, 8,493 l. 10 d. ci 8,493   10

Femme | Legendre, femme-de-chambre de Madame Elifabeth, 400 l. ci 400

La Dame Villefort, fous-gouver-

nante des Enfans de France, 1,875 l.
ci . . . . 1,875 l.

Les supérieurs de la Maison des bons Fils, à Saint-Venant, pour subsistance des nommés Drouart & Boelly, enfermés pour cause de folie, 600 l.
ci 600

Les dix Huissiers de la chambre du Roi, la somme de 34,103 l. 4 s., savoir, en commun celle de 9,220 l.,
ci 9,220

Et individuellement,

Monqueront, 2,926 l. 16 s., ci	2,926	16 s.	
Marchais, 2,926 l. 16 s., ci	2,926	16	
Pallas, 2,196, ci	2,196		
Beschepoix, 2,196, ci	2,196		
Labapomerie, 2,196, ci	2,196		
Thiery, 3,659 l. 8 s., ci	3,659	8	
Selancy, 1,463 l. 8 s., ci	1,463	8	
Pigrais, 3,659 l. 8 s., ci	3,659	8	
Soufflot, 2,196 l., ci	2,196		
De Leugny, 1,463 l. 8 s., ci	1,463	8	

Klier, Decharmes, Caraffe & Gauthier, Trompettes de la Chambre du Roi, toutes retenues faites, 7,221 l., ci 7,221

Lucas & Goudoin, plombiers, 647 l. 16 s. 6 d., ci 647   16   6 d.

Ducor, aide-apothicaire du Roi, 800 l., ci 800

Liége, Penaut, Prat, Ducor, & Balland, Aide-apothicaires du Roi, 1,200 l., ci 1,200

Les quarante-deux grands Valets de pied du Roi, 2,268 l., ci . . . 2,268

Platré, Coiffeur de Madame, fille du Roi, toutes retenues faites, 1,440 l., ci 1,440

Dubois

Dubois, Entrepreneur des réver-
bères, 914 l., ci . . . .   914 l.

Folie, Garçon de la garderobe de
la Reine, 1094 l., ci   1,094

Femme Folie, employée à la
garderobe de la Reine, 1,170 l.,
ci   1,170

Joly, Chirurgien de la Capitainerie de Compiègne, toutes déductions
faites, 344 l., ci   344

Jacquin, Entrepreneur de ferrurerie pour la conftruction des écuries
d'Artois, 6,000 l., ci   6,000

Gallien, l'un des Apothicaires du
Roi, pour indemnités & fervices extraordinaires près du Roi & de la Fa-
mille royale, toutes retenues faites,   10,552   10 f.

Facquet, Valet-de-chambre de
Madame Victoire, toutes retenues
faites, 190 l. 15 f., ci   190   15

Jean-Pierre-Mairieux, Valet-de-
chambre de Madame Elifabeth,
toutes retenues faites, 141 l. 3 f. 4 d.,
ci   141   3   4 d

Jean-Claude Sorelle, Valet-de-
chambre de Madame Elifabeth,
toutes retenues faites, 282 l. 6 f.
8 d., ci   282   6   8

La femme Desforges, Empefeufe
& faifeufe de collerettes de Madame
Elifabeth, toutes retenues faites,
2,049 l. 17 f. 1 d., ci   2,049   17   1

Antoine Jubin, Valet-de-chambre
Tapiffier de Madame Elifabeth, toutes
retenues faites, 884 l. 10 f., ci . .   884   10

Rouffeau, Maître en fait d'armes
des Enfans de France, toutes retenues
faites, 3,517 l 6 f. 8 d., ci . . .   3,517   6   8

Marie-Angélique de Mackau, fous-
Gouvernante des Enfans de France,

toutes retenues faites , 1,056 l.,
ci . . . . 1,056 l.

     Elifabeth - Louife Lenoir de Sou-
cy , fous - Gouvernante des Enfans
de France , toutes retenues faites ,
1,056 l. , ci 1,056

     Renée-Suzanne-Marié Louife de
Makan-de-Soucy , fous-Gouvernante
des Enfans de France , toutes retenues faites, 1,056 l. , ci 1,056

     Louis Georges-Gougenot , Maître
d'hôtel du Roi, toutes retenues faites,
36 l. 10 f. , ci 36   10 f.

     Jean-Baptifte-Pouret , Chapelain
du Roi, toutes retenues faites, 166 l. ,
ci 166

     Alexandre - Guillaume Gallard de
Bearn-Braffac , premier Ecuyer de
Madame Victoire , toutes retenues
faites , 1,586 l. 19 f. 7 d. , ci . . 1,586   19   7 d.

     Louis-Charles Luthier , Huiffier
ordinaire de l'antichambre du Roi ,
toutes retenues faites , 608 l. 16 f.
8 d. , ci 608   16   8

     Bouclier , Chirurgien du Roi ,
toutes retenues faites, 463 l. , ci . . 468

     Vatel , Valet de garderobe de Ma-
dame Elifabeth , toutes retenues
faites , 103 l. 3 f. 4 d., ci 103   3   4

     Marie - Charlotte Panavayre ,
femme Briand , Blanchiffeufe de Ma
dame Victoire , toutes retenues faites,
68 l, 17 f. , 4 d., ci 68   17   4

     François - Edouart - Legras de
Courcelles , Aumônier ordinaire du
Roi , au titre de Dame Roch , toutes
retenues faites , 168 l. 15 f. ,
ci 168   15

     François - Jofeph Dailliez , Chi-
rurgien du Roi , toutes retenues
faites , 1,404 l., ci 1,404

Blanchemain, Chapelain du Roi,
toutes déductions faites, 166 l.,
ci . . . .   166 l.

Charles-Claude Faure, Clerc de
la Chapelle du Roi, toutes retenues
faites, 112 l. 5 f., ci   112   5 f.

Julien - Jeanne - Marie Lebras,
femme-de-chambre de M. le Dauphin,
toutes retenues faites, 96 l. 17 f.
0 d., ci   96   17   d.

Alexandre - Jean - Baptiste Bligny,
Barbier valet-de-chambre du Roi,
toutes retenues faites. 323 l., ci .   323

Charles-Claude Bligny, Barbier
Valet-de-chambre du Roi, toutes
retenues faites, 556 l. 6 f. 8 d,
ci   556   6   8

Jacqueline - Sophie - Pierre épouse
de Lando, Porte - chaise d'affaires de
Madame Victoire, toutes retenues
faites, 402 l. 4 f. 8 d., ci . . .   402   4   8

Marie-Claude Tergat, femme-de-
Chambre de Madame Elisabeth,
toutes retenues faites, 103 l. 3 f. 4 d.,
ci   103   3   4

Jean - Nicolas Blossier, Huissier
de l'antichambre du Roi, toutes
retenues faites, 485 l., ci   485

La succession d'Edme - Hilarion,
de Gallard de Bearn - Brassac,
premier Ecuyer de Madame Victoire,
toutes retenues faites, 2,877 l. 5 d.,
ci   2,877   5

Pierre - Hugon Masgonthiere,
Maître d'hôtel du Roi, toutes retenues faites, 73 l., ci   73

Charles - Toussaint Vermond, ac-
coucheur de la Reine, toutes retenues
faites, 996 l., ci   996

André-Hercule Marie - Louis de
Nosser, ci-devant duc de Fleury,

d 2

premier Gentilhomme de la chambre du Roi , toutes retenues faites , 5,119 l., 2 d. ci . . . . — 5,119 l.   2 d.

La Succeffion dudit de Fleury, ci-devant premier Gentilhomme de la chambre du Roi , toutes retenues faites , 3,968 l. 4 f. 6 d., ci . . . — 3,968   4 f.   6

Françoife-Charles-de-Narbonne, Dame d'honneur de Madame Adélaïde, toutes retenues faites, 11,336 l., ci . . . . — 11,336

François-Emamnuel du Boufquet, Ecuyer ordinaire de Madame Elifabeth , toutes retenues faites , 1,872 l., ci . . . . — 1,872

Jean-Baptifte Denis Sergent , Valet-de-chambre ordinaire du Roi , toutes retenues faites, 996 l., ci . . . . . — 996

99 Parties prenantes, en total . . — 341,666 l.   2 f.   2 d.

Education & fervice de feu M. le Dauphin.

Hoffart , Tapiffier ordinaire, déductions faites des retenues , ci . . — 1,818   5

Richard , Garçon de garderobe , déduction faite des retenues, 1,651 l. 19 f. 4 d., ci . . . . — 1,651   19   4

Femme Richard , empefeufe , déductions faites des retenues, 1487 l. 15 f., ci . . . . — 1,487   15

Le Tournelle , Garçon ordinaire de la Chambre , déduction faite des retenues , 4,129 l. 18 f. 4 d. , ci . . . . — 4,129   18   4

Bontemps , Argentier , déduction faite des retenues, 3,241 l. 9 f. 2 d., i . . . . — 3,241   9   2

D'Arcourt, Gouverneur, pour reftant de fes appointemens des fix premiers mois mil fept cent quatre-vingt - neuf, 103,000 l., ci . . . .   103,600 l.

   Lefèvre, Secrétaire de la garde-
robe, déduction faite des retenues,
2,426 l 10 f., ci   2,426   10 f.

   Rouffeau, Maître d'armes, & des
exercices militaires, 1,666 l. 13 f.
4 d., ci   1,666   13   4 d.

   Marier, Commiffaire ordinaire de
la Maifon, déduction faite des re-
tenues, 4,862 l. 3 f. 9 d., ci . .   4,862   3   9

   La Chapelle, Secrétaire des commandemens, déduction faite de
retenues, 4,862 l. 3 f. 9 d., ci . .   4,862   3   9

   10 Parties prenantes, en total . .   129,146 l. 17 f. 8 d.

Chambre de Madame Adélaïde.

. . . . Narbonne, Dame d'honneur, pour avances par elles faites,
88,554 l. 16 f., ci   88,554   16

   Le Normand, Marchand de foie,
9,960 l. 14 f., ci   9,960   14

   Nau - Germain & Compagnie,
Marchand de foie, 1,406 l., ci . .   1,406

   Darnault, Marchand miroitier,
20,857 l. 1 f., ci   20,857   1

   Dufourny, Marchand de toile,
42,523 l. 13 f., ci   42,523   13

   Veaugeois, Marchand Tabletier,
1758 l. 6 f., ci   1,758   6

   Goffelin, Marchand Ebenifte,
5,394 l., ci   5,394

   Les Fermiers des Voitures de la
cour, 3,696 l., ci   3,696

   La fucceffion de la veuve Letellier, 447 l., ci   447

   Femme Marchand, Marchande de
toile, 160 l., ci   160

   Daguerre, Bijoutier, 321 l., ci .   321

Maffé , Orfèvre , 87 l. 5 f. , ci . . . . 87 l. 5 f.

La Crampe , Marchande Mercière , 1,784 l. 12 f. , ci 1,784 12

Arthur & Robert , Marchands de papiers peints , 2,156 l. 10 f. , ci . . . 2,156 10

Blanchard , Menuisier , 184 livres , ci 184

Lavaissière , Chaudronnier , 24 l. , ci 24

Lafond , Peintre , 458 liv. 18 f. , ci 458 18

Gallenty , Bijoutier , 606 livres , ci 606

Girault , Marchand de papier , 120 l. , ci 120

Bazan , Marchand de papier , 1,225 l. ci 1225

Laboullée , Parfumeur , 182 liv. , ci 182

Sommeson , Valet-de-Chambre ta-pissier , 13,069 l. 6 f. , ci 13,069 6

Femme Métoyen , Ouvrière en camisole , 99 l. ci 99

Decannecaude , première Femme-de-Chambre , 2,250 l. , ci 2250

Joinot , Doreur , 67 l. , ci 67

Marguant , 800 l. , ci 800

Bournot , Femme de garde-robe , 400 l. 12 f. , ci 400 12

Bournot , Porte-effets , 900 l. , ci . . 900

Graillot , Racommodeuse de den-telles , 500 l. , ci 500

Sicot du Jardin , Horloger , 439 l. ci 439

Migneaux , pour gazettes , 300 l. , ci 300

Ozanne , premier frotteur , 420 l. ,
ci. . . . . 420 l.

Moulin , deuxième frotteur , 420 l. ,
ci. 420

_____

Trente-trois parties prenantes , en
total. . . . . 201,571 l. 13 f.

_____

Chambre de Madame Elifabeth.

Robert , Peintre , 1,000 l. , ci . 1900 l.

Imbert , Secrétaire de la chambre ,
20,775 l. 10 f. , ci . . . . 20775 10 f.

Dujardin , horloger , 553 l. 17 f. ,
ci. 553 17

Bertin , Marchande de modes ,
10,886 l. , ci 10886

Dubuquoy , Tapiffière , 7,786 liv. ,
ci. 7786

Daguerre , Ebenifte , 1,968 liv. ,
ci. 1968

Delanoue , Miroitier , 263 l. , ci. 263

Morel , pour les voitures de la
Cour , 5,448 l. , ci 5448

La Demoifelle Capet , Peintre ,
480 l. , ci 480

Jubin , Tapiffier , 6,539 l. , ci . 6539

Bazan , papetier , 578 liv. , 1 f. ,
ci. 578 1

_____

Onze parties prenantes , en total. 56277 8

_____

Menus Plaifirs.

Gallerand des Roñers ; Entrepreneur des charrois du Roi , déduction faite des retenues , 325 l. 12 f.
8 d. , ci. . . . . 325 12 8 d.

Coquet , Maître à écrire des Pages

         d 4

	l.	f.	d.
de la chambre du Roi, déduction faite des retenues, 699 l. 10 f., ci . . .	699	10	
Moucelet, bourrelier, déduction faite des retenues, 1,388 liv. 14 f., ci	1388	14	
Guichard, Musicien, déduction faite des retenues, 1,499 liv. 10 f., ci.	1499	10	
Bazin, Fayancier, déduction faite des retenues, 639 l. 8 f., ci	639	8	
Dalvimard, Gouverneur des Pages de la chambre, déduction faite des retenues, 317 liv. 15 f., ci	317	15	
Dagest, Garçon de garde-robe, déduction faite des retenues, 399 l., ci.	399		
Boucher, Coffretier-Malletier du Roi, déduction faite des retenues, 195 l. 10 f., ci	195	10	
Pinon, Valet-de-Chambre horloger, déduction faite des retenues, 598 liv., ci	598		
Pinon, Huissier des ballets du Roi, déduction faite des retenues, 199 l. 10 f., ci	199	10	
Bailleux, Marchand de musique, déduction faite des retenues, 1,606 l. 18 f., ci.	1606	18	f.
Ferret, Prévôt de danse, déduction faite des retenues, 119 l. 10 f., ci.	119	10	
Lavocat, Peintre en armoiries, déduction faite des retenues, 6,400 l. 12 f., ci.	6400	12	
Jacquet, Juré-crieur, déduction faite des retenues, 9,209 l., 10 f., ci.	9209	10	
Quatorze Parties prenantes, en total	23598	19	8 d.

Chambre aux Deniers.

La veuve de Marcotte de Forceville,
Confervateur de la vaiffelle du Roi,
de la Reine & de la Couronne, pour
fourniture, ouvrage de réparations
d'orfèvrerie, la fomme de 20,502, l.,
ci . . . . 　　20,502 l.

A l'égard de la demande de la
Dame veuve Marcotte en paiement
d'intérèts, l'Affemblée nationale décrète qu'il n'y a pas lieu à liquider.

Une partie prenante, total. . . . . . . 　20,502 l.

Jardin du Roi.

La Billarderie, Intendant, 143 l.
6 f. 8 d., ci . . . . 　133 l.　6 f.　8 d.
Daubenton, Garde & Démonftra-
teur, 2070 l., ci . . . . 　2070
La Cépède, Garde & Démonftrateur, 1,485 l., ci . . . . 　1,485
Faujas, Adjoint à la garde des cabinets, 1,800 l., ci . . . . 　1,800
La Marck, Botanifte, 800 l., ci . . 　800
Juffieu, Démonftrateur, 1,080 l.,
ci . . . . 　1,080
Brognard, Démonftrateur de Chi-
mie, 1,800 l., ci . . . . 　1,800
Portal, Profeffeur d'anatomie,
1,350 l., ci . . . . 　1,350
Mertrud, démonftrateur d'anatomie, 1500 l., ci . . . . 　1500
Lucas, Huiffier du Cabinet d'Hif-
toire Naturelle, 810 l., ci . . . . 　810
Guillote, Commandant de la police
du Jardin, 3,240 l., ci . . . . . . 　3,240

Van - Spaendonck , Peintre , &
Deſſinateur, 740 l., ci . . . . .   740 l.
   Baillon, correſpondant, 300 l., ci ..   300
   Sonnerat , Correſpondant , 300 l. ,
ci   300
   Thouin, Jardinier en chef, 500 l. ,
ci   500
   Le Clerc de Buffon , pour la lo-
cation de la nouvelle pépinière &
de deux maiſons, ſervant de dépôt
pour les ſquelettes, 2,400 l., ci .   2,400
   La veuve Bertin, Portière, 175 l.,
ci   175
   La Pierre, premier Garde-boſquet,
51 l., ci   51
   Bernard - Lagrange , deuxième
Garde-boſquet, 51 l., ci   51
   La Porte, troiſième Garde-boſquet, 51 l., ci   51
   Depierre , quatrième Garde-boſquet, 81 l., ci   81
   Verniquet, Architecte, 1,080 l. ;
ci   1,080
   André - Thouin , Jardinier , en
chef, pour entretien des Bâtimens,
891 l. 5 ſ. 8 d., ci . . . . . .   891 l. 5 ſ. 8 d

23. Parties prenantes en total . .   22,718 l. 12 ſ. 4 d.

Bâtimens du Roi.

Différens Entrepreneurs , Ouvriers , Fourniſſeurs pour les années
1784, 1785, 1786, 1787, 1788 & 1789.

PARIS.

Nicolas Huin, Vitrier, 50,773 l.
4 ſ. 11 d., ci . . . .   50,773 l. 4 ſ. 11 d.
   La Succeſſion d'Allier, Vitrier,
23,926 l. 10 ſ. 9 d., ci . . . .   23,926 l. 10 ſ. 9 d.

Faniel, Vannier, ou fes reprélen-
tans, 27 l., ci . . . . 27 l.

Claude Lory, Horloger, 7,418 l.
19 f., ci . . . . 7,418 19 f.

Les héritiers de Berthes, Terraf-
fier, 3,780 l. 5 f. 4 d., ci . . . . . 3,780 5 4 d.

La veuve & héritiers Dupré,
Sculpteur, 593 l., ci 593

Claude - Jean Sainte-Croix, Pa-
veur, 61,909 l. 18 f. 3 d., ci . . . 61,909 18 3

La veuve d'Antoine Vallée, épinglier,
117 l. 14 f. 7 d., ci 117 14 7

Jean-Baptifte Hadancour, Chande-
lier, 2,988 l. 16 f., ci 2,988 16

Etienne Trompette, Menuifier,
49,977 l. 3 f. 3 d., ci 49,977 3 3

Antoine Pérard, Vitrier, 3,281 l.
1 d., ci 3,281 1

Claude - Melchior Lamb'n, Vi-
trier, 11,799 l. 12 f. 8 d., ci . . . 11,799 12 8

François Samufeau, Vernifleur,
293 l. 17 f. ci 293 17

Denis - Guillaume Chardet, Epin-
glier, 3,112 l. 3 f. 11 d., ci . . . 3,112 3 11

Charles-Augufte Muller, Poëlier,
7,609 l. 1 f. 3 d., ci 7,609 1

Poncet, Marbrier, 399 l., ci 399

Veuve Simon, Entrepreneur des
fables de rivieres, 4,349 l. 14 f.,
ci 4,349 14

Jules Charvel, Couvreur, 3,798 l.
13 f. 2 d., ci 3,798 13 2

Jacques Dupuis, Jardinier, 3,372 l.
3 f., ci 3,372 3

Chriftophe la Place, Marchand de
fer, 29,307 l. 7 f. 7 d., ci 29,307 7 7

Charpentier, Jardinier, 2000 l.,
ci 2,000

Louis - Gervais Quenout, Vernif-
feur, 283 l. 17 f. 3 d., ci 283 17 3

Château de Versailles.

De May, Marchand de fable de rivière, 13,780 l., ci	13,780 l.		
Renaud, Couvreur, 220 l. 3 f. 3 d., ci	220	f.	3 d.
Le Bœuf, Ferblantier, 9,937 l. 15 f. 6 d., ci	9,937	15	6
Lefevre, fils, Taillandier, 58 l., ci	58		
Thomire, Cifeleur, 2,000 l., ci.	2,000		
Mucas & Gondouin, Plombiers, 127,574 l. 5 f, ci	227,574	5	
La veuve de Foreſtier, Fondeur, 57,864 l. 10 f. 1 d., ci	57,864	10	1
La veuve Landrin, Epicier, 12,065 l. 11 f., ci	12,065	11	
Guyard, Maçon, 56,710 l. 9 l. 7 d., ci	56,710	9	7
Heurtier, Garde-magafin, 190 l. 12 f., ci	190	12	
La veuve de Gérard, Vitrier, 26,592 l. 4 f. 7 d., ci	26,592	4	7
La veuve Yvon & Rivet, Couvreurs, 16,082 l. 18 f. 3 d., ci . .	16,082	18	3
Hirsch, deſtructeur des rats. . .	792		
Lefpart, Épicier, 8,148 l. 7 f., ci.	8,148	7	
Gobert, Doreur, 3,236 l. 10 f., ci.	3,236	10	
Saint-Aubin, Serrurier, 20,091 l. 19 f. 6 d., ci	20,091	19	6

Château de Meudon.

Defprez, Treillageur, 369 l. 5 f., ci	369	5	
Lucas & Gondouin, Plombiers, 7,326 l. 8 f. 7 d., ci . . .	7,326	8	7
Peliſſier, Serrurier, 7,442 l. 17 f. 2 d. ci	7,442	17	2
Maſſon, Peintre en bâtimens, 1,584 l. 7 f., ci	1,584	7	

La fucceſſion de Dropſy père, Marbrier, 15 l., ci . . . . 15 l.

Les repréſentans de Dropſy fils, 206 l. 5 l., ci 206   5 ſ.

Ragon, Jardinier du potager du Roi, pour fumier, 299 l. 10 ſ., ci 299   10

Hunout, Couvreur, 5,920 l., ci 5,920

Survie, Inſpecteur du château de Meudon, déduction faite de trois cent trente-trois livres ſix ſols huit deniers, pour ſa contribution pa- triotique, 2,666 l. 13 ſ. 4 d, ci, 2,666   13   4 d.

Ragon, Jardinier, 2,290 l. 10 ſ., ci 2,290   10

Boiſſelette, Jardinier, 3,150 l., , ci 3,150

Roſſignol, Jardinier, 1,350 l., ci 1,350

Fournier, Portier, 270 l., ci . . 270

Paley, Garde-magaſin, 162 l. 10 ſ., ci 162   10

Manufacture de plombs laminés.

Moreau de la Gaſtine, & Cayeux, aſſociés de la Manufacture des plombs laminés, pour le paiement de ce qui leur reſte dû ſur les intérêts alloués à ladite Manufacture, à cauſe de leur fournitures de mil ſept cent ſoixante-ſix à mil ſept cent ſoixante- dix-neuf, 15,686 l. 10 ſ. 3 d., ci. 15,686   10   3

53. Parties prenantes en total . . 675,204 l.   4 ſ.   1 d.

L'Aſſemblée nationale autoriſe au ſurplus le Directeur-général de la liquidation, & ſon Comité central

de liquidation, à procéder à la liquidation des états des bâtimens du
Roi, non-visés par le sieur Dangevilliers, sur la seule vérification
des inspecteurs établis par édit de
mil sept cent soixante seize, lesquels seront garans de la réalité &
de la valeur des ouvrages, sans que
cela puisse préjudicier à la responsabilité dudit Dangevilliers, absent,

Arriéré du département de la marine.

Les administrateurs de la Régie des
vivres de la Marine, la somme de
528,849 l. 14 f. 11 d., pour restant
du prix des fournitures par elle faites
des vivres aux gens de mer, & de
pain de munition aux Canoniers-Ma-
telots, employés aux travaux de la
rade de Cherbourg pendant les années
1787, 1788 & 1789, sauf la retenue
des quatre deniers pour liv., ladite
somme à la décharge de la caisse des
travaux de la rade de Cherbourg,
à laquelle caisse ladite somme sera
précomptée, sur celle dont il a dû
lui être fait fonds pour l'année 1788,
ci.   528,849 l. 14 f. 11 d.
. . . . Boucher, pour four-
nitures de toiles à voiles, faites aux
ports de Brest & de l'Orient, en 1789,
sous la déduction des 4 den. pour
liv., 72,457 l. 8 f. 9 d.; ci 72,457 8 9
. . . . Casenove, pour
fournitures faites à la marine, en
1788 & 1789, sous la déduction des
4 d. pour l., 348,805 l., ci   348,805
A l'égard de la réclamation faite
par le sieur Rouhières, l'Assemblée
nationale, avant de prononcer sur les
diverses prétentions de cet entrepre-

neur, décrète qu'il fera tenu de remettre en bon état, fi fait n'a été,
les lits qui lui ont été confiés par le
Gouvernement , de compter des
fommes qu'il a touchées, pour le
mettre à portée de faire procéder à
l'eftimation des objets qui garniffent
l'Hôpital, & appartenans audit Rouhières, & doivent être repris par le Gouvernement , fur le pied de l'eftimation ; &
dans le cas où ledit Rouhières négli-
geroit de faire procéder auxdites opérations , l'Affemblée autorife les adminiftrateurs des travaux de Cherbourg à faire les démarches & pourfuites néceffaires pour l'y contraindre :
après lefquels remifes , compte &
eftimation , il fera ftatué fur les réclamations dudit Rouhières , s'il y a
lieu , fauf les compenfations de
droit.

Trois parties prenantes, total, ci. 950,112 l. 3 f. 8 d.

Arriéré du département des Finances.

Les , entrepreneurs des bâtimens
des domaines , pour les ouvrages de
conftruction de la nouvelle prifon de
la force deftinée à remplacer celles de
Saint-Martin & Saint-Eloy, la fomme
de 156,459 l. 1 fol 10 d., payable
comme il fuit ;

S A V O I R :

A Niveleau , Maçon, 79,853 l. 1 d.
ci. . . . . 79,853 . . . 1

A Bajonnet , Serrurier, 22,163 l.
5 f., ci. . . . . 22,163 . 5

A Wibert, Careleur, 2,653 l. 17 f.
4 d., ci. 2,653 17 4

A Rafcalon , Sculpteur , 5,634 l. 10 f. , ci	5,634 l.	10 f.	
A Corbel , Marbrier, 4,472 l. 13 f. ci.	4,472	13	
A Guerrier , Vitrier, 996 l. 9 f. 5 d. , ci.	996	9	5 d.
Wateblée , Peintre . 2,539 l. 6 f. , ci.	2,539	6	
A Pollier , Epinglier . 589 l. 14 f. , ci.	589	14	
Lepeinteur . Paveur . 458 l. 13 f. , ci.	458	13	
Heurtaut . Tapiffier . 6,913 14 f. . ci.	6,913	14	
Defmaifons . Architecte . 25,484 l. , ci.	25,484		
Picart , Infpecteur . 1,200 liv. , ci.	1,200		
Clavereau , Vérificateur, 1,600 l. , ci.	1,600		
Happe , Vérificateur , 1,900 liv. , ci.	1,900		
Somme pareille . ci	156,459	1	10 d.

A la charge par lefdits entrepreneurs, chacun en ce qui le concerne , de rapporter extraits des oppofans fur Niveleau , Maçon , ou aucuns deux , foit du fieur Poinfignon , foit du fieur Matagon , & main-levée , tant def- dites oppofitions , que de celles qui feroient formées ès mains du con- fervateur des finances.

Les Ouvriers & Entrepreneurs qui ont travaillé pour l'adminiftration de la Police , favoir :

Vannier , Maçon , 300 liv. 4 d. , ci	300	4
Marchand , Menuifier . 420 liv. , ci.	420	

Travers ,

Travers, Serrurier, 666 liv., ci.   666 l.

Dione, Vitrier, 389 l., ci   389

Boudry, Peintre & Doreur, 122 l.,
ci.   122

Lucas & Condouin, Plombiers,
274 l., ci   274

2,171	4 d.

Les Profeſſeurs royaux, la ſomme de 20,456 l. 13 ſ. 4 d., pour le paiement des gages, augmentations des gages des Lecteurs & Profeſſeurs royaux, & menues néceſſités du Collége Royal, pendant l'année 1789, ladite ſomme payable comme il ſuit :

Sequin 656 l. 13 ſ. 4 d., ci . .	656 l.	13 ſ. 4 d.
Martin, 810 l., ci	810	
Dudemaine, 810 l. ci.	810	
Flood, 810 l., ci	810	
Metignon, 810 l., ci	810	
Paillart, 630 l., ci	630	
L'Abbé Lourdet, 540 l., ci . .	540	
Cauſſin, 540 l., ci	540	
Ruffin, 540 l., ci	540	
Vauvilliers, 540 l., ci	540	
Boſquillon, 540 l., cl	540	
Dupuis, 540 l., ci	540	
L'Abbé de Liſle, 540 l., ci . .	540	
L'Abbé Cournand, 540 l., ci . .	540	
Mauduit, 540 l., ci.	540	
De Lalande, 540 l., ci	540	
Lemonnier, 540 l., ci	540	
Lefère de Gineau, 540 l., ci . .	540	
Raulin, 540 l., ci	540	
Portal, 540, ci	540	
Darcet, 540 l., ci	540	
Daubenton, 540 l., ci.	540	
Laget-Bardelin, 540 l., ci . .	540	
Bouchaud, 540 l., ci	540	

Juillet 1791.

L'Abbé Dutemps, 540 l., ci . . .   540 l.

Et pour les gages de l'Inspecteur, augmentations de gages des Professeurs, frais d'assemblée & menues nécessités, suivant l'état de distribution qui en sera arrêté pour l'année 1789, 5,670 l., ci   5,670

Quarante-cinq parties prenantes, somme pareille . . . .   20,456 l. 13 f. 4 d.

Sur laquelle il revient 15,930 liv. au Collège-Royal, & 4,526 l. 13 f., 4 d., aux Professeurs de Théologie.

Créances sur le ci-devant Clergé.

L'Assemblée Nationale déclare créanciers légitimes de l'État, pour les causes qui vont être expliquées, les personnes ci-après nommées.

1°. Claude-François Galmiche, prêtre directeur des religieuses anonciades de Vesoul, de 100 l. de rente perpétuelle, sans retenue, au principal, au denier vingt, de 2,000 liv., par lui prêtées auxdites religieuses, suivant l'acte passé pardevant Notaire à Vesoul, le 4 Mai 1790 : en conséquence, décrète que les arrérages lui en seront payés, à compter du jour qu'ils seront justifiés être dus.

2°. L'Hôtel-Dieu de la ville du Croific, de 280 liv. de rente perpétuelle, sans retenue au principal, au denier vingt-cinq, de 7,000 l., suivant l'acte passé pardevant Notaire, en la Sénéchaussée de Guérande, entre les religieux de l'abbaye de Prière, & les administrateurs du susdit Hôpital, qui ont prêté ladite fomme de 7,000 l. : en conféquence, décrète que les arrérages lui en feront payés, à compter du jour qu'ils feront juftifiés être dus.

3°. Chapotin de la Jonchère, comme héritier par fon époufe, de la veuve Decamps, de 120 l. de rente annuelle & perpétuelle, fujette à la retenue des impofitions au principal, au denier vingt, de 2,400 l, prêtées par ladite veuve Decamps au cha- pitre de Saint-Martin de Chablis, fuivant l'acte paffé pardevant Notaire à Chablis, le 12 Août 1766 : en con- féquence, décrète que les arrérages lui en feront payés, à compter du jour qu'ils feront juftifiés être dus.

4°. Rofe Bechamps veuve Perreau, & Reine Perreau, de 186 liv. 6 f. 1 d. de rente, fujette aux impofitions favoir :

La Dame Rofe Bechamps, veuve Perreau, de 120 l. au principal de 2,400 l., & ladite Reine Perreau, de 66 l. 6 f. 1 d., au principal de 1,326 l. 1 f. 7 d., par elle prêtés aux reli- gieux de l'ordre de la Trinité, de la maifon de la Marche, au denier vingt, fuivant une reconnoiffance fous figna- ture privée, du premier Janvier 1761, & une quittance du 12 Mai 1770, à la fuite d'un acte capitulaire dudit jour : en conféquence décrète que les arrérages leur en feront payés, con- formément aux décrets des 8, 12 & 14 Avril 1791.

5°. Claudine Jaffoud de Romans, de 135 l. de rente perpétuelle, fans retenue, au principal à quatre & demi pour cent de 3,000 liv. par elle prêtées

aux religieuses du monastère de Sainte
Ursule de Romans, suivant l'acte passé
devant Notaire à Romans, le 11 Juin
1786 : en conséquence, décrète que
ladite rente sera payée à compter du
jour qu'elle sera justifiée être due, de
six mois en six mois, aux 11 Juin &
11 Décembre de chaque année.

6°. Bertrand Brou de la Chaise, de
100 livres de rente sujette aux retenue des impositions, au principal de
2,000 l. à lui transportée suivant
l'acte par-devant Notaire à Périgueux
le 15 Août 1779, par Pierre Front
Roux Guilhem, héritier de demoiselle Paule Aumassip, qui avoit elle-
même hérité de Pierre Aumassip,
prêtre chanoine de l'église cathédrale
de Saint-Étienne Saint-Front de Périgueux, qui avoit prêté lesdits 2,000 l.
au Chapitre de ladite église, suivant
l'acte passé pardevant Notaire, à Périgueux, le 30 Janvier 1753 : en conséquence décrète que les arrérages lui
en seront payés, à compter du jour
qu'ils seront justifiés être dus, par le
receveur du District de Périgueux,
jusqu'au premier Janvier 1792 ; & à
compter de cette époque, par les
payeurs des rentes sur l'État, ou par
les receveurs des Districts qu'il voudra
choisir, conformément aux Décrets du
15 Août 1790.

7°. Jeanne Jezequet veuve d'Olivier Jezequet, comme Tutrice de ses
enfans mineurs, de 300 l. de rente
perpétuelle, sujette à la retenue des
impositions, au principal de 6,000 l.
par elle prêtées à l'Abbaye de Saint-
Matthieu, Ordre de Saint-Benoît,
Congrégation de Saint-Maur, suivant

l'acte paſſé pardevant Notaire, en la Sénéchauſſée de Breſt, le 15 Décembre 1779 ; en conſéquence, décrète que les arrérages lui en feront payés au 15 Décembre de chaque année, à compter de l'époque qu'ils feront juſtifiés être dus.

8°. Marliave, de 800 l. de rente ſujette aux impoſitions, au principal de 16,000 l. faiſant partie du prix de l'office de Maire d'Alby, par lui cédé & tranſporté à Charles le Goux de la Berchère, Archevêque d'Alby, pour être uni audit Archevêché, ſuivant trois actes paſſés devant Notaire à Alby, les 30 Juin, 23 Août 1694, & dernier jour d'Avril 1703 ; ladite réunion homologuée par arrêt du Conſeil, du 30 Juillet 1694 : en conſéquence décrète que les arrérages en feront payés à compter du jour qu'ils feront juſtifiés être dus.

9°. Jean-Joſeph Rolland, Prêtre, de 200 l. de renre ſujette à la retenue des impoſitions, au principal de 4,000 l. par lui prêtées au Chapitre de l'Egliſe Royale, Collégiale & Séculière de Notre-Dame de la ville de Châtellerault, ſuivant l'acte paſſé par-devant Notaire à Châtellerault, le 14 Août 1789 : en conſéquence, décrète que les arrérages lui en feront payés, à compter du jour qu'ils feront juſtifiés lui être dus : décrète en outre qu'il n'y a pas lieu à lui accorder ſa demande de faire entrer en compenſation le capital du contrat ci-deſſus énoncé avec le prix de l'acquiſition qu'il a faite de la maiſon, à la conſtruction de laquelle a été employé le capital de la conſtitution.

10°. Joseph-Augustin de Bouexic de Pinieux, de 2,700 liv. de rente, sujette à la retenue des impositions, au principal de 54,000 l. au denier vingt, prêtée aux religieuses de la ci-devant Abbaye Royale de Saint-Sulpice de Rennes : en conséquence, décrète que les arrérages lui en seront payés à compter du jour qu'ils seront justifiés être dus.

11°. Simon-François Dartigues, de 240 l. de rente perpétuelle, au principal, au denier vingt-cinq, de 6,000 l. prêtées à l'Abbaye de Saint-Sever Cap, par acte sous seing privé, le 10 Janvier 1783 : en conséquence décrète que les arrérages lui en seront payés à compter du jour qu'ils seront justifiés être dus.

12°. Claude Larfin, Receveur de la porte de Bar, représentant Tyrion de Vercly, de 400 l. de rente perpétuelle, sans retenue, au principal, au denier vingt-cinq, de 10,000 liv. prêtées aux religieux de l'Abbaye de Notre-Dame de Lille en Barrois, suivant l'acte passé pardevant Notaire, le 5 Juin 1774 : en conséquence, décrète que les arrérages lui en seront payés, à compter du jour qu'ils seront justifiés être dus.

13° Bernard Bretons & Jeanne Bordenave sa femme, de 1,200 liv de rente perpétuelle, sans retenue, au principal, au denier vingt-cinq, de 30,000 livres prêtées à l'Abbaye de Saint-Sever-Cap de Gascogne, Ordre de Saint-Benoît, Congrégation de Saint Maur, suivant trois promesses de passer contrat, des 19 Novembre 1774, 18 Octobre 1777 & 15 Août 1777 : en conféquence décrète que les arrérages leur en feront payés, à compter du jour qu'ils feront juftifiés être dus.

14°. Charles Jofeph Berthé de Chailly, de 80 liv. de rente au principal, au denier cinquante, de 4,000 liv. dues par le Clergé du Diocèfe de Tours, fuivant l'acte paffé devant Notaire, le 7 Septembre 1720 : en conféquence, décrète qu'il lui fera délivré une reconnoiffance de liquidation valant contrat de 80 l. de rente, au même principal de 4,000 l. & que les arrérages lui en feront payés à compter du jour qu'ils feront juftifiés être dus.

15°. Charles - Jofeph Berthé de Chailly, d'une rente de 1,067 liv. 15 f. 4 d. net, au principal de 19,165 l. 15 f. 7 d., dues par le Clergé du diocèfe de Tours : en conféquence, décrète que les arrérages lui en feront payés à compter du premier Janvier 1788, fous la déduction de 1,166 l. 14 f. 4 d., qu'il a reçues à compte ; décrète en outre, à l'égard des frais que réclame ledit Berthé de Chailly, qu'attendu que ces frais ont été faits poftérieurement à la publication du Décret des 14 & 20 Avril 1790, il n'y a pas lieu à en reftituer le montant.

16°. Darrieu Majou, Maître en Chirurgie de la ville de Grenade, de 52 l. de rente annuelle & perpétuelle, fans retenue, au principal, au denier vingt-cinq, de 1,300 liv. par lui prêtés aux religieux de la ci-devant Abbaye de Saint-Sever, Ordre de Saint-Bénoît, Congrégation de Saint-Maur : en conféquence décrète que les arré-

rages lui en feront payés à compter
du jour qu'ils feront juſtifiés être dus.

17°. Pierre Mourier des Granges,
Négociant à Limoges, de la ſomme
de 3,987 liv., pour fournitures de
bois faites aux religieuſes de l'Abbaye des Allois, de la ville de Limoges, ſuivant l'acte conſenti à ſon
profit par leſdites religieuſes, le 7
Février 1788 : en conſéquence, décrète que ladite ſomme de 3,987 l.
lui ſera payée avec les intérêts depuis
le 16 Mars 1791, ci . . . .   3,987 l.

A l'égard du ſurplus des pétitions
formées par ledit Mourier des Granges
contre ladite Abbaye des Allois &
contre celle de la Règle, l'Aſſem-
blé renvoie ſa demande au Directoire
du Département de la Haute-Vienne
pour vérifier les livraiſons qui ont été
faites depuis l'année 1788, & s'il n'y
a eu aucun paiement de fait ſur leſdites
livraiſons

18°. François Faurie, Ménager du
lieu de Mauvé, de la ſomme de
4,030 liv. 15 f., à lui due par les
Religieux Carmes de la ville de Tour-
nant, par acte ſous ſeing privé, du
4 Octobre 1787 : en conſéquence,
décrète que ladite ſomme de 4,030 l.
15 f. lui ſera payée avec les intérêts
au denier vingt, avec retenue, à
compter du 9 Mars, date de la préſentation de ſes titres au Directoire
du Diſtrict, ci . . . .   4030 15 f.

19°. Louis-François le Sourd, Négociant à Tours, de la ſomme de
6,000 l. pour fournitures de marchandiſes par lui faites aux Religieux de
la ci-devant Abbaye de Marmoutiers :
en conſéquence, décrète que ladite

fomme de 6,000 l. lui fera payée
avec les intérêts, au denier vingt,
avec retenue des impofitions, à comp-
ter du 18 Mars 1791, ci . . . . . .   6000 l.

Quant à la demande de trois
cent trente-quatre livres neuf fols
pour fournitures faites par ledit Le-
fourd, dans le courant d'Avril
1790, l'Affemblée les renvoie aux
ci-devant Religieux de Marmoutier,
pour en être payé.

20. Rivoaan, Homme de loi, la
fomme de trois cents livres, par lui
prêtée aux ci-devant Religieux de
Lannion par acte fous fignature privée du mois d'Avril 1786 : en conféquence décrète que ladite fomme de
trois cents livres lui fera payée avec
les intérêts comme deffus, du pre-
mier Avril 1791, ci   300

21. Claude Perrin, grand Cuftode
de l'ordre des Cordeliers de la province de France, de la fomme de
quinze cents livres pour les frais d'un
voyage fait à Rome pour les affaires
de fon Ordre : en conféquence décrète que ladite fomme de quinze
cents livres lui fera payée, ci . . .   1,500

22. Jacques Randon, Négociant
à Grenoble, de la fomme de vingt-
fix mille livres dues par les Religieux
Dominicains de Grenoble, fuivant
deux actes paffés pardevant Notaires,
à Grenoble, les 12 Février & 8 Octobre 1785, dont ceffion lui a été faite par
GafpartRay, par acte du 9 Janvier 1791;
en conféquence, décrète qu'il fera délivré audit Jacques Randon une reconnoiffance de liquidation portant intérêt à cinq pour cent, & avec retenue, & rembourfable dans l'ef-

pace de vingt années, à compter du
15 Juin 1784, & qu'à l'égard des
arrérages de ladite somme de vingt-
six mille livres, ils lui seront payés
à compter du jour qu'ils seront justifiés être dus.

L'Assemblée nationale, ajoutant à
son Décret du 24 Juin dernier, par
lequel Philippe Binet, Architecte,
a été liquidé à la somme de cinq
mille cent treize livres, pour réparations & constructions à la Maison
épiscopale de Rennes, décrète qu'il
sera payé des intérêts de ladite
somme, à compter du 4 Juillet
1790, jour de la demande qui en
a été par lui formée au présidial de
Rennes, & à lui adjugée par sentence de ce Tribunal, du 16 Octobre 1790.

23 Parties prenantes, en total
exigible . . . .   15,817 l,

Domaines & féodalité.

. . . . Latrémouille, pour remboursement de la finance principale de l'acquisition par lui faite des droits d'é-
change dans l'étendue du ci-devant
duché de Thouars, 2,000 l., ci .   2,000

Avec les intérêts à compter du
29 septembre 1790, jour de la remise
des titres au comité de liquidation;
à la charge par lui de justifier de ses
droits, & de faire décharger ladite
quittance de finance sur les registres
du contrôle-général.

Les ayant-causes du sieur Mariac,
la somme de 300 liv. pour remboursement de la finance principale de l'en-

gagement des droits d'échange de la
paroiffe d'Attichi, & de ceux de la
Ferté-fur-Perroi, ci . . . . . .   300 l.

Avec les intérêts à compter du
29 Septembre 1790 , en juftifiant
par lefdits ayant-caufes de leurs
droits , & faifant décharger lefdites
quittances de finances fur les regiftres du contrôle-général.

La veuve Franquières, pour rembourfement de la finance & acceffoires , de l'engagement par elle
obtenu d'un droit de péage par
eau de Saint-Symphorien d'Ozon ,
en la ci-devant province du Dauphiné , la fomme de 100,405 l. ,
ci   100,405

Avec les intérêts , à compter de
l'époque poftérieure au 4 Août
1789 , de la ceffation de perception dudit droit de péage , laquelle
fera juftifiée par un certificat duement en forme, des Officiers municipaux de la ville où ledit droit fe percevoit ; en rapportant, en outre , par
ladite veuve Franquières, les originaux de fes quittances de finances
duement déchargés des regiftres du
contrôle général, & en juftifiant de fes
droits.

Les ayant-caufes des fieurs de Teures
& Muion , la fomme de quinze mille
fept cent cinquante livres pour rembourfement de la finance principale
de l'engagement des droits de vinage & Tonlieu dans la ville de
Landrecy, avec les intérêts de ladite fomme, à compter du jour où
lefdits droits ont ceffé d'être perçus ,
ci   15,750

En rapportant par lefdits ayant-

caufes, 1°. un certificat duement en
forme des Officiers municipaux de
la ville de Landrecy, qui attefte &
fixe l'époque de la ceffation de la
perception defdits droits ;

2°. L'expédition en bonne forme du
contrat d'engagement ;

3°. L'original en parchemin de la
quittance de finance ci-deffus exprimée,
déchargée des regiftres du contrôle général ; & en juftifiant de leur droit.

Louis-Marie-Johain de la Carre,
la fomme de vingt-fept mille neuf
cent livres pour la finance principale
de l'engagement des droits de poid-
le-roi, de la ville de Blois, maifon en dépendant, & autres droits
féodaux abolis, ci . . . .   27,900 l.

Avec les intérêts, à compter de
l'époque poftérieure au Décret du
quatre Août 1789, où lefdits droits
ont ceffé d'être perçus, en rapportant par ledit Johain de la Carre,

1°. Un Certificat dûment en
forme des Officiers municipaux de
la ville de Blois, qui attefte ladite
époque de la ceffation de la perception, l'expédition en parchemin du
contrat d'engagement & l'original
de la quittance de finance principale ;

2°. Un procès-verbal dreffé par
les Officiers municipaux, & vifé par
le Directoire du Diftrict du lieu, qui
conftate que la maifon engagée &
bâtimens en dépendans font en bon
état ;

3°. Enfin, en juftifiant de fes
droits.

L'Affemblée nationale déclare au
furplus que la maifon comprife dans

l'engagement fait aux Auteurs dudit Johain de la Carre, est des-à-préfent réunie au domaine national.

Les Dames de Merles & Gilbert Devoifins, repréfentant la veuve Langle, la fomme de trente-trois mille livres pour remboursement de la finance principale de l'engagement des droits de vinage & étalage, & autres droits féodaux dépendans du domaine de St.-Quentin, ci . . . . 33,000 l.

Avec les intérêts, à compter de l'époque poftérieure au Décret du 4 Août 1789, où les droits engagés ont ceffé d'être perçus, en rapportant par lefdits Merles & Gilbert Devoifins,

1°. Un certificat dûment en forme des Officiers municipaux de la ville de Saint-Quentin, qui attefte & fixe l'époque où tous les droits engagés fans exception ont ceffé d'être perçus ;

2°. L'expédition en bonne forme du Contrat d'engagement defdits droits, & l'original de la quittance de finance de trente-trois-mille livres dûment déchargée des regiftres du contrôle-général, comme auffi en juftifiant de leurs droits.

Le Maréchal de Caftries, la fomme de dix mille fept cent foixante-quatorze livres, pour remboursement de la quittance de la finance principale de l'engagement de domaine de Caftelnau le Crés, & Sallezon, Pigeonnier, Boucherie, Juftice, Greffe, Cenfive, & autres, ci . . . . . . 10,774 l.

Avec les intérêts de ladite fomme, à compter de l'époque poftérieure au Décret du 4 Août 1789, où tous les droits engagés ont cessé d'être perçus, laquelle époque sera attestée par un certificat dûment en forme des Officiers municipaux de la Commune de Castelnau que le Maréchal de Castrie sera tenu de rapporter avec,

1°. L'original de la quittance de finance originaire d'engagement ;

2°. L'expédition en bonne forme des jugemens ou ordonnances des Commissaires du Roi du 21 Avril 1640, qui a liquidé la finance & accessoire du premier engagement desdits domaines & droits, à la somme de quatre mille neuf cent ving-deux livres.

3°. Et enfin, un procès-verbal de récolement de l'état de pigeonnier de Castelnau & bâtimens en dépendans, lequel sera dressé sur la visite & rapport faits le deux Août 1674, par experts convenus ou nommés d'office, visé ensuite par le Directoire de District de l'arrondissement & par le Directoire du Département ; à la charge encore par ledit de Castries de justifier de ses droits.

L'Assemblée nationale déclare au surplus que le domaine de Castelnau & dépendances, est, dès-à-présent, réuni au domaine national.

. . . . Aubier, la somme de 11,983 l. 16 f. pour remboursement des greffes domaniaux, droits de parisis, contrôle & quart en sus de la ci-devant Sénéchaussée & Siége Présidial de Clermont-Ferrand, ci . .   11,983 l.   16 f.

Avec les intérêts, à compter du premier Octobre 1790, en rapportant par ledit Aubier,

1°. Les expéditions dûment en forme de ses différens contrats d'engament & les originaux des quittances de finances duement déchargées des regiftres du Contrôle général, 2°. en juftifiant d'une poffeffion de quarante années, tant par lui que par fes Auteurs.

L'Affemblée nationale rectifiant fon Décret du 27 Mars dernier, par lequel Louis-François de Bayfer a été liquidé à la fomme de quarante-un mille cinq cent dix-neuf livres huit fols trois deniers, pour le Greffe du ci-devant Bailliage de l'Ifle, avec les intérêts à cinq pour cent, à compter du 8 Mars 1791, décrète qu'il fera payé en outre audit Louis-François de Bayfer, la fomme de 352 l. 14 f., ci . . . .   352 l. 14 f.

S A V O I R :

181 liv. 14 f., pour le Sceau & & honoraires des provifions dudit de Bayfer, & 171 l. pour le montant des 6 f. 4 d. pour liv. de l'ancien principal du droit du Marc d'Or, non compris dans la précédente liquidation, lefdites deux fommes faifant enfemble celle totale de 41,872 l. 2 f. 3. d., à laquelle le montant de liquidation dudit office demeurera définitivement fixé, laquelle dernière fomme produira intérêt à cinq pour cent, à compter du premier Octobre 1790, conformément au Décret du 16 Juin : favoir : pour la fomme de 41,519 l. 8 f. 3 d., montant de la première

liquidation , à compter dudit jour premier Octobre , jusqu'à la quinzaine de la sanction du Décret rendu sur la première liquidation & pour la somme de 352 l. 14 sols , jusqu'à la quinzaine après la publication du présent Décret.

A l'égard de la réclamation faite par Henri-Léonard-Jean-Baptiste Bertin , ancien Ministre d'Etat , en vertu d'Arrêt du Conseil du 30 Mai 1786 , l'Assemblée nationale décrète que ledit Arrêt sera remis entre les mains de l'Agent du tréfor public, à l'effet de fe pourvoir, par les voies de droit contre ledit Arrêt.

Neuf parties prenantes en total . l . 220,464 l . 14 f.

JURANDES ET MAITRISES.

Indemnités & remboursemens.

Claude du Chef de la Ville, Bonnetier, 272 l. 5 f., ci . . . . 272 . 5

Pierre François Duvergier , Bonnetier , 592 l. 13 f. 4 d , ci . . . . 592 . 13 . 4 d.

Léonard Malté , 259 l. 3 f. 4 d , ci . . . . 259 . 3 . 4 d.

Nicolas Lapille , 599 livres 5 f. , ci . . . . 599 . 5

Magdeleine Ronny , 599 liv , 5 f. , ci . . . . 599 . 5

Louis Huguenin Richer, 585 l. 6 f. 8 d. , ci . . . . 585 . 6 . 8

Marie-François , 575 livres 5 f. , ci . . . . 575 . 5

Pierre-Nicolas Salmon , 589 l. 15 f. ci . . . . 589 . 15

Jacques

Jacques Sitrois , 585 l. 6 f. 8 d.
ci . . . . 585 l. 6 f. 8 d.

François Labouré , 637 l. 2 f. 6 d.
ci 637 2 6

Pierre Boutin , 611 liv. 16 f. 8 d.
ci 611 16 8

Gollhelf Herenfrield Nebe , 580 l.
3 f. 4 d. , ci 580 3 4

François - Jules - Gabriel de Seuille
dit Joly , Peintre , 87 liv. 4 f. 1 d. ,
ci 87 4 1

Jean-Claude-Joseph Marcou, Menui-
fier , 452 l. 5 f. 2 d. , ci 452 5 2

Louis Nicolas Lemaire , Menuifier ,
464 l. 1 f. 3 d. , ci 464 1 5

Philippe-Michel Durandier , 288 l.
4 f. 7 d. , ci 288 4 7

Jean Lejeune , 456 liv. 1 f. 6 d. ,
ci 456 1 6

Etienne Lenoble , 95 liv. 6 f. 5 d. ,
ci 95 6 5

Touffaint Monvoifin , Fayancier ,
400 liv. 3 f 6 d. , ci 400 3 6

François Laportalle, Tailleur, 378 l.
ci 378

Pierre Mauroy , Tailleur , 377 liv.
18 f. 11 d. , ci 377 18 11

Jean-Marie Corneffe dit Châtillon,
173 l. , 1 f. 1 d. , ci 173 1 1

Jean - Pierre Péliffier , Serrurier ,
639 l. 11 f. 1 d. , ci 639 11 1

André Garno , Serrurier , 639 liv.
11 f. 1 d. , ci 639 11 1

Louis Leroux , Serrurier , 623 liv.
ci 623

Jean-Joseph Robert Hanclin , Serrurier, 563 liv. 3 f. 4 d. , ci 563 3 4

Henri - Louis Scifne , Serrurier ,
591 liv. 12 f. 3 d. , ci 591 12 3

Jean Zirbis, Serrurier , 663 l. 5 f.
7 d. , ci 663 5 7

Furey Marie Cavalier , Serrurier ,
603 liv. , ci . . . .   603 l.
   Touſſaint Bouret, Serrurier, 582 l.
11 f. 2 d. , ci   582   11 f.   2 d.
   Jean Firino , Serrurier, 567 l. 14 f.
8 d. , ci   567   14 f.   8 d.
   Joſeph Douchet, Chandelier, 419 l.
17 f. 2 d. , ci   419   17   2 d.
   Jean Pellet, Bonnetier, 633 l. 19 f.
2 d. , ci   633   19   2
   Jean-Baptiſte Etienne , Bonnetier,
594 l. 11 f. 8 d. , ci   594   11 f.   8 d.
   François Cardon , Coiffeur, 200 l.
6 f. 3 d. , ci   200   6   3 d.
   André Philippe Alexis , Coiffeur,
210 l. 4 f. 2 d. , ci   210   4   2 d.
   Antoine Laroche, Tailleur, 392 l. ,
ci   392
   Jean - Marie Jacaſſon , Tailleur ,
382 l. 3 f. 11 d. , ci   382   3   11 d.
   Louis - François Bailly , Tailleur,
228 l. 18 f. 11 d. , ci   228   18   11 d.
   Chriſtophe Petit , Tailleur, 179 l.
2 f. 3 d. , ci   179   2   3 d.
   Catherine Duverger veuve Colom-
bel, Tailleur, 210 l. 11 f. 2 d. , ci.   210   11   2
   Marie Louiſe Genet femme Dubois,
Chandelière , 457 liv. 19 f. 1 d. ,
ci   457   19   1
   Antoine Robert Herpin, Coiffeur,
141 l. 17 f. 6 d. , ci   141   17   6
   Antoine Gilbert , Coiffeur, 191 l.
10 f. , ci   191   10
   François Veiſſière, Coiffeur, 178 l.
7 f. 1 d. , ci   178   7   1
   Louis Chaumont , Tailleur, 220 l.
7 d. , ci   220   7
   François Guerlet , Tailleur, 217 l.
16 f. 2 d. , ci   217   16   2
   Jean-Baptiſte Lelièvre , 57 l. 2 f.
8 d. , ci   57   2   8

Jean-François Chatron , Tabletier,
379 l. 14 f. 7 d. , ci . . . . 379 l. 14 f. 7 d.

Claude-Michel Vaudoux , Menui-
fier, 256 l. 14 f. 7 d , ci 256 14 7

Jacques Deschamps , Peintre , 427 l.
9 f. 4 d. , ci 427 9 4

Alexandre - Jacques - David - Dénis
Belle , Peintre , 449 liv. 13 f. 2 d. ,
ci 449 13 2

Nicolas Bouquot , Coiffeur , 158 l.
3 f. 4 d. , ci 158 3 4

Noël Goujon , Coiffeur , 195 liv.
2 f. 1 d. , ci 195 2 1

Jacques - Victor Leblanc , Menuifier , 461 l. 9 f. 2 d. , ci. 461 9 2

Aimé Crufly , Menuifier , 436 l.
10 f. 7 d , ci 436 10 7

Antoine-Louis Armand , Menuifier ,
420 l. 5 f. 7 d. , ci 420 5 7

François Obry , 451 liv. 15 f. 5 d. ,
ci. 451 15 5

Etienne-Maclard , Menuifier , 434 l.
1 f. 3 d. , ci 434 1 3

Jean-Baptifte Bernard de May , 407 l.
5 f. , ci. 407 5

Gilbert Caillot , 464 liv. 16 f. 7 d. ,
ci 464 16 7

Jean-Charles Mainfroy , 464 liv.
11 f. , ci. 464 11

Julien Cotereau , 435 liv. 6 f. 3 d. ,
ci. 435 6 3

Honoré-François-Marie Reiff , 458 l.
6 f. 8 d. , ci 458 6 8

Pierre-Antoine Beilanger , 465 l.
5 f. 7 d. , ci. 465 5 7

Jean-Charles Pinel de Grand-Champ,
Fondeur, 177 liv. 7 f. , ci 177 7

Pierre-Louis Vivier , Fondeur , 199 l.
1 f. 8 d. , ci 199 1 8

George Huron , fondeur , 206 l.
12 f. 3 d , ci. 206 12 3

François-Marie Defgrois, Fondeur,
228 l. 17 f. 9 d., ci . . . . 228 l. 17 f. 9 d.
François-Léon-Augustin Pinel de
Grand-Champ, Fondeur, 175 l. 17 f.
10 d., ci 175 17 10
François-Joseph Cambray, Fon-
deur, 76 l. 17 f. 6 d., ci 76 17 6
Joseph Girardot, Fondeur, 89 l.
12 f., ci 89 12
Jean Pierre Mouy, 175 l. 7 f. 10 d.,
ci 175 7 10
Pierre Draux, Fondeur, 76 l. 8 l.
1 d., ci 76 8 1
François Montabon, Fondeur,
187 l. 1 f. 8 d., ci 187 1 8
Louis Caron, Fondeur, 218 liv.
10 f., ci 218 10

Soixante-feize parties prenantes
total 28,587 19

Remboursemens des Brevets de Retenues
Charges & Offices.

Louis de Noé, la somme de 60,000 l.
pour le remboursement à titre d'indemnité de la charge de Maire Royal
de Bordeaux, avec les intérêts à cinq
pour cent, à compter du 9 Janvier,
1791, ci 60,000
A l'égard de la charge de Gouverneur de la ville de Bordeaux, dont
ledit Louis de Noé étoit pourvu,
l'Affemblée déclare qu'il n'y a pas lieu
au remboursement de la finance de
cet office, mais décrète que ledit Noé
continuera à jouir, à titre de rente
viagère, des gages qui y font attachés
conformément à l'article III du Décret du 20 Janvier 1791.

René Lemonnier , la fomme de
70,000 liv. pour rembourfement de
fon brevet de retenue fur la charge
de Commiffaire des guerres , dont il
étoit pourvu, avec les intérêts à compter du 9 Janvier 1791, ci . . . . 70,000 l.

A l'égard des 4,000 liv. payées par
le prédéceffeur dudit Lemonnier, en
exécution de la déclaration du 20
Août 1767, l'Affemblée Nationale
déclare qu'il n'y a lieu à rembourfer
ladite fomme audit Lemonnier, non
plus que les fommes pareilles qui
auroient été verfées au tréfor public,
en exécution de la déclaration du 20
Août 1767, par autre que par les
titulaires actuels,

Imbert de la Salette, pour rembourfement du brevet de retenue,
fur la charge de Commiffaire des
Guerres, la fomme de 70,000 livres,
ci 70,000

Avec les intérêts, à compter du 9
Janvier 1791.

Louis-Claude Capet, pour rembourfement de fon brevet de retenue fur la
charge de Commiffaire des Guerres
,dont il étoit pourvu, 120,000 l., ci 120,000

Avec les intérêts , du 9 Janvier
1791.

Jean-Charles Lavechef Duparc ,
pour rembourfement de fon brevet de
retenue, fur fa charge de Commiffaire des Guerres , à 70,000 l., ci 70,000

Avec les intérêts , à compter du 9
Janvier 1791.

Jean-Jacques Denis de Bois-Clair,
pour les mêmes caufes, 124,000 l.,
ci 124,000

Avec les intérêts , à compter du 9
Janvier 1791.

f 3

Jean-Baptiste Paulin de Bertrand, pour les mêmes caufes, 70,000 l., ci...   70,000

Avec les intérêts à compter du 9 Janvier 1791.

Jean-François d'Avranges de Kermont, pour les mêmes caufes, 120,000 l., ci   120,000

Avec les intérêts, du 21 Janvier 1791.

Etienne de la Molière de Pruneville, pour les mêmes caufes, 124,000 l. ci   124,000

Avec les intérêts, du 21 Janvier 1791.

Pierre Cambois de Mainebaul, pour les mêmes caufes, avec les intérêts, du 27 Janvier 1791, 70,000 livres, ci   70,000

Pierre de Liré, pour les mêmes caufes, avec les intérêts du 27 Janvier 1791, 120,000 liv., ci . . .   120,000

Pierre René Muleon de St.-Preux, pour les mêmes caufes, avec les intérêts, du premier Février 1791, 120,000 l. ci   120,000

Remboursemens aux différens Officiers de l'ancien régiment des Gardes-Françaises, ci-après dénommés.

S A V O I R :

Louis René de Richebourg de Champcenet, Lieutenant en fecond, 30,000 liv., ci   30,000

Armand Claude Forget, Sous-Lieutenant en premier, 20,000 l., ci .   20,000

Pierre Gabriel Laroque de Serguigny, Capitaine en fecond, 40,000 l., ci   40,000

Jean-Euftorge-Claude-Louis-Victor Breffe de la Richardière, Sous-Lieutenant en fecond, 10,000 l., ci .   10,000

Pierre-François-Ignace Victor Honorati , Lieutenant en premier , 20,000 l., ci . . . . 20,000 l.

Charles-Jean-Pajot de Marcheval , Sous-Lieutenant en second , 10,000 l., ci 10,000

Charles-Antoine-Léonard Sahuguet Damarrit d'Espagnac , Lieutenant en second , 30,000 l., ci 30,000

Jean - Baptiste - Catherine Alin de Fayet, Lieutenant en premier, 40,000 l. ci 40,000

Antoine-François Gaillac de la Gardie , Capitaine , 80,000 liv. ; ci . . 80,000

Jacques-René de Croismard , Lieutenant en Second , 30,000 livres , ci 30,000

. . . . , Millin de Grand-Maison , la somme de 20,000 livres seulement , pour indemnité de son brevet de retenue , sur la charge de Commissaire des Guerres dont il étoit pourvu, attendu que le supplément de finance de 50,000 l. que ledit Millin avoit à fournir, n'a pas été effectué , avec les intérêts de ladite somme de 20,000 l. , à compter du premier Avril 1791 , ci 20,000

Et sera tenu de faire décharger la quittance de finance du regître du contrôle-général des Finances.

Vingt-trois Parties prenantes , en total . . . . 1,468,000 l.

Total général des parties prenantes. . . . . 4,332,754 9 f. 1 d.

Et à la charge par les unes & par les autres des parties ci-dessus nommées, de se conformer aux lois de l'Etat pour obtenir leur reconnoissance

f 4

définitive de liquidation, & le paiement à la Caiffe de l'Extraordinaire.

L'Affemblée Nationale s'étant réfervé, par fon Décret
du 7 Juin dernier, de ftatuer, d'après le rapport des Comités Militaire & des Penfions réunis, fur la réclamation
faite par les héritiers Colmont de la fomme de 70,000 liv.,
dépofée par le fieur St-Cyr, à la caiffe du fieur Sérilly, Tré-
f........ de la guerre ; qui le rapport de fon Comité Central
de .... tion, à qui il a été rendu compte de l'avis defdits Co-
mit... .... que les héritiers Colmont fe pourvoiront devant le......... , contre qui il appartiendra, l'Agent du
Tréfor public appelé.

Scellé le 18 du même mois.

DÉCRET *contenant la liquidation de plufieurs parties de la dette de l'État.*

Du 10 Juillet 1791.

L'ASSEMBLÉE NATIONALE, après avoir entendu le rapport de fes
Comités central de Liquidation & de Judicature, qui lui ont rendu
compte du réfultat des opérations du Commiffaire du Roi, dont l'état
fuit.

*RÉSULTAT des Rapports de liquidation d'offices, remis au
Comité de Judicature par le Commiffaire du Roi, directeur
général de liquidation, du premier juillet 1791.*

SAVOIR:

Bureau des finances de Grenoble	32 offices	1,614,021 7 10
Subftituts du parlement de Metz	6 offices	65,540 17
Municipalité de Pontoife	8 offices	24,354 13 8
Châtelet de Paris (continuation)	3 offices	62,349 12
Bailliage de Saint-Omer	9 offices	98,860 4 1
Bailliage de Péronne	11 offices	50,244 14 8
Grenier à fel de Villefranche en Beau-jolois	3 offices	30,088 19 6
Grenier à fel de Lyon	7 offices	28,473 3
Eaux & forêts de Valognes	5 offices	111,308 19
Monnoie de Troyes	3 offices	9,142 16 8
Élection de la Châtre	5 offices	31,586 6 10
Eaux & forêts de Vitry-le-François	5 offices	174,174 6 8
Bailliage de Domfront (continuation)	5 offices	29,131 16
Sénéchauffée de Cahors	19 offices	118,625 18 4
Élection d'Avranches	8 offices	98,301 6
Bailliage d'Auxerre	29 offices	221,975 8 8
Grenier à fel de Nogent-le-Rotrou	3 offices	4,926 11 6

Election d'Angoulême . . . . 7 offices 169,194 14 5 8
Eaux & forêts de Montargis . . . . 5 offices 84,947 9
Grenier à sel de Rouen . . . . 3 offices 44,911 6 8
Baronnie royale d'Aspect . . . . 4 offices 12,578 6 8
Gabelles de Toulouse . . . . 5 offices 77,601 11
Jurisdiction des traites de Châteauroux . 3 offices 5,788 11 10
Eaux & forêts de Châteauroux . . . . . . 3 offices 10,160 1
Election de Valence . . . . 8 offices 49,713 9 4
Eaux & forêts d'Arras (continuation) . . 2 offices 6,933 10 6
Eaux & forêts de Besançon . . . . 5 offices 98,132 11 4
Municipalité de Gannat . . . . 4 offices 15,898 3 4
Prévôté royale de Mailly le Château . . 2 offices 3,319 16
Huissiers en la chambre des comptes de
  Grenoble . . . . 4 offices 20,006 17 4
Châtellenie d'Angles . . . . 3 offices 2,195 10
Jurés-priseurs de Belley, Merry-sur-
  Seine, Chaumont en Bassigny, Bar-
  sur-Seine, châtelet de Paris, Com-
  piègne, Châteauroux, Carentan,
  Thiaucourt, Château-Thierry, le
  Mans, Bourg en Bresse, Vezelize,
  Nommeny, Lunéville, Beaumont-sur-
  Oise, Gex, Beaume, Prads de Mo-
  lion, Sillagouse, Villefranche, Vinid,
  Mohon, Uzerches, Bourg-Argental,
  Castel-jaloux, Lauzerte, Martel, Bar-
  célonette, Castellanne, Brignolles,
  Forcalquier, l'Isle-Jourdain, Valence,
  Saint-Paul-trois-Châteaux, Dubuis,
  Embrun, Courteron & Orange, Crest,
  Montaigu, Prades, Saint-Aubin du
  Cormier, Rouen, Château-Salins,
  Vire, Lunéville, Thionville, Cou-
  tances, Etampes, Blois, Angers,
  Verdun, Nuitz, Neuf-Châtel 450,759 1 8
Bailliage & Présidial de Blois . . . . . . 13 offices 81,179 10 8
Election de Vienne . . . . 6 offices 53,871 5 10
Grenier à sel d'Andely . . . . 5 offices 12,449 8
Municipalité de Pacy . . . . 1 office 400
Municipalité de Sierck . . . . 1 office 898 19
Gabelles de Nîmes . . . . 3 offices 3,715 19 6
Municipalité de Rouen . . . . 1 office 55,510 5 8
Municipalité de Vaucouleurs . . . . . . 2 offices 1,606 10
Monnoie de Besançon . . . . 5 offices 13,731 9
Bailliage & Présidial de Salins (contin.) 1 office 2,690 15
Bailliage de Valognes . . . . 13 offices 51,441 11
Siège de Lauzerte . . . . 4 offices 42,936 19 4
Grenier à sel de Mantes . . . . 6 offices 31,166 5 4
Jurisdiction royale de Bazouges . . . . . 2 offices 13,699 8 4
Municipalité de Neuf château . . . . . . 8 offices 68,533 18 8
Commissaires généraux de la voierie de
  Paris . . . . 4 offices 364,030 14 2
Grenier à sel de Chaumont en Bassigny . 9 offices 46,890 14 4
Procureurs en la chambre des comptes
  de Nantes (continuation) . . . . . . 1 office 11,300 6

Bailliage de Bayeux	5 offices	105,645 l. 19 f. 4 d.
Grenier à fel de Sens	7 offices	41,459 12 2
Parlement de Toulouse	15 offices	635,534 2
Bailliage & Préfidial de Châtillon-fur-Seine	11 offices	70,170 10 8
Bailliage royal de Gien	5 offices	26,837 14
Jurés prifeurs de Vendôme	2 offices	8,356 12 5
Bailliage du Havre	2 offices	59,810 15 5
Municipalité de Gravelines	1 office	1,653 3
Idem. de Bourbourg	1 office	8,207 6 10
Election de Paris (continuation) . .	1 office	3,793 9 8
Prévôté de Pont-fur-Yonne (*idem.*) . .	1 office	1,356 10
Grenier à fel de Lizieux	2 offices	7,619 6 4
Municipalité de Saint-Dizier . . .	8 offices	50,805 16 4
Eaux & forêts de Poitiers	4 offices	84,539 8 8
Bailliage de Rouen	15 offices	461,619 10
Idem. de Saint-Diez (continuation) . .	1 office	1,000
Amirauté du Havre (continuation) . .	1 office	71,200
Bailliage de Commerce (continuation) .	1 office	1,153 14 8
Municipalité de Tannay	1 office	1,200
Election de Cahors (continuation) . .	1 office	857 2
Municipalité de Joinville	2 offices	6,000
Eaux & forêts de Dreux	5 offices	47,172 15 4
Sénéchauffée de S. Brieuc (continuation)	1 office	12,000
Amirauté de Rouen	3 offices	92,981 7 6
Sénéchauffée de Toulon (continuation)	1 office	17,387 16
Jurés-Prifeurs de Périgueux . . .	1 office	7,051 11
Eaux & Forêts de Bourmont (contin.) .	3 offices	20,130 16
Grenier à fel de Saint-Amand (contin.)	1 office	6,184 13
Election de S. Etienne en Forez (contin.)	1 office	4,169 10 8
Grenier à fel de Melun (continuation)	1 office	4,419 7 6
Chancellerie - Parlement de Toulouse (continuation)	6 offices	424,020 11
Châtellenie royale de Palluet . . .	1 office	2,387 12
Election de Châtellerault (contin.) . .	2 offices	2,698 17
Chambre des comptes de Montpellier .	127 offices	7,243,453 15
Idem. de Nantes (continuation) . . .	1 office	5,722 11
Municipalité de Nanci, *idem.* . . .	1 office	4,703 9 8
Election de Bellay, *idem.* . . .	2 offices	1,400 10 8
Idem. de Lyon, *idem.*	1 office	616 3 8
Idem. de Laval, *idem.*	1 office	9,615
Sénéchauffée & Préfidial d'Angoulême	2 offices	345,522 6 8
Idem. de Toulouse	9 offices	232,903 18 9
Amirauté de Carentan & Ifigny . . .	4 offices	81,659 18 2
Parlement de Paris (continuation) . . .	11 offices	1,032,351 4
Jurés-prifeurs de Charmes	1 office	3,549 2
Bureau des finances de Riom (fupplém. de liquidation)	1 office	4,210 10 6
Parlement d'Aix (fubftituts) . . .	4 offices	41,665 14
Confeil Provincial d'Artois (contin.) .	1 office	16,923 2
Election de Chartres	8 offices	96,550 1 5
Prévôté royale de Vaucouleurs . . .	4 offices	14,614 10 4
Mefureurs de fel de Rouen	25 offices	257,819 3 8
Election de Guéret	8 offices	100,410 10 1

Idem, de Joigny	6 offices	50,217l. 9f. 5 d.
Bailliage de Louzonville	6 offices	56,223 19 4
Sénéchauffée de Vanres	9 offices	121,754 2 8
Huiffiers de la cour des monnoies de Paris	15 offices	79,489 3 4
Confeil Provincial d'Artois	1 office	14,144 15
Procureurs au parlement de Paris	73 offices	2,191,676 6 10
Chancellerie de Befançon (contin.)	4 offices	335,566 16
Bailliage de Vire, *idem*	2 offices	18,000
Maitrife des eaux-&-forêts de Beaugé	5 offices	41,916
Bailliage de Poligny (continuation)	3 offices	51,375
Idem, de Thorigny, *idem*	1 office	3,000
Grand-Maitre des eaux-&-forêts de Caen	1 office	371,743 14
Election de Nogent-fur-Seine	9 offices	43,904 6 11
Jurés-prifeurs de Poitiers	5 offices	6,246 7
Cour des comptes de Rouen (contin.)	1 office	51,553 11
Parlement de Rouen, *idem*	1 office	108,403 1 7
Parlement de Befançon, *idem*	3 offices	145,130 5 3
Sénéchauffée d'Auch, *idem*	1 office	49,833 10
Eaux-&-Forêts de Saint-Flour	6 offices	30,302 5 8
Châtellenie de Soulle	3 offices	36,090
Eaux & Forêts de Quillan (contin.)	1 office	10,566 6
Bailliage de Vouvant, *idem*	2 offices	14,330 10 6
Grenier à fel de Creil	2 offices	13,356 7 8
Huiffiers en la chambre des comptes de Paris	28 offices	298,187 7 2
Bailliage & préfidial de Meaux	12 offices	115,408 18 6
Grenier à fel de Montargis	6 offices	34,879 12 8
Bailliage de Pont-Audemer	15 offices	162,612 13 2
Maitres des requêtes (continuation)	6 offices	654,946 18
Greffiers du châtelet de Paris	24 offices	1,839,973 16 10
Chancellerie de Montauban (contin.)	1 office	6,971 14
Idem, de Grenoble, *idem*	1 office	86,009 7
Grenier à fel de Mayenne, *idem*	2 offices	15,313 12 8
Siège royal de Laval	3 offices	10,733 8 8
Bailliage de Dôle	29 offices	284,302 2 6
Avocats aux confils	28 offices	1,453,550 10 10
Procureurs au châtelet de Paris	64 offices	1,465,586 13
Bailliage de Nonancourt	3 offices	13,235 11
Idem, d'Orbec & Bernay	7 offices	8,245 4 8
Huiffiers à verge au châtelet de Paris	22 offices	41,442 9 6
Chambre des comptes de Paris (contin.)	28 offices	3,606,708 10 8
Parlement de Bordeaux, *idem*	22 offices	980,614 15 5
Procureurs au bailliage de Rennes	27 offices	272,383 19 4
Election de Vézelay	6 offices	18,654 4
Chancellerie, cour des aides de Bordeaux	1 office	1,608,352 4 8
Parlement de Metz (continuation)	14 offices	289,141 5 6
Grenier à fel de Séez	3 offices	17,853 17 1
Bailliage de Saint-Sauveur-le-Vicomte	2 offices	10,105 5 4
Election de Gien	2 offices	12,489 5
Sénéchauffée de Boulogne-fur-Mer	7 offices	112,566 15 4
Eaux & Forêts de Bar-fur-Seine (add.)	1 office	581 14 4
Bailliage d'Aurillac	3 offices	49,789 12

Eaux & Forêts de Pont-de-l'Arche (sup-
  plément de liquidat. & continuat.) . .   4 offices   33,274 l. 3 f. 4 d.
Grand-Maître des Eaux & Forêts de
  Metz. . . . .   1 office   242,550.
Cour des aides de Clermont-Ferrand . .   2 offices   61,396 18
Grenier à sel de Bonnetable . . . .   6 offices   11,174 19 10
Sénéchaussée & présidial de Bordeaux .   6 offices   105,402 19
Municipalité de Villefranche . . . .   3 offices   8,398 15
Bailliage de Coutances, jurés priseurs . 1 office   2,032 11
Municipalité d'Issouy . . . .   1 office   14,092
Élection de Montivilliers . . . . .   5 offices   25,853 12
Cour des monnoies de Paris (contin.) .   2 offices   193,116 14 3
Parlement d'Aix (suppléme. de liquid.) .   1,248
Parlement de Rennes . . . .   1 office   49,410   4 2
Sénéchaussée du Mans (continuation) .   7 offices   18,078   9 4
Bailliage de Montargis, idem . . . .   5 offices   41,716 10 8
Municipalité de Muret . . . .   1 office   600
Siège royal de Coligny (continuat.) .   2 offices   9,918
Municipalité de Grenade en Maïsan .   1 office   1,533 12
Traites & gabelles d'Ancenis . . . .   4 offices   14,639
Jur. priseur de Chalons-sur-Saone (sup-
  plément de liquid.)   2,850
Conseil provincial d'Artois, idem . . .   5,129
Procureurs au châtelet d'Orléans . .   28 offices   299,834   8 8
Chancelerie du département d'Aix . .   6 offices   299,577 10
Eaux & Forêts d'Auxerre. . . . . .   2 offices   82,973 12
Présidial de Langres (addition) . . .   2 offices   2,489
Jurés priseurs de Guise. . . . . . .   2 offices   27,153
Bailliage du Quesnoy . . . .   13 offices   134,263
Jurés priseurs de Beaune . . . . . .   2 offices   17,339 17
Prévôté-le-Comte de Valenciennes . .   5 offices   37,189
                                                     ──────────────
                                                     35,251,565 18

Sur quoi il convient de déduire le montant de la
  liquidation des porteurs de sel de Rouen, ajournée, ci-   303,885   14
                                                     ──────────────

Total des liquidations ci-dessus & des autres parts,
  montant à la somme de trente-quatre millions
  neuf cent quarante-sept mille six cent quatre-vingt
  livres treize sols neuf deniers, ci. 34,947,680 13 9
                                                     ──────────────

Les dettes passives des compagnies ci-dessus li-
  quidées, dont la nation se charge, montent à . . . 2,138,466 11 11
Celles actives dont elle profite, sont de 1,121,945 10 10
                                                     ──────────────
La différence à la charge de la nation est de . . .   1,016,511   1

Décrète que, conformément audit résultat, il sera payé par la caisse de
l'extraordinaire la somme de 34,947,680 l. 13 f. 9 d., à l'effet de quoi
les reconnoissances de liquidation seront expédiées aux officiers liquidés,
en satisfaisant par eux aux formalités prescrites par les précédens décrets.

Scellé le 18 du même mois.

DÉCRET relatif au rétablissement & au payement des pensions des personnes nées en 1716 & en 1717, comprises dans le premier & le second état de secours, et portant qu'il n'y a pas lieu au rétablissement, sur la trésorerie nationale, de celles des personnes comprises au troisième état.

Du 14 Juillet 1791.

L'ASSEMBLÉE NATIONALE, ouï le rapport de son Comité des Pensions, qui lui a rendu compte des états dressés par le Directeur-général de la Liquidation, annexés au présent Décret, & des vérifications relatives auxdits états, faites par le Directeur-général, décrète ce qui suit :

ARTICLE PREMIER.

Les pensions énoncées au premier état montant à la somme de 48,763 livres pour les personnes nées en 1716, & à 48,104 livres 8 sols pour les personnes nées en 1717, seront rétablies & payées sur les fonds ordonnés par l'article XVIII du Titre III du Décret du 3 Août 1790, concernant les pensions en général, à compter du premier Janvier, à la charge par les Pensionnaires de faire compensation, sur ce qui leur sera dû, avec ce qu'ils auroient reçu à titre de secours.

ART. II.

Les pensions énoncées au second état, montant à la somme de 116,243 liv. 10 sols, pour les personnes nées en 1716, & à 85,760 liv. 5 sols pour les personnes nées en 1717, seront recréées & payées sur le fonds ordonné par l'article XIV du Titre premier du Décret du 3 Août 1790, à compter du premier Janvier ; à la charge par les Pensionnaires de faire compensation, sur ce qui leur sera dû, avec ce qu'ils auroient reçu à titre de secours.

ART. III.

Lesdites pensions rétablies & recréées seront payées par les Payeurs des Rentes, dits de l'Hôtel-de-Ville, auxquels il sera remis, à cet effet, avec les fonds nécessaires, un état des secours que lesdits Pensionnaires auront reçu, & en satisfaisant, d'ailleurs, par les Pensionnaires, aux conditions requises par les Décrets de l'Assemblée Nationale, pour recevoir leur paiement.

ART. IV.

À l'égard des personnes comprises au troisième état joint au présent Décret, & dont les pensions montoient, pour les personnes nées en 1716, à la somme de 41,264 livres 6 deniers, & pour les personnes nées en 1717, à la somme de 84,507 livres 15 sols 5 deniers, l'Assemblée déclare qu'il n'y a lieu à rétablir ni recréer lesdites pensions sur la Trésorerie nationale, sauf auxdits Pensionnaires à se pourvoir ainsi qu'ils aviseront.

Suivent les deux états.

Naiffance de 1716.

De Rozières, (Thomas-Nicolas) né le 15 janvier 1716; ancienne penfion, 680 liv. net, en 1789.

    22 ans de fervices, commencés le 26 mars 1731, difcontinués, par réforme, le 15 juin 1736, repris le premier janvier 1741, difcontinués auffi par réforme le premier feptembre, même année, repris pour la feconde fois le 11 decembre 1745, & finis par retraite dans le grade de capitaine, le 13 feptembre 1761; 5 campagnes.

    La penfion eft obtenue en 1761, antérieurement aux réglemens faits pour le département de la guerre, dont le premier eft du 12 novembre 1763.

    Rétablie. (art. 6, tit. 3; Loi du 23 août 1790.)   680

Duval de Lamotte, (Philippe) né le 28 janvier 1716; ancienne penfion, 355 liv. net.

    24 ans de fervices, commencés en mars 1731, finis en 1755, dans le grade de capitaine; 2 campagnes.

    Conceffion du premier feptembre 1755, antérieure au premier réglement du département de la guerre.

    Rétablie. (art. 6, tit. 3.)   355

Chanfiergues du Bord, (Jofeph-Guillaume) né le 2 février 1716; ancienne penfion, 355 liv. net.

    20 ans paffés de fervices, commencés en 1731, finis en 1752, dans le grade de capitaine; 8 campagnes.

    Conceffion du 6 janvier 1753, antérieure au premier réglement.

    Rétablie. (art. 6, tit. 3.)   355

Lamoral-Lerique d'Allenne, (Robert-François) né le 5 février 1716; ancienne penfion, 355 livres net, accordée en 1758, antérieurement aux réglemens.

    23 ans de fervices, commencés le 11 feptembre 34, finis en 1758, dans le grade de capitaine; 8 campagnes.

    Rétablie. (art. 6, tit. 3.)   355

Collot de Châtelmont, (Jean) né le 8 février 1716; ancienne penfion, 354 liv. net.

    20 ans paffés de fervices, commencés en 1742, finis, par réforme, en 1763, dans le grade de capitaine au régiment de Royal-Barrois; conformité à l'ordonnance de réforme, du 25 novembre 1762.

    Rétablie. (art. 7, tit. 3.)   354

Dandré de la Solleft de la Drouille, (Claude) né le 10 mars 1716; ancienne penfion, 442 liv. 10 f. net, obtenue comme capitaine d'infanterie, réformé des volontaires de Flandres, en vertu de l'ordonnance du premier mars 1763; conformité à ladite ordonnance.

    Deuxième part   2,699

Naissance de 1716.

Report . . . . 2,099 ̏ 5 ̏

Rétablie. (art. 7, tit. 3.) 442 10

De Carcey de Bellemare, (François-Augustin) né le 26 mars 1716; ancienne pension, 355 l. net.

26 ans de services; commencés le premier Janvier 1734, finis dans le grade de capitaine, en 1760; 13 campagnes : concession du 19 mars 1760, antérieure aux reglemens.

Rétablie. (art. 6, tit. 3.) 355

Catel, (Antoine) né le 30 mars 1716; ancienne pension, 543 liv. net.

23 ans de services, comme contrôleur à l'hôpital de Befort, finis, par réforme, en 1777; concession en conformité d'état arrêté par le Roi le premier juin 1777, par suite de réforme faite en exécution de l'ordonnance du 26 février précédent.

Rétablie. (art. 7, tit. 3.) 543

Ancillon, (Jean) né le 7 avril 1716; ancienne pension 1,600 liv. net en 1782; accordée les 22 septembre 1758, 23 mars 1762, & 5 juin 1763, antérieurement aux réglemens.

29 ans 7 mois de services, commencés le 5 novembre 1733, finis le 5 juin 1763, dans le grade de commandant de bataillon; 14 campagnes.

Rétablie. (art. 6, tit. 3.) 1,600

De Maupeou, (Louis-Charles-Alexandre) né le 9 avril 1716; ancienne pension, 6,075 livres, gouvernement de Béthune, 12,935 liv. sans résidence.

19 ans de services, dont 14 dans le régiment de Bigorre, du premier mars 1734, au 10 mai 1748, qu'il a été fait maréchal-de-camp, & 5 comme employé à la guerre de 1757 à 1761, tant comme maréchal-de-camp, que comme lieutenant-général; 17 campagnes.

Rétablie comme officier-général, pour le maximum. (art. 5, tit. 3.) 6,000

Jeannin, (Louis) né le 21 avril 1716; ancienne pension, 355 livres, accordée en 1755, antérieurement aux réglemens.

21 ans de services, de 1733 à 1755, finis dans le grade de capitaine; 6 campagnes.

Rétablie. (art. 6, tit. 3.) 355

Petel de Scallier, (Jean-Baptiste-Atienne) né le 26 avril 1716; ancienne pension, par brevet, 4,205 liv. net, ordre de Saint-Louis, 850 livres : total, 5,050 livres.

45 ans de services, commencés le 22 décembre 1744, finis le 14 mai 1789, dans le grade de colonel, & comme employé en qualité d'aide-maréchal-géné-

De cette part 11,391 10

Report à 11,391 11

ral-des logis de l'armée, depuis le premier décembre
1784, avec traitement de 2,400 livres; maréchal-de-
camp en 1788; 11 campagnes.

Rétabli, comme officier-général. (article 5,
titre 3.) 5,000

Doria, (Gabriel) né le 14 mai 1716; ancienne pension, 500 livres, accordée le premier juillet 1763,
antérieurement aux réglemens; & 40 liv.; accordée
le 2 novembre 1772; époque à laquelle existoit, au
département de la guerre, le réglement de 1763 : produit net, en 1789, 765 liv.

29 ans 7 mois de services, commencés le premier
décembre 1733, finis en juillet 1763, dans le grade
de capitaine : 10 campagnes.

La pension de 500 livres, rétablie pour le net
de (art. 6, tit. 3.) 543 15

Celle de 420 liv. étant accordée dans un temps où
il existoit, au département de la guerre, un réglement qui demandoit 30 ans de services; le surplus
desdits 765 liv. est rejeté.

Dufauzay, (Jean-Baptiste) né le 30 mai 1716; ancienne pension; 1°. par brevet net en 1789, 9,311 l.
5 sous; 2°. gouvernement de Landrecy, 14,311 liv.
3°. grand-croix de l'ordre de Saint-Louis; 6,000 liv.;
total, 29,622 liv. 5 s.

56 ans de services dans les gardes-françoises, finis
avec rang de colonel en 1788; 10 campagnes.

Rétablie comme officier-général, pour le maxi-
mum de . (art. 5, tit. 3.) 6,000

Vien, (Joseph-Marie) né le 18 juin 1716; ancienne
pension, 1,500 l. net en 1789.

Concession du 8 juillet 1781, pour servir, pendant 6 ans, de Directeur de l'école de peinture, pour
la France, à Rome, conformément à un réglement,
fait le 12 novembre 1775, pour cette place.

Rétablie. (art. 7, tit. 3.) 1,500

Fournier de Mazerac, (Jean-Pierre) né le 24 juin
1716; ancienne pension; 1°. 300 liv. accordée en
1761, antérieurement aux réglemens du département
de la guerre; 2°. 400 liv. accordée pour réforme,
en vertu de l'ordonnance du 25 novembre 1762 :
total, 700 livres, produisant net, en 1789, 595 l.

29 ans de services, commencés en janvier 1734,
finis dans le grade de capitaine, en janvier 1763; 14
campagnes.

La première pension, rétablie. (art. 6, tit. 3.)
La seconde, comme conforme à l'ordonnance. (art.
6 & 7, tit. 3.) 595

Girard de Vasson, (Louis) né le 25 juin 1716; an-

De cette part 24,920 5

Naissances de 1716.

Report 24,930ᵗ 5ſ

cienne penſion, 355 livres, obtenue en 1757, antérieurement aux réglemens,

 24 ans de ſervices, commencés en 1734 ; finis
dans le grade de capitaine en 1758 ; 8 campagnes.

 Rétablie. (art. 6, tit. 3.)   355

De Romas, (Thomas) né le 1ᵉ juillet 1716 ; ancienne
penſion, 355 l. net, accordée le premier mai 1763,
antérieurement aux réglemens,

 20 ans de ſervices, dont deux au régiment du
Perche, du 4 octobre 1734 à février 1737, & 18 au
régiment de Provence, du 8 mars 1745 au premier
mai 1763 ; grade de capitaine à la retraite.

 Rétablie. (art. 6, tit. 3.)   355

Julien de Saint-Juſt, (Jacques Joſeph) né le 15 juillet
1716 ; ancienne penſion, 355 liv. net, obtenue en
1754, antérieurement aux réglemens,

 20 ans de ſervices, commencés le premier décembre
1733 ; finis dans le grade de capitaine, en août 1754 ;
9 campagnes.

 Rétablie. (art. 6, tit. 3.)   355

Damoiſeau de la Bande, (Frédéric) né le 19 juillet
1716 ; ancienne penſion, 355 liv. net, obtenue en
1755, antérieurement aux réglemens,

 13 ans de ſervices, commencés en 1731, époque
à laquelle il a eu 16 ans ; finis, en 1755, dans le grade
de capitaine ; 6 campagnes.

 Rétablie. (art. 6, tit. 3.)   355

Dutremblay, (Charles-Louis) né le 7 août 1716 ;
ancienne penſion, 443 livres 15 ſous net, obtenue
le premier février 1763, antérieurement aux réglemens,

 29 ans 8 mois de ſervices, commencés le 6 mai
1733, finis dans le grade de capitaine, le premier
février 1763 ; 9 campagnes.

 Rétablie. (art. 6, tit. 3.)   443. 15

Galéaciny, (François Saverio) né le 3 ſeptembre 1716 ;
ancienne penſion ; 1°. 1,000 livres, produiſant net,
en 1789, 850 livres, accordée en vertu de l'ordonnance du 21 décembre 1762 ; 2°. 200 liv. accordée
en 1769, à titre d'augmentation ; &, ſuivant ſa déclaration, pour indemnité de pertes ſouffertes dans la
guerre de Corſe.

 La penſion de 1,000 liv. accordée, conformément à
l'ordonnance du 21 décembre 1762,

 Rétablie. (art. 7, tit. 3.)   850

 Celle de 200 livres, renvoyée pour être liquidée
comme créance. (art. 8, tit. 1.)

Dechaſtenay, (Guy) né le 8 ſeptembre 1716 ; ancienne
penſion, 443 liv. 15 ſ. net, obtenue en 1759, antérieurement aux réglemens.

       De cette part 27,810

Report 27,820

26 ans de services, commencés le 1 novembre
1733, finis comme capitaine de dragons, en 1759,
8 campagnes.

Rétablie. (art. 6 . . . .

Dupille, (Auguste-Claude Robert) né le 11 octobre 1716 ; ancienne pension, 1,475 l. . . obtenue, (art. 7 . . . . . .

David, (Charles-François) né . . . . ancienne pension . . . . 8 mai 1758 ; 6 campagnes . . . .

Rét . . . . . (art. 6 . . . .

Dethele, (Bernard) né . . . . en février 1762 ; d'une ancienne pension, 443 liv. 15 sous, obtenue en 1735, antérieurement aux réglemens. . . . . Rétablie. (art. 6, tit. 3.) . . . .

24 ans de service, commencés en 1733 ; finis en 1757, dans le grade de capitaine ; 11 campagnes. 1735 . . . .

Rétablie. (art. 6, tit. 3.) . . . . . .

Le Sart de Mouchin, (Louis-Joseph-Hyacinthe) né . . . . le 22 septembre 1715 ; ancienne pension accordée en . . . . bre 1733, finis dans . . . . conformité de l'ordonnance du 18 décembre 1748 . . . . . comme capitaine reformé du régiment de Bouillers Walons, 265 l. 10 sous . . . . né le . . . 1785, . .

Rétablie. (art. 7, tit. 3.) . . . . . .

D'Harambure, (Jean-Samuel) né le 31 octobre 1714 ; ancienne pension, . . . liv. accordée en . . . . . en le 20 février 1761 . . . . considération de services . . . . sion d'appointemens, de la place de gouverneur de Poitiers, supprimée par l'ordonnance de 1776 ; total 2,500 liv. fixé en 1789 ; 1,715 liv. . . . . tit. 3.) . . .

Davercier, (Louis) . . . . cienne pension net . . . . finis dans le grade de capitaine, en 1755 ; 6 campagnes.

La pension de 500 liv. est obtenue antérieurement aux réglemens.

Rétablie. (art. 6, tit. . . . .

Celle de 1,000 livres ; rétablie à raison des campagnes (Loi du 25 février 1791, sur les gouvernemens ; & art. 5, tit. 3, loi du 13 août) . . . .

La Vge de la Maltière, (Joseph-François) né . . . octobre 1716 ; ancienne pension, 456 livres, produisant net 398 l. 5 l. 5 sous, accordée en 1758 . . . . 20. 400 liv. sur les fonds de l'Ecole-Militaire, pour réforme, comme lieutenant d'une compagnie . . . . l'Ecole-Militaire.

Cette dernière pension, confirmée par l'arrêt du conseil du 10 mai 1776, concernant l'Ecole-Militaire. . . . . . Rétablie. (art. 7, tit. . . . .

Celle de 398 l. 5 . . . . . le sieur de la Maltière n'ayant pas 20 ans de services.

Report 43,573ᵉ

Simon, (Marc) né le 27 octobre 1716 ; ancienne pension net, en 1789, 850 liv.

Concession en vertu d'arrêt du conseil & lettres-patentes sur icelui, registrées à la chambre des comptes, le 11 octobre 1771.

Rétablie. (art. 7 . . . .)

David, (Charles-François) né le 21 octobre 1716, ancienne pension net, ... colonel, le 20 mai 1758, ... & 1762, antérieurement aux réglemens.

28 ans de services, commencés le 9 mars 1735, finis en février 1761, dans le grade de commandant de bataillon ; 13 campagnes.

Rétablie. (art. 6, tit. 3.) ci . . . .

Toytot, (Claude-Alexis-Augustin) né le 28 novembre 1716 ; ancienne pension, 555 liv. net, accordée en 1755, antérieurement aux réglemens.

22 ans de services, commencés le premier décembre 1733, finis dans le grade de capitaine, le premier septembre 1755 ; 7 campagnes.

Rétablie. (art. 6, ...)

Rouillé du Coudray, (Hilaire) né le 29 novembre 1716 ; ancienne pension net, en 1789, 4,200 l.

28 ans de services, commencés le 8 mai 1733, finis le 10 février 1761, époque à laquelle il a été fait maréchal de-camp, lieutenant-général en 1780 ; 13 campagnes.

Rétablie, comme officier-général. (article 5, tit. 3.) ci . . . . 4,200.

Duverdier, (Louis) né le 25 novembre 1716 ; ancienne pension net, en 1789, 4,200 liv.

49 ans de services, commencés le 14 février 1735, finis en 1784, dans le grade de lieutenant-colonel, fait maréchal-de-camp en 1787 ; 8 campagnes.

Rétablie, comme officier-général. (article 5, tit. 3.) ci . . . . 4,200.

Dubois de la Betnade, (Jean-Elie) né le 1 décembre 1716 ; ancienne pension net, en 1789, 4,200 l.

21 ans de services, savoir, 1 an au régiment de Périgord, du 6 janvier 1735 à 1717 ; 20 ans au régiment d'Orléans dragons, de 1741 au 27 août 1761 ; 1 an pendant 1778, comme aide-maréchal-général-des-logis de l'armée, en Normandie ; grade de maréchal-de-camp, le 9 mars 1788 ; 11 campagnes.

Rétablie, comme officier-général. (article 5, tit. 3.) ci . . . . 4,200.

De Verpillat, (Louis Joseph) né le 11 décembre 1716 ; ancienne pension net, 555 10 l., accordée en 1755, antérieurement aux réglemens.

26 ans de services, commencés le 11 décembre

De cette part 47,398

g 2

Report 47,398ⁿ 5

1732, époque à laquelle il a eu 16 ans; finis en
1759, dans le grade de commandant de bataillon;
campagnes.

Rétablie. (art. 6, tit. 3.) ci . . . .

Rayne, (François) né le 25 décembre 1716; ancienne
pension nét. 837 liv. 16 sous, obtenue en 1760;
antérieurement aux réglemens.

26 ans de services, commencés le premier décembre 1733, finis en mai 1760, dans le grade de lieutenant-colonel; 3 campagnes.

Rétablie. (art. 6, tit. 3.) ci . . . .

TOTAL 48,768 5

Pensions rétablies. Naissances de 1717.

Digar de Kerguette, (Jean) né le 3 janvier 1717; ancienne pension, 1°. par brevet, 1,400 liv. 2°. sur
les invalides de la marine, 1000 liv. en total
2,400 liv.

46 ans de services comme ingénieur & professeur
de mathématiques & d'hydrographie, de 1741 au
premier avril 1789; emploi de professeur à l'école
publique de la marine à Rochefort pendant les 23
dernières années, avec 2,400 liv. de traitement;
concession du 4 avril 1789, conforme jusqu'à concurrence de 1,160 liv. au règlement du 24 juin 1788,
pour le département de la marine.

Rétablie pour cette somme seulement. (art 7, tit.
3, loi du 23 août 1790) ci 1,160

Thieriet de Nédoncelle, (Alexandre Claude) né le 14
janvier 1717; ancienne pension, 443 l. 15 s. net.

21 ans de services, comptés du 4 janvier 1735,
époque à laquelle il a eu 16 ans, & non compris le
service antérieur, finis comme capitaine; 10 campagnes; concession des 4 février 1747 & 20 mai 1754,
antérieure aux réglemens faits pour le département de
la guerre, dont le premier est du 11 novembre 1763.

Rétablie. (art. 6, tit. 3.) ci 443 15

Perrache d'Ampus, (Honoré François) né le 7 février
1717; ancienne pension, 1°. par brevet, 4,000 liv.
2°. sur l'ordre de Saint-Louis, 1,000 liv. en total
5,000 liv.

46 ans de services, du 24 novembre 1733 au premier mars 1780, finis dans le grade de lieutenant-colonel & par celui de maréchal-de-camp; 11 campagnes.

Report 2,603ᴴ 15ſ

Rétablie pour 3,800 liv. net, la première pension
n'ayant produit que 2,800 liv. en 1789. (art. 5 & 9.
tit. 3.) ci 3,800

La Suderie de la Faye, (Barthelemi) né le 9 février
1717; ancienne pension, 670 liv. 8 ſ.
  24 ans de services, du 1755 à 1760, finis dans le
grade de capitaine; 11 campagnes; concession des 12
juin & 13 novembre 1791, antérieure au premier
réglement fait pour le département de la guerre.
  Rétablie. (art. 6, tit. 3.) ci 670 8

Chenu, (Gaspard) né le 9 février 1717; ancienne penſion, 355 liv. net.
  15 ans de services, du 17 décembre 1734 à 1737,
& de 1739 au premier avril 1761, finis dans le grade
de capitaine; 7 campagnes; concession du premier
avril 1761, antérieure aux réglemens.
  Rétablie. (art. 6, tit. 3.) ci 355

Defaux d'Argeles, (Jean-Pierre) né le 18 février 1717;
ancienne pension, 885 liv., conformité à l'ordonnance
du 15 décembre 1778, par laquelle il a été réformé
dans le grade de major de grenadiers-royaux.
  Rétablie pour 850 liv., produit net en 1789. (art. 7
& 9, tit. 3.) ci 850

Piolenc, (Marcel-François) né le 7 mars 1717; ancienne
pension, 1,005 liv.
  29 ans 6 mois de services, du premier janvier 1734
au premier juillet 1763, finis dans le grade de lieutenant-colonel; 13 campagnes; concession du premier
juillet 1763, antérieure au premier réglement fait
dans le département, en date du 12 novembre de la
même année.
  Rétablie. (art. 6, tit. 3.) ci 1,005

Marquette d'Hauteville de Marcy, (Jean Claude) né
le 7 mars 1717; ancienne pension, 355 liv. net.
  22 ans de services, du premier janvier 1734 à 1756,
finis dans le grade de capitaine; 5 campagnes; concession du 23 janvier 1756, antérieure aux réglemens.
  Rétablie. (art. 6, tit. 3.) ci 355

La Tour du Mesnil, (Jeanne-Marie-Christine Guerin
de la Marche, veuve du sieur de) née le 13 mars 1717;
ancienne pension, 355 liv. net.
  Nomination faite le 21 août 1759, à la place de
capitaine au régiment de Crussol, vacante par la mort
du mari, qui étoit à la bataille de Minden, donnée
le premier du même mois, & qui par conséquent
paroît avoir été tué à cette bataille, comme le déclare la veuve.
  Rétablie. (art. 8, tit. 3.) ci 355

_____

De cette part 9,994 3

Report 9,994ʰ 3ſ

Poulharies, (François Médard) une de ſſ ſi ſumans 1717 ; établie qu'après
ancienne penſion, 10. par brevet, 4,8-0 l.; 2°. fur . . . .
l'ordre de Saint Louis, 1,000 liv.; en total, 5,870 l. (Jean) . . . .
46 ans de ſervices, du premier janvier 1734 au pre-
mier mars 1780, finis dans le grade de lieutenant au
colonel, & par celui de maréchal de camp, 13 campagnes.

Rétablie pour 5,800 liv. net, la première penſion
n'ayant produit que 2,800 liv. en 1789, (art. 5 & 9, tit.
3.) ci . . . .

Toustain d'Escresnes, (Claude Alexandre) né le 8 avril
1717; ancienne penſion, 2°. par brevet, 5,800 l. ;
2°. fur l'ordre de Saint-Louis, 800 liv.; en total, 355 liv.
44 ans de ſervices, commencés le 11 mars 1735.
42 ans de ſervices, de 1733 au 31 décembre 1777,
grade de lieutenant général, 11 campagnes.

Rétablie pour 5,980 liv. net, la première penſion
n'ayant produit que 5,180 liv. en 1789 (art. 5 & 9,
tit. 3.) ci . . . .

Venoix d'Anctoville, (Charles Caſimir) né le 12 avril
1717; ancienne penſion, 395 liv. ſervices,
21 ans de ſervices, finis . . . .
février 1755, finis dans le grade de capitaine, 9 campagnes; conceſſion du 14 février 1755, antérieure aux
réglemens, (art. 6, tit. 3.) ci . . . .

Rétablie. (art. 8, tit. 3.) ci . . . .

Wlet d'Hegen-t, (Jean) né le 25 avril 1724, ancienne
penſion, 1,662 liv. 11 août 1741, mais qui ne
doivent être comptés le 31 août 1741, mais qui
17 ans de ſervices, du 35 de Bourg à 1755, fini dans
1761, fini dans le grade de colonel, 11 campagnes,
conceſſion du 7 mars 1761, antérieure aux réglemens.

Rétablie pour 1,020 liv. produit net en 1789, (art.
6 & 9, tit. 3.) ci . . . .

Tarrieux de Taillanz, (Laurent) né le premier mai 1717,
ancienne penſion, 532 liv. 10 s. . . . . ci .
35 ans de ſervices, 10 campagnes, qui ne
n'ont commencé à courir utilement que du premier
mai 1733, époque des réſervices, ne
peuvent être comptés que probis duſuſdi
1758 dans le grade de commandant de bataillon,
7 campagnes; conceſſion du 1761, antérieure
rieure aux réglemens. . . . .

Rétablie. (art. 6, tit. 3.) ci . . . .

Du Laurens d'Oizelay, (Pierre Joſeph Marie) né le
10 mai 1717; anciennes penſions, en un même brevet, 1°. 355 l. 2°. 531 liv. total, 886 liv. . . . .
28 ans de ſervices, commencés en 1733, finis en
1761 dans le grade de capitaine, 10 campagnes; conceſſion de la première partie, du 1 novembre 1761,
antérieure aux réglemens.

Naissances de 1716.

Le Report 13,684 15

Rétablit quant à cette partie seulement (art. 6 & 9,
tit. 3.) ci 355

Neukirchen, (Jean) né le 30 mai 1717; ancienne penfion, 708 liv.

22 ans de services, commencés en 1740, finissant 1er
mars 1753 par réforme dans le grade de capitaine, & par
colonel, & par réforme dans le grade de capitaine, par
12 campagnes : concession conforme à l'art. 54 de
l'ordonnance du 21 décembre 1762, qui a prononcé
ladite réforme.

Rétablit pour 680 liv., produit net en 1789 (art.
6, 7 & 9, tit. 3.) ci 680

Lageard, (Raimond) né le 25 juin 1717 ; ancienne
pension, 355 liv.

25 ans de services, commencés le 11 mars 1735,
finis en 1760 dans le grade de capitaine, 7 campagnes :
concession du 18 juillet 1760, postérieure aux réglemens

Rétablie. (art. 6, tit. 3.) ci 355

Thierry de Saint-Beaulieu, (Jean-Baptiste) né le 18
juin 1717 ; ancienne pension, 555 liv. net.

21 ans de services, commencés le 19 décembre
1714, finis en 1736 dans le grade de capitaine,
campagnes, concession du 11 mars 1736, antérieure
aux réglemens.

Rétablie. (art. 6, tit. 3.) ci 555

Trafegnies (Gilles-Charles Adrien), né le 13 juillet
1717; ancienne pension, 5510 liv.

Services commencés le 31 août 1731, mais qui ne
doivent être comptés que du 11 juillet 1733, époque
des 16 ans d'âge, finis, soit par l'incorporation du
régiment dont il étoit colonel, dans celui de Chartres,
en 1761, soit par le grade de maréchal-de-camp, obtenu en 1767; 14 campagnes.

Rétablie pour 4,500 liv., produit net en 1789
(art. 6 & 9, tit. 3.) ci 4,500

Baurraire de Vilhio, (Dominique) né le 27 juillet
1717 ; ancienne pension, 1062 liv.

19 ans de services, commencés le 5 janvier 1749,
finis le premier avril 1762 dans le grade de lieutenant-
colonel; 12 campagnes; concession du 12 novembre
1763, époque du premier réglement, & qui, dans
le doute, doit être présumée antérieure à ce réglement, d'autant plus que le pensionnaire étoit déjà
retiré, & que c'est pour sa retraite qu'il a obtenu
cette pension.

Rétablie pour 1,062 liv., produit net en 1789
(art. 6 & 9, tit. 3.) ci 1,062

De Grimaldi, (Jean-Décius) ancienne pension, 1595 l.

Concession pour appointemens de réforme en qua-

Report 18,646ˡ 15ʃ

lité de lieutenant-colonel du régiment Royal-Corse, conformité à l'article 53 de l'ordonnance du 21 décembre 1791, qui a prononcé la réforme de ce régiment.

Rétablie pour 2,440 liv. ; produit net en 1789. (art. 7 & 9, tit. 3) ci 2,440

Delaville Hulin, (Jean-Noël) né le 26 août 1717 ; ancienne pension, 354 liv. net. (art.)

23 ans de services, commencés le 10 avril 1743, finis par réforme le 31 décembre 1786 dans le grade de capitaine des recrues de Rennes ; 6 campagnes ; conformité à l'art. 75 de l'ordonnance de réforme du 25 novembre 1766.

Rétablie (art. 6 & 7 ; tit. 3.) ci 354

Stuart, (Daniel) né le 2 septembre 1717 ; ancienne pension, en un même brevet, 531 liv. & 354 liv. ; 300 liv. ; total, 1,185.

22 ans de services, commencés en 1745, finis le 21 décembre 1762 ; concession de 531 liv. net, conforme à l'art. 54 de l'ordonnance de cette dernière époque, par laquelle il a été réformé dans le grade de capitaine en second.

Rétablie pour cette somme, (art. 7, tit. 3.) ci . . . 531

Hortal, (André) né le 11 septembre 1717 ; ancienne pension, 442 liv. 10 s. net.

Réformé dans le grade de capitaine dans les volontaires d'Austrasie ; concession conforme à l'article 54 de l'ordonnance du premier mars 1763, qui a prononcé cette réforme.

Rétablie. (art. 7, tit. 3.) ci 442 10

De Leuze, (Jean-François) né le 16 octobre 1717 ; ancienne pension, 889 liv.

Concession conforme à l'art. 8 de l'ordonnance du 15 décembre 1775, qui l'a réformé dans le grade de major de grenadiers royaux.

Rétablie pour 850 liv, produit net en 1789. (art. 7 & 9, tit. 3.) ci 850

Delor, (Charles) né le 25 octobre 1717 ; ancienne pension, 1,062 liv.

Concession conforme à l'article 54 de l'ordonnance du 21 décembre 1762, par laquelle il a été réformé dans le grade de commandant de bataillon au régiment d'Anhalt.

Rétablie pour 1,020 livl. produit net en 1789. (art. 7 & 9, tit. 3.) ci 1,020

Alibert-Duclos, (Marc) né le 15 novembre 1717 ; ancienne pension, 177 liv. 10 s., 354 liv. & 1,300 liv. ; total, 1,331 liv. 10 s.

De cette part 35329 3

Report 35,284   35

28 ans de fervices, commencés le 18 avril 1738, finis par réforme dans le grade de capitaine le 31 décembre 1766 ; 5 campagnes ; conceffion pour la première partie, du 21 juin 1762, & ainfi antérieure aux réglemens ; autre pour la feconde partie, conforme à l'article 76 de l'ordonnance du 25 décembre 1766, qui a prononcé ladite réforme.

Rétablie, quant à ces deux parties. (art. 6 & 7, tit. 3.) ci   35   10

Badier de Verfeille, (Pierre-Jacques-Louis) né le 22 novembre 1717 ; ancienne penfion, 1°. 181 l. ; 2°. 885 liv. ; total, 966 liv.

28 à 29 ans de fervices, commencés en 1732, mais qui ne peuvent être comptés que du 22 novembre 1733, époque des 16 ans d'âge, finis en 1761 par réforme dans le grade de major, avec promotion à celui de meftre-de-camp ; 14 campagnes ; conceffions des 4 janvier 1746 & 11 mars 1761, antérieures aux réglemens.

Rétablie pour 1,759 liv., produit net en 1789. (art. 6 & 9, tit. 3.) ci   1,759

Faipoult, (Claude-Nicolas) né le 4 décembre 1717 ; ancienne penfion, 443 liv. 5 f. net.

25 ans de fervices, commencés le 4 décembre 1733, finis dans le grade de capitaine en 1759 ; 8 campagnes ; conceffion du 13 avril 1759, antérieure aux réglemens.

Rétablie. (art. 6, tit. 3.) ci   443

Peralta, (Philippe-Jofeph) né le 12 décembre 1717 ; ancienne penfion, 1,035 liv. net.

24 ans de fervices, commencés en 1737, finis le 11 mai 1762, comme commandant de bataillon, avec rang de lieutenant-colonel ; 6 campagnes ; conceffion du 11 mai 1762, antérieure aux réglemens.

Rétablie. (art. 6, tit. 3.) ci   1,035

Cremoux, (François) né le 13 décembre 1717 ; ancienne penfion, 355 liv. net.

24 ans de fervices, commencés le 30 août 1732, mais qui ne peuvent être comptés que du 13 décembre 1733, époque de 16 ans d'âge, finis en 1758 comme capitaine ; 7 campagnes ; conceffion du 2 feptembre 1758, antérieure aux réglemens.

Rétablie. (art. 6, tit. 3.) ci   355

Thiville, (Paul-Alexandre-Louis) né le 13 décembre 1717 ; ancienne penfion, 1°. 355 l. net ; 2°. 251 l. 5 f. ; total, 586 liv. 5 f.

24 ans de fervices, commencés en 1738, finis en 1762 par réforme dans le grade de capitaine ; 8 campagnes ; conceffion pour les 335 liv., (à raifon de 400 liv. brut) conforme à l'ordonnance du 25 novembre 1762, qui a prononcé ladite réforme.

Rétablie. (art. 6 & 7, tit. 3.) ci   335

Report 39,704ᵘ

Barrette, (Jean-Jacques) âgé de 73 ans, ancienne pension, suivant l'état de celles sur l'école militaire,
850 liv.

Concession pour réforme de l'emploi d'inspecteur des études en 1788 . . . .
10 mai 1776.

Réablie. (art. 7, tit. 3 . . . .)

Branca, (Louis-Paul, âgé de 73 ans, anciennes pensions
suivant l'état des . . . . du gouvernement de
Nantes, 11,774, liv. 5 f. den. . . . lieutenant. . . . nant, en 1780. (art . . . .)
Provence . . . . . liv. 10 f. total, 37,529 liv. 10 f. . . . . (. . .)
10 den.

Collot, (Jean-François-Henri) né le 26 janvier 1716,
18 ans seulement de services, dont 14 du . . . tembre 1733 au . . . .
33 ans de . . . . guerres, du premier . . . .
février 1747 & premier . . . .
grades de gouverneur. . . . . . lieutenant de province & . . . .
d'officier-général.

Réablie pour 6,000 liv.) maximum . . . .
(art . . . tit. 1 & . . . . . loi du 23 août 1790, & . . . .
du 15 février 1791) . . . .

81 ans de services, commencés en 1738 . . . .
chirurgien à l'hôpital de Béthune, fini le . . . janvier
. . . . comme chirurgien-major de l'hôpital de Col-

Bonnel, (Jean) né le premier janvier 1716,
ancienne pension, 800 liv. . . . .
50 années de services, commencés comme cavalier, le premier août 1736 ; finis le 24 mars 1786 ;
comme capitaine depuis dix ans : plusieurs campagnes.

Recréée, pour la totalité du traitement de capitaine, en 1789. (art. 19 & 26 . . . .
tit. 1 ; Loi du 22 août 1790 . . . .)

Bompar de Saint-Pierre, (Jean-François) né le . .
janvier 1716 ; anciennes pensions, de brevet,
1,500 liv. & 2°. ordre de Saint-Louis, 1,000 liv. ;
total, 2,500 liv. . . . .

45 années de services, commencés le premier
janvier 1734, finis le . . . avril 1779 ; capitaine, avec
rang de lieutenant-colonel, depuis 8 ans ; 10 campagnes ; total, 55 ans.

Recréée, pour la totalité du traitement de lieutenant-colonel, en 1779. (art. 15 & 26 . . . tit. . . . .
& 3, tit. 2.) . . . .

Report 33,704 8

Barrette, (Jean-Jacques-Paul) né le 4 janvier 1716 ; ancienne pension, 1,000 liv., produisait, d'après la liquidation, suivant l'état suivant, 489 liv., ce qui ... 850 liv.

46 ans de services, commencés comme cavalier, le premier janvier 1734, finis le 1.er avril 1786, comme lieutenant depuis 4 ans, n'ayant eu rang de capitaine qu'à sa retraite ; plusieurs campagnes, dont six vérifiées : total, 51 ans.

Recréée, pour la totalité du traitement de lieutenant, en 1780. (articles 1, 3 & 4, tit. 1, tit. 2.) . . . .

Collot, (Jean-François-Henri) né le 16 janvier 1716 ; ancienne pension, 2,700 liv.

33 ans de services, comme commissaire des guerres, du premier juillet 1754, au premier juin 1788 ; 6 campagnes ; total, 39 ans ; grade de commissaire-ordonnateur pendant les 17 dernières années, avec 7,000 liv. de traitement.

Recréée sur le pied de ce traitement. (avril 1788, art. 10, tit. 1 ; 1 & 9, tit. 2.) . . . .

Bournol, (Jean) né le 4 février 1716 ; ancienne pension, 531 liv.

35 ans de services, commencés en 1738, comme chirurgien à l'hôpital de Béfort, fini le 31 janvier 1774, comme chirurgien major de l'hôpital de Colmar, ayant le brevet de chirurgien major depuis 30 ans ; une campagne ; total, 36 ans.

Traitement en qualité de chirurgien-major à l'époque de la retraite, 600 livres ; recréée, eu égard à ce traitement. (articles 19 & 20, tit. 3.) . . . .

Gourdain, (Jérôme-Charles) né le 5 février 1716 ; ancienne pension, 2,000 liv.

46 ans de services dans les ponts & chaussées, commencés le 17 février 1745, finis en juillet 1787, emploi d'ingénieur en chef, aux appointements de 4,400 liv. pendant les 16 dernières années, & celui d'inspecteur général pendant les 2 dernières.

Recréée sur le pied desdits appointements. (art. 19 & 20, tit. 1 ; 1, tit. 2.) . . . .

Pithoueurt, (Jean-Baptiste) né le 13 février 1716 ; ancienne pension, 489 liv.

48 ans de services, commencés en 1733, fini le 27 janvier 1781, comme porte-drapeau depuis 13 ans ; 13 campagnes ; total, 61 ans.

Recréée, pour la totalité du traitement de porte-drapeau, en 1781. (art. 19 & 20, tit. 1 & 4, tit. 2.) . . . .

Cailloux de Valmen, (Jean-Louis) né le 18 février 1716 ; ancienne pension, 1,417 liv.

Report 25,648 10

30 ans de services, commencés en 1723, finis en
1763, en qualité de commandant de bataillon, avec
commission de lieutenant-colonel depuis 1758 ; 11
campagnes : total, 41 ans.

Recréée, sur le pied du traitement de lieutenant-
colonel en 1763. (art. 19 & 20, ... & . . . . .
tit. 2.) . . . .

De Vivens, (Antoine) né le 19 février 1716 ; ancienne
pension net, en 1789 ; 1,280 liv.

36 ans de services, commencés le 19 février 1732,
époque à laquelle il a eu 16 ans ; finis le 25 mars
1768, en qualité de capitaine de grenadiers, ayant
eu le grade de capitaine en 1743 ; 8 campagnes :
total, 44 ans.

Recréée sur le pied du traitement de capitaine en
1768. (art. 19 & 20, tit. 1, 2, & 3 tit. 2.) . . . . . .

Suivant le réglement de 1763, il n'auroit dû avoir
que 875 liv. . . . .

Durieu de Madron de Saint-Paul, (Jean-Paul-
Georges) né le 28 mars 1716 ; ancienne pension
935 liv.

31 ans de services, commencés le 28 mars 1732,
époque à laquelle il a eu 16 ans ; finis en 1763, en
qualité de commandant de bataillon, depuis 1760 ;
13 campagnes : total, 44 ans.

Recréée sur le pied du traitement de commandant
de bataillon, en 1763. (art. 19 & 20, tit. 1, 2, & 3.
tit. 2.) . . . .

Deliberge de Granchain, (Robert-Guillaume) né le
2 avril 1716 ; ancienne pension, 2,050 liv.

46 ans de services, commencés le 22 juin 1733,
finis le 14 novembre 1779, en qualité de lieutenant-
colonel, depuis le 7 mai 1777 ; 13 campagnes : total,
59 ans.

Recréée, pour la totalité du traitement de lieutenant-colonel, en 1779. (art. 19 & 20, tit. 1 & 2,
3, tit. 2.) . . . .

Detonty de Richecourt, (Antoine-René) né le 20
avril 1716 ; ancienne pension net, en 1789, 1,986
livres.

56 ans de services, commencés le 18 mars 1731,
finis le 18 mars 1787, en qualité de capitaine au
corps-royal de l'Artillerie, depuis 1755 ; plusieurs
campagnes.

Recréée pour la totalité du traitement de capitaine, en 1787. (art. 19 & 20, tit. 1, 2 & 3,
tit. 2.) . . . .

D'Ythier de la Tour d'Entrevaux, (Pierre-Louis)
né le 14 avril 1716 ; ancienne pension, 708 liv.

De cette part 26,614 15

Report . . . . 26,614 15 ſ

33 ans de ſervices, commencés le 14 avril 1732,
époque à laquelle il a eu 16 ans ; finis le 25 mars
1765, en qualité de capitaine, depuis 1742 ; 12 campagnes : total, 46 ans.

Recréée ſur le pied du traitement de capitaine,
en 1765. (art. 19 & 20, tit. 1 ; 1 & 3, tit. 2.) 1,175

Kerémar de Boiſchâteau, (Louis-Jean) né le 27 avril
1716 ; ancienne penſion, 1,650 liv.

35 ans de ſervices dans la Marine, commencés le
17 février 1732, finis le 16 avril 1767, en qualité de
capitaine de vaiſſeau, depuis 1756 ; 8 campagnes de
guerre, 7 en paix, faiſant 3 ans & demi : total du
ſervice, 46 ans & demi.

Recréée pour la totalité du traitement de capitaine de vaiſſeau, en 1767. (art. 19 & 20, tit. 1 ; &
4, tit. 2.) 3,000

Duvivier de Sarrante, (Henri-Gabriel) né le 28 avril
1716 ; ancienne penſion, 1,360 liv.

35 ans de ſervices, commencés le 5 mars 1735,
finis en janvier 1771, en qualité de major, depuis
1767, ayant eu rang de lieutenant-colonel à la retraite ; 12 campagnes ; total, 47 ans.

Recréée ſur le pied du traitement de major, en
1771. (art. 19 & 20, tit. 1 ; 1 & 3, tit. 2.) 2,663

Legras, (Jean-Pierre) né le 8 mai 1716 ; ancienne
penſion, 1,820 liv.

34 ans de ſervices, commencés le premier janvier
1734, finis en 1768, en qualité de maréchal-des-logis
des Grenadiers à cheval, avec rang de colonel depuis
5 ans ; 8 campagnes ; total, 42 ans.

Recréée ſur le pied du traitement de colonel, en
1768. (art. 19 & 20, tit. 1 ; 2 & 3, tit. 2.) 2,190

Marchand, (Antoine) né le 5 juin 1716 ; ancienne
penſion, 680 liv.

39 ans de ſervices, commencés, comme ſoldat, le
18 janvier 1741, & finis le 15 avril 1780, en qualité
de capitaine depuis un an ſeulement ; il étoit lieutenant depuis 1760 ; 13 campagnes : total, 52 ans.

Recréée pour la totalité du traitement de lieutenant, en 1780. (articles 19 & 20, tit. 1 ; 1 & 3,
tit. 2.) 900

Bonnet, (Jean François) né le 21 juin 1716 ; ancienne
penſion, 680 liv.

42 ans de ſervices, commencés en 1735, finis le
28 avril 1778, comme capitaine depuis 1773 ; 13
campagnes : total, 55 ans.

Recréée, pour la totalité du traitement de capitaine, en 1778. (art. 19 & 20, tit. 1 ; 1 & 3,
tit. 2.) 1,000

_____

De cette part 39,602 5

Report............................ 39,602ᵗ 5ſ

Texier de Lancey, (Pierre) né le 20 juin 1716; ſous-colonel, en 1778; ancienne penſion, 2,100 livres, déparement de la Marine; 1,500 liv. ſur le commerce de Marſeille; total, 3,600 liv.

32 ans de ſervice effectif, tant comme ayant ſervi ſous différens ambaſſadeurs, que comme conſul à Tripoli de Sirie, & à Tripoli de Barbarie; dans cette dernière place, pendant 9 ans; avec 6,500 liv. d'appointemens; le tout depuis 1739 juſqu'en 1759, & depuis 762 juſqu'en 1774; 17 ans de ſéjour hors de l'Europe : total, 49 ans.

Recréée ſur le pied du traitement, comme conſul à Tripoli de Barbarie (art. 19 & 20, tit. 2, & 3, tit. 2)................................. 3,600 liv.

Le Tellier, (Claude) né le 17 juillet 1716; ancienne penſion, 540 liv.

47 ans de ſervices, commencés en 1736, comme cavalier; finis le 22 janvier 1779, comme lieutenant en ſecond depuis 1775; 4 campagnes vérifiées; pluſieurs autres annoncées : total, 47 ans.

Recréée, pour la totalité du traitement de lieutenant, en 1779. (art. 19 & 20, tit. 1, 2 & 3, tit. 2.)...............................

Lequien de Moyenneville, (Alexis-Benjamin) né le 11 juillet 1716; ancienne penſion, 1,200 liv.

37 ans de ſervices, commencés le 1 juillet 1732, époque à laquelle il a eu 16 ans; finis le 30 décembre 1759, comme lieutenant-colonel depuis 1762; 8 campagnes : total, 45 ans.

Recréée, ſur le pied du traitement de lieutenant-colonel, en 1769. (artic. 19 & 20, tit. 1 & 3, tit. 2.)................................. 2,843 15

Manuel, (Nicolas) né le 17 juillet 1716; ancienne penſion, 1,010 liv.

39 ans de ſervices, commencés le 20 juin 1739, comme ſoldat; finis le 20 janvier 1772, comme capitaine depuis 1769; 13 campagnes; 3 ans de ſéjour hors de l'Europe : total, 55 ans.

Recréée, pour la totalité du traitement de capitaine, en 1779. (artic. 19 & 20, tit. 1, 2 & 3, tit. 2.)................................. 2,090

Thierſant de Bourgmarie, (François-Henri) né le 20 juillet 1716; anciennes penſions, par brevet, 1,800 livres; ordre de Saint-Louis, 800 livres; total, 2,600 li.

33 ans de ſervices, commencés le 20 juillet 1733, époque à laquelle il a eu 16 ans; finis le 21 octobre 1765, comme lieutenant-colonel depuis 1745; 9 campagnes : total, 42 ans.

Recréée ſur le pied du traitement de lieute-

Naiffances de 1716.

Report 51,602 35

nant-colonel, en 1765 (art. 19 & 20, tit. 1 , ...
& 3, tit. 2.) 2,450

De Lyle-Taulanne, (Louis-Augufte) né le 28 juillet
1716 ; ancienne penfion, 2,520 liv.

44 ans de fervices, commencés le 28 janvier 1732,
comme ga. de marine, finis le 26 septembre 1777, . .
comme capitaine de vaiffeau depuis 1757, ...
commiffion de chef d'efcadre qu'à la retraite ; 29
campagnes ; total, . . ans.

Recréée, pour la totalité du traitement de capitaine de vaiffeau, en 1777. (art 19 & 20, tit. 1 , . . .
tit. 2.) 3,000

Le Cocq, (Etienne) né le premier août 1716, ancienne penfion, 354 liv.

32 ans de fervices commencés comme dragon, . . .
le 12 janvier 1732 , finis le 4 novembre 1764 , en
qualité de capitaine aide-major de dragons depuis . .
1761 ; 11 campagnes ; total, 48 ans.

Recréée fur le pied du traitement de capitaine en-
1764. (art. 19 & 20, tit. 1 , 2 & 3 tit. 2.) . . . 1,106

Delabarre, (François) né le 9 août 1716, ancienne
penfion, 850 liv.

37 ans de fervices, comme ces le premier janvier
1734 , finis le 16 avril 1771, comme capitaine de
grenadiers au régiment d'Aunis, avec rang de major
depuis 1768 ; 15 campagnes ; total , 52 ans.

Il n'a eu rang de lieutenant-colonel qu'à fa . . .
retraite.

Recréée, pour la totalité du traitement de major,
en 1771. (art. 19 & 20 tit. 1 , 2 & 3 , tit. 2.) . . 3,000

Ferrier, (Dominique-Laurent) né le 10 août 1716,
ancienne penfion, 398 liv.

40 ans de fervices, commencés comme foldat, le
28 octobre 1736 ; finis le 22 avril 1777, comme
lieutenant de grenadiers au régiment de Nivernois,
ayant le grade de lieutenant depuis 1766 ; 8 campagnes ; total, 46 ans.

Recréée fur le pied du traitement de lieutenant,
en 1777. (art. 19 & 20 tit. 1 , 2 & 3 , tit. 2.) . . 465

De Bourcia, (Antoine-Laurent) né le 10 août 1716 ;
ancienne penfion, 354 liv.

49 ans de fervices, commencées en 1733, difconti-
nués le 9 décembre 1771, étant, à cette époque,
lieutenant-colonel du régiment de Provence ; repris
le 7 avril 1773, comme commandant du fort Saint-
André de Salins ; finis en la même qualité, en avril
1782, avec 1,600 liv. d'appointements ; 9 campagnes ;
total, 58 ans.

Recréée pour la totalité defdits appointemens. (art.
19 & 20, tit. 1 , 1 & 3 tit. 2.) 31,600

De cette part 65,323

Report 65,523 10

De Relingue, (Jacques-Balthasar) né le 27 août 1716;
ancienne pension, 1,200 liv.

35 ans de services, commencés le 19 août 1741,
finis le premier janvier 1777, comme ingénieur en
chef au corps du Génie, depuis 1748, avec appointemens de 2,000 livres; 6 campagnes; total, 41
ans.

Recréée sur le pied desdits appointemens. (art. 19
& 20, tit. 1; 1 & 2, tit. 2.) 1,333

De Boucarrès d'Angos, (Jean-Arnaud-Barthélemi)
né le 24 août 1716; ancienne pension, 1,440 l.

40 ans de services en deux parties; l'une dans le
régiment de Boulonnois, commencée le premier
janvier 1734, finie par réforme sur la fin de 1716;
l'autre commencée le premier août 1743; dans le
régiment de Navarre. Il a été fait capitaine en
1761, finie le 18 mars 1776, comme major de Bellegarde; 10 campagnes; total, 10 ans.

Recréée pour la totalité du traitement de capitaine, en 1776. (articles 19 & 20, tit. 1; 2 & 3,
tit. 2.) 2,000

De Mauclerc, (Pierre-Antoine) né le 29 août 1716;
ancienne pension, 3,820 liv.

46 ans six mois de services, commencés en 1749,
finis le premier avril 1776, comme commissaire
ordinaire de la Marine, depuis 1745, avec 3,000 liv.
d'appointemens; 3 années d'embarquement en temps
de paix, comptant pour dix-huit mois; total, 48
ans.

Recréée pour la totalité des appointemens. (art. 19
& 20, tit. 1; 3 & 4, tit. 2.) 3,065

De Bordenave, (Bernard) né le 29 août 1716; ancienne pension, 850 liv.

35 ans de services, commencés en 1742, finis le
19 août 1777, comme capitaine depuis 1755; 7 campagnes, total, 42 ans.

Recréée sur le pied du traitement de capitaine, en
1777. (art. 19 & 20, tit. 1; 1 & 2, tit. 2.) . . . . . .

Charlon, (Pierre-Claude) né le 29 août 1716; ancienne pension, 450 liv. sur la régie des Fêtes.

53 ans de services, commencés en 1729, finis le
premier janvier 1783; comme sous-receveur des Fêtes
de Vitry; depuis 32 ans, aux appointemens de 500
livres.

Recréée pour la totalité desdits appointemens. (art.
19 & 20, tit. 1; & 3, tit. 2.) 500

Loflé, (Jean-George) né le 5 septembre 1716; ancienne pension, 318 liv. 12 f.

30 ans de services, commencés comme soldat, &

Naissances de 1716.

Report 73,748ˡ¹ 10ſ

finis le 19 février 1766; comme porte-drapeau; 11
campagnes : total, 41 ans.

Recréée, suivant la Loi du 19 janvier 1791, comme
officier de fortune. 600

Claverie de Banière, (Henri) né le 6 septembre 1716;
ancienne penſion, 18,785 l. 14 ſ. 8 d.

45 ans 7 mois de ſervices, commencés en 1731,
comme commis au département des affaires étrangères; finis le 7 août 1776, comme premier commis
du département de la guerre; depuis 1759; ſes appointemens étoient :

1°. Comme 1er. commis. . . 13,000 l. ⎫
2°. Pour raiſon de la comp- ⎬ 15,000 l.
tabilité . . . . 3,000 l. ⎭

Supplément de traitement, 12,000 l. *Mémoire.*

Suivant le réglement du 27 juin 1776, il n'auroit
dû avoir, à raiſon dudit traitement de 15,000 liv.;
que 12,500 liv. , qui n'auroient produit net , en
1789, que 8,125 liv.

Recréée à raiſon de ſon traitement de 15,000 liv.
pour le maximum. (art. 19 & 20, tit. 1; & 5,
tit. 2.) 10,000

Joumart de Chabans, (François) né le 17 ſeptembre
1716; ancienne penſion, 11,020 liv.

35 ans de ſervices, commencés le premier décembre 1733, finis le 14 mars 1769, comme lieutenant-
colonel depuis 1766; 12 campagnes : total, 47 ans.

Recréée ſur le pied du traitement de lieutenant-
colonel, en 1769. (art. 19 & 20, tit. 1; & 3,
tit. 2.) 3,106 5

Collet de Valdampierre, (Guillaume-Denis) né le 26
Septembre 1716; ancienne penſion, 935 liv.

41 ans de ſervices, commencés, comme dragon ,
en 1736; finis le 19 décembre 1777; comme capitaine
depuis 1762; 10 campagnes : total, 51 ans.

Recréée pour la totalité du traitement de capitaine,
en 1777. (art. 19 & 20, tit. 1, 2, & 3, tit. 2.) . 2,000

De Lincé, (Walter) né le 30 ſeptembre 1716; ancienne penſion, 1,500 liv.

34 ans de ſervices : ſavoir, 1°. 27 ans au régiment
de Condé, commencés le 2 mars 1741, finis le 18
juin 1768, comme capitaine; 2°. & 7 ans comme
major de Baïonne, depuis le 23 janvier 1781,
juſqu'au 19 juin 1788; 12 campagnes : total, 46 ans.

Recréée ſur le pied du traitement de capitaine, en
1788, ayant conſervé ſon rang à raiſon de ſon
activité comme major. (art. 19 & 20, tit. 1, 2
& 3, tit. 2.) 1,700

De cette part 91,154 15

Report 91,154ᵗ 15ſ

Paratge, (Marc-Antoine) né le 30 septembre 1716;
ancienne pension, 450 liv.

41 ans de services, commencés comme soldat,
le 16 octobre 1737; finis le 22 janvier 1779, comme
lieutenant en second depuis 1771; 11 campagues:
total, 52 ans.

Recréée pour la totalité du traitement de lieutenant, en 1779. (articles 19 & 20, tit. 1; 1, 2 &
3, tit. 2.) 9:0

De Monéry, (Antoine-Augustin) né le 10 octobre
1716; ancienne pension, 1,100 liv.

42 ans de services; savoir, 24 ans, tant au régiment de Gatinois, qu'à celui d'Orléans infanterie,
depuis 1734, jusqu'en 1759; rang de major, depuis
1754, & 18 ans comme lieutenant de Roi, à Grenoble, de 1759 à 1777. 39 campagnes : total, 51 ans.

Recréée pour la totalité du traitement de major,
en 1777, ayant conservé son rang de major, par son
activité dans la place de lieutenant de roi. (art. 19
& 20, tit. 1; 1, 2 & 3, tit. 2.)   3,060

Preyssac de Cadeilhan, (Lambert) né le 31 octobre
1716; ancienne pension, 1,233 liv.

36 ans de services dans les régimens de Médoc,
de Berry & d'Aquitaine, commencés en 1733, finis
le 11 avril 1770, comme capitaine de grenadiers,
ayant grade de capitaine depuis 1746, n'ayant été
lieutenant-colonel qu'à la retraite; 14 campagnes:
total, 50 ans.

Recréée pour la totalité du traitement de capitaine, en 1770. (articles 19 & 20, tit. 1; 1, 2 & 3,
tit. 2.)   1,500

Guignace, (Michel) né le 16 octobre 1716; anciennes
pensions, 11,050 liv. par brevet, & 1,000 l. sur les
invalides de la Marine : total, 11,050 liv.

49 ans de services; savoir, 29 ans commencés en
1735, finis en 1764; en qualité d'écrivain & de
commissaire ordinaire, emplois sujets à embarquemens; lesquels 29 ans doivent être augmentés d'un
cinquième, pour être additionnés avec service d'emploi civil, eu égard à la différence entre le service de
terre & celui de mer, & doivent compter pour 33
ans; & 16 ans finis en octobre 1780, comme premier
commis des fonds à Versailles, depuis 1774, aux
appointemens de 12,000 l.

Recréée à raison desdits appointemens, pour le
maximum. (art. 19 & 20, tit. 1; 4 & 5, tit. 2.) . .   10,000

Les anciennes pensions ne pouvoient être rétablies,
attendu qu'il n'existoit pas de réglement au département de la Marine, lors de la concession.

Naissances de 1716.

Report 106,554ᴸ 15ˢ

Raudin, (Jean-François) né le 27 octobre 1716, ancienne pension 6.600 liv.

54 ans de services, commencés en qualité de commissaire des guerres, le premier janvier 1733; terminés à la fin de 1786 en qualité de commissaire-ordonnateur depuis 10 ans, aux appointemens de 7,000 liv.

Recréée pour la totalité du traitement. (art. 19 & 20, tit. 1 & 5, tit. 2.) 7,000

Michel, (Jean François) né le 10 novembre 1716, ancienne pension, 442 liv. 10 f.

32 ans de services, commencés le 24 février 1733, comme cavalier; finis le 25 mars 1765, en qualité d'aide major, avec rang de capitaine depuis 1753; 14 campagnes : total. 46 ans.

Recréée à raison de son traitement de capitaine, en 1765, (art. 19 & 20, tit. 1, 1, 2 & 3, tit. 2.) . 1,275

Chazal, (Honoré) né le 10 novembre 1716, ancienne pension 600 liv.

55 ans de services, du commencement de 1727 au 21 septembre 1782, au bagne & sur les galères à Marseille; emploi d'arg. usin pendant les 10 dernières années, avec 600 liv. d'appointemens.

Recréée pour cette somme, (art. 19 & 20, tit. 1 & 5, tit. 3.) 600

Riouffol d'Hauteville, (Philippe) né le 10 novembre 1716; ancienne pension, 850 l.

36 ans de services, commencés le 30 décembre 1734, finis le 16 avril 1771, en qualité de capitaine depuis 1746; 9 campagnes : total, 45 ans.

Recréée sur le pied du traitement de capitaine, en 1771. (articles 9 & 10, tit. 1, 1, 2, & 3, tit. 2.) 1,218 15

Gibert, (Antoine) né le 18 novembre 1716; anciennes pensions, 1,000 l. par brevet, & 1,000 l. sur les invalides de la marine.

51 ans de services de maître-entretenu pour la marine; finis le 4 avril 1787, emploi de maître sculpteur au port de Toulon, avec 2,000 liv. d'appointemens depuis 1779.

Recréée pour le montant de ces appointemens. (art. 19 & 20, tit. 1 & 5, tit. 2.) 2,000

Joussin au de Favas, (Michel) né le 19 novembre 1716; ancienne pension 1,095 l.

51 ans de services, savoir, de novembre 1733 à 1760, dans les régimens de Coffé, Fierre, Dampierre, & d'Espinchal cavalerie, avec grade de lieute-

De cette part 118.648 10

h 2

Report 118,648ᴴ 10ˢ

nant-colonel depuis 1758 ; & du premier janvier
1765 au premier janvier 1790 ; comme inspecteur
des haras, avec 2,000 liv. d'appointemens ; 9 campagnes : total, 60 ans.

Recréée pour le montant desdits appointemens
d'inspecteur. (articles 19 & 20, tit. 1 ; & 5, tit. 2.)   2,000

Béraud, (Etienne) né le 28 novembre 1716 ; ancienne
pension, 443 liv.

34 ans de services, commencés, comme soldat, le
25 septembre 1736 ; finis, comme sous-aide-major,
le 17 juin 1770 ; 5 campagnes,

Recréée comme officier de fortune. (Loi du 19
janvier 1791.)   600

Trouillet Dupont, (Siméon) né le 5 décembre 1716 ;
ancienne pension, 285 liv. 10 f.

31 ans de services, commencés, comme soldat, le
premier septembre 1734 ; finis en qualité de lieutenant, le premier janvier 1768 ; 14 campagnes.

Recréée comme officier de fortune. (Loi du 19
janvier 1791.)   650

Thoreau, (Isabelle-Marie-Auguste Déninger, veuve)
née le 19 décembre 1716 ; ancienne pension, 150 liv.

Le mari, capitaine-aide-major au bataillon de
Milice de Dijon, tué à la bataille de Fontenoi ;
infirmités, besoins urgens,

Recréée. (art. 7, tit. 1, Loi du 21 août)   500

Le Carlier d'Herlye, (Louis-Salomon) né le 23 décembre 1716 ; ancienne pension, 2,316 l.

43 ans de services dans la Marine, commencés le
7 mai 1732, finis le 14 mars 1776, en qualité de
capitaine de vaisseau depuis 1757 ; il n'a eu provisions
de chef d'escadre qu'à sa retraite ; 11 campagnes de
guerre ; 7 embarquemens en paix, valant 3 ans &
demi : total, 57 ans.

Recréée pour la totalité du traitement de capitaine
de vaisseau, en 1776. (art. 19 & 20, tit. 1 & 4,
tit. 2.)   3,000

Le Prévôt de la Prévôtière, (Jacques-Louis) né
le 29 décembre 1716 ; ancienne pension, 593 livres.

52 ans de services, tant sur les vaisseaux de la
compagnie des Indes ancienne que dans les bureaux de la Marine, du 19 décembre 1735 au premier avril 1788 ; 4 campagnes de mer ; 2 voyages à
la Martinique ; emploi de commis aux écritures de
la marine, au Hâvre, pendant les 11 dernières
années ; appointemens de 900 liv. en cette qualité,
lors de sa retraite.

De cette part 125,348 10

Report 125,348ᵗ 10ᶠ

Recréée pour pareille ſomme de 900 liv. (art. 19 &
20, tit. 1; 4 & 5, tit. 2) 900

TOTAL 126,248 10ᶠ

Penſions recréées. Naiſſances de 1717.

ASSELIN DESPARTS, (Charles) né le 15 janvier 1717;
ancienne penſion, 885 liv.

32 ans 6 mois de ſervices, commencés le 3 octobre
1734, interrompus du 3 avril 1749 au 30 mai ſuivant,
finis le 22 juin 1767; 14 campagnes; le tout formant
46 ans: grade de capitaine pendant les 24 dernières
années, celui de major ſeulement à la retraite.

Recréée ſur le pied du traitement de capitaine lors
de la retraite. (art. 19 & 20, tit. 1, 1, 2 & 3, tit. 2.)

Foglioni, (Antoine-François) né le 17 janvier 1717;
ancienne penſion, 450 liv.

45 ans de ſervices, commencés comme ſoldat le
18 avril 1735, finis le 5 avril 1780, comme ſous-lieutenant depuis moins de deux ans; grade de porte-
drapeau occupé pendant les 6 années précédentes;
13 campagnes; le tout formant 58 ans.

Recréée pour le montant du traitement de porte-
drapeau lors de la retraite. (art. 19 & 20, tit. 1;
1, 2 & 3, tit. 2, loi du 23 août 1790.)

Loiſeau, (François-Pierre) né le 2 février 1717, ancienne penſion, 1,062 liv.

31 ans de ſervices, du 11 mars 1735, au 27 août
1766; 14 campagnes; le tout formant 45 ans; grade
de capitaine pendant les 17 dernières années.

Recréée ſur le pied du traitement de ce grade lors
de la retraite. (art. 19 & 20, tit. 1, 1, 2 & 3, tit. 2.)

Claude, dit de Vizé, (Charles-Antoine) né le 2 février 1717; ancienne penſion, 318 liv. 12 ſ.

35 ans de ſervices, commencés comme ſoldat le 2
juin 1736, finis le 5 mai 1771, dans le grade de porte-
drapeau, poſſédé pendant les neuf dernières années.

Recréée pour 600 liv., minimum des officiers dits
de fortune, ſupérieur au traitement de porte-drapeau
lors de la retraite. (art. 19 & 20, tit. 1, loi du 23
août 1790, & loi du 19 janvier 1791.)

Breton, (Jacques) né le 11 février 1717; ancienne
penſion, 450 liv.

40 ans de ſervices, commencés comme ſoldat le
18 novembre 1738, finis le 22 janvier 1779, 14 campagnes; le tout formant 54 ans: grade de ſous-lieutenant pendant les deux dernières années.

De cette part 3,813 15 6

h 3

Report . . . .   3,813^{lt} 15ſ

Recréée pour le montant du traitement de ce grade
lors de la retraite. (art 19 & 20, tit. 1; 1, 2 & 3,
tit. 2. loi du 23 août 1790.)   720

De Mauger, (Fra çis-Léonore) né le 3 mars 1717;
ancienne penſion, 1,500 liv.

    47 ans de ſervices, commencés le 29 avril 1733,
finis le 4 avril 1771, 7 campagnes, le tout formant
54 ans; deux bleſſures : grade de capitaine pendant
les 33 dernières années.

Recréée pour le montant du traitement de ce grade
lors de la retraite. (art. 19& 20, tit 1; 1, 2 & 3, tit. 2)   2,000

Petitot, (Louis) né le 9 mars 1717; ancienne penſion,
700 liv.

    42 ans de ſervices, commencés comme ſoldat le 3
février 1739, finis le 4 avril 1781, 16 campagnes, le
tout formant 58 ans : grade de lieutenant pendant les
deux derniers années d'activité.

Recréée pour le montant du traitement de ce grade
lors de la retraite. (art. 19 & 20, tit. 1; 1 & 3, tit 2.)   900

Belloy, (Benjamin) né le 22 mars 1717; ancienne
penſion, 4,800 liv.

    45 ans de ſervices dans l'artillerie, du 21 mars
1733 au 9 mai 1778, non compris 17 mois antérieurs
à l'âge de 16 ans, 12 campagnes, le tout formant 57
ans : grade de colonel pendant les 19 dernières années.

Recréée pour le montant du traitement de ce grade
lors de la retraite. (art. 19 & 20, tit. 1; 1, 2 & 3,
tit. 2)   4,000

    L'ancienne penſion n'a produit que 3,360 liv. en
1789 : ainſi elle n'auroit pu être reconſtituée, par
ſimple rétabliſſement, que pour cette ſomme. (art.
9, tit. 3.

Valon de Valoir, (Nicolas) né le 25 mars 1717; ancienne penſion, 885 liv.

    34 ans de ſervices de 1742 au 21 avril 1777, 7
campagnes, le tout formant 51 ans : grade de capitaine pendant les 10 dernières années.

Recréée ſur le pied du traitement de ce grade lors
de la retraite. (art. 19 & 20, tit. 1; 1 & 3, tit. 2.) . .   1,325

Coypel, (Nicolas) né le 26 mars 1717; ancienne penſion, 295 liv.

    Retraite néceſſitée par infirmités le 22 juillet 1764,
dans le grade de porte-drapeaux qu'on n'obtenoit
alors qu'après de bons & anciens ſervices dans les
grades inférieurs.

    Recréée comme pour officier dit *de fortune*. (art.
17, tit. 1, loi du 22 août 1790, & loi du 19 janvier 1791.)   600

                          ———————

    De cette part 13,358 15

Report 13,158ᴴ 15ſ

Ducros, (Raymond), né le 27 mars 1717; ancienne penſion, 600 liv.

43 ans de ſervices, commencés comme dragon le 21 mars 1735, finis le 22 janvier 1779, 11 campagnes, le tout formant 54 ans : grade de lieutenant pendant les 9 dernières années.

Recréée pour le montant du traitement de ce grade lors de la retraite. (art. 19 & 20, tit. 1; 1, 2 & 3, tit. 2.) 900

Petreman de Valay, (Philippe-Déſiré) né le 21 avril 1717; ancienne penſion, 1,505 liv. 15 ſ.

32 ans de ſervices, du 21 avril 1733 au 25 mars 1765, non compris près d'un an antérieur à l'âge de de 16 ans, 10 campagnes, le tout formant 42 ans : grade de major pendant les 18 dernières années.

Recréée ſur le pied du traitement de ce grade lors de la retraite. (art. 19 & 20, tit. 1; 1, 2 & 3, tit. 2.) 2,100

Trocut de Malix, (Pierre) né le 27 avril 1717; ancienne penſion, 1,327 liv. 10 ſ.

33 ans de ſervice, du 13 février 1734 à 1767, 12 campagnes, le tout formant 45 ans : grades de lieutenant-colonel pendant le dernier mois, & de capitaine pendant les 21 années précédentes.

Recréée ſur le pied du traitement de capitaine lors de la retraite. (art. 19 & 20, tit. 1; 2 & 3, tit. 2.) 1,118 15

L'ancienne penſion n'a produit que 1,200 liv. en 1789, & de plus n'étoit pas entièrement conforme aux réglemens.

Geoffroy, (Louis) né le 8 mai 1717; ancienne penſion, 2,000 liv.

39 ans de ſervices, commencés le premier janvier 1740, finis le 8 avril 1779, 5 campagnes, le tout formant 44 ans : grade de lieutenant colonel pendant les quatre dernières années.

Recréée ſur le pied du traitement de ce grade lors de la retraite. (art. 19 & 20, tit. 1; 1, 2 & 3, tit. 2.) 2,790

Dammelin de Beaurepaire, (François) né le 8 mai 1717; ancienne penſion, 1,417 liv.

31 ans de ſervices, commencés en janvier 1733, finis le 14 ſeptembre 1764, 12 campagnes, le tout formant 43 ans : grade de lieutenant-colonel pendant les 10 derniers mois d'activité.

Recréée ſur le pied du traitement de ce grade lors de la retraite. (art. 19 & 20, tit. 1; 1, 2 & 3, tit. 2.) 2,581 5

Roger de Noé, (Jacques) né le 15 mai 1717; ancienne penſion, 2,887 l. 10 ſ.

33 ans de ſervices, commencés le 27 ſeptembre

De cette part 22,948 15

Report 22,948ᵗᵗ 15ˢ

1733, finis le 31 octobre 1766, depuis laquelle époque
il a obtenu le grade de maréchal-de-camp; 11 campagnes, le tout formant 44 ans; grade de colonel
pendant les 8 dernières années d'activité.

Recréée fur le pied du traitement de ce grade lors de
la retraite. (art. 19 & 20, tit. 1; 1, 2 & 3, tit. 2.) 3,487 10

Saint-Aubin, (Paul-Louis) né le 30 mai 1717; ancienne
penfion, 2,000 liv.

45 ans de fervices, commencés en 1734, finis le
5 avril 1780, 13 campagnes, le tout formant 58 ans;
grade de lieutenant-colonel pendant les fix dernières
années.

Recréée pour le montant du traitement de ce grade
lors de la retraite. (art. 19 & 20, tit. 1; 1, 2 & 3,
tit. 2.) 3,600

Sarrebource de Pont-le-Roi, (Nicolas) né le 12 juin
1717; ancienne penfion, 1°. par brevet, 10,532 liv.
10 f.; 2°. fur l'ordre de Saint-Louis, 600 liv; total,
11,132 liv. 10 f.

49 ans de fervices, commencés en 1716; finis le 18
décembre 1785, 11 campagnes, le tout formant 60
ans; emploi de directeur des fortifications pendant les
15 dernières années, aux appointemens de 16,000 liv.

Recréée pour cette fomme. (art. 19 & 20; tit. 1;
& art. 5, tit. 2.) 16,000

La première de fes anciennes penfions, comme
payable fur le tréfor public, n'a produit en 1789 que
6,890 liv.

La Prade de la Tour, (Jean-Claude) né le 22 juin 1717;
ancienne penfion, 708 liv.

32 ans de fervices, commencés le 22 feptembre
1733, finis le 28 mars 1766, 5 campagnes; le tout
formant 37 ans; grade de capitaine pendant les 19
dernières années.

Recréée fur le pied du traitement de ce grade lors
de la retraite. (art. 19 & 20, tit. 1; 1; 2 & 3, tit. 2.) . . . 769

Grenelle de Pimont, (François) né le 18 juillet 1717;
ancienne penfion, 1,062 liv.

33 ans & 6 mois de fervices, commencés le premier janvier 1734, finis le 22 juin 1767, 12 campagnes, 2 ans & demi de féjour & guerre à la Martinique; total, 47 ans; grade de major pendant les
cinq dernières années, celui de lieutenant-colonel à
la retraite feulement.

Recréée fur le pied du traitement de major lors de
la retraite. (art. 19 & 20, tit. 1; 1 & 3, tit. 2.) 2,662 16

Monthaniac, (Jean-Antoine-Ignace) né le 16 juillet
1717; ancienne penfion, fous le titre d'appointemens

Report 43,467ᴴ 15ˢ

de capitaine à la suite de Vesoul, 786 liv. 13 sols
4 den. net.

36 ans de services, commencés le premier septembre
1733, finis le 30 décembre 1769, 11 campagnes, le
tout formant 48 ans : grade de capitaine pendant
les neuf dernières années, & celui de major seulement à la retraite.

Recréée sur le pied du traitement de capitaine lors
de la retraite. (art. 19 & 20, tit. 1, & 3, tit. 2.) 1,387 10

Hérou, (Louis-Laurent) né le 9 août 1717; ancienne
pension, 800 liv.

44 ans de services dans l'administration de la marine, tant sur les vaisseaux que dans divers bureaux,
du premier novembre 1744 au 20 novembre 1788,
5 campagnes de mer, dont une de 15 mois & une
de 18, le tout formant 51 ans : emploi de commissaire des classes, & fonctions de trésorier des invalides, avec 2,800 liv. de traitement pour le tout, de
décembre 1780 à février 1786, & par conséquent au
commencemens de ses trois dernières années d'activité,
laquelle a continué depuis, & fini dans l'emploi de
trésorier des invalides.

Recréée pour le montant dudit traitement, (art.
19 & 20, tit. 1, 4 & 5, tit. 2.) 2,800

Lassuderie de Campanès, (Joseph) né le 11 août 1717;
ancienne pension, 885 liv.

31 ans de services, commencés le 22 décembre
1735, finis le 2 août 1767, 11 campagnes, le tout
formant 42 ans : grade de capitaine pendant les 12
dernières années, celui de major seulement à la
retraite.

Recréée sur le pied du traitement de capitaine lors
de la retraite. (art. 19 & 20, tit. 1, & 3, tit. 2.) . . . 1,050

D'Inguimbert, (Joseph) né le 19 août 1717; ancienne
pension, 1,327 l. 10 s.

33 ans de services, commencés le premier décembre 1733, interrompus le premier mars 1763, continués le premier octobre 1763, finis le 30 septembre
1767; 13 campagnes, formant ensemble 46 ans :
place de commandant des recrues de Nancy pendant
les quatre dernières années, & rang de lieutenant-
colonel pendant les 19 derniers mois seulement.

Recréée sur le pied du traitement de 1,800 liv.
réglé par l'ordonnance du 25 novembre 1766 à ladite
place de commandant de recrues, (art. 19 & 20, tit.
1 & 3, tit. 2.) 1,800

O Flannagan, (Jacques-Pierre) né le premier septembre 1717; ancienne pension, & par brevet, 1,170

Naissances de 1717.

Report	59,235ᴸ 5ſ

10 ſ.; 20. ſur l'ordre de Saint-Louis, 800 liv.; total, 3,070 liv. 10 ſ.

40 ans de ſervices, commencés le 11 avril 1735, finis le 11 juin 1775, 9 campagnes, le tout formant 49 ans : grade de lieutenant-colonel pendant les neuf dernières années.

Recréée ſur le pied du traitement de ce grade lors de la retraite. (art. 19 & 20, tit. 1; 1, 2 & 3, tit. 2.)   3,368 15

Scuilet, (Dominique) né le 11 ſeptembre 1717; ancienne penſion, 1,024 l.

37 ans, commencés le premier janvier 1734, finis le 13 mars 1771, 7 campagnes, le tout formant 44 ans : rang de major pendant preſque les trois dernières années d'activité, celui de lieutenant-colonel ſeulement à la retraite.

Recréée ſur le pied du traitement de major lors de la retraite. (art. 19 & 30, tit. 1; 1, 2 & 3, tit. 2.) ..   2,325

Riquetti-Mirabeau, (Jean Antoine-Joſeph-Charles-Elzéard) né le 8 octobre 1717; ancienne penſion, 2,411 liv. 10 ſ.

33 ans 10 mois de ſervices de marine, commencés le 7 mai 1730, finis le 28 mars 1764, 14 campagnes, un an au moins de ſéjour en Amérique, le tout formant 48 ans : grade de capitaine de vaiſſeau pendant les 21 dernières années.

Recréée pour le montant du traitement de ce grade lors de la retraite. (art. 19 & 29, tit. 1 & art. 4, tit. 2.)   3,900

Ancler, (Dlle. Eliſabeth Midatt, veuve du ſieur) née le 17 octobre 1717; ancienne penſion, 200 liv.

Le mari tué à Caſſel en la campagne de 1763; elle-même reſtée ſans fortune.

Recréée pour pareille ſomme, à titre de penſion alimentaire. (art. 3, tit. 1.)   200

Duvivier, (Ange Charles) né le 23 octobre 1717; ancienne penſion, 3,300 liv.

47 ans de ſervices, commencés le 5 mars 1735, finis le 10 mai 1782, & 11 campagnes, le tout formant 59 ans : grade de lieutenant-colonel pendant les 10 dernières années.

Recréée pour le traitement de ce grade lors de ſa retraite. (art. 19 & 20, tit. 1; 1 & 3, tit. 2.)   3,600

Conpy, (Michel) né le 24 octobre 1717; ancienne penſion, 350 liv.

41 ans de ſervices, commencés comme ſoldat, le premier octobre 1736, interrompus de ſeptembre 1739 à janvier 1740, finis comme maréchal-des-logis dans la maréchauſſée, le 10 mars 1788, 6 campagnes:

De cette part	62,729

Report . . . .   62,729^{lt}   5

rang de lieutenant pendant les 15 dernières années d'activité; le tout conſtate avec les témoignages les plus honorables ſur les ſentimens & la conduite perſonnels du penſionnaire.

Recrée pour le traitement de lieutenant lors de la retraite. (art. 19 & 20, tit. 1; 1, 2 & 3, tit. 2.) . .   900

Pinault, (Jean-François) né le 2 novembre 1717, ancienne penſion, 600 livres.

41 ans de ſervices, commencés comme ſoldat, le 15 février 1737, finis le 22 janvier 1779, & 13 campagnes, le tout formant 54 ans: grade de quartier-maître tréſorier pendant les 2 dernières années.

Recréée pour le traitement attaché à ce grade lors de ſa retraite. (art. 19 & 20, tit. 1; 1 & 3, tit. 2.) . .   1,200

Peſtels, (François-Claude) né le 2 novembre 1717; ancienne penſion, 2,600 liv.

41 ans de ſervices, commencés le 28 avril 1737, finis le 22 janvier 1779, & 7 campagnes, le tout formant 48 ans: grade de lieutenant-colonel pendant les 12 dernières années.

Recréée ſur le pied du traitement de ce grade lors de la retraite. (art. 19 & 20, tit. 1; 1, 2 & 3, tit. 2.)   3,330

Dantenaize, (Henri-Geoffroi) né le 7 novembre 1717; ancienne penſion, 442 liv. 10 ſ.

30 ans de ſervices, commencés le 2 avril 1735, finis le 8 mai 1765, 6 campagnes, le tout formant 36 ans: grade de capitaine pendant les 21 dernières années.

Recréée ſur le pied du traitement de ce grade lors de la retraite. (art. 19 & 20, tit. 1; 1 & 3, tit. 2.) . . .   712   10

Buiſſon, (Jacques) né le 16 novembre 1717; ancienne penſion, 1,062 liv.

30 ans de ſervices, commencés le premier novembre 1734, interrompus en 1763, continués le 8 juin 1766, 5 campagnes, le tout formant 35 ans: grades de major pendant les 4 dernières années d'activité, & de lieutenant-colonel pendant les deux derniers mois.

Recréée ſur le pied du traitement de major lors de la retraite. (art. 19 & 20, tit. 1; 1 & 3, tit. 2.) . . .   1,312   10

Gazau de la Boiſſière, (Louis-Charles) né le 26 novembre 1717; ancienne penſion, 1,770 liv.

32 ans de ſervices, commencés le 8 mai 1740, finis en 1772, 13 campagnes, le tout montant à 45 ans: rang de colonel pendant les 6 dernières années d'activité.

Recréée ſur le pied du traitement de ce grade lors de la retraite. (art. 19 & 20, tit. 1; 1, 2 & 3, tit. 2.) . . .   3,656   5

Guſlin de Bellcourt, (Jean-Baptiſte) né le 29 novembre 1717; ancienne penſion, 398 liv. 5 ſ.

42 ans de ſervices, commencés le 27 décembre 1735, finis le 19 décembre 1777, 6 campagnes, le

De cette part   73,842   5

Report 73,840

tont formant 48 ans : rang de capitaine pendant les 5
dernières années d'activité.

Recréée sur le pied du traitement de ce grade. (art.
19 & 20, tit. 1 ; 1, 2 & 3, tit. 2.) 1,850

Chambon, (Pierre, né le 2 décembre 1717 ; ancienne
pension, 600 liv.

45 ans de services, commencés le 10 mars 1735,
interrompus du 19 décembre 1741 au 10 mars 1742,
& finis le 4 avril 1781, 8 campagnes, le tout formant
53 ans : grade de lieutenant pendant les 4 dernières
années.

Recréée pour le traitement de ce grade lors de la
retraite. (art. 19 & 20, tit. 1 ; 1 & 3, tit. 2.)

Lebas de Girangy de Claye, (Louis-César) né le 24 décembre 1717 ; ancienne pension, 1,062 liv.

36 ans de services, commencés en 1735 ; finis le 27
septembre 1770, 6 campagnes ; le tout formant 42
ans : rang de lieutenant-colonel pendant les 2 dernières années d'activité.

Recréée sur le pied du traitement attaché à ce grade
lors de la retraite. (art. 19 & 20, tit. 1 ; 1, 2 & 3, tit. 2.)   2,434

Richardot, (Jean-Paul) né le 26 décembre 1717 ; ancienne pension, 1°. par brevet sur le trésor public,
600 liv. ; 2°. sur l'ordre de Saint-Louis, 200 liv. ;
total, 800 liv.

49 ans de services, commencés comme soldat en
1735, finis le 27 février 1785, 6 campagnes ; le tout
formant 55 ans : grade de sous-lieutenant pendant les
6 dernières années.

Recréée pour le traitement attaché à ce grade lors
de la retraite. (art. 19 & 20, tit. 1 ; 1, 2 & 3, tit. 2.)   910

Les concessions des ci-devant pensions de ce pensionnaire, en dates, savoir, pour celle de 200 liv., du
8 juillet 1784, & pour celle de 600 liv., du 27 février
1785, n'avoient pas été faites en conformité de l'ordonnance de réglemens du 10 juillet 1780, alors
subsistante.

Roger, (Charles) né en 1717 ; ancienne pension,
6,442 liv.

50 ans de services, tant militaire que d'ingénieur
géographe, finis au 31 décembre 1783 : emploi d'in-
génieur-géographe-militaire pendant les 15 dernières
années avec 4,000 liv. d'appointemens.

Recréée pour cette somme. (art. 19 & 20, tit. 1 ; 1, 2 &
3, tit. 2.) 4,000

L'ancienne pension ne pourroit être rétablie, parce
qu'il n'existe aucun réglement connu applicable à
l'emploi d'ingénieur-géographe, & que la concession

De cette part 83,760

Naissances de 1716.

Report	83,760ᵗᵗ	5ſ

pour la presque totalité est postérieure & non conforme
aux réglemens applicables au grade de capitaine qu'a-
voit le pensionnaire.

TOTAL	83,760	5

Pensions renvoyées à la liste civile.

Naissances de 1716.

TROTTER, (Jean-Edouard) né le 16 janvier 1716 ; ancienne pension, 1475 liv.

Service de maréchal-des-logis de la seconde compagnie des mousquetaires de la garde du roi 1,475

Husson de Sanpigny, (Alexandre) né le 3d janvier
1716 ; ancienne pension, 355 liv.

Service d'ancien porte-étendard de la garde du roi. 355

De Loffre, (Louis-Charles) né le 27 février 1716 ; ancienne pension, 930 liv.

Service de valet-de-pied de la petite écurie du roi. 930

Aubert, (Jean) né le 11 mars 1716 ; ancienne pension,
753 liv. 15 ſ.

Service de garde-du-corps du roi. 753 15

De Caix, (Barthelemi) né le 20 avril 1716 ; ancienne
pension, 2,362 liv. 10 ſ.

Service de maître de viole de Mesdam. de France. 2,362 10

Paris de Soulange, (Dlle. Françoise) née le 28 avril
1716 ; ancienne pension, 540 liv.

Service de sous-gouvernante de Madame Louise de
France 540

De Boschatel, (Joseph) né en avril 1716 ; ancienne
pension, 2,016 liv. 5 ſ.

Service de porte-étendard des gardes du roi . . . 2,016 5

Jancel, (Guillaume) né le 14 mai 1716 ; ancienne
pension, 400 liv.

Service de balayeur du garde-meuble 400

Soulain, (Jean-Baptiste) né le 23 juin 1716 ; ancienne
pension, 1,075 liv.

Service de porte-manteau de madame Victoire de
France 1,075

Marcon, (Pierre) né le 2 juillet 1716 ; ancienne pension, 898 liv. 2 ſ. 6 d.

Service de brigadier des gardes-du-corps. 898 2 6

De Marescot de Montmirel, (Françoise du Maris de
Grien, veuve de Paul-Philippe) née le 30 juillet
1716 ; ancienne pension, 266 liv. 5 ſ. accordée en
considération des services de son mari, sous-brigadier
de la compagnie des chevau-légers de la garde du roi. 266 5

De cette part	11,071	17 6

Report 11,078ᴵᴵ 17ᴶ 6ᴰ

Lelong de Ranlieu, (Joſeph-Marie) né le 28 juillet 1716; ancienne penſion, 837 liv. 10 ſ.

     Service militaire fini dans le régiment des gardes-françoiſes 837 10

De Souvré, (Félicité le Sailly, veuve) née le 2 août 1716; ancienne penſion, 4,125 liv. accordée en conſidération des ſervices de ſon mari, maître de la garde robe du roi   4,125

Marette, (François) né le 4 août 1716; ancienne penſion, 250 liv.

     Service de menuiſier-machiniſte des menus-plaiſirs du roi   250

De Bertengles, (Angélique-Louiſe Charps, veuve de Jacques) née le 5 août 1716; ancienne penſion, 355 liv., accordée en conſidération des ſervices du mari, maréchal-des-logis de la compagnie des chevau légers de la garde du roi   355

Bine de Bois-Giroult, (Louis René) né le 7 août 1716; ancienne penſion, 8,015 liv., dont 1,000 liv. accordée ſur la caſſette de feu M. le Dauphin, père du roi; 1,455 liv. comme ayant été chargé de l'entretien de la volière de Saint Germain-en-Laye; 1,475 liv. à ſon épouſe, comme première femme de chambre de feu Madame la Dauphiné; 885 liv. comme meſtre-de-camp de cavalerie, réformé, & 3,000 liv. en conſidération des ſervices de ſon frère, premier valet-de-chambre du roi, gouverneur du Louvre   8,015

Legrand de Boiſvilliers, (Germain-Philippe) né le 19 août 1716; ancienne penſion, 716 liv. 5 ſ.

     Service de garde de la manche du roi 716 5

Pellegrin, (Antoine-Nicolas) né le 19 août 1716; ancienne penſion, 133 liv. 2 ſ. 6 d.

     Service dans les gardes-du-corps 133 2 6

De Sartige de Sourniac, (Jean) né le 20 août 1716; ancienne penſion, 619 liv. 15 ſ.

     Service dans les gardes du roi 619 15

Gobel, (André) né le 11 ſeptembre 1716; ancienne penſion, 360 liv.

     Service de piqueur des écuries de feu la princeſſe Chriſtine de Saxe, abbeſſe de Remirémont, tante du roi   360

Cara de Grand-Champ, (Marie Heurard, veuve de Charlés) née le 16 ſeptembre 1716; ancienne penſion, 200 liv.

     Service dans les gardes du roi   200

Leſguiſé d'Aigremont, (Louis-Nicolas) né le 27 ſeptembre 1716; ancienne penſion, 753 liv. 15 ſ.

De cette part 26,683 10

Naissances de 1717.

Report	26,683"	15
Service dans la première compagnie des mousquetaires	753	15

De la Greslille du Roché, (Honoré) né le 12 octobre 1716 ; ancienne pension, 850 liv.

Service dans les gardes du roi	850	

Decastre, (Louise Françoise) née le 29 novembre 1715. (Jeanne-Anne Marguerite) née le 14 decembre 1717. La première, morte ; la seconde, prétendant à reversion ; ancienne pension, 72 liv.

Nulle indication de service envers l'état ; point de motifs de concession ; assignat originaire sur la cassette de madame la Dauphine ; assignat dernier sur la maison du roi 72

De Chambre, (Guillaume) né le 9 novembre 1716 ; ancienne pension 531 liv. 5 s.

Service dans les gardes du roi	531	5

Clermont-Tonnerre, (Marie-Anne Julie le Tonnelier de Breteuil) née le premier décembre 1716 ; ancienne pension, 11,075 liv.

Service de dame du palais de la reine	11,075	

Potier de Fongeray, (Jean-François) né le 4 décembre ; ancienne pension, 443 liv. 15 s.

Service de gendarme de la garde du roi	443	15

De Salignac, (André Emmanuel) né le 30 novembre 1716 ; ancienne pension, 854 liv. 15 s. 6 d.

Service dans les chevau-legers de la garde du roi . . .	854	15	6

TOTAL	41,364		6

Pensions renvoyées à la liste civile.

Naissances de 1717.

SANCHEVIN, (Anne Cossu, veuve du sieur de) née le 7 janvier 1717 : concession pour tenir lieu de pareille somme de 400 livres, dont elle jouissoit sur les aumônes de la feue Reine ; assignat primitif . . . . . 400"

Bardière de Bournussel, (Dlle. Henriette-Cécile,) née le 30 janvier 1717 ; (Dlle. Marie-Anne-Brigite Bardière de Bournussel), née le 21 octobre 1722. Concession pour chacune d'elles d'une pension produisant 202 liv. 10 sous, & pour elles deux conjointement d'une autre de 400 liv. sur la cassette du Roi. (art. 13, tit. 1. Loi du 23 août 1790.) Motif de concession : assignat 805 1

Elles avoient aussi obtenu une pension de 89 liv.

De cette part	1,205	

Naissances de 1717.

Report . . . .   1,205ʰ oſ oᵈ

sur le clergé, rejetée comme incompatible, avec pension sur la liste civile. (art. 12, tit. 1. Loi du 23 août 1790.)

Le Doux, (Louis) né le 2 janvier 1717.
    Service de tapissier-valet-de-chambre de madame la Dauphine. (art. 13, tit. 1.)   1,236

Kolly, (Dlle. Catherine Boucher, veuve du sieur) depuis épouse du sieur Talmant, née le 9 février 1717. Concession pour service de son premier mari, l'un des Cent-Suisses de la garde du Roi. (art. 13, tit. 1.)   150

La garde, (Pierre) né le 10 février 1717. Concession pour services de musicien, tant auprès du Roi, que près des personnes de sa famille. (art. 13, tit. 1.) . .   7,542   10

Lescoux de Saint-Bohaire, (Dlle. Marie-Anne-Charlotte Villain, veuve du sieur de) née le 27 février 1717. Concession pour service de son mari, comme sous-lieutenant dans les Gardes-du-Corps du Roi. (art. 13, tit. 1.)   1,000

De Tourtonde, (Lucle) né le 3 mars 1717: service de garde-du-corps du Roi. (art. 13, tit. 1.)   177   10

Bercher de Montchevreuil, (Gilles) né le 26 mars 1717: service fait presque entièrement & fini dans les gardes-du-corps du Roi. (art. 13, tit. 1.)   896   5

Brachet de la Gorſſe, (Antoine-Saturnin) né le 16 avril 1717: service dans les gardes-du-corps du Roi. (art. 13, tit. 1.)   4,878   13   6

Fayolle, (Jean) né le 6 avril 1717: service des gardes-du-corps du Roi. (art. 13, tit. 1.)   3,354   5

Duparc, (Marie-Hubertine Demet, veuve du sieur) née le 4 avril 1717: concession pour services de son mari, écuyer des chevau-légers de la garde du Roi. (art. 13, tit. 1.)   265   10

Lievin de la Gache, (Marie-Marguerite Blin, veuve du sieur) née le 15 avril 1717: concession pour service de son mari, porte-étendard des gardes du corps du Roi. (art. 13, tit. 1.)   150

Decorche de Sainte-Croix, (Charles-Marie-Urbain) né le 17 avril 1717: service de lieutenant des chasses de la capitainerie de Corbeil. (art. 13, tit. 3.) . . .   1,000

Barbançois Villégongis, (Léon-François) né le 22 avril 1717: service au régiment des gardes-françoises, fini comme capitaine & brigadier des armées. (art. 13, tit. 1.)   5,837   10

Leleu de Primay, (Antoine-Michel) né le premier mai 1717: service dans les mousquetaires de la garde du Roi. (art. 13, tit. 1.)   1,948   15

De cette part   29,551   18   6

Turenne

Report	19,551 l.	18 ſ 6 d
Turenne de Granlac, (Raymond) né le 14 mai 1717: ſervice dans les gendarmes de la garde du Roi. (art. 13, tit. 1.)	943	6
Lervigues, (Eliſabeth Deſmareſt, veuve du ſieur) née le 28 mai 1717: conceſſion pour ſervice de ſon mari, comme chirurgien du château de Saint-Hubert. (art. 13, tit. 1.)	300	
Dampierre, (Marie Roſe) née le 30 mai 1717: conceſſion ſur la maiſon du Roi, pour ſervice de M. Dampierre, ſon oncle, gentilhomme des chaſſes de ſa majeſté; aſſignat primitif. (art. 13, tit. 1.) ...	670	
Lonlay, (Michel-Louis-François) né le 7 juin 1717: conceſſion pour ſervice dans les gardes du corps du Roi. (art. 13, tit. 1.)	943	19
Chapuis Duchez, (Antoine-Gaſpard) né le 13 juin 1717: conceſſion pour ſervice dans les gardes du corps du Roi. (art. 13, tit. 1.)	438	15
Bellemare de Saint-Cyr, (Marc-Antoine) né le 20 juin 1717: conceſſion pour ſervice dans les mouſquetaires de la garde du Roi. (art. 13, tit. 1.)	3,791	13
Lemonnier, (Louis-Guillaume) né le 27 juin 1717: conceſſions, 1°. pour ſervice de médecin en chef de l'armée commandée par le feu prince de Soubiſe; 2°. & pour ſervices de médecin près le roi Louis XV. (art. 12 & 13, tit. 1.)	23,052	10
Morel, (Alexandre) né le 4 juillet 1717: conceſſion pour ſervice de chevau-léger de la garde du Roi. (art. 13, tit. 1.)	366	5
Duneveu d'Herbigny, né le 15 juillet 1717: conceſſion pour ſervice dans les gardes-du-corps du Roi (art. 13, tit. 1.)	368	15
Gauthier, (Jean) né le 16 juillet 1717: conceſſions diverſes, pour ſervices de chirurgien, tant de chevau-léger & de la petite écurie du Roi, que de l'hôtel de la guerre. (art. 12 & 13, tit. 1.)	4,959	7
Dufour, (Pierre) né le 14 juillet 1717: conceſſions; 1°. pour ſervices de la mère du penſionnaire près feu M. le Dauphin; 2°. pour ſervices perſonnels; ſervice perſonnel de maître-d'hôtel du Roi. (art. 12 & 13, tit. 1.)	4,350	
Quantin, (Jean-Gabriel) né le 12 août 1717: conceſſion pour ſervice de valet-de-chambre de Madame Sophie de France. (art. 13, tit. 1.)	1,459	6 ſ
Queſnel, (Marie-Marguerite Genſay, veuve du ſieur) née le 12 août 1717: conceſſion pour ſervice de ſon mari, fourrier de la ſeconde compagnie des mouſquetaires. (art. 13, tit. 1.)	106	10
Londeix du Puitignon, (Jean-Matthieu) né le 29 août		
De cette part	68,422 l.	10 3

Report 68,422ᴴ 10ſ 3ᵈ

1717: conceſſion pour ſervice de brigadier des gardes-du-corps du roi, & pour retraite de ce ſervice.
(art. 13, tit. 1.) 848 3 6

Saint-Mefme, (Pierre-Hector-Marie) né le 28 aout
1717: ſervice dans les gardes du corps du roi juſqu'à
ſa retraite, ſuivant ſimple déclaration, & ſauf juſtification de titre. (art. 13, tit. 1.).

Séribe, (Jacques) né le 16 ſeptembre 1717: ſervice de
confeſſeur des pages de la petite écurie du roi. (art.
13, tit. 1.) 400

Allegrin de Dian, (Marc-René) né le 19 ſeptembre
1717: dernier ſervice, comme porte-manteau de
madame Louiſe de France, tante du roi: conceſſion,
tant pour ce ſervice, qu'à titre de remplacement
d'autre penſion, ſans expreſſion de motif pour ce
dernier objet. (art. 12 & 13, tit. 1.) 4,500

Savatte de la Motte, (Je. n) né le 28 ſeptembre 1717:
ſervice dans les gardes-du-corps du roi, conceſſion
pour ce ſervice. (art. 13, tit. 1.) 531 5

Granval, (Marie-Marthe de Chérie, veuve du ſieur)
née le 2 octobre 1717: conceſſion pour ſervice de
ſon mari dans les chevau-légers de la garde du
roi, (art. 13, tit. 1.) 266 5

Dalainville, (Henri-Louis) né le 3 novembre 1717:
ſervice de maréchal-des-logis du roi; conceſſion pour
ce ſervice. (art. 13, tit. 1.) 1,037 10

Montigny, (Guillaume) né le 12 novembre 1717:
dernier ſervice comme écuyer du Roi & de madame
Victoire, diverſes conceſſions, toutes pour ce ſervice.
(art. 13, tit. 1.) 5,899 10

Bonnay de Belvaux, (Claude) né le 21 novembre 1717:
ſervice dans les chevau-légers de la garde du Roi;
conceſſion pour ce ſervice & pour réforme du même
corps. (art. 13, tit. 1.) 1,699

Saint-Chriſtau, (François) né en 1717: ſervice commencé dans les gardes-du-corps du Roi, continué
dans un régiment, repris & fini dans les gardes-du-
corps: conceſſion d'une partie pour chacune de ces
deux eſpèces de ſervice. (art. 12 & 13, tit. 1.) . . 310 2 6

TOTAL 84,567 15 3

DÉCRET *contenant l'liquidation de plufieurs parties de
la dette de l'Etat.*

Du 16 Juillet 1791.

L'ASSEMBLÉE NATIONALE, ouï le rapport de fon Comité central de
Liquidation, qui lui a rendu compte des vérifications & travaux faits par le
Commissaire du Roi, Directeur général de la Liquidation, décrete, qu'en
conformité de fes précédens Décrets fur l'acquit de la dette de l'État, il fera
payé fur les fonds destinés à l'acquit de ladite dette, aux personnes ci-après
nommées, & pour les caufes qui font pareillement exprimées, les fommes
fuivantes ;

SAVOIR :

1°. Arriéré du Département de la Maifon du Roi.

*Bâtimens du Roi. Département de Saint-Hubert & de
Rigolles.*

Différens Entrepreneurs, Ouvriers & Fourniffeurs, pendant les années 1779,
1781, 1782, 1783, 1784, 1785, 1786, 1787, 1788 & 1789.

La fucceffion Yvon & le fieur Rivet	1,860	15	20
Simon, fculpteur	438		
Quinebaux, ferrurier	3,038	6	3
Duboft, dit Defnoyers, menuifier	1,597	18	4
Renaud, jardinier	274	4	
La fucceffion du fieur Drooly père, marbrier . .	1,896	4	
La fucceffion du fieur Drooly fils, marbrier . .	510	13	
Perreau, jardinier	377	4	
Maugis, ferrurier	722	2	7
Lucas & Goudain, plombiers	655	16	6
Les héritiers Briant, charpentier . . .	1,452	18	5
Dabih, ferrurier	483	8	2
La fucceffion du fieur Chanay, ferrurier . .	14,424	4	
La fucceffion de la Rôche, fondeur . . .	163	3	
La compagnie du Ventilateur	258	6	
Chevatier, ftucateur	605	6	
16 parties prenantes. **Total**	27,741	7	4

Département de Paris.

Les héritiers de Pierre Rozetti, ramoneur	7,677		
Les héritiers de Pierre & Jean-Baptifte Rozetti, ramo-			
neurs-fumistes	3,101	4	8
La fucceffion de la veuve de Gombault, vitrier . . .	5,134		11
La veuve de Pierre Reylacour, ferrurier	12,485	3	3
François-Pierre Laffus, ferrurier	146,186	9	9

i 2

Clier, menuifier	16,812	17	11
Les héritiers de la veuve Thibault, peintre	25,863	10	8
De Joux , fculpteur	797	17	4
Touftaint , ferrurier	11,326	3	5
Héritiers de Dropfy père, marbrier	8,912	9	8
Héritiers de Dropfy fils, marbrier	4,530	8	5
11 parties prenantes. Total	242,876	6	5

Département de Fontainebleau.

La fucceffion de Chenel père , menuifier	11,488	2	6
Chenel frères, menuifiers	44,888	5	9
Roffignol jeune, ferrurier	55,957	14	7
Geoffroy, menuifier	51,121	17	10
La veuve de du Clerc, ferrurier	7,467	5	
Couteau , ferblantier	9,388	3	7
Roffignol l'aîné, ferrurier	23,086	7	9
Marchand , paveur	14,461	10	10
La fucceffion de Brancourt, peintre	378	9	
La fucceffion de Dropfy fils, marbrier	8,230	9	
Peyre , architecte	372	9	16
La fucceffion de Coupil, fculpteur	1,893	14	
Draps , épicier	4,663	13	1
La compagnie des Ventilateurs	189	12	
Langelin , treillageur	1,028	16	
Penot, charron			
16 parties prenantes. Total	232,916	17	8

Département de Compiègne.

Raquet, ferrurier	24,107	18	6
Courtois fils, menuifier	10,654	19	3
Ofbuf, paveur	8,180	5	10
La fucceffion Huberty, vitrier	20,706		2
Sandrié de Bievre , charpentier	3,921	17	9
La fucceffion de Dropfy père, marbrier	4,195		9
Mauriceaux, peintre	14,775	15	
7 parties prenantes. Total	85,541	17	10

2°. Arriéré du Département de la Marine.

Entrepreneurs, Ouvriers & Fourniffeurs de la Marine, pour les années 1779 à 1789.

Poulain de Boutancourt, maître de la forge de Mont-Cornet	16,255	10	

Linières, pour bois de construction 14,039ᴸ 15ˢ 5ᵈ
Legros, fondé de pouvoir de demoiselle Davost & des
   sieurs Chaussier, Deschaux & Villée 1,280 2

   Laquelle somme sera payée ainsi qu'il suit;

SAVOIR:

Ladite Davost 455 2
Chaussier 225
Deschaux 300
Villée 300

  Somme pareille, ci 1,280 2

Baffet, pour fourniture de charbon de terre 15,430 11 9
Le Couteux & compagnie, entrepreneur de la fon-
  derie de Romilly 41,313 15 8
Mouton, pour galons 1,560 13 10
Rouvier, fournisseur 650 12 7
Monoyez, fournisseur 170
Auprêtre, apothicaire 1,200
Tourville, illumination des ports 33,195 11 8
Thorey & Guérvird, pour bois 93,120 4 4
Veullerie, ventilateur 17,540
Houlet, professeur de mathématiques 1,000
Leduc, adjudicataire des forêts de Corse, pour bois &
  goudron 140,679 10 2

  Onze parties prenantes. Total 365,860 15 5

3°. Arriéré du Département des Finances.

Ponts & Chaussées.

Audibert, entrepreneur des ponts & chaussées, pour
  frais de construction d'un pont sur la route de Toulouse à Alby 30,714ᴸ 19ˢ

  Une partie prenante. Total 30,714 19

4°. Domaines & Féodalité.

Anne-René, ci-devant comte de Mornay, & Marie-
  Olimpe-Adélaïde Bouret de Bouron, & Duclos
  Dufresnoy, pour remboursement des finances de
  l'engagement d'un péage à Mantes, appelé Le Grand-
  Acquit, la somme de 29,400 liv., ci 29,400
    Avec les intérêts, à compter de l'époque où les
  droits dudit péage ont cessé d'être perçus.

Et à la charge par lefdites parties prenantes de rapporter un certificat, duement en forme, des officiers
municipaux de la ville de Mantes, qui attefte & fixe
l'époque & la ceffation de la perception, & une expédition en bonne forme de leur contrat d'engagement & de la quittance de finance principale, deli-
vrés par le notaire aux minutes duquel ladite quittance fe trouvera ; laquelle expédition contiendra
toutes les mentions faites fur lefdits contrats & quittances, & la déclaration dudit notaire, qu'elles n'en
contiennent pas d'autres que celles comprifes dans
l'expédition, ou qu'elles n'en contiennent aucune :
2°. de faire enregiftrer fur les regiftres du contrôle
général , & décharger fur-le-champ l'expédition de
ladite quittance de finance principale : 3°. de rapporter l'original de la quittance de fupplément & augmentation de finance duement déchargée defdits regiftres du contrôle général : 4°. enfin , en juftifiant
de leurs droits.

Henriette-Charlotte-Marie de Courtarvel de Perré,
   veuve de Michel-Pierre-François d'Argougues, pour
   remboufement des finances de l'engagement du droit
   du grand acquit, péage & moulin banal de Meulan.   149,736^{li}

Avec les intérêts à compter de l'époque où lefdits
droits ont ceffé d'être perçus , & à la charge de rapporter ,

1°. Un certificat duement en forme , des officiers
municipaux de la ville de Meulan , qui attefte & fixe
l'époque de la ceffation de la perception defdits droits
de péage & de bannalité :

2°. Un procès-verbal de vifite & rapport defdits
officiers municipaux ; vifé par le directoire du diftrict , qui conftate que ledit moulin banal eft en
bon état de réparations, & bien fourni de fes tour-
nins travaillans & autres uftenfiles :

3°. Des expéditions en bonne forme de fes contrats
d'engagement & autres titres :

4°. L'original de la quittance du fieur Guenegaud
du 9 mai 1621, laquelle elle fera tenue de faire enregiftrer fur les regiftres du contrôle général, & d'en
faire décharger fur-le-champ.

5°. Les originaux des deux quittances de finance
des 3 mars 1635 & 28 février 1646, duement déchargées des regiftres du contrôle général , & en
juftifiant de fes droits,

Deux parties prenantes, Total,   179,136^{li}

5°. Jurandes & Maîtrises.

Indemnités & Remboursemens aux Maîtres.

	liv.	s.	d.
Jérôme Deffaux, couvreur	95	9	11
Guillaume Saint Beuve, *idem*	462	1	
Mathieu Delplaces, *idem*	401	18	10
Jacques Boulain, *idem*	398	5	4
François Jean Benoît, *idem*	394	10	6
Joseph Legendre, *idem*	96	1	9
Matthieu Lamarre, *idem*	95	5	
Pierre Tanoi, *idem*	457		4
Etienne Goulin, *idem*	218	13	2
Mathieu-Joseph Poitevin, *idem*	245	7	
Pierre Eutrope Gillet, *idem*	443	2	5
Jean-Henri Joachim Gabriel Corbeil, *idem* . .	171	11	7
Jean Etienne Chéron, *idem*	215	15	
Jean Baptiste-François Vénier, *idem*	173	11	8
Joseph Villain de la Chapelle, *idem*	172	3	4
Pierre-Louis Bureau, *idem*	202	7	5
Nicolas Harasse, fondeur	87	18	5
Jean-Baptiste-Marc Rousseau, *idem*	169	11	11
Nicolas des Bureaux, *idem*	202	11	8
Jacques-François Bellemont, *idem*	193	6	2
Nicolas Fortin, *idem*	187	1	8
Pierre Noël Augard, *idem*	75	18	5
Jean-Baptiste Renaudin, limonadier	547	6	8
Pierre-Marie Michel Bossac, menuisier	219	10	1
Jean-Antoine Bauherot, serrurier	633	14	5
Jean-François Fournier, *idem*	659	1	2
Nicolas-Henri Colin, *idem*	565	4	6
François-Constant Gagnes, *idem*	581	13	4
Pierre Bernard, *idem*	653	5	7
Pierre Charbonnet, *idem*	660	4	6
Jacques Loinier, serrurier	576	16	8
Jean-Toussaint-Marie Boucher, *idem*	632	14	6
Jean-Baptiste Boucher, chaudelier	414	1	3
Jean-Simon Clerc, coëffeur	158	4	2
François Monet, menuisier	452	5	2
Charles Cotet, *idem*	452	5	2
Thomas Lemonnier, *idem*	669	1	3
François Jacquet, *idem*	411	3	
Guillaume Pous, *idem*	414	12	5
Jean-François Bizollier, *idem*	264	11	
Jean-Claude Riolant, *idem*	401	9	2
Jacques-Bonaventure de la Cotye, *idem* . . .	451	10	7
Charles Barthelemi, *idem*	226		8
Jean-Jacques Hottinger, *idem*	417		4
Jean-Ferdinand Joseph Schwerdfeger, *idem* . .	434	1	3
Antoine-Edme Masset, pelletier	595	15	
François Cabart, *idem*	295	11	2
Jean-Antoine Moinat, serrurier	425	1	2
Louise-Michel Paul, femme Rabot, tailleur . . .	192	11	8

Jean-Baptiste-Honoré Billot, *idem*	361	15	8
Catherine Gouault, femme Poitevin, *idem*	351	1	2
Jean Langlois, *idem*	353	6	8
Pierre Thomas, *idem*	219	11	8
Jean-François Thion, traiteur	146	4	5
Silvain du Chaufour, *idem*	159	10	
André Vernet Hozet, *idem*	341	2	6
Simon Gandat, *idem*	299	3	10
Jean Cocu, dit Vallery, *idem*	305	5	10
Louis Bazin, *idem*	277	7	10
Remi-Elisabeth Cheret, femme Frenot, *idem*	185	3	4
Etienne Huge, *idem*	457	16	8
Joseph Sourdinier, teinturier	95	6	6
Jean Pierre Moret, *idem*	457	10	6
Gilbert Vigier, *idem*	96	2	11
Louis-Georges Amorys, *idem*	388	3	3
Jean-Georges-Martin-Sebastien Ginotte, *idem*	401	5	8
Jacques Magnet, *idem*	459	11	3
Pierre Collier fils, *idem*	179	10	9
Jean-Etienne Montfort, chaircuitier	284	5	16
Eloi Vachette, *idem*	318	3	4
Jean-Baptiste Marin, *idem*	68	8	4
Pierre-Nicolas Dessus Lamarre, *idem*	219	11	6
Pierre Lenoble, *idem*	150		
Dominique Massue, *idem*	302	17	6
Pierre-Denis Pommier, *idem*	69	4	6
Jean-Claude de Moyelles, *idem*	486	10	10
Jean Charles Leduc, doreur	100		
Joseph-Adrien Gouillard, *idem*	380	6	8
Antoine Lacroix, fondeur	179	3	10
Louis-Gabriel Feloin, *idem*	76	8	1
Etienne-Pierre Parant, ferailleur	55	19	
Charles Deschamps, *idem*	53	12	8
François Gaillard, *idem*	48	19	2
Jean-Georges Owalde, *idem*	120	10	3
Guillaume Limpens, ferailleur	57	2	3
Marie-Jeanne Piesse, femme Rudeaux, *idem*	115	6	
Pierre-Nicolas Briquet, tailleur	207	15	7
Pierre Disber, *idem*	57	13	4
Christophe Herbold, *idem*	228	10	6
Pierre-Ferdinand Colmant, *idem*	203	11	11
Marie Tabu, femme Barois, *idem*	207	15	7
Joseph Bulh, *idem*	197	10	7
Nicolas-Louis Destavigny, tabletier	371	8	10
Dominique Tailland, serrurier	153	16	6
Roch Recoupé, peintre	252	2	4
Alexandre Patin, *idem*	269	19	3
Nicolas-Joseph Poinsot, *idem*	471	6	6
Jean-Charles Desbois, *idem*	239	10	4
Charles-François Garnier, *idem*	286	9	10
Jean-Pierre Bellet, couvreur	96	12	10
Jeouffroy, femme Cellier, couturière	66	9	3
Chabreaux, femme Recordeau, *idem*	98	19	
Elisabeth-Antoinette Gainat, *idem*	48	19	9

	lt	s	d
Marie-Anne Hardouin, *idem*	92	15	5
Madeleine Lefage, *idem*	94	2	8
Marie Jeanne Carenne de Garentin, *idem*	109	17	4
Jean-Louis Varnet, tailleur	250	7	4
Jean Robert Beckert, *idem*	416		7
Nalet, *idem*	189	8	7
Jofeph Mirgon, *idem*	198	19	6
Scheuauer, *idem*	99	14	5
Paul Jofeph de Roz, marchand de vin	925	15	5
Jean-Antoine Corniquet, *idem*	925	3	5
Jean-René Nardot, cordonnier	246	5	8
Georges-Antoine Kermer, *idem*	199	14	2
Pierre Rigereau, *idem*	196	8	
Jacques Villot, *idem*	195	2	10
Jacques Ricour, ferrurier	384	6	2
Cautiniau, *id.m*	591	2	3
Monffelet, tabletier	291	3	7
Philippe-Robert, cordonnier	187	15	11
Hintzlor, tabletier	82	8	2
Antoine Zacharie-Emerard, *idem*	117	7	9
Gien, traiteur	467		7
Charles-François Etevé, bonnetier	843	3	
François Peigneur, *idem*	838	12	4
Louis-Nicolas Peyrault, *idem*	841	12	7
Touffaint Billere, *idem*	841	16	8
Thérèfe Rezalle, couturière	73	16	8
Louis Viel, couvreur	300		
Nérat, limonadier	267	9	6
Antoine Fourant, *idem*	298	2	4
Guillaume, femme Blain, *idem*	294	4	4
Freund, *idem*	292	13	4
Jacques Beaugeard, menuifier	593	4	11
Touffaint-Augufte Legros, *idem*	591	3	11
Verbert, *idem*	503		6
Elie-Gratien Péiffon, *idem*	196	13	
Henri-Jofeph Lambert, menuifier	196	11	2
François Muffat-Joly, marchand de vin	928		
Jean-Baptifte Héraux, *idem*	928		
Jean-Athanafe Dijon, *idem*	928		
Michel-Louis Hiard, peintre	68	19	7
Portelly, peintre	114	4	6
Palin, boulanger	33	6	8
Jean-Baptifte Prieur, traiteur	520	17	6
Jean-Antoine Thierry, *idem*	411	10	
Charles-Cefar Petit, *idem*	537	14	2
Laurent Briares, *idem*	342	15	10
Nicolas Chantemerles, *idem*	263	1	8
Clément Dellemont, *idem*	342	13	4
Simon-Jude Raide, *idem*	259	11	8
Pierre-François Hermand, *idem*	529	6	8
Louis Dufour, *id.m*	454	5	
Pierre-Jofeph Clouet, *idem*	462		10
François Boulangée, *idem*	463	1	8
Pierre Rouilloux, traiteur	522	16	8

Joseph Lefevre, *idem*	343 l. 13 s	2 d
Michel-Louis, Suiffe, *idem*	539	4	4
Pierre-Nicolas Maury, *idem*	352	9	8
La veuve Manclin, *idem*	514	15	
Jean Deleau, *idem*	358	11	8
Claude Rat, *idem*	396	10	10
Jean Morel, *idem*	526	16	8
Pierre Barthélémi Fouillet, *idem*	338	2	6
Charles-François Moninot, *idem*	455	14	2
Jacques Méffyer, *idem*	471	8	8
Jean-Antoine Truffant, *idem*	373	12	6
Pierre-Nicolas Defrues, *idem*	482	3	6
Etienne-Louis Menaut, *idem*	339	3	4
Louis de Vinart, *idem*	951	19	10
Claude Thibault, *idem*	422	7	6
Pierre-Charles-Jean-Baptiste Gouffet, *idem* .	453	5	6
Nicolas-Armand Bontemps, *idem*	541	15	16
Jérôme l'aîné, *idem*	556	14	2
François Gournoil, *idem*	548		
Martin-Louis Ballot, *idem*	455	9	2
Louis-François Roultier, *idem*	88	12	2

278 Parties prenantes. Total 63,495

6°. Remboursemens de charges & offices, brevets de retenue.

Jean-Antoine Tiffet de la Mothe, commiffaire des guerres, ci 124,000
    Avec les intérêts de cent vingt mille livres, à compter du 28 janvier 1791, jour de l'enregistrement du brevet au comité des penfions.

Pierre-Michel Dachery, commiffaire des guerres . . 120,000
    Avec les intérêts, à compter du premier février 1791.

Antoine-François de Sucy de Cliffon, commiffaire des guerres 84,350
    Avec les intérêts de foixante-dix mille liv., à compter du 4 février 1791.

César-Jean-Joly Dauffy, commiffaire des guerres . . 70,000
    Avec les intérêts à 5 pour cent, à compter du 5 février 1791.

Philippe Fabre de Chârrin, commiffaire des guerres . 110,000
    Avec les intérêts à 5 pour cent, à compter du 5 février 1791.

Claude Blanchard, commiffaire des guerres 70,000
    Avec les intérêts, à compter du 7 février 1791.

François-Jean de Bonnemain, commiffaire des guerres 73,500
    Avec des intérêts, à compter du 8 février 1791.

Jean-Jacques Pottier, commissaire des guerres 110,000
    Avec les intérêts, à compter du 10 février 1791.

Pierre Blanchard de Villers, commissaire des guerres . . 120,000
    Avec les intérêts, à compter du 12 février 1791.

Antoine Farmain de Sainte-Reine, commissaire des
  guerres 120,000
    Avec les intérêts, à compter du 5 février 1791.

Jean-Louis Moreau, commissaire des guerres 110,000
    Avec les intérêts, à compter du 5 février 1791.

Charles-Siméon Hannaire de Viéville, commissaire
  des guerres 110,000
    Avec les intérêts, à compter du 7 mars 1791.

Marie-Nicola-Louis Marquette de Fleury, commissaire des guerres 70,000
    Avec les intérêts, à compter du 4 février 1791.

Ambroise-Louis Piot, commissaire des guerres . . . 72,000
    Avec les intérêts, à compter du 17 février 1791.

Louis-Bonaventure Greffier de la Grave, commissaire
  des guerres 70,000
    Avec les intérêts, à compter du 30 mai 1791.

François-Théodore Balouiller du Deffend, commissaire des guerres 120,000
    Avec les intérêts, à compter du premier juin 1791.

Jean-Charles Montelmet de Musigny, commissaire
  des guerres 70,000
    Avec les intérêts, à compter du 4 avril 1791.

Anne-Louis-François-de-Paule le Fèvre d'Ormesson
  de Noiseau, pour remboursement à titre d'indemnité du brevet de retenue à lui accordé, sur les
  charges de maître de la librairie, intendant, &
  garde de la bibliothèque du Roi, dont il étoit
  pourvu 100,000
    A la charge que les appointemens dudit de Noi-
  seau demeureront, à compter de ce jour, diminués
  de la somme de cinq mille liv., en représentation de
  l'intérêt de ladite somme de cent mille liv.

Remboursement aux anciens officiers du régiment des
Gardes-Françaises.

Jean Claude-Charles Hébert de Masserolle de Rebert,
  lieutenant en second de la compagnie de Revillas . . 30,000

Jean-Baptiste-Charles Goujon de Thuisy, lieutenant en
  premier de la compagnie de Brache 42,000

Alexandre-Joseph Félicien Baroncelly de Javon, lieutenant en premier de la compagnie de Thelis 40,000

Louis-Gaspard de Villereau, lieutenant en second de la
  compagnie de Clois 30,000

Nicolaï de Chiéza, sous-lieutenant en premier . . . 30,000
Charles-Joseph de la Pallu, lieutenant en premier . . 40,000
Ancelme Edme Gabriel-Henri de Besloy, lieutenant en
  premier de la compagnie de Lubersac 40,000
Marie-Pierre-François de Mégrigny, enseigne de la
  compagnie de Brache 6,000
Louis-Marie de Mégrigny, aide-major 40,000
Louis Fouquet d'Agoult, capitaine & major 80,000
Louis-Gabriel Planchy de Masérany de la Valette de
  Maubec, lieutenant en premier & capitaine en second 40,000
Vincent-Alexandre de Boisgelin, lieutenant-colonel en
  second 80,000
Jean-Baptiste le Long du Dresneac, lieutenant en pre-
  mier, compagnie de Mélerssey 40,000
Louis Toustaint le Long du Dresneac, lieutenant en
  premier, compagnie Colonelle 40,000
Georges de la Selle, capitaine 80,000
Louis-Michel de Marconnay, lieutenant en premier,
  compagnie de Boisgelin 40,000
Laurent-Charles-Marie de Féhoye, sous-lieutenant en
  premier, compagnie de Bourcy 20,000
Alexandre-Bernard-Pierre Broissard de Bersallin, enseigne, compagnie de Flavigny 10,000
Claude-Bernard Flavien de Broissard de Bersallin, capitaine en second, compagnie de Serens 80,000
Augustin-François-César Dauphin de Léval, capitaine
  en second, compagnie de Sainte-Marie 40,000
    Avec les intérêts qui en coûtent au profit des uns
  & des autres, du premier janvier 1791.
Arthur Dillon, pour remboursement à titre d'indemnité
  du régiment de son nom 243,000

   39 Parties prenantes. Total 2,837,200

A l'égard de la demande faite par la veuve Besnard,
  d'une somme de vingt-quatre mille livres, pour indemnité de dépenses & de pertes prétendues faites par
  feu son mari, pour le service de l'Etat dans le Ben-
  gale, où l'on prétend qu'il a été envoyé en qualité
  de commissaire des colonies,
    L'Assemblée a renvoyé ladite veuve Besnard au
  pouvoir exécutif, pour constater, s'il y a lieu, lesdites dépenses & indemnités.

Quant à la demande de Pierre-Remy de Séranville,
  lieutenant-colonel du régiment de Picardie, qui
  réclame une somme de dix mille huit cent soixante-
  dix-huit liv. dix-neuf sous, contenue en une pro-
  messe souscrite le 10 juillet 1643, par Henriette de
  Lorraine, princesse de Phalsbourg & de Lixein,
    L'Assemblée nationale déclare qu'il n'y a pas lieu
  à liquider.

7°. Créances sur le ci-devant Clergé.

L'Assemblée nationale déclare créanciers légitimes de l'Etat, pour les causes qui vont être expliquées, les particuliers ci-après nommés.

1°. D'Auzelle, ci-devant doyen de l'église de Valence, de deux cents livres de rentes perpétuelles, sujettes aux retenues, au principal, au denier vingt, de quatre mille liv. par lui prêtées au ci-devant chapitre de l'église cathédrale Sainte-Apolinaire de Valence ; en conséquence, décrète ladite rente payable au 5 octobre de chaque année, &, quant à présent, non admissible en paiement des biens nationaux.

2°. Louis-Toussaint d'Antrechans, & Félicité-Thérèse d'Antrechans, veuve Isnard, de cent vingt-huit liv. de rente, sans retenue au principal, au denier vingt-cinq, de trois mille deux cent liv. prêtées aux religieux du ci-devant couvent royal des FF. Prêcheurs de la ville de Saint-Maximin ; en conséquence, décrète ladite rente payable annuellement au 13 avril.

3°. Veuve le Beau, de quarante liv. de rente annuelle & perpétuelle, au denier vingt-cinq, de mille liv., par elle prêtée au prieuré de Sainte-Catherine du Val des écoliers de Paris ; en conséquence, décrète que la dame veuve le Beau sera payée annuellement & sans retenue de ladite rente de 40 liv.

4°. Louis Momble, flamand, juge du tribunal du district de Saint-Quentin, de quarante liv. de rente perpétuelle, sujette à la retenue des impositions, au principal, au denier vingt, de huit cent liv. prêtées aux ci-devant religieux de Sainte-Croix de Chauny ; en conséquence, décrète que ledit Louis Momble, flamand, sera payé de ladite rente de 40 liv.

5°. Louis-Charles Feval, homme de loi à Château-Thierry, de cent cinquante liv. de rente perpétuelle, sujette à la retenue des impositions, au principal de trois mille liv. prêtées aux religieux Génovéfains d'Essone ; en conséquence, décrète que ledit Féval sera payé annuellement, au 20 août, de ladite rente de 150 liv.

6°. Nicolas-François Duclos, & Géneviève Duclos, sa sœur, de deux cents liv. de rente perpétuelle, exempte de toutes retenues au principal, au denier vingt-cinq de cinq mille liv. prêtées aux ci-devant religieux Théatins de Paris ; en conséquence, décrète que les arrérages doivent leur en être payés annuellement, en quatre paiemens égaux, au premier

janvier, premier avril, premier juillet & premier
octobre de chaque année.

7°. Veuve Fromentin & Bernard-Joseph Fromentin,
de deux cents l. de rente, exempte de toutes retenues,
au principal à quatre pour cent de cinq mille liv.,
prêtées aux ci-devant religieux Théatins de Paris;
savoir, pour la propriété audit Fromentin, & pour
l'usufruit à la dame veuve Fromentin; en conséquence, décrète que les arrérages leur en seront
payés, à compter du jour qu'ils seront justifiés être
dus.

8°. Jean-Charles Papin & Elisabeth Jacques, sa
femme, de quatre cent liv. de rente viagère, sans
retenue au principal de cinq mille liv. par eux prêtées aux ci-devant religieux Minimes de Paris;
en conséquence, décrète que ledit Papin & sa
femme seront payés de ladite rente viagère de
400 liv.

9°. Jean-Jacques de Casaneau de Goës, de deux
rentes viagères; l'une, de mille trois cent liv. à dix
pour cent, sans retenue, pour raison d'une somme
de treize mille liv., par lui prêtée aux ci-devant
Bénédictins de l'abbaye de Lyre, l'autre de huit
cent liv., également à dix pour cent, sans retenue,
pour raison d'une somme de huit mille liv., par lui
prêtée à la ci-devant abbaye de Saint-Augustin de
Limoges; en conséquence, décrète que lesdites
deux rentes viagères, montant ensemble à deux
mille cent liv., lui seront payées en deux termes
égaux, de six mois en six mois, au premier juin &
premier décembre de chaque année.

10°. L'abbé Minerel, d'une rente viagère de mille
quatre cent liv. au denier dix, sans retenue pour le
principal de quatorze mille liv. sur la ci-devant
abbaye de Saint-Denis; en conséquence, décrète
que ladite rente viagère lui sera payée par quartier, de trois mois en trois mois, au premier janvier, premier avril, premier juillet & premier octobre
de chaque année.

11°. Louis-Laurent Gaultier, prêtre, de sept cent l.
de rente viagère, sans retenue, pour raison d'une
somme de sept mille liv. prêtées aux ci-devant clercs
réguliers Théatins de Paris; en conséquence, décrète
que ledit Gaultier sera payé de ladite rente viagère
de 755 liv.

12°. Jean Allard & Jacques Rouillier, charpentiers
associés, demeurant à la Membrolle, paroisse de
Mettray, district de Tours, de la somme de mille
cent trente-une livres, pour solde d'ouvrages faits
dans la ci-devant abbaye de Marmoutiers & fermes

en dépendantes ; en conséquence, décrète qu'ils
feront payés de la fomme de mille cent trente-une
livres, avec les intérêts, à compter du 5 octobre
1790, date de la remife de leurs pieces au directoire
du diftrict de Tours, ci **1,131** **6f** **6d**

13°. Jean Allard & Jacques Roullier, charpentiers,
affociés, de la fomme de huit cent foixante-quatorze
livres fix fous trois deniers, pour folde d'ouvrages
de charpente faits aux bâtimens du couvent des
ci-devant religieux Bénédictins de Saint-Julien de
Tours ; en conféquence, décrète qu'ils feront payés
de la fomme de huit cent foixante quatorze liv. fix
fous trois deniers, avec les intérêts, à compter du
10 août 1790, date de leur réclamation préfentée au
département d'Indre & Loire, ci **874** **6** **3**

14°. Coranfon, marchand de vin à Paris, la fomme de
6095 l. 12 f. 6 d , favoir : 6074 l. pour fourniture de
vin aux ci-devant religieux Capucins de la rue Saint-
Honoré, à Paris ; & 21 liv. 12 f. 6 d. pour frais faits
antérieurement au mois d'avril 1793 ; en conféquence
décrète qu'il fera payé de la fomme de 6601 l. 12 f. 6 d.
avec les intérêts de ladite fomme principale à compter
du jour de la demande, fauf la retenue des impofitions
royales fur lefdits intérêts échus au 31 décembre 1790,
& la retenue d'un cinquieme fur lefdits intérêts,
5 pour cent, à compter du 1 janvier 1791, au terme des
décrets de l'Affemblée fur l'évaluation de la retenue
des anciennes impofitions royales, à raifon du nouveau mode d'impofitions pour lefdits intérêts à courir
conformément au Décret du 6 mars dernier, ci . . . **6,095** **12** **6**

15°. Le fieur de Fraignes, de cinq cents livres de rente
viagere, non fujette à retenue, fur la menfe conven-
tuelle de la ci-devant abbaye de Saint-Victor de Paris ;
en conféquence, décrète que ladite rente viagere lui
fera payée fans retenue, à compter du premier Janvier 1791.

Quinze parties prenantes. Total exigible **8,100** **18** **9**

TOTAL général, 296 parties prenantes **4,070,584** **16** **1**

Seront au furplus tenues les perfonnes dénommées au préfent état, de fe
conformer aux Décrets de l'Affemblée, tant pour l'obtention de leurs reconnoiffances définitives, que des mandats & paiemens qui leur feront délivrés
à l'administration & à la caiffe de l'extraordinaire.

Scellé le 25 du même mois.

DÉCRET *contenant liquidation de plusieurs parties de la* dette de l'État.

Du 21 Juillet 1791.

L'ASSEMBLÉE NATIONALE, ouï le rapport de son Comité central de liquidation, qui lui a rendu compte des vérifications & rapports faits par le commissaire du Roi, directeur-général de la liquidation, décrète qu'en conformité de ses précédens décrets sur la liquidation de la dette de l'Etat, & sur les fonds destinés à l'acquit de ladite dette, il sera payé aux personnes ci-après nommées, & pour les causes qui seront pareillement exprimées, les sommes suivantes :

SAVOIR:

1°. Arriéré du département de la Maison du Roi.

Gages & attributions du conseil pour 1786, 1787, 1788 & 1789.

Cartier fils & Lebel, négocians à Paris, cessionnaires du sieur Sartine fils, ci-devant maître des requêtes	6,800ᴸ	0ſ	0ᵈ
Farges, ci-devant conseiller-d'Etat . . .	14,946	13	4
Joly-de-Fleury, doyen du conseil-d'Etat . . .	15,389	5	0
De Pernon, maître des requêtes	1,500		
De la Porte, conseiller-d'Etat	42,610		

A l'égard de la somme de onze mille livres par lui réclamée & à lui accordée sous le titre d'indemnité, pour les années 1788 & 1789 ; l'Assemblée nationale décrète qu'il n'y a pas lieu à liquider, attendu que cette créance n'est pas justifiée, au moyen de ce que les ordonnances rapportées ne sont pas contre-signées, & que le certificat du ministre de l'intérieur, qui semble énoncer des états & règles antérieures, ne sauroient s'appliquer à des décisions momentanées, telles que celles en vertu desquelles les ordonnances ont été expédiées.

5 Parties prenantes. Total. 81,245 18 4

Chambre

Chambre aux deniers.

Fournitures, appointemens, traitemens & nourritures à différentes personnes du service du Roi.

Françoise-Géneviève Pollard le Moine, première femme-de-chambre de M le Dauphin.	270^{lt}	6f	6d
Louis Sénéchal, garçon de fourrière	250		
Jean-Joseph Pigrais, huissier de la chambre	1,507	3	3
Etienne-Antoine Beschepoix, huissier de la chambre	2,028	5	6
Jacques-François Pallau, huissier de la chambre	2,028	5	6
Veuve de Thierry, huissier de la chambre	1,622	14	3
Jean-Baptiste-Louis-Guillaume Ballon de Lugny, huissier de la chambre	1,564	14	
Germain-André Soufflot, huissier de la chambre.	2,626		
Jean-Joseph Gromaire de la Bapaumerie, huissier de la chambre	1,622	14	3
Pierre-François Mouquerron, huissier de la chambre	1,564	14	
Jean-Baptiste-François Marchais, huissier de la chambre	1,564	14	
Alexis Lhôte de Sélancy, huissier de la chambre.	1,564	14	
Pierre-René Lefèvre & Pierre-Louis Thoret, marchands	79,239	15	2
Pierre-Alexis Valfray de Salornay, maître-d'hôtel du Roi	7,900		
Mathieu-François Gouttard de Leveville,	24,608		
Pierre-Joseph Pajot, clerc de chapelle de madame Victoire	454	5	
Joseph-François Guerin, huissier des salles du Roi	251	16	8
Louis-Hercule-Timoléon de Cossé de Brissac, capitaine-colonel des Cent-Suisses de la garde du Roi	15,975		
Pierre-Philippe Boucher, ci-devant gentilhomme servant du Roi	908	18	
Antoine Canet, garçon de la chambre de madame Victoire	1,353		
Jean-Charles Thomeret, *idem.*	1,353	17	8
Marie-Joseph-Emmanuel de la Fosse de Rouville, succédant Louise-Nicole de la Fosse, femme-de-chambre de madame Adélaïde	1,075	7	9
Jeanne-Thérèse Guermiant de Roube, femme-de-chambre de madame Elisabeth	1,351	12	9

Juillet 1791.

k

Marie-Madeleine Lemaunier-Freſtel, blanchiſſeuſe de Madame, fille du Roi 1,185 5

Amélie-Gabrielle Sergent, femme Regardin, femme-de-chambre de Madame, fille du Roi. 1,081 6 3

Marie-Françoiſe-Victoire Doucet-Poirier de Saint-Brice, femme-de-chambre de madame Eliſabeth 1,081 6 3

Jeanne-Louiſe Tremblaire de Candy, femme Simon, femme-de-chambre de madame Adélaïde 3,243 18 9

Pierre-Louis Sourdon-Duſménil de Saint-Cyr, maître à écrire des enfans de France . . . 3,195

Joſeph-Benjamin Hervich-Vanderlinden, doyen des valeçs-de-chambre du Roi 1,370

Louis-Antoine-Nicolas Huet, huiſſier du cabinet de madame Adélaïde 1,074 8

Pierre-Antoine Lebœuf, huiſſier de la chambre de madame Adélaïde. 1,453 12

Nicolle Barbier, veuve Marchand, femme-de-chambre de Madame, fille du Roi 1,351 12 9

Catherine Gillette-Bourdin-d'Aiguillon, femme-de-chambre de madame Victoire 3,243 18 9

Henriette Indrion, femme-de-chambre de Madame, fille du Roi 1,081 6 3

Joſeph-Henri Bournot, porte-faix de madame Adélaïde 136 5 6

Louis-Bonnaire Bournot, porte-chaiſe-d'affaires de madame Adélaïde 272 11 0

François Jardin, huiſſier du cabinet de madame Victoire. 1,081 6

Marie-Julie Alary-Huet, femme-de-chambre de madame Victoire. 2,432 19 4

Madeléine-Victoire Daugers, coiffeuſe de madame Victoire 1,081 6 3

Joſeph Meunier, chef pour monter au ſervice du Roi 900

Charles Desbillones, aide de la bouche du Roi. 500

Antoine-François Rabel, valet de garde-robe du Roi. 915

Jean-Charles Rabel, valet de garde-robe du Roi. 915

Guillaume-Louis-Jacques de Lafond, valet-garde-robe du Roi 460

René Girard, contrôleur de la maiſon du Roi . 9,050 6 3

Jean-Chriſtophe-Etienne, aumônier de la maiſon du Roi, au titre de Saint-Roch 457 4 3

Jean Malles, garde-général de la vaiffelle du Roi 641ᵗᵗ 17ſ 6

Claude-Vincent de Georges, fommier de la chapelle & oratoire du Roi . . . 1,626 8 3

Edme Houard, ancien garçon-fervant de la bouche du Roi 250

François-Roch, clerc du guet des gardes-du-corps du Roi 2,764 3

Louis-Guillaume Bouy, lavandier du linge du corps 446 16 9

Nicolas Lami-Gouges, valet-de-chambre-horloger du Roi 920

Marie-Madeleine Lefchevin-de-Neuville, première femme-de-chambre de M. le Dauphin. 1,081 6 3

Catherine-Louife Dutilloy, femme-de-chambre de madame Victoire . . . 3,243 18 9

Jean-Charles-Pierre Lenoir, intendant des médailles antiques 6,354 10

Charles-François de Lahaie, clerc de la chapelle & oratoire du Roi . . . 819 12 6

Jacques Dejenne, pouffe-fauteuil du Roi . . 450

Géneviève Blochu-Baron, polifleufe de l'argenterie du Roi 566

Louis-Pierre le Pecq-de-l'Ifle, valet-de-chambre du Roi 460

Nicolas-Martin Julliot-de-Fromont, maître-d'hôtel du Roi 17,587 7 6

Dubois, huiffier des ballets du Roi . . . 177 10

Louis-Jacques Thirion, chef du gobelet du Roi 600

Jean-André Noll, fommier de la chapelle du Roi 1,353 17 3

Etienne Bourdet, chirurgien 5,727 10

Jean Jacques Poupart, confeffeur 16,749 19 6

Louis-Antoine Marquant, garçon de la chambre du Roi 972 11 3

Jean-Baptifte-Pierre Prieur, *idem.* . . . 753 16 9

Louis-Joachim Filleul, *idem.* 1,453 10 6

Pierre-Alexandre Oury, *idem.* . . . 972 11 3

Jean-Baptifte-Armand Befnard, *idem.* . . 753 17

Louis-Antoine Rameaux, *idem.* . . . 1,453 17

Louis Leclerc du Brillu, premier valet de garde-robe 6,912 10

Touffains-Léonard de Lavilleon, ci-devant écuyer de madame Adélaïde . . 454 5

Jean-François de Beaumont, *idem.* . . 454 5

Blaife-Pafchal, lieutenant des Cent-Suiffes . 449 16 3

k 2

Philibert-Louis Colon, chirurgien de quartier.	359ᵗᵗ	9ˢ	
Pierre-Edme Houzé, garçon-fervant de la bouche	250		
Joseph-Simon Tharin-Bertholet, huiffier du Chambellan	1,555	6	3
Pierre-Henri-Joseph Maffon de la Mothe . .	454	5	
Pierre Durège, chirurgien . . .	1,090	4	
Antoine-Charles Bazire, porte-manteau . . .	679	4	6
Margueritte-Louife Thouin, femme-de-chambre de M. le Dauphin	1,081	6	3
Anne-Françoife-Antoine, femme Bazire, femme-de-chambre de Madame, fille du Roi	1,081	6	3
Anne Bazire, femme-de-chambre de Madame, fille du Roi.	1,081	6	3
Margueritte Lamothe-de-Camerande, femme de-chambre de madame Adélaïde	3,243	18	9
Victoire-Anne-Clémentine Routier-Seven, femme-de-chambre de madame Victoire . .	2,073	5	9
Alexis Cordelle, valet-de-chambre de madame Victoire	1,896		
Nicolas Ségaux, valet-de-chambre-tapiffier de madame Victoire	2,364	1	6
Marie-Elifabeth Vanblarenbergh, femme-de-chambre de M. le Dauphin	1,081	6	3
La fucceffion de Jacqueline-Antoinette Bauchez de Cinnery, première femme-de-chambre de madame Elifabeth	3,243	18	9
Charlotte-Rofalie Damefme, femme Vanblurenbergh, femme-de-chambre de madame Elifabeth	2,703	5	9
Jeanne-Baptifte Janin, femme Bofferelle, coiffeufe de madame Elifabeth	3,243	18	9
Anne-Rofe Hefterlin, femme Durand, blanchiffeufe de M. le Dauphin	1,185		
François Bergeron, valet de garde-robe du Roi	915		
Jofeph Raulin, médecin du Roi	272	11	
Denis-Antoine Marco de Saint-Hilaire, huiffier ordinaire de madame Victoire . . .	1,084	5	6
Louife-Françoife-Adélaïde Beffon-Marco de Saint-Hilaire, femme-de-chambre de madame Victoire	3,243	18	9
Alexandre Seguin de Vazeille, clerc de la chapelle & oratoire du Roi	903	11	3
Claude Hentiot, chapelain de madame Adélaïde	304	3	

Paul de Gauderatz , chapelain ordinaire de
madame Adélaïde 721ᵗᵗ 17ˢ 3ᵈ

Charles-Robert Valentin Legendre , valet-de-
chambre du Roi 460

Jean-François Fontaine , garçon de la chambre
de M. le Dauphin 540 13 3

Anne-François Meslin , garçon de la chambre
de madame Victoire 1,081 6 3

Le Maître , successeur de Bourdin , huissier de
la chambre de madame Victoire 1,453 12

Jean-Jacques Récoquilli de Bainville , ci-devant
gentilhomme-servant du Roi 903 12 6

François-Louis Faget de Quinnefer , ci-devant
gentilhomme ordinaire du Roi 454 5

Marie Danneville de Saint-Brice , femme-de-
chambre de M. le Dauphin 1,081 6 3

Pierre-Richard , garde-vaisselle de la maison
du Roi 300

Pierre-Gabriel Martigny-Murel , Lavandier du
linge du corps du Roi 908 10

Mathurin-Jacques Brisson , maître de physique
des enfans de France 3,239 7 6

La succession du sieur Claude Sauger , valet-de-
chambre du Roi   915

Gabriel-Hubert Retz , médecin du Roi . . 817 13

Louis-Jean-Baptiste Tranchant , ci-devant
gentilhomme servant du Roi 449 6 3

Claude Barbier , chef du gobelet du Roi . . 600

Léonard Bailleul , chirurgien-renoueur du Roi . 784 5 3

Jacques Corset , garçon de la chambre de madame Elisabeth 814 13 9

Joseph Madier , confesseur de madame Victoire. 2,715 12 6

Elie-Charles Brouilles de la Carrière , ci-devant
gentilhomme ordinaire de la chambre du
Roi 444 7 6

Jean-Baptiste-Gentil de Fombel , *idem.* . . 454 5

La succession de Jean-Marie Clainchamps-
d'Aubigny , concierge des tentes & pavillon
du Roi 3,157 4 3

Paul-Louis de Clainchamps-d'Aubigny fils ,
successeur du ci-dessus nommé 3,830 1 7

Jean-Baptiste Fléchelle , valet-de-chambre de
madame Adélaïde 1,626 8 3

Anne-Adélaïde Tremblaire de Candi , femme
Lepreux , femme-de-chambre de madame
Adélaïde 3,243 18 9

k 3

Antoine-Louis Brougniard, premier apothicaire
du Roi 4,161ᵗ 4ˢ 9ᵈ

Antoine-Jean Bouthirous-des-Marais, huissier
de la chambre de madame Adélaïde . . . 714 19

Alexandre le Long, huissier du cabinet de
madame Adélaïde 1,453 12

Denise - Marie - Elisabeth Ciolli, femme-de-
chambre de madame Victoire 3,143 18 9

Henri-Zacharie Piot, porte-faix de Madame,
fille du Roi 368 9

Pierre-Louis Hanet, valet-de-chambre de Madame, fille du Roi 720 17 6

Donnat Delmas, garçon de la chambre de Madame, fille du Roi 720 17 6

Jean-François de Castillon, aumônier de madame Adélaïde 454 5

Joseph Fouiller, porte-faix de madame Victoire. 948

Pierre Haut-Maître, _idem_. 948

Sophie-Léonard le Gagneur, femme Michaux,
femme-de-chambre de madame Elisabeth . 2,973 12 3

Marie-Antoinette Julien, femme de Tourmont,
femme-de-chambre de Madame, fille du
Roi 1,081 6 3

Etienne Chuche, aide de cuisine du Roi . . 450

Jean-François Bernot de Charrant-de-Congy,
ci-devant gentilhomme. 449 6 3

La succession de Louis Vignaux, laveur du gobelet du Roi 182 10

Louis-François Chamillart de la Suze, grand
maréchal-des-logis du Roi 3,550

Augustin-Gabriel de Franquelot de Coigny,
chevalier-d'honneur de madame Elisabeth . 12,780

Louis-Joseph Boissié, garçon de garde-robe
ordinaire du Roi 1,357 16 3

Victor Bessière, clerc de chapelle & oratoire
du Roi 903 11 3

Pierre-Adrien-Charles Jouet-Desrozières, chef
pour monter au service du Roi 900

Pierre Meunier, chapelain de madame Adélaïde. 454 5

Augustin Prat, aide-apothicaire du Roi . . 1,249 3 6

Jean-François Ducor, _idem_. 836 15

Nicolas Heeguef-Balland, _idem_. . . . 836 15

Jacques-César Liége, ancien aide-apothicaire
du Roi 674 5 3

Antoine-Firmin Gourdin, valet-de-chambre-
barbier du Roi 1,594 4 6

Richard Bofquet , garçon-fervant des petits appartemens du Roi 250ʜ 5 8

Charles-Antoine Gourbillon-Duvallon , garçon de la garde-robe du Roi 1,357 16 3

Marie-Thérèfe de Lalain-de-Navaret , femme-de-chambre de madame Elifabeth . . . 3,514 5 3

Michel Meunier de la Mottat , porte-meuble de la chambre du Roi 215 5 6

Jean-Baptifte Courtalon , chapelain du Roi . . 454 5

Diane-Louife-Auguftine de Polignac , dame-d'honneur de madame Elifabeth 8,521 6

François Harivel , huiffier de la chambre de madame Adélaïde 2,180 8

Paul Binet , valet-de-chambre du Roi . . . 460

Etienne-Jacques-François Lorrain-de-Bray , ci-devant gentilhomme - fervant du Roi . . 908 10

Les Récolets de Verfailles 550

Jean-Baptifte-Jofeph Gentil , porte-manteau de madame Victoire 1,626 8 3

Génevieve-Jeanne-Marguerite-Françoife Duc , veuve Bourdin , femme-de-chambre de ma-dame Victoire 4,054 17 3

Antoine-Jacques-Xavier Pinet de Lalante , ci-devant gentilhomme ordinaire du Roi . . 444 7 6

Louis-François-Marie de Pétuffe-d'Efcars , pre-mier maître-d'hôtel du Roi 70,971 9

Martial Clédat-des-Bordes , clerc de chapelle ordinaire de madame Victoire 903 11 3

Jacques Giffard , clerc de chapelle du Roi . . 454 5

François-Jofeph de Salignac , abbé de Fénelon , aumônier du Roi 449 6 3

Jofeph-Paul Cailleau de Baudiment , chapelain du Roi 908 10

Jean-Jacques-François de Darand de Puget , id. 449 6 3

Léonard-Daniel des Varennes , médecin du Roi 545 2

Jean-Baptifte Maefcheely , médecin ordinaire du Roi 808 15 3

Jean - Baptifte - Alexandre - Hubert d'Harboulin de Richebourg , fecrétaire de la chambre du Roi & de fon cabinet . . . 5,184 7 6

Jean-Baptifte Sevin , huiffier de la chambre de madame Victoire 1,453 12

Jean - Jacques - Alexandre Petet - d'Anglade , exempt des Cent-Suiffes du Roi . . . 454 5

Jofeph-Jacques-Gabriel Bazire , valet-de-cham-bre du Roi 460

k 4

Claude - Charles Commérieu de Marsilly, exempt françois des Cent-Suisses de la garde du Roi 449ᴴ   6ˢ   3ᴅ

Louis-Denis Tondu, dit Nangis, aide-de-cuisine des petits appartemens du Roi   500

Marie - Nicolle Prudence de Caux, femme Monzou, blanchisseuse de madame Adélaïde.   3,555

Victoire Sossart, veuve Hubert, femme-de-chambre-coiffeuse de madame Victoire .   1,081   6   3

Louise-Adélaïde Pernot-Drappier de Mongitaud, femme-de-chambre de madame Elisabeth .   3,243   18   9

Paul-Louis l'Archer, clerc de chapelle de madame Victoire   454   5

Jean-Baptiste-Antoine Andouillé, premier chirurgien du Roi .   .   .   4,533   7

La succession de Louis Malachi, ci-devant sacristain ou garde des ornemens de la chapelle du Roi   538   3   6

Louise-Elisabeth-Félicité-Françoise-Armande-Anne-Marie-Jeanne-Joséphine de Croï d'Havré de Tourzel, gouvernante des enfans de France .   .   .   5,325

François-Alexandre-Frédéric de la Rochefoucault-Liancourt, grand-maître de la garde-robe du Roi .   .   .   2,112   5

Nicolas-Armand Leclerc, secrétaire du cabinet du Roi, cessionnaire d'Armand Leclerc son père   6,912   10

Antoine - Philippe Gentil, premier valet-de-garde-robe du Roi .   .   .   3,456   5

Jeanne-Claude-Georges Dubuisson-Viot, femme-de-chambre de madame Adélaïde .   .   2,973   12   3

Marie-Louise Fayolle, femme Mallès, *idem*. .   2,973   12   3

Anne - Marie - Thérèse - Emmanuel Routtier, femme Bourdin, *idem*.   2,703   5   9

La succession de Louise-Nicolle la Fosse, *idem*.   2,168   11

Daniel-Joseph Delonne, exempt des Cent-Suisses   449   6   3

Pierre-Nicolas Suritecy, valet-de-chambre du Roi .   .   .   679   4   6

Thomas Pompon, huissier de salle du Roi .   1,071   3   9

Jacques-François - Isidore Décle, valet-de-chambre-tapissier du Roi .   .   .   1,086   5

François Gibert, *idem*. .   .   .   1,978   19

François-Victor Bertheville, *idem*. .   1,587   18

Pierre-Honoré Duformentet, *idem*. .   .   1,623   9

Claude-Christophe Lorimier de Chamilly, premier valet-de-chambre du Roi 1,728tt 2ſ 6à

Barthélemi-Jean-Louis le Couteulx de la Nor-
raye, ſecrétaire du cabinet du Roi . . . 6,912 10

Guillaume Baignan, médecin ordinaire du Roi. 1,0ſ9 9 3

Jean-Baptiſte Paillet, premier garçon des apothicaires du Roi. 617 3 9

Jean-Marc-Antoine de la Noue, valet de-garde-
robe du Roi 679 4 6

Antoine de Vienne, *idem.* 219 4 6

François Sommeſſon, ſucceſſeur d'Hubert,
valet - de - chambre - tapiſſier de madame
Adélaïde . . . . 296 ſ

Jean-Antoine Hubert, ancien valet-de-chambre
du Roi 49 7 6

Jean-Bergeron, porte-manteau du Roi . . . 91ſ

Louis-Henri le Moine, ci-devant gentilhomme
ordinaire du Roi 449 6 3

La ſucceſſion de Jacques-Gilbert-Marie de
Chabannes-Carten, ci-devant premier écuyer
de madame Adélaïde . . . . . 4,313 ſ

Etienne-Nicolas le Royer, clerc de chapelle du
Roi . . . . 4ſ4 ſ

Jean-François-Joſeph Véry, fourrier françois
de la compagnie des Cent-Suiſſes . . . 4ſ4 ſ

La ſucceſſion du ſieur Emmery-Joſeph de
Durfort-Civrac, ci-devant chevalier-d'honneur de madame Victoire 1,1ſſ 9 9

Antoinette-Marie Drivet-Deleau, femme-de-
chambre de madame Eliſabeth 1,081 6 3

Antoine Barbier, clerc du guet des Cent-
Suiſſes 1,036 17 6

Jean-Baptiſte Lemty, ci-devant gentilhomme-
ſervant du Roi 893 13 9

Jean-Baptiſte-Armand Bénard, huiſſier de la
chambre de madame Victoire . . . 714 19

Marie -Anne Huot, femme Vanderlinden,
femme-de-chambre de madame Victoire . 3,243 18 9

Claude Martineau, porte-manteau de madame
Eliſabeth 1,081 6 3

Jean - Pierre-Gaſpard Daillaud - d'Entrechux,
capitaine-général des gardes du Roi . . . 9c8 10

Claude-Marc de Moret fourrier des Cent-
Suiſſes . . . . 4ſ4 ſ

Jean-François-Jacques de Caquéral de Péronne,
aumônier de la maiſon du Roi 908 7 3

Louis-Jean-Baptiſte Soulaigre, concierge du

vieux château de Saint-Germain-en-Laye .	3,524ᵗ	12ſ	8
Louis-François le Normand, huiſſier de la chambre de madame Victoire	1,074	8	
Jobert frères, marchands de vin du Roi . .	9,782	3	9
Antoine-Didier de Bellanger, ci-devant gentil-homme ordinaire du Roi	449	6	3
Pierre-François de Monfaucon de Rogled, ci-devant écuyer de main de madame Adélaïde.	449	6	3
Nicolas Nolin, chirurgien	726	16	
Marie-Marguerite Chabrot, femme Baye, gouvernante des nourrices	720	17	6
Madeleine-Françoiſe Sollier, femme Verrier, gouvernante de la nourrice du corps de M. le Dauphin	720	17	6
Chriſtine Dufour de Mont-Louis de Fréminville, première femme-de-chambre de Madame, fille du Roi	1,081	6	3
Nicolas-Touſſaint David, valet de garde-robe de madame Victoire	900	12	
Paul Camille, porte-faix de madame Eliſabeth.	407	6	
Jean-Baptiſte Couſin, chirurgien	265	9	
Antoine Galineau, homme de peine du gobelet du Roi	125		
De Noix, femme-de-chambre de madame Adélaïde	750		
Walſch, ſupérieur du collége des Lombards .	1,800		
Guichard, première femme-de-chambre de madame Eliſabeth	10,000		
La ſucceſſion Cymery, *idem*.	10,000		
Du Rozoir, chargé des affaires du ſieur Duras, gouverneur du château de Saint-Hubert	5,400		
De Crux, ci-devant écuyer de madame Eliſabeth	1,890		
De Crux, lectrice de madame Adélaïde . .	4,800		
Bourdet, chirurgien-opérateur du Roi . .	290		
De Luherſac, aumônier ordinaire de madame Victoire	1,000		
De Méricourt, femme-de-chambre de madame Adélaïde	750	0	0
Genet Rouſſeau, remueuſe des enfans de France	360		
Girard, de Laleau, Chabouillé & de Riche-bourg, tous quatre contrôleurs de la maiſon du Roi	4,320		
La Marque, chirurgien ordinaire du Roi . .	945		

De Bartz , femme-de-chambre de M. le Dauphin	360"	5	2
Simon, femme-de-chambre de mad. Adélaïde .	750		
François-Joseph Dalliez, chirurgien du Roi .	540		
Missilier , femme-de-chambre de M. le Dauphin.	360		
Villemsems, huissier de la grande chancellerie.	450		
Fortin, au nom de huit valets-de-chambre du Roi, dénommés au rapport du commissaire du Roi	4,413		
Dubois, huissier des ballets du Roi	90		
Ami-Gouges, horloger du Roi	76	13	
Noll , sommier de la chapelle du Roi . . .	1,086		
Les six garçons de la chambre du Roi , dénommés au rapport du commissaire du Roi . .	10,445		
De Tavannes , dame du palais de la Reine.	14,850		
Fitz-James , *idem.*	14,850		
Duras , *idem.*	13,569		
De Mesme , dame de compagnie de madame Victoire	9,990		
De Beaumont , *idem.*	9,900		
De Camillac , dame de compagnie de madame Elisabeth	9,460		
De Clermont-Tonnerre , *idem.* . . .	9,460		
De Sorans , *idem.*	5,860		
Des Essarts , *idem.* . . .	9,460		
Le Noir , ancien bibliothécaire du Roi, maître de la librairie, garde des livres manuscrits , médailles, & bibliothécaire du château de Fontainebleau , pour gages	20,136	4	6
Antoine-François Cherraut, porte-manteau du Roi	915		
Louis-François-Joseph Pénaut, aide-apothicaire du Roi	157	15	8
La Roche , femme-de-chambre de madame Adélaïde	750		
François-Joseph Dalliez , chirurgien du Roi .	540		
Pierre Cambois , chapelain de madame Victoire.	454	5	

271 Parties prenantes. Total	768,792	8	3

2°. Arriéré du département de la Marine.

D'Entrecasteau, pour continuation de ses appointemens comme gouverneur-général des

Iles de France & de Bourbon, depuis son départ de la colonie, jusqu'à son arrivée en France . . . . 14,000^{tt} ou c&

A l'égard de la somme de vingt-quatre mille livres par lui réclamée sous le titre d'indemnité d'usage, tant pour frais de déplacement que pour monter sa maison, l'Assemblée nationale déclare qu'il n'y a pas lieu à liquider.

Les entrepreneurs de la fonderie royale de Ruelle, pour avances par eux faites, en 1789, au sieur Bellecombe, entrepreneur des bâtimens de cette manufacture, & au sieur Croiseaux . . . . 60,107　9　6

2 Parties prenantes. Total . . . . . 74,107　9　6

3e. Arriéré du département des Finances.

Ponts & Chaussées.

ISLE-DE-FRANCE.

Faure la Pérouze, entrepreneur des ponts-&-chauffées . . . . 2,200　9　8
Jean-Louis Hollande, *idem.* . . . . . 6,440　4　2
Noël Cugnières, *idem.* . . . . 4,542　19　2
Au même, *idem.* . . . . 1,344　16　4
Le Sueur, entrepreneur des ponts-&-chauffées ;
　Savoir :

　Pour redressement de la partie de Paris à Sagny, entre la fin du parc de Villevrard & la levée de Gournay, & autres ouvrages, la somme de . . . . 11,011　8　5

　Pour construction de 11,136 toises de longueur de chemin, avec chauffée d'empierrement, & 13 arches, depuis le cimetière de Chafly, jusqu'à la limite de la généralité, la somme de . . . . 27,946　5　5

　Pour la reconstruction d'un pont en pierre à Rozoi en Brie. . . . . 6,336　17　8

Et pour redreſſement, adouciſſement, élargiſſe-
ment & convertiſſement ſur la route d'Allemagne. 15,654ᴸ 55 88
    Enfin pour frais de ſalaires 160

61,108 16 9

R O U E N.

Jean-Baptiſte Beuvieres, entrepreneur des ponts-
& chauſſées 37 19 8

A L E N Ç O N.

Jean Cantrel , entrepreneur des ponts-&-
chauſſées 4,019 10 5
Louis Chapelain , *idem.* 1,010 16 6

8 Parties prenantes. Total 5,078 6 11

4°. Créances ſur le ci-devant Clergé.

L'Aſſemblée nationale déclare créanciers
légitimes de l'Etat, pour les cauſes qui vont
être expliquées , les particuliers ci-après
nommés :

1°. Marie-Conſtantine de Veſſemberg , de
80 liv. de rente annuelle au cours de Lorraine , ſans aucune retenue ni impoſitions
royales au principal, au denier 25, de 2,000 l.
cours de Lorraine, par elle prêtée aux ci-
devant religieux Bénédictins de la maiſon du
Saint-Sacrement de Nanci : en conſéquence,
décrète qu'il lui ſera délivré une reconnoiſſance de liquidation, valant contrat de
ladite ſomme de 2,000 livres , produiſant
80 livres de rente ; le tout au cours de
Lorraine, faiſant, argent de France, 1,548
liv. 7 ſ. 6 d. , produiſant 61 liv. 18 ſ. 8 den.
d'intérêt, ſans retenue.

2°. Jacques Hubert , légataire univerſel de
Marie-Marguéritte Fleury, de 100 livres de
rente annuelle & perpétuelle , ſans retenue
au principal, au denier 25, de 2,500 livres
prêtées aux chanoines réguliers du ci-devant
prieuré royal de Saint-Louis-de-la-Culture
de Paris : en conſéquence, décrète qu'il ſera
payé annuellement de ladite rente de 100 l.,
ſans retenue.

3°. Pétronille Sorel, veuve de Jean Coche, de 20 livres de rente perpétuelle, sujette aux retenues, au principal, au denier 20, de 400 livres prêtées aux ci-devant religieuses du monastère du Bleu-Céleste de Vienne : en conséquence, décrète que ladite rente de 20 livres lui sera payée, sauf les retenues, au 17 octobre de chaque année, avec les arrérages qui lui seront dus, à compter du jour qu'ils seront justifiés être dus.

4°. Richard, ci-devant conseiller au bailliage de la Marche, de 96 livres de rente perpétuelle, sujette aux retenues des impositions, au principal, au denier 20, de 1,920 livres, le tout au cours du Royaume, prêtées aux ci-devant chanoines réguliers de l'ordre de la Trinité, pour la rédemption des captifs de la communauté de la maison de la Marche : en conséquence, décrète que ladite rente de 96 livres lui sera payée annuellement, sauf les retenues, à compter du jour que les arrérages seront justifiés être dus.

5°. Marie-Louise Grosiller, veuve du Halle, de 350 livres de rente annuelle & perpétuelle, sujette à la retenue des impositions, au principal, au denier 20 de 7,000 livres restantes d'une plus forte somme par elle prêtée à la ci-devant communauté des religieuses de Saint-Joseph à Paris : en conséquence, décrète qu'elle sera payée annuellement de la rente de 350 livres, sauf les retenues.

6°. Joseph Beq, jardinier des religieuses Célestes de Vienne, de 20 livres de rente perpétuelle, sujette aux retenues, au principal, au denier 20 de 400 livres par lui prêtées auxdites religieuses : en conséquence, décrète qu'il sera payé de ladite rente au 24 août de chaque année, & des arrérages, à compter du jour qu'ils seront justifiés être dus.

7°. Jean-Pierre d'Hauteforte, prêtre, de 10 livres de rente annuelle, au principal de 200 livres par lui prêtées au ci-devant chapitre d'Apt : en conséquence, décrète qu'il sera délivré audit d'Hautefort une reconnoiffance de liquidation, valant conrrat de ladite fomme de 200 livres, produifant 10 l. de rente, fujette aux retenues.

8°. Marc Vérité & Cécile le Cercle, fon époufe, de 90 livres de rente viagère, exempte de toute retenue, reverfible fur la tête du furvivant, au principal, à 9 pour cent, de 1,000 livres par eux prêtées à la ci-devant abbaye de Sainte-Geneviève de Paris: en conféquence, décrète que ladite rente viagère continuera de leur être payée de fix mois en fix mois, les 22 juin & 22 décembre de chaque année.

9°. Le Sourd, marchand à Tours, de la fomme de 1,099 liv. 11 fous 10 den., pour marchandifes fournies aux ci-devant religieufes Urfulines de Tours, antérieurement à l'année 1790 : en conféquence, décrète que le fieur le Sourd fera payé de ladite fomme de 1,099 livres 11 fous 10 deniers, & des intérêts, à compter du 9 avril 1791, jour de la remife des pièces au directoire du diftrict, ci 1,099 11f 10d

10°. Serquart, feudifte & arpenteur-géomètre, de la fomme exigible de 1,834 livres, pour la rénovation des terriers des ci-devant feigneuries de Barcy, Crégy, Ségy & Manfigny, appartenantes au ci-devant chapitre de l'églife cathédrale de Meaux, la levée des plans & des cartes particulières defdits lieux : en conféquence, décrète qu'il fera payé de ladite fomme de 1,834 livres, avec les intérêts d'icelle, à compter du 19 février 1791, jour de la remife de fes pièces au diftrict de Meaux, ci 1,834

11°. Corbeau, (Saint-Albin) ci-devant doyen de Saint-Maurice de Vienne, de 400 livres de rente viagère, à titre d'indemnité, pour non jouiffance d'une maifon canoniale : en conféquence, décrète qu'il fera payé de lad. rente viagère de 400 livres, fans retenue, à compter du jour de la ceffation de fa jouiffance.

12°. Sur la réclamation du fieur Barreau-Girac, ci-devant évêque de Rennes, qui demande le paiement d'une fomme de 50,000 livres à

lui accordée, par un bon du Roi, en 1788,
à titre de secours à prendre sur les écono-
mats, pour la réconstruction de la partie
du palais épiscopal de Rennes, brûlée en
1787 : l'Assemblée nationale décrète que le
don du Roi n'ayant pas été revêtu des
formes qui peuvent légalement en constater
l'authenticité, il n'y a pas lieu à délibérer.

12 Parties prenantes. En total 2,933ᵗᵗ 11ˢ 10ᵈ

5°. Jurandes & Maîtrises.

Remboursemens ou indemnités dus aux différens Maîtres ci-après nommés.

	l.	s.	d.
Marie-Adélaïde de l'Arbre, couturière . . .	74	19	8
Marie-Anne-Françoise Fremont, *idem*. . .	64	14	
Lucine-Marie Delnoyelle, *idem*. . . .	66	3	
Marie-Thérèse Rousselle, *idem*. . . .	72	11	1
Catherine-Marguerite Héron, *idem*. . .	59	9	8
Héon, femme Fache, *idem*. . . .	65	14	
Le Mercier, femme Jacques, *idem*. . .	58	14	8
Pelletier, femme Marches, *idem*. . . .	53	14	
Gosse, femme Hurbin, *idem*. . . .	50	3	9
Jacquinot, femme Géronot, *idem*. . .	73	7	7
Thivard, femme Petit, *idem*. . . .	70	18	7
Jeanne Bellière, *idem*. . . .	66	14	
Pierrette Gourdon, femme Pacout, *idem*. .	56	17	11
Marie-Louise le Sire, femme le Sire, *idem*. .	68	13	9
Louise-Susanne Huë, *idem*. . . .	55	8	3
Géneviève Quentin, femme Angos. *idem*. .	68	2	8
Renée-Jeanne Vendernotte, *idem*. . .	72	8	9
Briot, femme Annoyer, *idem*. . . .	53	2	2
Marie-Anne Recoupée, *idem*. . . .	52	16	5
Pillon, femme Dauboin, *idem*. . . .	55	12	
Marie-Catherine Granier, *idem*. . . .	43	8	9
Nicolle Bellier, dite Richard, *idem*. . .	59	10	9
Marie-Madeleine Verdier, *idem*. . . .	50	5	7
Françoise Fajout, *idem*. . . .	73	6	3
Gabrielle-Louise Langlois, *idem*. . .	65	7	5
Louise-Charlotte Beaufils, *idem*. . .	68	19	5
Ursulle-Nicole Méhue, *idem*. . . .	49	17	1
Dumez, femme Thierier, *idem*. . . .	63	4	2
Marie-Denise Planchart, *idem*. . . .	72	8	9

Jeanne

Jeanne-Madeleine Thierry, *idem.*	63ᵗ	6ſ	2
Marie-Angelique Grillárd, *idem.*	69	5	2
Dolliac, femme Jacquemar, *idem.*	73	6	5
Etiennette-Joséphine-Angelique Nélaton, *id.*	70	11	8
Jean-Baptiſte-Thomas Mercerot, menuiſier	359	6	10
Jean-Baptiſte Thibaut, *idem.*	465	5	7
Antoine Santron, *idem.*	440	3	6
Antoine-Joſeph Azambre, *idem.*	216	4	5
Jean-Louis-François Gilan, *idem.*	410	16	8
Sébaſtien Garnier, *idem.*	465	1	4
Jacques Upton, *idem.*	290	2	10
Pierre-Alexis Mortier, *idem.*	466	12	8
Jean-François Philippe, *idem.*	466	15	6
François Hel, *idem.*	286	3	7
Claude Remy, *idem.*	436	11	3
Jean-Baptiſte Garet, *idem.*	425	19	6
Louis-Gabriel Goſſertre, *idem.*	427	16	3
Louis-Gabriel Goſſertre, coffretier	346	3	11
Marc Gautron, menuiſier	427	16	3
Nicolas-François Gobillaud, *idem.*	464	11	
Jean Buiſſon, *idem.*	389	19	4
Jacques Saullier, *idem.*	264	3	4
Louis Leſcœur, *idem.*	464	4	
Louis Goux, *idem.*	429	17	3
Jacques Deshayes, *idem.*	404	16	6
Charles-Joſeph le Fèvre, *idem.*	443	8	
Joſeph Cetceuil, *idem.*	443	8	
Valentin-Noël Breton, *idem.*	452	1	
Jean-Louis Monel, *idem.*	419	4	9
Pierre Potin, *idem.*	439	7	6
Antoine Marcomble, *idem.*	465	8	4
Etienne Morin, *idem.*	461	12	1
Charles-André-François Fortin, *idem.*	415	2	1
Pierre Duffaut, *idem.*	261	5	8
Jean-Baptiſte le Pendu, *idem.*	285	13	10
Claude-Gabriel Gillard, *idem.*	437	14	2
Pierre Durand, *idem.*	216	2	11
Pierre Marchand, paulmier	592	19	2
Catherine Colombier, veuve Deuer, *idem.*	404	1	3
Jean-René Croſnier, *idem.*	562	15	10
Jacques Blain, *idem.*	623	5	
Claude-Alexandre Cocu, *idem.*	286	14	2
Edme-Jacques Viois, *idem.*	638	1	8
Etienne Grapin, *idem.*	69	4	3

Pierre Hulmé, *idem.* ....

Bernard Mouchot, *idem.* ....

Pierre Merçoiret, tailleur ....

François Bittard, *idem.* ....

Jean-Louis Guyon, faïancier ....

Jean Balles, *idem.* ....

Pierre Pouaillet, *idem.* ....

Pierre-René le Vaux, vitrier .....

Pierre-René le Vaux, faïancier ...

Laurent Granjon, *idem.* ....

Louis le Cöcq, *idem.* ....

François Jarot, *idem.* ....

François Jufer, limonadier ......

François Barthélemi Platel, faïancier

Jean Baptiste Frappe, *idem.* .....

Jérôme Léger, *idem.* ....

Jérôme Léger, *idem.* ....

Louis Colas, *idem.* ....

Jean-François Mansayes, *idem.* ..

Jacques Roux, *idem.* ....

Antoine-Nicolas Dangenger, *idem.*

François Riquet, *idem.* ....

Jean-François le Sestre, faïancier ..

Jean-François le Sestre, limonadier

Pierre Minel, faïancier ....

Gilbert Bardon, *idem.* ....

Joseph-François Vermillioe, fondeur

Etienne-Philippe Julienne, *idem.*

Jean-François Marc, *idem.* ....

Charles-Quentin Bruchet, *idem.* ..

Jean-Louis Billiard-Dubuisson, *idem.*

Jean-Pierre-Joseph Arbinet, *idem.*

Maximilien Grandchamp, *idem.* ..

Louis-Jacques Baradel, *idem.* ...

Julien-Marie la Pierre, *idem.* ...

Pierre-Michel Gossard, *idem.* ...

Jean-Pierre-Etienne le Moigne, *idem.*

François-Rémy Ribote, *idem.* ....

Jean-Baptiste Jacques, *idem.* ....

Henri-Benoît la Croix, *idem.* ...

Jean Boutet, *idem.* ....

Emmanuel Chénevrier, *idem.* .....

Antoine-Amable Picard, *idem.* ...

Pierre-Pottet Renard, *idem.* ....

François-Gaspard Templier, *idem.* 351 10

Jean-Barthélemi le Liégeois, *idem.* 347 7 5

Jacques-Pierre Gaillourdet, *idem.* . . . . . .
Belleguise, *idem.* . . . . .
Pierre Lullier, *idem.* . . . .
François-Nicolas Renaud , *idem.* . . .
Philippe-Louis Dubois , *idem.* . . .
Jean-Baptiste-Thomas Oblin , *idem.* . . . . .
Gilles Blondelet, *idem.* . . . . .
Antoine Grisier, *idem.* . . .
Marcelin Janiset, *idem.* . . . .
Amable Profette , *idem.* . . .
Gabriel-Jean Surgis , *idem.* . . . . .
Gabriel-Claude-Raphaël le sœur, *idem.* . .
Jean Colliez, *idem.* . . . . .
Jean Moiseau, marchand de vin . . . .
Jean Maileau, traiteur . . . . .
Antoine Bandot , marchand de vin . . .
Philibert Drouhin , *idem.* . . . .
Antoine Desplanches , *idem.* . . . .
Louis-Antoine Balardalle, *idem.* . . .
Edme Maitet, *idem.* . . . .
Joseph-Valléry Deschamps, *idem.* . . .
Jean-Baptiste Herry, *idem.* . . . . .
Gilles Coinon, *idem.* . . . .
Claude Avrillon, *idem.* . . .
Claude Avrillon, marchand de bierre . .
Louis Mailly, marchand de vin . . . .
Jean Morel, *idem.* . . .
Louis-François Morin, *idem.* . .
Nicolas Saucé, *idem.* . . .
Louis Prévost , *idem.* . . .
Claude Palvallier, *idem.* . . .
Pierre Larchevêque, *idem.* . . .
Robert Noël, *idem.* . . .
Pierre Caudon, *idem.* . . .
François Turpin, *idem.* . . .
Jean-Baptiste Marcello, *idem.* . .
Louis Crucifix, *idem.* . .
François-Philibert Barat, *idem.* . .
François Pâquier, *idem.* . . .
Edme Grosjean , *idem.* . . .
Edme Haland , *idem.* . . .
Antoine Petit, *idem.* . . .
Jacques Varanchot , *idem.* . .
David Petret, *idem.* . . .

Etienne Boitard , *idem.*   641ᵗ 10ſ 10ᵈ

Jacques Berthélemy , *idem.*   583 14 2

165 Parties prenantes, En total 50,549 12

Sur la réclamation de Charles Pénavère,
ancien entrepreneur pour la fourniture du
pain à l'hôtel royal des Invalides, l'Aſſemblée nationale décrète qu'il jouira, à titre
d'indemnité, & pour le paiement définitif de
ſes réclamations & prétentions, à raiſon de
la réſiliation de ſon marché avec le gouvernement , pour la fourniture du pain de
l'hôtel des Invalides , de la ſomme de
quinze cents livres de rente viagère, dont
cinq cents livres ſeront réverſibles ſur la
tête de la demoiſelle Pénavère ſa fille ;
autoriſe, en conſéquence, le commiſſaire
du Roi, directeur-général de la liquidation,
à lui en délivrer reconnoiſſance définitive
valant contrat.

6°. Domaines & Féodalité.

A l'égard de l'indemnité demandée par
M. de Batz, pour le péage de Sainte-Croix,
cédé à Armand & Otton de Beuquet , en
1225, par le roi d'Angleterre, duc d'Aquitaine , pour rembourſement de diverſes
créances énoncées dans la charte de ceſſion;

L'Aſſemblée nationale , conſidérant l'im-
poſſibilité qu'il y auroit à liquider avec
exactitude les créances énoncées dans la
charte de 1225, & vu l'eſtimation qui a été
faite du produit du péage & de ſon capital,
à raiſon du denier 20, en 1787, époque non
ſuſpecte ;

Décrète que l'indemnité dudit péage ſera
liquidée à la ſomme de cent dix-huit mille l.,
montant du capital fixé par l'eſtimation de
1787, laquelle ſera payée audit ſieur de Batz,
avec les intérêts , à compter du jour qu'il

Du 21 Juillet 1791.

juſtifiera que ledit péage a ceſſé d'être
payé, ci . . . . 118,000 ʰ

Total général 1,176,344 12 11

Et à la charge par les unes & les autres des parties ci-deſſus
nommées, de ſe conformer, chacune en droit ſoi, aux lois de
l'Etat, pour obtenir leur reconnoiſſance définitive de liquidation &
leur rembourſement à la caiſſe de l'extraordinaire.

Sur la demande faite par Alexandre Privé, greffier en chef du
ci-devant bailliage de Provin, qui tend à faire rétablir ſa liquidation, conformément au décret du 16 juin dernier, quoiqu'il ait
touché le montant de ſa liquidation opérée ſuivant la règle établie
par le décret du 7 ſeptembre 1790;

L'Aſſemblée nationale décrète qu'il n'y a pas lieu à délibérer.

Scellé le 2 Août 1791.

DÉCRET contenant liquidation de plusieurs parties de la dette de l'Etat.

Du 27 Juillet 1791.

L'ASSEMBLÉE NATIONALE, ouïe le rapport de ſon Comité central de
liquidation, qui a rendu compte des vérifications & rapports faits par le
commiſſaire du Roi, directeur général de la liquidation, décrète, qu'en
conformité de ſes précédens Décrets ſur la liquidation de la dette publique &
& ſur les fonds deſtinés à l'acquit de ladite dette, il ſera payé aux perſonnes
ci-après nommées, & pour les cauſes qui ſeront pareillement exprimées,
les ſommes ſuivantes : c'eſt-à-dire,

SAVOIR :

1°. Arriéré du Département de la Maiſon du Roi.

Ecuries du roi. Fournitures, Gages & Traitemens pour 1788 & 1789.

Leroy & Piccard, gardes de la prévôté de l'hôtel, à Paris	200ʰ
Creté & le Corney, *item.* à Versailles	750
Maurice, ſerrurier	18,691

I 3

Damain frères, pour remboursement de la charge de
  tailleur de la compagnie des cent-suisses . . . .
Paulinier, marchand mercier, au nom & comme ayant
  les droits cédés de Leprince, concierge à Versailles . . . 9,693
Lecomte, chirurgien des écuries . . . .
Dubont, chirurgien extraordinaire . . . .
Cohet, sculpteur . . . .
Veuve & héritiers Genson . . . .
Fliche, officier des chasses à Compiègne . . . .
Dorville, ci-devant trésorier-général des écuries . . . .
Briant, maître à danser des pages . . . .
Boistel . . . .
La Chaïelle, aide de cuisine . . . .
La Boissière, éperonnier 33,007
Brignon, marchand pelletier 288
Renard, architecte . . . .
Schreiber, grand hautbois 619   10
Guillaud, menuisier 88,898
Descharmes, trompette 1,404   10
Lucas & Gondoin, plombier 20,104
Paupier, maréchal 11,031   5
Savary, chevaucheur 736   10
Sciolly, maître à voltiger . . . .
Matier, pour loyer 100
Benoît, maître palfrenier 3,160
Sallion, concierge . . . .
Caillou, fermier 1,491
Dufour, apothicaire 701   13
Louttonneau, chirurgien 825
De Boisseulh de Laborie, écuyer 6,000
Marc de Boisseulh, écuyer 9,000
Charles de Boisseulh, écuyer 9,000
Tamissier, maréchal 13,595
Mauret, médecin 1,880   10
De Saint-Etienne, écuyer 9,000
De Saint-Martin, maître d'hôtel 103,336   2
Auvray, couvreur 25,070
Marin, cocher 590   11   10
La succession de Loubignac, apothicaire 985
Maury, l'un desdits héritiers . . . .
Haussard, maître palfrenier . . . .
Machejay, cocher   6
De la Renommière, officier des chasses . . . .
Aubert & Vincent, peintres en voitures . . . .
Collot, maître palfrenier . . . .
Lehoux, apothicaire . . . .
Sirame, maître palfrenier . . . .
Delorme, paveur . . . .
Sciolly fils, maître à voltiger . . . .
Bouzenot, maître palfrenier . . . .
Legris, pour loyer 3,469
Erchards, médecin 1,808
Boudier, horloger 4

Servant, sous-gouverneur des pages 5,898
Raffet, mequilier en voiture 433
Viault de Jully, tambour 103
Lenglois, cocher 249
Teftard, chirurgien 1,000
Garnier, grand hautbois 188
Marville, trompette 66
Adrien, infpecteur des livrées 4,866
Berthelot, tambour de l'écurie 281
Veuve Sirois, pour loyer 3,878
Bercaud père, grand hautbois 438
L'abbé Clouet, ci-devant aumônier 1,538
Petit, maître palfrenier 1,935

67 Parties prenantes. Total 530,446 13

Bâtimens du Roi.

Sédaine, secrétaire de l'académie d'architecture, pour
  fournitures en 1789 11,951
Hacquin, peintre, restaurateur des tableaux du roi,
  pour les années 1784, 1785, 1786, 1787, 1788,
  & 1789 2,056

2 parties prenantes. Total 14,007 10

Garde-Meuble.

Fournisseurs pour 1789.

Bonnemann, ébéniste 4,577
Brochant, marchand de draps 33,493
Le Dreux, marchand mercier 13,766
Boucher & Garnier, marchands de toile 8,978
Veuve Baudoin, brodeuse 7,846
Augufte, orfèvre 5,615
Pernon, fabricant à Lyon 146,751
Marie-Louise Gillet, veuve Boulard, menuifier 1,738
Daguerre, marchand mercier 6,766
Trompette, maître menuifier 7,47
Gallien, doreur & argenteur 2,349
Bourteaux, tourneur-ébéniste 1,436
Oberkamps, entrepreneur de la manufacture de toile
  de Jouy 5,519
Veuve Langlois, marchande de couvertures 6,040

I 4

Chatard, peintre . . . .

Petit, marchand miroitier . . . . 148.

16 parties prenantes. Total . . . . 161,313.

Gages du Conseil.

Pinet de la Taul, ci - devant gentilhomme ordinaire
    du roi . . . . 6,300.

Liancourt, grand-maître de la garderobe du roi . . 35,385.

Beaugeard, secrétaire des commandemens de la reine . 1,687. 10.

Leclerc du Brillet, premier valet de garderobe du roi . 12,353. 8.

Chauvelin, maître de la garde du roi . . . . 25,939.

Chauvin d'Oigny, ci-devant gentilhomme ordinaire
    du roi . . . . 3,600.

Héning, secrétaire du cabinet du roi . . . . 39,999.

Jean-Marie Quentin de Champlost, premier valet-de-
    chambre du roi . . . . 11,518.

Cortès, marchand tailleur . . . . 7,919.

Darboulin de Richebourg, secrétaire du cabinet du roi . 36,892.

Andouillet, premier chirurgien du roi . . . . 39,045.

Lemoine, ci-devant gentilhomme ordinaire du roi . . 1,800.

Boisgelin de Cucé, maître de la garde-robe du roi . . 34,560.

Gentil, premier valet-de-chambre du roi . . . . . . 11,676. 14.

Leclerc, comme cessionnaire de son père, secrétaire
    de la chambre & du cabinet du roi . . . . 26,152.

Bellanger, ci devant gentilhomme ordinaire du roi . . 7,200.

16. Parties prenantes. Total . . . . 257,665.

Fournisseurs de la Maison du Roi.

Lalouette, marchand à Paris, au nom & comme ayant
    droit de Jean-Alexandre Gobert, maître tailleur . . 10,425.

Estellé, marchand de galons . . . . 2,175. 12.

De Buffon, exécuteur testamentaire du sieur de Buffon
    son frère . . . . 121,591. 9.

3 Parties prenantes. En total . . . . 134,107. 8.

2°. Arriéré du Département de la Guerre.

Traitemens & appointemens à des Gouverneurs & Lieutenans-généraux des
Provinces & à des Gouverneurs particuliers des Villes, pour les années
1788 & 1789.

De Narbonne, gouverneur de Sommières . . . . . . 7,943.

De la Tour d'Auvergne, gouverneur de Dax & de
    Saint-Sever . . . . 16,307.

De Noailles, ambassadeur extraordinaire de France
auprès de l'Empereur 16,621

D'Orléans, gouverneur en Dauphiné 102,305

De Chartres, gouverneur général du Poitou 52,569

De Lignerac de Caylus 131,513

De Brachet, lieutenant-général en Haute & Basse-
Marche 3,327

Le Bacle d'Argenteuil, lieutenant général en Champagne 1,333

D'Aguesseau, gouverneur de Ham 13,095

Neufville de Villeroy, gouverneur-général en Lyonnois, Forez & Beaujolois 66,459

De Saint-Simon, gouverneur de Saint-Jean Pied-de-
Port 10,230

De la Garde de Saint-Angel, maréchal-de-camp en
Guyenne 3,186

Aubillard, gouverneur de Brouage 735

Choiseul Beaupré, gouverneur de Sisteron 11,739

De Lorge, lieutenant-général en Bourgogne 17,500

De Fumel, lieutenant général en Lyonnois 5,536

De Fumel Montsegur, lieutenant général en Lyonnois 3,983

Le maréchal de Noailles, gouverneur de Perpignan . 88,427

La succession du maréchal de Richelieu 9,646

De Choiseul-Praslin, lieutenant-général des évêchés
de Rennes 12,744

De Rochechouart, gouverneur-général en Orléanois . 17,642

Angosse de Corbère, lieutenant-général d'Armagnac . 1,593

De Lottanges, gouverneur du Quercy 22,164

La succession d'Aiguillon 28,523

D'Aiguillon, lieutenant-général en l'évêché de Nantes 14,797 4

De Champlost, gouverneur du Louvre 6,018

De Verac, lieutenant-général en Haut-Poitou 8,755 17 9

De Bourbon-Penthièvre, gouverneur-général de
Bretagne 21,240

De Béthune de Charost, gouverneur du Calaisis &
lieutenant-général de Picardie 72,570

De Brancas, gouverneur de Guise 10,626

De Périgord, gouverneur & lieutenant-général en
Picardie 59,363 18

De Messey, gouverneur de Loches 13,238 8

De la Vallière, pour le paiement des années 1788 &
1789 de la pension à elle accordée sur le gouvernement général du Bourbonnois 14,160

De Grammont, gouverneur-général en Navarre &
Béarn 32,695 8 9

Mancini de Nivernois, gouverneur-général en Nivernois 19,881 10 6

Fouquet, lieutenant-général au pays Messin 3,923 19

De Cemmleyras, gouverneur du château de Sainte-
Hippolyte 2,312

De Sades d'Aiguières, lieutenant-général en Haute
& Basse-Bresse 3,953

A la charge, pour les unes & les autres des

parties ci-dessus nommées, de la retenue de la capitation, conformément aux ordonnances & réglemens pour ceux sur lesquels cette retenue n'a pas
été faite à leur article, à moins qu'ils ne justifient
que la déduction de la capitation a eu lieu sur d'autres objets, ou qu'ils l'ont acquittée effectivement,
soit à la cour, soit dans les différentes villes de leurs
résidences, & en rapportant les quittances ou duplicata de quittances.

Colbert de Chabanois, lieutenant-général en la ville
de Nantes 5,649 5 8
Aux mêmes charges que ci-dessus. . . . . . .

39 Parties prenantes.   Total 786,974 8 8

3°. Arriéré du Département de la Marine.

Fournisseurs & autres, pour les années 1788 & 1789.

Mallard, fournisseur au port de Toulon. 14,768 19 9
Houvet, négociant. 17,981 13
Carron le adet, propriétaire de la manufacture de
toile à vo. es de la Pillière en Bretagne . . . 6,229 2 6
Plancy, marchand de clous 15,933 15 7
Pipe Christo, marchand de bois. 15,624 6 1
Engaurard, armateur 588 4 2
Drouhot, capitaine en second des hussards de Lauzun,
pour moitié de ses appointemens en Amérique, du
premier décembre 1781 au dernier juillet 1783 . 2,397 9
Benoist, Brizard, Régis, Rubichon, & Joseph Nal-
sot, marchands de bois, ... 69,655 9 11
Joseph Aguillon, armateur 25,143 9

9 Parties prenantes.   Total. 166,851 18

4°. Arriéré du Département des Finances.

Haras de Chambord. Fournisseurs pour les années 1787, 1788 & 1789.

Séguin, serrurier 8,781 17
De l'Homme, maître maçon 13,767 13
Guilpain, paveur & voiturier 1,495 16 2
Rousseux, charpentier 4,623 7

4 Parties prenantes.   Total. 28,668 11 9

Administration générale des Haras.

Appointemens & Gratifications à différens employés de l'Administration générale des Haras, sous la direction du ci-devant duc de Polignac, pour l'an 1789.

De Sellot, inspecteur-visiteur-général des haras. . . .	3,000ᵗ
Allain, ci-devant second commis du bureau de l'administration.	800
Du Boutdonnet, ancien inspecteur des haras de la Franche-Comté.	1,000
Compagnot, ancien inspecteur des haras des trois évêchés	500
De la Grèze, ancien commissaire général des haras. . . .	2,750
De Castebronne, ancien inspecteur principal des haras de la généralité d'Auch.	2,800
Caffary, ancien premier commis du bureau de l'administration générale	1,200
Rougane, ancien inspecteur des Haras du Bourbonnois.	1,200
De la Getiere, ancien inspecteur-visiteur-général des haras.	4,800
Dehs, ci-devant garde-haras de la généralité d'Auch.	500
Dilort, ci-devant garde-haras de la généralité d'Auch.	500
Pailhé, ci-devant garde-haras de la généralité d'Auch.	600
De Longireval, inspecteur des haras du Maine. . . .	2,550
Lourdoucix, ancien inspecteur des haras du Berry. .	1,855
De Resté, ancien inspecteur des haras de la généralité d'Auch.	650
D'Herville, ancien inspecteur des haras du Soissonnois.	1,180
De Soultrait, garde général.	863
De Montigny, ancien inspecteur des haras du Bas Poitou.	1,363
De Purée, ancien inspecteur des haras du Périgord. .	640
Delort, garde-visiteur de haras de la généralité d'Auch.	
Garnier, ci-devant garde-haras du Bas-Poitou. . . .	150
Desforne, ancien inspecteur-visiteur général des haras.	2,400
De Parchappe, ancien inspecteur des haras de la Champagne.	1,200

23 Parties prenantes. Total	33,229	8

Gratifications.

Dansé de Villoison, gratification annuelle pour 1789.	828	6	8
De Curt, pour indemnité de sa pension de 3,000 l. supprimée, & dont il n'a pas joui, dédommagement des dépenses forcées que la place de commissaire du roi, délégué du conseil d'état pour l'extinction du			

Décret de Liquidation,
papier-monnoie en circulation dans les isles de
France & de Bourbon, lui a occasionnées, & pour
gratification à cause de ses services. . . . .

a Parties prenantes. Total. . . . .

5°. Jurandes & Maîtrises.

Indemnité & remboursement aux Maîtres.

David, boucher. . . . .
Le Valois, *idem.* . . . .
Sauvegrain, *id m.* . . . .
Antoine-Joseph Honein, chandelier. . . . .
Soveau, *idem.* . . . .
Chevillard, couvreur. . . . .
Tardif, *idem.* . . . .
Nourry, *idem.* . . . .
Bellet, *idem.* . . . .
Nicolai, maçon. . . . .
Offelin, *idem.* . . . .
Ballé, *idem.* . . . .
Vannier, *idem.* . . . .
Gaulthier, écrivain . . . .
Pingot, *idem.* . . . .
Goblet, *idem.* . . . .
Hillion, *idem.* . . . .
Deschamps, *idem.* . . . .
Legros, *idem.* . . . .
Lenoir, relieur. . . . .
Rumigny, papetier. . . . .
Petureau, *idem.* . . . .
Suzin, *idem.* . . . .
Lefer, *idem.* . . . .
Muller, *idem.* . . . .
Dablanc, *idem.* . . . .
Jumilhard, *idem.* . . . .
Hardouin, *idem.* . . . .
Cotty, *idem.* . . . .
Morin, *idem.* . . . .
Marcilly, *idem.* . . . .
Doyen, *idem.* . . . .
Le Homme, *idem.* . . . .
Olivier, ferrailleur & épinglier. . . . .
Bellet, *idem.* . . . .
Ferret, *idem.* . . . .
Ernoule, *idem.* . . . .
Lanson, *idem.* 25
Meurisse, ferrailleur. 112 13 9
Richard, *idem.* 116 6 10

	liv	s	d
Huré, férailleur. . . .	52		
Bourgongnat , *idem*. . .	46	4	
Blondin , *idem*. . .			
Cavagnot, *idem*. . .			
Mathurin Bernard , *idem*. . .	46		
Fouquet , *idem*.	46	16	8
Regnaudot, *idem*. . . .	51	10	7
Ledreux , *idem*. . . .	114	17	
De la Ruelle, *idem*. . . .	52	14	4
Doublet , *idem*. . . .	116	11	9
Blaise Bernard, *idem*. . . .	55	8	9
Viois, *idem*. . . .	47	17	8
Carpentier , *idem*. . . .	52	14	4
D'Enfer , *idem*. . . .	19	2	8
D'Enfer , cloutier. . . .	25		
Tourbier , férailleur. . . .	56	7	
Lui , Gantier. . . .	113	4	4
Acloque , limonadier. . . .	299		
Lui , traiteur. . . .	490		
Gardinier , limonadier, marchand de bierre. . . .	314	14	
Chaulair , *idem*. . . .	492		
Grangier , *idem*. . . .	506		
Conel , *idem*. . . .	275	18	
Arnoult , *idem*. . . .	163	3	
François , *idem*. . . .	369	17	
Billet , *idem*. . . .	332	4	
Thomeret , couturière. . . .	61	5	
Galet , *idem*. . . .	71	4	
Leroux , veuve Guitet. . . .	49	18	
Baufre, veuve Marque, *idem*. . . .	61	10	
Colonge , *idem*. . . .	59	9	
Mero , *idem*. . . .	73	18	
Clerc , femme Truchy, *idem*. . . .	64		
Saunié , *idem*. . . .	79	4	
Vaît , *idem*. . . .	55	12	
Preît , *idem*. . . .	62	4	
Martelet , femme Grenault, *idem*. . . .	50	19	
Boulanger , *idem*. . . .	64	8	
Duval , *idem*. . . .	70	6	
Duchemin , *idem*. . . .	70	15	
Seguin , *idem*. . . .	69	18	
Dufour , *idem*. . . .	25		
Villeaume , *idem*. . . .	55		
Ledoux , *idem*. . . .	73		
Briers , femme Loché, *idem*. . . .	58	7	
Coin, femme Volet, *idem*. . . .	74	16	
Brachet, *idem*. . . .	65	14	
Compoin , *idem*. . . .	55		
Garnier, femme Lefevre , *idem*. . . .	63	2	
Jannet , *idem*. . . .	68		
Marion , dite Duval, *idem*. . . .	55	5	
Payen , femme Taupin, *idem*. . . .	60	15	
Boucher, femme Cornu, *idem*. . . .	60	16	

Renault, couturière. . . . .
Jean Ettinger, *idem*. . . . .
Leclerc Cormier, *id.m*. . . . .
Gonnet, *idem*. . . . .
Chaumelt, marchand de vin. . . . .
Boulet, *idem*. . . . .
Morize, mercier. . . . .
Deneux, *idem*. . . . .
Girard, *idem*. . . . .
Le Baque, *idem*. . . . .
Duboury, *idem*. . . . .
Durand, *idem*. . . . .
Gaujac, *idem*. . . . .
Berthelot, *idem*. . . . .
Gringoire, *idem*. . . . .
Fremont, *idem*. . . . .
Reibert, *idem*. . . . .
Meuriée, *idem*. . . . .
Leblond, *idem*. . . . .
Mauroy, *idem*. . . . .
Auvenay, *idem*. . . . .
Roupier, *idem*. . . . .
Lonjon, *idem*. . . . .
Delorme, *idem*. . . . .
Bergeron, *idem*. . . . .
Tardu, *idem*. . . . .
Blandin, *idem*. . . . .
Gaillard, *idem*. . . . .
Charpentier, *idem*. 950
Vestet, *idem*.   9
Boitel, *idem*.   9
Leclerc, *idem*. 562   11   5
Germain, *idem*. 568   19   2
Prevot, *idem*. 851   9   2
Humet, *idem*. 479   10   3
Tannay, *idem*. . . . .
Chabaut, *idem*. . . . .
Houpin, *idem*. . . . .
Louis-Joseph Houpin, *idem*. . . . .
Giroy, traiteur. 525   7   6
Boudin, *idem*. . . . .
Chambaulé, *idem*. 484   8
Martin, *idem*. . . . .
Lui, marchand de vin, traiteur. 368   15 10
Obert, ferrurier. 543
Mouchet, *idem*. . . . .
Dru, *idem*. 416   15   7
Etienne, *idem*. 166   8   7
Mefiflet, cordonnier. 197   4   2
Thimothée Moutardier, ferailleur. 195   4
Charpentier, femme Milchet, gantier-boursier.   3   4
Nicolas-Noël Vincent, *idem*. 588   2   4
Germain d'Anjou, ferrurier. 893   6

Gousel, serrurier	78
Hemer, idem.	783
Nicolas, de Bergue, drapier-mercier.	842
Paryi, idem.	396
Artus, idem.	524
Femme Plantier, idem.	256
Saache, idem.	445
Gonnier, idem.	925
Schildkaech, idem.	1,107
Julien Mabire, idem.	642
Leboeuf, idem.	929
Pouillard, idem.	743
Mandar, idem.	341
Tezeur, idem.	397
Antoine Grellet, maçon.	256
François Roussel, idem.	883
Gentil, idem.	285
Lagène, menuisier.	479
Elophe Husson, marchand de vin.	324
Louis Girardin, idem.	928
Lecomte, idem.	422
Martin, idem.	183
Vincent Bohuert, traiteur.	198
Abraham Saunier, limonadier.	89
Guillaume Marie, idem.	111
Pierre-Jacques Blanchon, peintre.	90
Pierre-Léon Lemelle, limonadier.	144
Jacques Trouville, cuisinier.	134
174 Parties prenantes. Total	**52,689**

6°. Domaine & Féodalité.

Les ayans-cause du sieur le Tonnellier de Breteuil,
pour la finance principale de l'acquisition par lui faite
des droits d'échange dans la paroisse de Boissise, &c. 445
   Avec les intérêts, à compter du 13 mai 1791.

Les ayans-cause du sieur Montulté, pour mêmes
causes. 486
   Avec les intérêts, à compter du 13 mai 1791.

Les ayans-cause du sieur le Chancelier le Tellier & de
Boudeauville. 2,640
   Avec les intérêts, à compter du 6 mai 1791.

Les ayans-cause du sieur Henry de Gaschon. 405
   Avec les intérêts, à compter du 17 mai 1791.

La dame de Querchy. 110
   Avec les intérêts, à compter du 31 mai 1791.

Les ayans-cause des sieur & demoiselle Brichanteau. 1,433
   Avec les intérêts, à compter du 30 mars 1791.

Louis-David de Caqueray, ou ayans-cause . . . . .   620ᵗ *5* *a*
    Avec les intérêts, à compter du premier juin 1791.

Chretien de Fumechon   220
    Avec les intérêts, à compter du premier juin 1791.

    A la charge par les ci-dessus nommés de rapporter
les originaux, ou du moins des duplicata en forme
de leurs quittances de finances, duement déchargées
des registres du contrôle général; & pour celles desdites parties prenantes, qui représentent les premiers
engagistes, de justifier de leurs droits.

De Briqueville, pour remboursement des finances des
engagemens des fiefs fermes d'Osmonville, Saint-
Clément, Cardonville & d'Isigny, &c.   12,955
    Avec les intérêts, à compter du 22 mars dernier,
en justifiant par ledit Briqueville du paiement des
deux rentes annuelles, l'une de dix sols, l'autre de
cent livres; & en rapportant, 1°. des expéditions en
forme de différens contrats d'engagemens; 2°. expédition aussi en forme de la première quittance de
finance de l'engagement des fiefs fermes d'Osmonville & Cardonville, du 11 avril 1588, délivrée par
le notaire ou officier public, aux minutes duquel
ladite quittance est déposée en original, ainsi que
de l'acte de dépôt; laquelle expédition contiendra
toutes les mentions qui peuvent avoir été faites sur
la dernière quittance; ou la déclaration dudit notaire
ou officier public qu'elle n'en contient pas d'autres
que celles comprises dans l'expédition; ou qu'elle
n'en contient aucune; laquelle expédition il fera enregistrer sur les registres du contrôle général, &
décharger sur-le-champ: 3°. les originaux ou dup i-
cata duement en forme des différentes quittances de
finance déchargées des registres du contrôle général.

La dame Montesquiou, au nom & comme ayant-cause
de Louis Doublet, pour remboursement des finances
de l'engagement du droit de cleto d'eau dans la ville
de Mantes, droit de pied fourchu, droit de nage par
eau & au trait 58,333 *4* *8*
    Avec les intérêts, à compter de l'époque posté-
rieure à la publication des lettres-patentes intervenues sur les décrets du 4 août 1789, & en rapportant un certificat duement en forme des officiers
municipaux de la ville de Mantes, qui atteste &
fixe ladite époque de la cessation de la perception,
& en faisant décharger des registres du contrôle
général la quittance de finance, & justifiant de ses
droits.

Guy de Villenoble Patrice, de la ville de Ferrare,
pour remboursement des finances de l'engagement
des domaines de l'Etoile, la côte Saint-André, Pinel
& Reottiers   105,312

                            Avec

Avec les intérêts, à compter de l'époque postérieure au 4 août 1789, où il a cessé de jouir desdits domaines; en rapportant, 1°. les certificats des directoires de district dans l'arrondissement desquels lesdits domaines engagés sont situés, qui attestent & fixent l'époque de la cessation de la jouissance, ou des procès-verbaux d'imputation ou compensation des fruits & produits desdits domaines avec lesdits intérêts, dressés par lesdits directoires de districts, & visés par le département ou les départemens; 2°. des procès-verbaux de récolement de l'état desdits domaines, dressés par lesdits directoires de district, & visés par le ou lesdits départemens sur les procès-verbaux de récolement de l'état des lieux, faits en 1644; 3°. expédition duement en forme du contrat d'engagement, & les originaux de ses différentes quittances de finance, duement déchargées des registres du contrôle général; 4°. expédition duement en forme de l'arrêt du conseil, du 25 avril 1789, & à la charge de justifier du paiement de la redevance annuelle de seize cents livres, dont il étoit chargé par ledit arrêt envers l'État.

11 Parties prenantes. Total 181.920ᴴ 6ſ 8ᵈ

7°. Remboursement de Charges & Offices.

Commissaires des guerres.

Augustin-Jacques Marigui x, pour remboursement d'un brevet de retenue sur la charge de commissaire des guerres dont il étoit pourvu, la somme de cent vingt mille livres, avec les intérêts à cinq pour cent, à compter du 15 février 1791, ci 120,000

Caꞇra de Saint-Cyr, pour remboursement d'un brevet de retenue sur la charge de commissaire des guerres dont il étoit pourvu, la somme de soixante-dix mille livres, avec les intérêts à cinq pour cent, à compter du 15 février 1791, ci 70,000

Jean-Baptiste Louis Jujardi de Grandville, pour remboursement d'un brevet de retenue sur la charge de commissaire des guerres dont il étoit pourvu, la somme de soixante-dix mille livres, avec les intérêts, à compter du 16 février 1791, ci 70,000

Jean-Claude-Louis Renard, pour remboursement d'un brevet de retenue sur la charge de commissaire des guerres, dont il étoit pourvu, la somme de soixante-dix mille livres, avec les intérêts à cinq pour cent, à compter du 16 février 1791, ci . . . 70,000

Charles-François-Paul d'Herville, pour rémbour-
sement d'un brevet de commissaire des guerres, dont
il étoit pourvu, la somme de cent vingt mille livres,
avec les intérêts à cinq pour cent, à compter du 17
février 1791, ci 120,000

Claude-Joseph-François Guerrier Dumast, pour remboursement d'un brevet de commissaire des guerres,
dont il étoit pourvu, la somme de soixante-dix mille
livres, avec les intérêts à compter du 17 février 1791,
ci 70,000

François Malus, pour remboursement d'un brevet de
retenue sur la charge de commissaire des guerres,
dont il étoit pourvu, la somme de soixante-dix mille
livres, avec les intérêts à cinq pour cent, à compter
du 19 février 1791, ci 70,036

Jean-Henri Bélonde, pour remboursement d'un brevet
de retenue sur la charge de commissaire des guerres,
dont il étoit pourvu, la somme de soixante-dix
mille livres, avec les intérêts à cinq pour cent, à
compter du 15 juin 1791, ci 70,000

Jean-François Berthier, pour remboursement d'un
brevet de retenue sur la charge de commissaire des
guerres, dont il étoit pourvu, la somme de cent
vingt mille livres, avec les intérêts à cinq pour
cent, à compter du 21 février 1791, ci 120,000

Pierre Chandeau, pour remboursement d'un brevet
de retenue sur la charge de commissaire des guerres,
dont il étoit pourvu, la somme de soixante-dix
mille livres, avec les intérêts, à compter du 22 fé-
vrier 1791, ci 70,000

Antoine Denis, pour remboursement d'un brevet de
retenue sur la charge de commissaire des guerres,
dont il étoit pourvu, la somme de soixante-dix
mille livres, avec les intérêts, à compter du 23 mars
1791, ci 70,000

Etienne Delaunay, pour remboursement d'un brevet
de retenue sur la charge de commissaire des guerres,
dont il étoit pourvu, la somme de soixante-dix mille
livres, avec les intérêts, à compter du 31 mars 1791,
ci 70,000

12 Parties prenantes. Total 990,000

Officiers du Régiment des Gardes.

Pierre de Vaugiraud, capitaine 80,000

Thibault-François de la Garde, sous-lieutenant en
second de la compagnie de Pierrevert 6,000

Michel Jules de Cotte de Villeneuve, lieutenant en
    second de la compagnie de Dumoncel 30,000
Jacques-Augustin la Barberie de Reffuseille, capitaine . 80,000
Jules-François-Philibert Danry, lieutenant en premier
    de la compagnie de Vaugirard, ci 40,000
Charles-Louis Danival de Brache, capitaine 80,000
Armand-Louis de la Pierre de Frémeur, sous-lieu-
    tenant en second de la compagnie de Gailhac . . . 10,000
Joseph-Charles-Auguste Perrien de Crenan, sous-
    lieutenant en premier de la compagnie de Chasle-
    loger 10,000
Charles-François-Rivière de Riffardeau, sous-lieu-
    tenant en premier de la compagnie de Dagoult . . . 20,000
Claude-Hugues-Joseph de Bourguenzay, capitaine . . 80,000
Jean-Marie de Seveyral, lieutenant en second de la
    compagnie de Flavigny 30,000
François-Marie-Louis-Charles Duplessis d'Argentré,
    sous-lieutenant en premier de la compagnie co-
    lonelle 20,000
Jean-Louis de Lubersac, capitaine 80,000
Pierre-Philibert-Catherine Bourie de Corberon, lieu-
    tenant en premier, aide-major 40,000
Joseph-Hiacinthe de Chasteloger, capitaine 80,000
Etienne-Marie de Saint-Martin, lieutenant en premier
    de la compagnie de grenadiers de Bourry 40,000
François-Charles de la Mousfasle, lieutenant en pre-
    mier de la compagnie de Roussy 40,000
Armand-Jérôme-Joseph Brunet d'Evry, lieutenant en
    premier de la compagnie de Beauvoir 40,000
Antoine de Sainte-Marie, capitaine de grenadiers . . 80,000
François-Nicolas le Bas Duplessis, capitaine en second
    de la compagnie colonelle 80,000

    20 Parties prenantes. Total 976,000

Brevets de Retenue.

Joseph-Jacques de Courbon, pour remboursement
    d'un brevet de retenue à lui accordé sur la charge
    de lieutenant général au gouvernement de Saintonge
    & Angoumois, dont il étoit pourvu, la somme de
    trente mille livres, avec les intérêts, à compter du
    7 mai 1791, ci 30,000

    1 Partie prenante. Total 30,000

Finance d'Offices.

Armand-Louis Paris de Trefond des Gayères, pour

remboursement de la moitié de l'ancien office
de receveur-général des finances de Rouen, qui lui
appartenoit , & qui a été supprimé par édit d'avril
1780 , la somme de trois cent quatre-vingt-cinq
mille livres, avec les intérêts , à compter du 24
février 1791, ci . . . . 385,000 l.

1 Partie prenante. Total 385,000

8°. Gratifications à titre d'indemnité de Pensions supprimées.

L'Assemblée Nationale décrète que Louis-Jean-Marie
d'Aubenton, garde & démonstrateur du cabinet
du Jardin du Roi, de l'Académie des Sciences,
jouira d'une rente viagère de cinq mille livres, à
titre d'indemnité d'une pension de pareille somme,
qu'il avoit obtenue en 1766, 1768 & 1789 ; qui
demeure supprimée , & en considération des différens travaux & découvertes utiles à l'État, laquelle rente sera acquittée par le trésor public.

Michel Adanson, de l'Académie des Sciences, d'une
rente viagère de quatorze cent soixante-quinze livres,
en remplacement d'une pension de deux mille
livres, produisant net pareille somme de quatorze
cent soixante-quinze livres, qui lui avoit été accordée à cause de ses travaux littéraires, & de
différentes expériences qu'il a faites pour perfectionner la culture des mûriers & la race des vers
à soie. L'Assemblée nationale décrète en outre qu'il
continuera à être payé de la somme de dix-huit cents
livres portée en son brevet de pension , pour raison
du logement du cabinet qu'il a vendu au roi, sauf
à statuer par la suite sur la somme de trois mille
livres, à titre de pension, comme académicien de
l'Académie des Sciences , laquelle somme sera acquittée par le trésor public.

Qu'il sera payé à Philippe-Joseph Rostaing , maréchal-
de-camp, inspecteur général de l'artillerie , une
somme de six mille livres, à titre de gratification,
& en remplacement de 875 livres net de pension à
lui accordée en considération de l'invention & perfection d'une nouvelle pièce de canon qu'il a pro-
duite, sauf à statuer sur la pension de mille livres,
accordée sur la caisse de la Compagnie des Indes,
lorsqu'il sera question de ces pensions ; ladite somme
de six mille livres, à prendre sur le fonds de deux
millions destinés aux gratifications, ci 6,000

A . . . Des Rotouts, premier commis des monnoies, la somme de fix mille livres, montant d'une ordonnance expédiée à fon profit le 11 feptembre 1790, pour recompenfe du travail extraordinaire dont il a été chargé, à prendre fur le fonds de deux millions, deftiné aux gratifications par le Titre premier de la Loi du 23 août 1790, ci 6,000.lt

A Françoife Pontrue de Grandville, quinze mille livres à titre de gratification, à prendre fur le fonds de deux millions, deftiné aux gratifications par la Loi du 23 août 1790, en remplacement d'une penfion de douze cents livres, & indemnité d'une ceffion qu'elle a faite d'une propriété néceffaire à fa fubfiftance, qui confiftoit dans une méthode fecrète pour préparer les filaffes de chanvre, qu'elle a communiquée au bureau de la filature de Paris, & qui a été d'abord utile à cet établiffement, & enfuite au commerce en général ; à la charge par ladite Françoife Pontrue de Grandville de faire emploi de ladite fomme de quinze mille livres, & de payer à la veuve Pontrue de Grandville, fa mère, fept cent cinquante livres de rente viagère, & de ne toucher ladite fomme qu'en juftifiant de fon emploi, & en rendant publiques fes opérations.

Et à la charge encore de faire certifier par les fieurs Tillet & d'Arcet, de l'Académie des Sciences, que les procédés par elle publiés, font abfolument conformes à ceux employés fous leurs yeux.

Sur la réclamation de . . . . la Chiche, chef de brigade au corps du Génie, retiré en 1785, qui demande que fon temps de fervice lui foit compté conformément à la loi du 15 décembre 1790, & en conféquence, qu'il foit ajouté trois ans pour étude préliminaire au fervice vérifié au bureau de la guerre, l'Affemblée Nationale décrète qu'il n'y a pas lieu à délibérer.

3 Parties prenantes. Total 27,000

TOTAL général 4,723,963.lt 61 3

Scellé le 2 août 1791.

DÉCRET contenant liquidation de plufieurs parties de la dette de l'Etat.

Du 31 Juillet 1791.

L'ASSEMBLÉE NATIONALE, après avoir entendu le rapport de fes comités de judicature & central de liquidation, qui lui ont rendu compte des opérations du commissaire du Roi, directeur-général de la liquidation ; dont l'état suit :

Résultat du rapport de liquidation d'offices, & de charges de maîtres à barbiers-perruquiers de la ville de Melun, remis au comité de judicature, par le commissaire du Roi, directeur-général de liquidation, le 28 juillet 1791.

SAVOIR

Avesnes, bailliage	8 offices	34,626
Avalon, grenier à sel	5 offices	20,304
Angers, jurés-priseurs	1 office	2,524
Auxerre, jurés-priseurs	1 office	2,367
Aix, chancellerie	10 offices	855,543
Aisnay-le-Château, châtellenie	1 office	762
Auxerre, grenier à sel	4 offices	67,422
Arques, jurés-priseurs	1 office	771
Boulogne-sur-Mer, maîtrise des eaux-&-forêts	3 offices	90,074
Bourbon-Lancy, grenier à sel	4 offices	10,313
Bouzonville, jurés-priseurs	1 office	14,854
Boulay, idem.		8,919
Bar-le-Duc, idem.	2 offices	19,921
Briey, idem.	1 office	5,699
Béleine, idem.	1 office	11,411
Beaumont-les-Lomagne, siège royal		541
Bordeaux, eaux-&-forêts	4 offices	66,816
Bailleul, bailliage	17 offices	180,518
Béziers, jurés-priseurs	1 office	14,474
Bordeaux, bureau des finances	11 offices	685,749
Baïeux, élection	10 offices	60,636
Besançon, bailliage	1 office	15,229
Besançon, chancellerie	2 offices	169,757
Bourgnonvelle, sénéchaussée	1 office	2,290
Caudebec, grenier à sel	offices	37,049
Châlons-sur-Marne, grenier à sel	5 offices	42,428
Coutances, jurés-priseurs	1 office	2,941
Chambly, idem.		289
Chinon, idem.	2 offices	10,119
Clermont-Ferrand, chancellerie	2 offices	168,167
Chinon, élection	9 offices	65,480
Couëlles, grenier à sel	4 offices	13,606
Château-Goutier, idem.	offices	44,108
Chinon, eaux-&-forêts	7 offices	69,512

Châtillon-fur-Sèvre, dépôt des fels. 1 office 9,332 4 4

Chinon, grenier à fel 6 offices 59,282 3 4

Chinon, municipalité . . . . 7 offices 6,681 12

Dreux, grenier à fel 6 offices 31,749 19 3

Dreux, élection . . . 4 offices 31,259 10 4

Dijon, chancellerie 10 offices 745,805 17 4

Dijon, parlement (addition) . 9 offices 430,452 11 5

Falaife, bailliage (*idem.*) . . . 2 offices 28,388 6 8

Gambais, grenier à fel . . 5 offices 8,250 2 4

Ganrat, traites-foraines . . . 4 offices 7,537 15 8

Goumaft, forêt d'Orléans, eaux-
&-forêts . . . . . . 1 office 13,621 14 4

Grenoble, chambre des comptes . 1 office 210,219 2

Gueret, bailliage & préfidial . . 19 offices 157,417 10 6

Gray, bailliage 44 offices 271,019 11 6

Iffoudun, procureurs du bailliage. 11 offices 44,307 2 9

Iffoudun, élection . . . 3 offices 27,364 9 3

La Ferté-Gaucher, municipalité . 6 offices 4,988 6 4

Louviers, grenier à fel . . 4 offices 17,046 15 4

Loches, bailliage & prévôté . . 12 offices 59,177 8 8

Laval, traites-foraines (addition) . 3 offices 5,538 10 4

Lyon, fénéchauffée & préfidial . 26 offices 517,509 11 11

Langres, grenier à fel (addit.) . 1 office 894 4 4

La Ferté-Milon, *idem.* . . . 6 offices 24,719 13 4

Moulins, jurés-prifeurs . . 4 offices 33,683 16

Montreuil, *idem.* . . . . 1 office 1,613 1

Montauban, bureau des finances . 35 offices 1,257,870 12 7

Mortaigne, dépôt des fels . . 3 offices 15,160 8 6

Metz, bureau des finances . 28 offices 784,244 1 7

Melun & Moret, jurés-prifeurs . 2 offices 19,228 2 4

Melun, élection (addition) . . 2 offices 6,713 15 4

Moyaux, huiffier en la Vicomté . 1 office 982 6 8

Moulins, bureau des finances . 25 offices 1,103,658 5 9

Mantes, bailliage & préfidial . . 9 offices 71,684 4 4

Melun, châtelet (addition) . . 1 office 4,716 10 8

Nancy, jurés-prifeurs . . . 2 offices 33,645

Pau, parlement . . . . 44 offices 1,631,775 10 10

Paris, procureurs au châtelet
(continuation) . . . 60 offices 1,151,551 3 8

Paris, huiffiers-audienciers au bureau des finances . . . 1 office 9,455 11

Pau, maîtrife des eaux-&-forêts . 7 offices 83,073 13 5

Ploermel, huiffiers de la fénéchauffée . . . . . 5 offices 6,614 10 4

Paris, jurés-prifeurs du châtelet .. 1 office 2,307

Ploermel, procureurs de la féné-

chauffée	11 offices	67,775	6	2
Pontaillier, châtellenie	1 office	6,954	8	
Paris, contrôleur-général des restes de la chambre des comptes . .	1 office	53,594	4	
Paris, huissiers des réquêtes du Palais	4 offices	34,129	11	4
Paris, greffiers des prisons du parlement	1 office	104,111	14	
Paris, grande chancellerie (addit.)	2 offices	244,626	17	
Paris, parlement (*idem.*) . . .	6 offices	750,269	19	
Paris, avocats du conseil (continuation)	26 offices	994,451	12	0
Paris, procureurs au parlement .	59 offices	1,702,485	19	2
Paris, expéditionnaires en cour de Rome	4 offices	333,094	12	4
Paris, huissiers en la chancellerie du palais	7 offices	95,124	5	
Ploermel, municipalité	1 office	2,220		
Ponteau-de-Mer, jurés-priseurs .	1 office	1,792	15	
Rennes, sénéchaussée (addition) .	2 offices	16,408	16	
Rennes, chancellerie (*idem.*) . .	1 office	30,078		
Rennes, procureurs au présidial (continuation)	41 offices	387,942	1	10
Rion, bureau des finances (addit.)	2 offices	24,584	11	2
Rouen, chambre des comptes (*id.*)	2 offices	39,307	10	8
Rouen, parlement (*idem.*) . . .	2 offices	24,764	7	
Rouen, procureurs au bailliage .	24 offices	273,559	5	8
Roye, bailliage	6 offices	19,770	13	
Sarreguemines, procureurs au bailliage	9 offices	25,456	7	4
Saint-Quentin, élection . . .	8 offices	62,844	2	5
Sédan, jurés-priseurs	2 offices	13,161	6	
Sens, *idem.*	1 office	4,324	14	
Saint-Mihiel, maîtrise des eaux-&-forêts	6 offices	262,078	8	8
Senlis, *idem.*	4 offices	120,964	10	
Senlis, grenier à sel	5 offices	13,443	7	
Saint-Vautry & Dun, dépôt de sels	2 offices	4,925	16	
Saint-Quentin, grenier à sel . .	5 offices	24,078	15	4
Saint-Florentin, élection . . .	8 offices	30,383	14	
Saint-Mihiel, municipalité . .	8 offices	57,661	13	
Tours, jurés-priseurs	1 office	956	15	5
Tarbes, *idem.*	1 office	3,593	12	

Vezoul, bailliage (addition) . . 20 offices . . . 118,281ᵗ 7ˢ 8ᵈ
Vezoul, eaux-&-forêts . . . . 10 offices . . 163,353 6 6
Verdun, bailliage . . . . . 21 offices . . 149,305 16 2
Vire, eaux-&-forêts . . . . 5 offices . 67,424 16 10
Villemoit, grenier à sel . . . 3 offices . 7,091 11 4
Vaſſy, eaux-&-forêts . . . . 6 offices . 91,378 10 4
Verdun, jurés-priseurs (réfor- . . . . . .
mation) . . . . . . 2 offices . 17,210 10
Villers-Cotterets, eaux-&-forêts . 1 office . 21,770 17 4
Yeuville, bailliage & prévôté . . 1 office . 7,235 9 4
Yeuville, grenier à sel . . . 7 offices . 48,066 11 2
Provins, procureurs en l'élection
& grenier à sel . . . . 5 offices . 6,591 4 4
Melun, barbiers-perruquiers . . 12 charges . 3,655 15

Total des liquidations comprises au présent état 19,322,381 2 4

Les dettes actives, réunies, de toutes les
compagnies ci-dessus, dont la Nation profite, montent à 1,629,767 9

Les dettes passives, dont la Nation se
charge, sont de 1,771,318 4 8

Partant, la différence à la charge de la
Nation, est de 142,960 15 8

Décrète que, conformément audit résultat, il sera payé, par
la caisse de l'extraordinaire, la somme de dix-neuf millions trois
cent vingt-deux mille trois cent quatre-vingt une livres deux sous
quatre deniers; à l'effet de quoi les reconnoissances de liquidations
seront expédiées aux officiers liquidés, en satisfaisant par eux aux
formalités prescrites par les précédens décrets.

Scellé le 6 août 1791.

TABLE
DES MATIÈRES
DES DÉCRETS
Contenus dans ce Volume.

ij

Augier (le sieur) est député par l'Assemblée Nationale au *Te Deum*
  du 14 Juillet, 153.

Auvelex de Breteuil (Amand d'.) est indiqué pour gouverneur
  de l'Héritier présomptif de la Couronne, 5.

Auray; réunion des paroisses, 309.

Autorités (ce qui sera suivi à l'occasion des attroupemens, contre
  les) municipales, administratives & judiciaires, 309.

— *Militaire.* Décret sur les rapports entre le pouvoir civil &
  l'autorité militaire dans les places de guerre, postes militaires,
  & garnison de l'intérieur, 100 & suiv.

— *Publique.* Les affiches des actes émanés de l'autorité publique
  (seront imprimées sur papier blanc, 379.

Avignon. La conduite des Commissaires qui y ont été envoyés
  est approuvée, 341. pouvoirs qui leurs sont donnés pour assurer
  l'exécution des articles préliminaires de paix, arrêtés & signés
  à Orange, 34 & 35.

Avranches; Réunion des paroisses, 299.

B.

Bacon (le sieur) est indiqué pour gouverneur de l'héritier présomptif
  de la Couronne, 5.

Baguette blanche (les appariteurs chargés d'une exécution de police
  présenteront une) à ceux qu'ils sommeront d'obéir, 227.

Bailly; circonscription de la paroisse, 76.

Bâle (l'Evêque de). Voyez *Evêque de Bâle.*

Baleine (pêche de la). Voyez *Pêche.*

Bar-sur-Aube. Les ordres nécessaires seront donnés pour que les
  espèces monnoyées appartenantes à l'Etat de Soleure & retenues
  dans cette ville, soient conduites à leur destination, 385.

Baraudier-Dessaile. L'inféodation qui lui a été faite du sol de la
  forêt de Beaufort est déclarée nulle, 242. Dispositions relatives
  aux ventes qu'il a faites à plusieurs particuliers, 242 & 243.

Barbançon (les marbres du canton de) seront importés pour l'intérieur du royaume en exemption de droits, 41.

Barbarie (décret & tarif concernant les droits à percevoir sur les
  marchandises provenant du Commerce de), 247 & suiv.

Barberin (le sieur) est indiqué pour gouverneur de l'héritier présomptif de la Couronne, 5.

Barbier (le sieur) ce qui est statué relativement à la liquidation de
  son Office de premier Huissier du Parlement de Metz, 420 & 421.

Barrère (le fieur) eft député par l'Affemblée Nationale à la tranflation de Voltaire , 141 ; au *Te-deum* du 14 Juillet , 153.

Bataillon Auxiliaire des Colonies (le) fera fous la direction du
département de la guerre, 149.

Bataillons Coloniaux (les) feront fous la direction du département
de la guerre, 149.

— *des Gardes nationales.* Voyez *Gardes nationales.*

Bâtimens. Les règlemens relatifs à leur conftruction font confirmés, 223.

— *du Roi.* Sur quel pied feront liquidés les mémoires des four-
nilleurs & entrepreneurs, 2.

— *de Commerce anglois* (ce qui eft ftatué relativement à deux)
tétenus dans le port de Nantes, 33.

Dauxin (le fieur) eft indiqué pour gouverneur de l'héritier pré-
fomtif de la Couronne, 6.

Beaufort (l'inféodation faite de la forêt de) au fieur Baraudier Deffihle
eft déclarée nulle, 242. Difpofitions relatives aux ventes qu'il a
faites à plufieurs particuliers, 242 & 243.

Bedfort (la donation faite au Cardinal Mazarin de la feigneurie
de) eft annulée, 175.

Belluy. Le féminaire diocéfain du département de l'Ain fera placé
dans la maifon des religieufes de la vifitation de cette ville, 31.
Les religieufes feront transférées dans le Couvent des Capucins, 32.

Bellocq (le fieur) : réfiliation à compter, du premier avril 1790,
du bail que les Etats de Languedoc lui ont paffé, de la ferme
du droit connu fous le nom d'équivalent, ainfi que des fous-
baux paffés par lui & des arrières-fous-baux paffés par fes
Conceffionnaires, 303. Ce qui eft ftatué relativement au compte
de Clerc-à-Maître, qu'il fera tenu de rendre, au directoire du
département de la haute-Garonne, & à ceux que lui rendront
fes fous-fermiers, 301 & 302. Il fera pourvu à fon traitement
depuis le premier avril 1790, & à l'indemnité qui lui fera due
pour fa non-jouiffance, 303. Il eft autorifé, ainfi que fes fous-
fermiers, à continuer la perception des reftes à recouvrer, *ibid.*
Epoque à laquelle les baux qu'il a paffés, ainfi que fes fous-
fermiers feront réfiliés, *ibid.* Objets qu'il portera en recette & en
dépenfe dans fon compte, 303) Pardevant qui il fe pourvoira
pour le rembourfement des 600,000 liv. qu'il a avancées à la
Province , *ibid.*

Berangen (le fieur) eft indiqué pour gouverneur de l'héritier préfomptif de la Couronne, 6.

Comités de l'Assemblée Nationale.

Des

Juillet 1791.

q

q 2

G.

Juillet 1791.

V 2

X 2

Y 2

L

d'Arrêt.

ployés des fermes, régies, & administrations supprimées, 413 & suiv. Pensions à la charge des Messageries, 17. Ce qui est statué relativement au rétabliss ment & au paiement des pensions des personnes nées en 1716 & 1717, 93. Il n'y a pas lieu au rétablissement sur la trésorerie nationale des pensions des personnes comprises au troisième état de secours, *ibid.*

État des Personnes comprises dans les Décrets de pensions.

Juillet 1791.

G G

Perron (le fieur) est indiqué pour Gouverneur de l'Héritier préfomptif de la Couronne, 8.

Perturbateurs du repos public (ceux qui auront provoqué le meurtre, &c. & confeillé la défobeiffance à la loi, feront regardés comme), 209. Peines dont ils feront punis, 209 & 210.

S.

T.

être autorifés à ne pas les rejoindre, en confervant leurs appointemens , *ibid.*

Troupes de ligne (peines contre ceux qui outrageront & menaceront
les) en fonctions, 231. Voyez *Armée Françoife.*

Tumultes (les troubles apportés à l'ordre focial & à la tranquillité
publique par les) , font mis au rang des délits punifiables par la
Police correctionnelle, 228 & 229. Peines contre les Citoyens
domiciliés , déjà repris pour tumultes, & qui commettront de
nouveau le même délit, 233.

V.

Vadier (le fieur) eft député par l'Affemblée pour affifter au
Te Deum du 14 Juillet & à la cérémonie de la tranflation
de Voltaire, 141 & 153.

Vagabonds : leur arreftation, 307.

Vaiffeau-l'Africain (le) détenu à Caudebec, y fera vifité &
déchargé, 59.

Valence : circonfcription de laParoiffe, 70.

Valence (le fieur) eft indiqué pour Gouverneur de l'Héritier
préfomptif de la Couronne, 8.

Valenciennes : circonfcription des Paroiffes, 46 & 47.

Valfort (le fieur) eft indiqué pour Gouverneur de l'Héritier
préfomptif de la Couronne, 8.

Valory (il y a lieu à accufation contre le fieur), 178. Son
procès lui fera fait devant la Haute-Cour-nationale , *ibid.*

Vandœuvre (le fieur) eft indiqué pour Gouverneur de l'Héritier préfomptif de la Couronne, 8.

Vannes : Le Directoire du Département du Morbihan eft autorifé à acquérir une partie de la maifon des Cordeliers de
cette ville, 256 & 257.

Varennes-fur-Allier : réunion des Paroiffes, 57.

Varin (le fieur) eft député par l'Affemblée Nationale pour
affifter au *Te Deum* du 14 Juillet, 153.

Vaufleury (le Directoire du Diftrict de Mortain eft autorifé
à acquérir la maifon du fieur) pour l'emplacement du Corps
adminiftratif & du Tribunal, 255 & 256.

Vauvilliers (le fieur) eft indiqué pour Gouverneur de l'Héritier préfomptif de la Couronne, 8.

Vendeurs d'or & d'argent. Voyez *Or & Argent.*

Vente de boiffons falfifiées. Voyez *boiffons.*

Fin de la Table des Matières.

Q.

R.